빠른독해 바른독해

바ㄴ 기초
세우기

"The future belongs to those who believe in the beauty of their dreams."
- *Eleanor Roosevelt* -

미래는 꿈의 아름다움을 믿는 사람들의 것이다.
- 엘리너 루스벨트 -

· STRUCTURE & FEATURES ·

① GRAMMAR BUILD UP

독해를 위해 꼭 필요한 문법 사항을 엄선하여, 독해의 가장 기본이 되는 문장 구성 원리를 학습할 수 있도록 하였습니다.

② GRAMMAR CHECK UP

문제를 통해 앞서 학습한 문법 사항을 복습하고, 수능 어법 문제와 학교 내신 문제를 동시에 대비할 수 있도록 하였습니다.

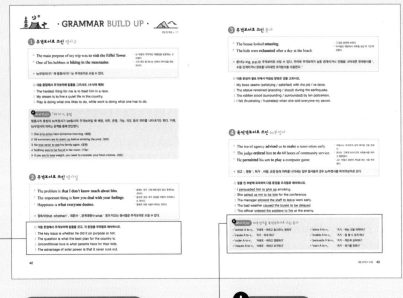

학습을 도와주는 예제

실용적인 예문들을 간단한 문제로 제시하여, 학습한 문법 사항을 이해했는지 바로 확인할 수 있도록 하였습니다.

➕ 빠바PLUS

본문에 제시된 문법 사항에 대해 추가 설명을 제공함으로써 심화 학습이 가능하도록 하였습니다.

⑤ 수능유형+

수능 유형별 실전 문제를 풀어 봄으로써, 수능 유형에 익숙해지고 실전 감각을 키울 수 있도록 하였습니다.

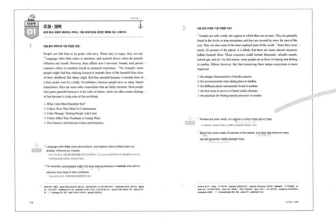

③ 적용독해

다양한 주제의 엄선된 독해 지문을 통해 앞서 학습한 문법 사항을 다시 한 번 확인하고 수능형 독해에 적용할 수 있도록 하였습니다.

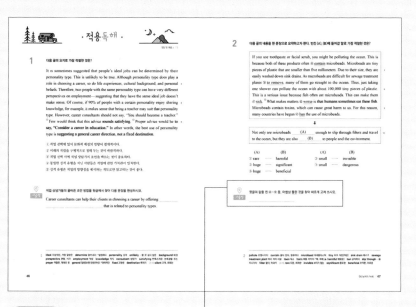

④ REVIEW TEST

앞서 학습한 독해 지문을 활용하여 주요 구문 및 어휘를 점검할 수 있도록 하였습니다.

서술형

수능형 문제 외에도 서술형 문제를 제공하여 지문에 대한 이해도를 높이고 내신도 대비할 수 있도록 하였습니다.

구문정리

앞서 배운 문법 사항과 연관된 문장들을 독해 지문에서 뽑아 간단한 문제와 함께 제시함으로써, 구문과 문법을 재정리할 수 있도록 하였습니다.

어휘테스트

독해 지문의 주요 어휘를 수능 어휘 유형을 통해 복습할 수 있도록 하였습니다.

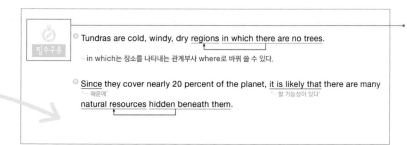

필수구문

위에 나온 독해 지문의 핵심 구문을 분석하여 제시함으로써, 구문과 문법에 대한 내용을 숙지할 수 있도록 하였습니다.

· CONTENTS ·

· GRAMMAR BASIC ·

① 문장 성분

문장 성분이란 문장을 구성하는 요소를 말하는데, 각 요소는 특정 역할을 한다. 문장 성분에는 문장을 만들기 위해 꼭 있어야 하는 주어, 동사, 목적어, 보어와 이들을 꾸미거나 문장의 의미를 더 풍성하게 해주는 수식어가 있다.

1 문장 성분

1) 문장의 필수 요소: 주어, 동사, 목적어, 보어

● 주어(Subject, S) ▶ 2강

주어란 문장의 주인·주체라는 뜻으로, '…은/는/이/가'를 붙여 해석한다. 명사나 대명사 외에도 영어 문장에서는 동명사구, 명사절, 가주어 it 등 다양한 주어가 쓰인다.

A **The sun** is rising.

B **I** want to go home.

C **Sleeping well** is important.

D **What she saw in her dream** was forgotten.

E **It** is essential *that you wash your hands often*.
가주어: 가짜 주어   진주어: 진짜 주어

A 해가 뜨고 있다.
B 나는 집에 가고 싶다.
C 잠을 잘 자는 것은 중요하다.
D 그녀가 꿈에서 본 것은 잊혀졌다.
E 손을 자주 씻는 것은 필수적이다.

→ A 주어: 명사 B 주어: 대명사 C 주어: 동명사구 D 주어: 명사절 E 가주어 it

● 동사(Verb, V) ▶ 2강, 5~8강

동사란 주어의 동작을 나타내거나 상태를 표현하는 말로, '…하다', '되다' 등으로 해석한다. 동사로는 한 단어 동사 또는 부사나 전치사와 함께 쓰이는 동사구 등이 있으며 조동사와 함께 쓰이기도 한다.

A Jamie **looked** sick.

B Amy **looked at** me.

C You **can eat** breakfast at the lounge.

A Jamie는 아파 보였다.
B Amy는 나를 보았다.
C 당신은 라운지에서 아침식사를 하실 수 있습니다.

→ 주어에 대해 서술하는 말이므로 정식 명칭은 (서)술어이지만, 실제로 술어로 쓰이는 품사는 동사밖에 없으므로 흔히 동사라고 부른다.
A 한 단어 동사 B 동사구 C 조동사+동사원형

● 목적어(Object, O) ▶ 3강

목적어는 동사 다음에 오며 '…을/를'이나 '…에게'를 붙여 해석한다. 명사, 대명사, 동명사, to부정사, 명사절 등이 목적어로 쓰일 수 있다.

A   I like **dolls**.

B   I love **you**.

C   I will give **you my painting**.

D   Ian doesn't mind **working late**.

E   Lucy wants **to go** to a theme park.

F   People believed **that the earth was flat**.

A 나는 인형을 좋아한다.
B 나는 너를 사랑한다.
C 나는 너에게 내 그림을 줄 것이다.
D Ian은 야근하는 것을 개의치 않는다.
E Lucy는 놀이동산에 가고 싶어 한다.
F 사람들은 지구가 평평하다고 믿었다.

➜   A 목적어: 명사   B 목적어: 대명사   C 목적어: 대명사, 명사   D 목적어: 동명사구
    E 목적어: to부정사   F 목적어: 명사절

● 보어(Complement, C) ▶ 4강

보어는 주어나 목적어에 대한 정보를 보충하는 말이다. 주어를 보충 설명하는 것을 주격보어(SC), 목적어를 보충 설명하는 것을 목적격보어(OC)라고 한다. 보어로는 명사, 대명사, 형용사, 그리고 그와 같은 역할을 할 수 있는 상당어구가 쓰일 수 있다.

주어와 주격보어, 목적어와 목적격보어는 각각 '주술관계'에 있는데, 주술관계란 '주어와 술어의 관계', 즉, 의미상 '…이 ~하다[이다]'의 관계에 있는 것을 말한다. 이 개념을 알면, 보어와 목적어를 쉽게 구분할 수 있다.

A   *Her son* became **a designer**.

B   *His grandfather* was **happy** to see him.

C   She had *her hair* **permed**.

D   He asked *me* **to hand in** the report.

A 그녀의 아들은 디자이너가 되었다.
B 그의 할아버지는 그를 만나서 행복했다.
C 그녀는 자신의 머리를 파마했다.
D 그는 나에게 보고서를 제출할 것을 요청했다.

➜   A Her son = a designer   B His grandfather = happy   C her hair = permed
    D me = to hand in → I hand in the report.

▶ 품사란? ·····················

각 단어를 의미와 기능에 따라 분류해 놓은 것을 품사라고 한다. 품사의 종류에는 명사, 대명사, 동사, 형용사, 부사, 전치사, 접속사, 감탄사가 있으며, 한 단어가 여러 품사로 쓰이기도 한다.

2) 문장의 보조 요소: 수식어

수식어는 꾸며주는 말이라는 뜻으로, 'hot water'(뜨거운 물)에서 hot은 water를 꾸며주는 수식어이며, 'study hard'(열심히 공부하다)에서 hard는 study를 꾸며주는 수식어이다. 수식어로는 크게 명사를 꾸며주는 형용사(적 수식어)와 동사 등을 꾸며주는 부사(적 수식어)가 있다.

● 형용사적 수식어 ▶ 9강
명사를 꾸며주는 형용사가 한 단어일 때는 명사 앞에서 꾸며주지만, 구나 절로 길어지면 뒤에서 꾸며준다. 여러 단어로 구성된 형용사적 수식어에는 형용사구, 전치사구, 관계사절 등이 있다.

A I enjoyed the **beautiful** *scenery*.

B I enjoyed *the field* **full of grass and flowers**.

C I enjoyed *the view* **of the river**.

D I enjoyed the **beautiful** *scenery* **that surrounded me**.

A 나는 아름다운 경치를 즐겼다.
B 나는 풀과 꽃으로 가득 찬 들판을 즐겼다.
C 나는 강의 경치를 즐겼다.
D 나를 둘러싼 아름다운 경치를 즐겼다.

→ A 형용사 B 형용사구 C 전치사구 D 형용사와 관계사절

● 부사적 수식어 ▶ 10강
부사는 동사를 꾸며서 그 행동을 언제, 어디서, 어떻게 하[했]는지 등을 설명해 준다. 동사뿐만 아니라, 문장이나 다른 부사를 꾸미기도 한다.

A The cat *ran away* **very fast**.

B I **really** *enjoyed* the scenery **after I was left alone**.

C **Surprisingly**, *the rumor turned out to be true*.

A 그 고양이는 매우 빠르게 달아났다.
B 나는 혼자 남겨진 후에 경치를 정말로 즐겼다.
C 놀랍게도, 그 소문은 사실로 드러났다.

2 문장 성분의 배열 순서 ▶ 1강

우리말에서는 단어에 조사 '은/는/이/가'가 붙으면 주어이고 '을/를'이 붙으면 목적어라는 것을 금방 알 수 있기 때문에 단어의 순서가 바뀌어도 의미를 파악하는 데에는 큰 지장이 없다. 반면, 영어에는 조사가 없기 때문에 단어의 위치를 고려하여 문장 성분을 파악해야 한다.

A I like cats and dogs.
B Cats and dogs like me.
~~I cats and dogs like.~~
~~Like I cats and dogs.~~

A 나는 고양이와 개를 좋아한다. = 고양이와 개를 나는 좋아한다. = 좋아한다, 나는 고양이와 개를.
B 고양이와 개는 나를 좋아한다. = 나를 고양이와 개는 좋아한다. = 좋아한다, 고양이와 개는 나를.

➜ 주어와 동사가 도치되는 특수한 경우(▶ 16강)를 제외하고, 영어 문장은 기본적으로 「주어+동사」의 큰 틀을 이용하며, 동사 뒤에 보어나 목적어를 쓰기도 한다.

❷ 구와 절

구는 2개 이상의 단어가 모인 것이고, 절은 주어와 동사가 있는 단위를 말한다. 명사구[절]는 주어, 목적어, 보어로 쓰이고, 형용사구[절]은 명사를 수식하며, 부사구[절]은 동사, 형용사, 부사, 또는 문장 전체를 수식한다.

A **Drinking soda** is not good for your health.
B I think **that tea is good for your health.**
C *The car* **that is in the garage** is my mother's.
D *I ordered a pizza at home* **because of the rain.**

A 탄산음료를 마시는 것은 건강에 좋지 않다.
B 나는 차가 건강에 좋다고 생각한다.
C 차고에 있는 자동차는 나의 어머니의 것이다.
D 나는 비 때문에 집에서 피자를 주문했다.

➜ A 명사구: 주어   B 명사절: think의 목적어   C 형용사절: 선행사 The car를 수식하는 관계대명사절
D 부사구: 문장의 이유를 설명하는 전치사구

> **문장과 절** ....

문장은 주어와 동사가 있고 마침표나 느낌표, 물음표가 있는 것을 말한다. 따라서 하나의 절이 곧 문장일 수도 있고, 여러 절이 모여 하나의 문장을 이룰 수도 있다.

01

영문의 기본 구조

길고 복잡한 영어 문장을 접하면 누구나 당황스럽기 마련이다. 하지
만, 아무리 길고 복잡한 문장이라도 영문의 기본 뼈대가 되는 주어,
동사, 목적어, 보어만 제대로 파악하면 쉽게 해석할 수 있다.

정답 및 해설 p. 2

1 S + V + M

^A Ice melts.
    S   V

^B She danced on the stage in front of hundreds of people.
   S   V   M

^A 얼음은 녹는다.
^B 그녀는 수백 명의 사람 앞의 무대 위에서 춤을 췄다.

→ 동사가 목적어나 보어 없이도 주어를 충분히 설명할 수 있는, 주어와 동사만으로 구성된 문형이다. 주어와 동사만으로도 의미가 성립될 수 있으나^A, 수식어로 인해 문장이 길어지는 경우^B가 많다.

Q 다음 문장에서 주어와 동사 사이를 /로 표시하고, 수식어를 ( )로 묶으시오.

1 My friends walked noisily into the classroom.
2 A fire broke out at the factory near my house last night.
3 Snow fell heavily all evening, and it stopped at midnight.

2 S + V + SC + M

^A He became a firefighter last year.
   S   V   SC   M

^B Waffles taste better with vanilla ice cream.
   S   V   SC   M

^A 그는 지난해에 소방관이 되었다.
^B 와플은 바닐라 아이스크림과 같이 먹으면 맛이 더 좋다.

→ 동사만으로는 주어를 충분히 설명할 수 없어서, 주어의 성질이나 상태를 보충 설명하는 주격보어가 사용된 문형이다. 주격보어로는 주로 명사^A나 형용사^B가 쓰인다.

Q 다음 문장에서 동사와 주격보어에 각각 밑줄을 그으시오. (수식어 제외)

1 This soap smells good.
2 You must keep quiet in the library.
3 We were roommates for six months.
4 The house looked nicer after its owner painted it.
5 They became friends soon after meeting each other.

> 「S + V + SC」의 형식을 취하는 주요 동사
> • 외관: appear, look, seem 등
> • 상태의 유지: be, keep, remain, stay 등
> • 상태의 변화: become, go, run, turn 등
> • 감각: feel, smell, sound, taste 등

 **빠바 PLUS** 자주 쓰이는 「동사 + 보어」 표현들

「동사 + 보어」의 의미가 단어의 뜻만으로는 쉽게 파악되지 않는 것들이 있다. 자주 사용되는 것들은 숙어처럼 암기하자.

• come true 실현되다   • fall asleep 잠들다   • fall sick 병들다   • go bad (음식 등이) 상하다
• go mad 미치다   • run dry (물이) 마르다   • run short 부족해지다   • turn pale 창백해지다

③ S + V + O + M

^A <u>The orchestra</u> <u>will start</u> <u>the concert</u> <u>at six</u>. 　　S　　　　V　　　　O　　　M	^A 그 관현악단은 6시에 연주회를 시작할 것이다.
^B <u>The judge</u> <u>explained</u> <u>the contest rules</u> <u>clearly</u>. 　　S　　　V　　　　O　　　　　M	^B 그 심사위원은 우리에게 대회 규정을 명확하게 설명해 주었다.

→ 동작의 대상인 목적어를 필요로 하는 동사가 사용된 문형이다. 이러한 동사 중에는 목적어 뒤에 특정 전치사와 함께 쓰이는 것들이 있는데, 그 전치사까지 하나의 덩어리로 암기하도록 한다.

Q 다음 문장에서 동사의 목적어에 밑줄을 긋고, 각 문장을 우리말로 해석하시오.

1 I spent a lot of time on this project.
2 Mindy discussed the matter with her boss.
3 How can we prevent this disease from spreading?
4 The students will receive a good education at this school.
5 The company provides its customers with the latest antivirus software.

특정 전치사와 함께 쓰이는 동사
• 「provide A with B」 'A에게 B를 제공하다'
• 「blame A for B」 'B에 대해 A를 탓하다'
• 「prevent A from v-ing」 'A가 …하는 것을 막다'

④ S + V + O₁ + O₂ + M

^A <u>I</u> <u>will show</u> <u>you</u> <u>my favorite website</u>. 　S　　V　　　O₁　　　　O₂	^A 너에게 내가 아주 좋아하는 웹 사이트를 보여 줄게.

→ 두 개의 목적어를 필요로 하는 동사가 사용된 문형이다. 대개 앞에 오는 간접목적어(O₁)는 '…에게'로, 뒤에 오는 직접목적어(O₂)는 '~을[를]'로 해석한다.

Q 다음 문장에서 간접목적어와 직접목적어에 각각 밑줄을 긋고, 각 문장을 우리말로 해석하시오.

1 Kevin asked me a question.
2 Professor Garfield taught us art history.
3 The company promised the workers a raise.
4 The online shopping mall sent me the sweater in the wrong color.

 解석에 주의해야 할 동사

「S + V + O₁ + O₂」의 형식을 취하는 동사 중 다음 동사들은 해석이 까다로우므로, 그 의미를 확실히 익혀 두자.

1 His father will <u>leave</u> him a large fortune.　'…에게 ~을 남겨 주다'
2 Her advice will <u>save</u> me a lot of trouble.　'…에게 ~을 덜게 하다'
3 Careless driving may <u>cost</u> you your life.　'…에게 ~을 잃게[들게] 하다'
4 The decision could <u>cause</u> him problems.　'…에게 ~을 초래하다'

5 S + V + O + OC + M (1)

A The media called <u>him</u> a talented actor.
  S   V   O   OC

B Lots of people found <u>her speech</u> very impressive.
  S   V   O   OC

A 언론은 그를 재능 있는 배우라고 칭했다.
B 많은 사람은 그녀의 연설이 매우 인상 깊다고 생각했다.

→ 목적어와 목적격보어를 모두 필요로 하는 동사가 사용된 문형이다. 목적어의 성질이나 상태를 보충 설명하는 목적격보어로는 주로 명사^A나 형용사^B가 쓰이며, 이때 목적어와 목적격보어는 의미상 주어와 술어의 관계('O는 OC이다')가 된다.

  A him = a talented actor → He is a talented actor.
  B her speech = very impressive → Her speech was very impressive.

Q 다음 문장에서 목적어와 목적격보어에 각각 밑줄을 그으시오. (수식어 제외)

1 You must keep your teeth clean.
2 I consider the problem very complicated.
3 Please get the machine ready for use at once.
4 They elected him chairman at the last meeting.
5 Because she is our mother's close friend, we call her our aunt.

6 S + V + O + OC + M (2)

A My teacher made <u>me</u> do more homework.
  S   V   O   OC

B She heard a dog barking loudly in the distance.
  S   V   O   OC   M

C I saw several suspects arrested by the police.
  S V   O   OC   M

D I want <u>him</u> to stay here with me during the weekends.
  S V   O   OC   M

A 선생님은 내가 숙제를 더 많이 하게 하셨다.
B 그녀는 멀리서 개가 시끄럽게 짖고 있는 것을 들었다.
C 나는 몇 명의 용의자들이 경찰에 의해 체포되는 것을 보았다.
D 나는 주말 동안 그가 나와 함께 여기에 머물기를 원한다.

→ 명사와 형용사 이외에도 목적격보어로 원형부정사(= 동사원형)^A, 현재분사^B, 과거분사^C, to부정사^D 등이 쓰일 수 있다. 사역동사나 지각동사의 경우 목적어와 목적격보어의 관계가 능동인지 수동인지에 따라 적절한 목적격보어를 써야 하며, to부정사를 목적격보어로 쓰는 동사들은 따로 기억해 두는 것이 좋다.

Q 괄호 안의 동사(구)를 이용하여 다음 문장을 완성하시오.

to부정사를 목적격보어로 쓰는 동사
advise, allow, ask, cause, convince, encourage, expect, order, permit, persuade, require, tell, want 등

1 She'll have him _____ some pizza. (pick up)
2 The doctor advised me _____ for a while. (rest)
3 I saw him _____ out of the burning building. (carry)
4 We asked her _____ a cheesecake for dessert. (make)
5 Parents shouldn't allow their children _____ late at night. (go out)

14

· GRAMMAR CHECK UP ·

정답 및 해설 p. 2

 A

다음 보기와 같이 문장에서 각 문장 성분을 찾아 표시하고, 우리말로 해석하시오.

보기 I will show you my favorite website. 너에게 내가 아주 좋아하는 웹 사이트를 보여 줄게.
　　　S　V　　O₁　　　O₂

1　He fell asleep on the sofa.

2　I find her voice very attractive.

3　We ran to school this morning.

4　She bought new shoes yesterday.

5　Jason teaches me English on Mondays.

6　They persuaded him to adopt their ideas.

B

다음 보기와 같이 문장에서 틀린 부분을 찾아 바르게 고쳐 쓰시오.

보기 I want him stay here with me during the weekends.
　　　　　　　 to stay

1　They blamed him of the crisis.

2　You always make me to smile.

3　She remained calmly under pressure.

4　I heard someone to cry in the garden.

5　The accident forced him visit a doctor.

6　Some people might seem perfectly, but they're not.

C

제시된 단어들을 바르게 배열하여 우리말과 일치하도록 문장을 완성하시오.

1　우리는 그에게 다시 한번 기회를 줘야 한다. (a second chance, him, give)

　　We should _____.

2　음식은 더운 날씨에 빨리 상한다. (quickly, bad, food, in hot weather, goes)

　　_____

3　그는 내가 너무 많이 먹는 것을 막았다. (kept, eating too much, he, me, from)

　　_____

4　제가 당신께 내일 저와 함께 파티에 가달라고 요청해도 될까요? (come, ask, to, you, to the party)

　　Can I _____ with me tomorrow?

· 적용독해 ·

1 다음 글의 밑줄 친 부분 중, 어법상 틀린 것은?

ⒶOffice workers may face many biases. Some of these are based on gender or race. ⒷWhen this kind of bias prevents a worker from ① being promoted, **we call it a glass ceiling**. Similarly, the term "bamboo ceiling" refers to the specific bias ② that affects Asians working for Western companies. One problem is simple stereotyping. Some people believe that Asians aren't ③ aggressively enough to be good leaders. Another is that businesses trying to become more diverse often ④ seek African American or Latino employees without considering Asian Americans. However, **companies are becoming more aware** of the bamboo ceiling and are developing training programs ⑤ to eliminate the prejudice. Hopefully, **this will allow more Asian Americans to get** important positions in Western companies.

서술형

다음 빈칸에 알맞은 말을 윗글에서 찾아 쓰시오.

"Bamboo ceiling" refers to prejudice against _____ who are working in Western countries.

---

1   **face** 마주보다; *직면하다   **bias** 편견, 편향   **be based on** …에 기반을 두다   **gender** 성별   **race** 경주; *인종   **promote** 촉진 [고취]하다; *승진시키다   **ceiling** 천장   **refer to** …을 일컫다[나타내다]   **specific** 특정한   **affect** …에 영향을 미치다   **stereotype** 고정 관념을 형성하다   **aggressively** 공격적으로; *적극적으로   **diverse** 다양한   **Latino** 라틴계 사람(의)   **employee** 고용인   **eliminate** 없애다   **prejudice** 편견   **position** 위치; *지위, 직위

2 Museum Victoria Membership Program에 관한 다음 안내문의 내용과 일치하지 <u>않는</u> 것은?

Museum Victoria Membership Program

Our country's national museums are extremely important. [ⓒ]**They teach us history, culture, and science.** However, one of their most important roles is to inspire our nation's youth. That's why our new membership program offers large discounts for anyone under the age of 18. What's more, **your membership fees pay** for the development of new exhibitions. They also allow us to take care of our current collection of more than three million historical objects and works of art.

Exclusive member benefits	Price		
• Free entry to all national museums	Adult	$80
	Youth under 18	$40
• Special member events	Child under 7	$20

How to join: visit our website
For more information, please contact the Museum Victoria Help Desk at 1-800-229-9202.

① 할인 혜택은 18세 미만을 대상으로 한다.
② 회비는 새로운 전시 개발에 전적으로 쓰인다.
③ 모든 국립 박물관에 무료입장이 가능하다.
④ 7세 미만 어린이의 요금은 성인 요금의 1/4이다.
⑤ 웹 사이트를 통해 가입할 수 있다.

윗글의 네모 안의 They 가 가리키는 것을 찾아 영어로 쓰시오.

_____

---

2 **extremely** 극도로, 매우 **inspire** 고무[격려]하다; *영감을 주다 **offer** 제안하다; *제공하다 **discount** 할인 **fee** 요금 **development** 발달, 성장; *개발 **exhibition** 전시(회) **current** 현재의 **collection** 수집품, 소장품 **historical** 역사적, 역사상의 **work** 일; *작품 **exclusive** 독점적인, 전용의 **benefit** 혜택, 이득 **entry** 입장; *입장할 수 있는 권리 **contact** 연락하다

3 다음 글의 주제로 가장 적절한 것은?

In recent years, many businesses have begun to focus on utilizing social media sites. ^❶ This is because **social media sites provide businesses with the opportunity** to reach more consumers. Many of these sites collect consumer data that cannot be found on search engines, such as users' personal interests and shopping habits. **This kind of information can help businesses target their ads to more specific groups of consumers.** If you use social media, you've probably noticed this—the ads you see have been selected to match your interests or browsing history. Businesses are also making use of sponsored posts, which involves paying social media influencers to mention their products or services. Ultimately, this type of advertising tends to be more efficient than traditional marketing campaigns.

① the problems businesses face on social media
② how social media sites collect information
③ why social media advertising is effective
④ what kinds of ads work best on social media
⑤ the best methods of avoiding social media ads

4 다음 글에서 전체 흐름과 관계 <u>없는</u> 문장은?

Have you ever wondered why green means "go" on traffic signals? It wasn't always this way. Red lights have always been used as a signal to stop, but in the past, green meant "caution" and white meant "go." **This changed** in 1914 after a white light caused a confusion which led to a serious train accident. ^❷**A train signal's red lens fell out**, causing it to appear white. ① So, although the train was supposed to stop, **it kept going** and **crashed**. ② Shortly after, white lights were replaced with green lights, which have a calming effect on people due to their short wavelength. ③ Red, on the other hand, has a long wavelength and is easy to see, which makes it the perfect choice for warning drivers to stop. ④ Alternative traffic lights have been developed for drivers who have difficulty distinguishing between red and green. ⑤ Today, everyone thinks "go" when they see green.

5 다음 글의 내용을 한 문장으로 요약하고자 한다. 빈칸 (A), (B)에 들어갈 말로 가장 적절한 것은?

> **The peppered moth is a common insect** in Britain. However, **the story of its evolution is amazing.** Because **it provides a clear example** of Darwin's theory of natural selection, it is sometimes called "Darwin's moth." In the past, almost all of the peppered moths in Britain were light colored. **ᶠThis allowed them to blend in** with the lichen that grew on trees. But in the mid-19th century, people in cities began to burn coal. This caused air pollution that killed the lichen and **turned the trees black.** Suddenly, a darker color was a survival advantage for peppered moths. **ᴳDark moths became more and more common** until most of the peppered moths in British cities were dark. Because the peppered moth has a short lifespan, **natural selection happened quite quickly.**

↓

> The case of the peppered moth _____(A)_____ evolution by natural selection, which favors individuals that can _____(B)_____ to survive in their environment.

*peppered moth: 회색가지나방　　**lichen: 이끼, 지의류

	(A)		(B)		(A)		(B)
①	influences	······	adapt	②	teaches	······	help
③	teaches	······	want	④	demonstrates	······	adapt
⑤	demonstrates	······	help				

3　utilize 활용하다　consumer 소비자　personal 개인적인, 사적인　target 목표로 삼다, 겨냥하다　browse 둘러보다; *인터넷을 돌아다니다　sponsor 후원하다　post 우편; *게시글　involve 수반[포함]하다　ultimately 궁극적으로, 결국　advertising 광고　efficient 효율적인

4　signal 신호　caution 조심; *경고, 주의　confusion 혼동, 혼란　fall out 헐거워지다, 떨어져 나가다　crash 사고; *충돌하다　replace 대신하다; *바꾸다, 대체하다　wavelength 파장　warn 경고하다　alternative 대안; *대체의, 대안적인　distinguish 구별하다

5　insect 곤충　evolution 진화　theory 이론　natural selection 자연선택, 자연도태　blend in 조화를 이루다, (주위 환경에) 섞이다　coal 석탄　pollution 오염　survival 생존　advantage 이점　lifespan 수명　favor 호의를 보이다; *…에게 유리하다　[문제] adapt 적응하다　demonstrate 입증하다

A 다음 문장에서 굵은 글씨로 강조된 부분의 문장 성분을 표시하고, 각 문장을 우리말로 해석하시오.

ⓐ **Office workers may face many biases**.

ⓑ When this kind of bias prevents a worker from being promoted, **we call it a glass ceiling**.

ⓒ **They teach us history, culture, and science**.

ⓓ This is because **social media sites provide businesses with the opportunity** to reach more consumers.

ⓔ **A train signal's red lens fell out**, causing it to appear white.

ⓕ **This allowed them to blend in** with the lichen that grew on trees.

ⓖ **Dark moths became more and more common** until most of the peppered moths in British cities were dark.

B 다음 문장에 주어진 단어 중 문맥에 가장 적절한 것을 고르시오.

1 Similarly, the term "bamboo ceiling" refers to the specific / generous bias that affects Asians working for Western companies.

2 That's why our new membership program offers large accounts / discounts for anyone under the age of 18.

3 Many of these sites collect consumer data that cannot be found on search engines, such as users' official / personal interests and shopping habits.

4 This changed in 1914 after a white light caused a confusion / understanding which led to a serious train accident.

5 Red, on the other hand, has a long wavelength and is easy to see, which makes it the perfect choice for preventing / warning drivers to stop.

6 The peppered moth is a common insect / mammal in Britain.

7 This caused air pollution / destruction that killed the lichen and turned the trees black.

02

주어·동사 바로 찾기

주어와 동사를 찾는 것은 문장의 구조를 파악하는 데 있어 가장 기본
이라고 할 수 있다. 주어나 수식어구가 긴 경우, 주어와 동사를 찾는
것이 어려울 수 있으므로 이에 대해 충분히 학습한다.

1 주어로 쓰인 명사구

A **To read the newspaper every day** is a good habit.

B **Planning your work** will save you time.

A 매일 신문을 읽는 것은 좋은 습관이다.
B 일을 계획하는 것은 네가 시간을 절약하도록 해 줄 것이다.

→ to부정사(구)^A나 동명사(구)^B가 주어인 경우 대개 뒤따르는 목적어, 보어, 수식어 등으로 인해 주어가 길어지므로, 주어가 어디까지인지 파악하는 것이 중요하다.

Q 다음 문장에서 주어와 동사에 각각 밑줄을 그으시오.

1 To fail to plan is to plan to fail.
2 To become a doctor is my goal.
3 Eating too much between meals will make you fat.
4 Talking loudly on your cell phone on the subway is bad manners.

> to부정사(구)가 주어로 쓰이는 경우
> to부정사(구)가 주어일 경우 가주어 it을 사용하는 것이 일반적이나, 속담 등에서는 to부정사(구)가 문두에 오기도 한다.

2 주어로 쓰인 명사절

A **That she behaved badly** is unbelievable.

B **Why the statue was built** is a mystery.

C **What I can cook best** is spaghetti.

A 그녀가 예의 없이 행동했다는 것이 믿기지 않는다.
B 왜 그 조각상이 세워졌는지는 수수께끼이다.
C 내가 가장 잘 요리할 수 있는 것은 스파게티이다.

→ 접속사(that, whether)^A, 의문사^B, 관계대명사 what^C 등이 이끄는 명사절이 주어인 경우 대개 주어가 길어지므로, 명사절이 어디까지인지 파악하는 것이 중요하다.

Q 다음 문장에서 주어와 동사에 각각 밑줄을 그으시오.

1 What he said proved to be true.
2 When they will finish the team project is unclear.
3 Whether he believes it or not isn't important to us.
4 That he did such a thing was a terrible shock to me.

> 접속사 that과 관계대명사 what의 구분
> 명사절에서 접속사 that 뒤에는 완전한 절이 오지만, 관계대명사 what 뒤에는 불완전한 절이 온다.

➕ 빠바PLUS 주어로 쓰인 명사절을 파악하라

명사절이 주어일 때 문장 전체의 동사(V)와 명사절 내의 동사(V´)를 혼동하지 않아야 한다. 이때 명사절은 단수 취급하므로, 문장 전체의 동사는 단수동사를 쓴다.

1 [That she is innocent] is quite certain.
            V´   V

2 [Why he collects these pictures] is unknown.
            V´   V

③ 긴 주어를 대신하는 it

^A **It** is no easy thing **to learn a foreign language**.

^B **It's** no use **trying to persuade him**.

^C **It** is clear from his actions **that he loves her**.

^A 외국어를 배우는 것은 쉬운 일이 아니다.
^B 그를 설득하려고 노력해도 소용없다.
^C 그의 행동으로 보아 그가 그녀를 사랑하는 것이 분명하다.

→ to부정사(구)^A, 동명사(구)^B, 명사절^C이 주어로 쓰여 길어지면, 주어 자리에 가주어 it을 쓰고 주어는 뒤로 보내는 경우가 많다. 주어 자리에 it이 있다면 뒤에 진주어(to부정사구, 동명사구, 명사절 등)가 있는지 확인한다.

Q 다음 문장에서 밑줄 친 It이 의미하는 부분을 찾아 밑줄을 그으시오.

1 It is hard to find a well-paying job.

2 It was his first time meeting a celebrity.

3 It was lucky that we got tickets for the concert.

4 It is doubtful whether humankind can survive a nuclear war.

동명사 진주어 구문
동명사는 명사적 특성이 강하여 가주어 it과 함께 사용되는 경우가 드물지만, 관용표현이나 서수가 쓰인 문장 등에서는 동명사를 진주어로 사용하는 경향이 있다.

④ 무생물 주어

^A **A ten-minute walk** will take you to the station.

^A 10분간 걸으면 너는 역에 도착할 것이다.

→ 영어에서는 사물을 주어로 표현하는 경우가 많다. 이러한 문장들을 우리말로 자연스럽게 해석하면 조건, 시간, 원인 등의 부사적 의미를 갖지만, 빠른 독해를 위해서는 직역을 해도 좋다.

A ten-minute walk / will take / you / to the station.
　　10분의 걸음이　　데려다줄 것이다　너를　　　역으로

Q 제시된 단어들을 바르게 배열하여 우리말과 일치하도록 문장을 완성하시오.

1 그 슬픈 소식은 내 눈에 눈물이 나게 했다.

(my eyes, brought, the sad news, tears, to)

_____

2 사람들에 대한 두려움이 그 고양이가 도망가도록 만들었다.

(made, fear of people, run away, the cat)

_____

3 좋은 날씨는 그가 멋진 사진을 찍을 수 있도록 했다.

(great pictures, enabled, to, good weather, him, take)

_____

4 약간의 숙고는 네가 그 일이 얼마나 위험한지 깨닫게 해 줄 것이다.

(how dangerous the task is, realize, you, a little consideration, will make)

_____

5 주어로 시작하지 않는 문장

<table>
<tr><td>A</td><td>In every country in the world, **you can see** Korean tourists.</td><td>A</td><td>세계 모든 나라에서, 당신은 한국인 관광객들을 볼 수 있다.</td></tr>
<tr><td>B</td><td>Down **came the rain**, flooding the fields and roads.</td><td>B</td><td>비가 와서, 들판과 도로를 물에 잠기게 했다.</td></tr>
<tr><td>C</td><td>Only at the beach **will I wear** this hat.</td><td>C</td><td>해변에서만 나는 이 모자를 쓸 것이다.</td></tr>
<tr><td>D</td><td>Faint **grew the sound of the train**.</td><td>D</td><td>기차 소리가 점점 희미해졌다.</td></tr>
</table>

→ 강조나 문장의 균형을 위해 장소, 방향 등을 나타내는 부사(구)나 부정어, 보어 등을 문두에 배치하는 경우가 많다.^A 이때 주어와 동사가 종종 도치되므로 이에 주의해야 한다.^{B, C, D} 일반동사가 있는 문장은 「do[does/did]+주어+동사원형」의 형태로 도치되며, be동사나 조동사가 있는 문장은 be동사·조동사와 주어가 도치된다.

Q 다음 문장에서 주어와 동사에 각각 밑줄을 그으시오.

1 Never have I experienced such pain.

2 Difficult is the path that leads to greatness.

3 In the middle of the room stood my mother.

4 Every morning, I take a cold shower after exercising.

5 On our way home, the sky became cloudy all of a sudden.

6 Rarely could they meet because of the distance between them.

7 So important was the meeting that even the chairman was there.

6 자동사와 타동사

<table>
<tr><td>A</td><td>He strongly **objected to** the plan.</td><td>A</td><td>그는 그 계획에 강하게 반대했다.</td></tr>
<tr><td>B</td><td>She **resembles** her mother in many ways.</td><td>B</td><td>그녀는 여러 면에서 자신의 어머니를 닮았다.</td></tr>
</table>

→ 동사는 목적어가 필요하지 않은 자동사^A와 목적어가 필요한 타동사^B로 나뉜다. 따라서, 자동사가 목적어를 취하기 위해서는 자동사 뒤에 전치사가 필요하다. 대부분의 동사는 두 가지 용법으로 모두 쓰이지만, 자동사나 타동사 중 한 가지 용법으로 주로 사용되는 동사의 경우 그 쓰임에 유의해야 한다. 타동사를 자동사로 착각하여 전치사와 함께 쓰거나, 반대로 자동사를 타동사로 착각하여 전치사를 빠뜨리지 않아야 한다.

Q 다음 문장의 괄호 안에서 어법상 알맞은 것을 고르시오.

1 Tom doesn't (listen / listen to) me at all.

2 Everybody was (looking / looking at) each other.

3 The student (entered / entered into) the classroom silently.

4 You should (discuss / discuss about) the matter with your parents.

자동사로 착각하기 쉬운 타동사
answer[answer to]
approach[approach to]
discuss[discuss about]
enter[enter into]
marry[marry with]
resemble[resemble with]

· GRAMMAR CHECK UP ·

정답 및 해설 p. 6

다음 보기와 같이 문장의 주어와 동사 사이를 /로 표시하고, 동사에 밑줄을 그으시오.

> 보기   Eating too much between meals / will make you fat.

1   Traveling back to the past is impossible.

2   To finish this project on time is very important.

3   Whether you succeed or not depends on your effort.

4   What the research results showed was very interesting.

5   That he repeats what he has just said is really annoying.

6   How he survived in the wild is yet unknown to the world.

7   Trying to do my best seems to be the only thing I can do.

다음 보기와 같이 밑줄 친 It[it]이 의미하는 부분을 찾아 밑줄을 그으시오.

> 보기   It's no use trying to persuade him.

1   What is it like to be on a TV show?

2   It is not safe to travel alone at night.

3   It is said that this tree is about 1,000 years old.

4   It is strange that he knew so much about the accident.

5   It's been a great pleasure showing you the sights of Seoul.

다음 문장의 괄호 안에서 어법상 알맞은 것을 고르시오.

1   Heating large rooms (take / takes) a long time.

2   (What / That) happened yesterday was my fault.

3   Whether he read those books (is / are) not certain.

4   (Swim / Swimming) in the deep river is dangerous.

5   Only in recent years (has / have) the actor become popular.

6   That he made so many mistakes (was / were) a shock to me.

7   Not only (she can / can she) sing, but she can also write her own songs.

1

다음 글의 내용을 한 문장으로 요약하고자 한다. 빈칸 (A), (B)에 들어갈 말로 가장 적절한 것은?

ⓐTalking about weight at any age is difficult. But with childhood obesity becoming a serious global problem, parents are wondering how to bring up the subject. Thankfully, experts say that it's actually best **not to talk about weight at all**. ⓑFirst, **it's** helpful for parents **to realize that the whole family needs to get healthy together**. Kids follow (do, their parents, what). If the house is full of junk food, the kids will be unhealthy. Second, **promoting a positive body image to children** is essential. Parents must focus on health, not appearance. Rather than telling a child, "Please try to lose weight," parents should help children overcome unhealthy habits and form healthy ones. **Honest conversation about health** will make a difference.

↓

Stopping childhood obesity is the responsibility of the whole _____(A)_____, and discussions should focus not on weight but on healthy _____(B)_____.

	(A)		(B)		(A)		(B)
①	family	······	relationships	②	family	······	habits
③	community	······	exercise	④	government	······	advice
⑤	government	······	image				

서술형

윗글의 괄호 안의 단어들을 바르게 배열하여 문장을 완성하시오.

do, their parents, what

Kids follow _____.

---

1 **childhood** 어린 시절, 유년[아동]기 **obesity** 비만 **wonder** 궁금해하다 **bring up** (화제를) 꺼내다 **junk food** 부실식품 **promote** 촉진[고취]하다 **positive** 긍정적인 **essential** 필수적인 **focus on** …에 초점을 맞추다 **overcome** 극복하다, 이겨내다 **form** 형성하다 **make a difference** 변화를 가져오다 **responsibility** 책임 **discussion** 논의 [문제] **community** 지역사회 **government** 정부

2

다음 글의 요지로 가장 적절한 것은?

Milk is nutrient-rich and can provide children with protein, calcium, and vitamin D. ⓒFor those reasons, **many people believe** that **it**'s always good for kids **to drink plenty of milk**. However, too much of a good thing can cause problems. Researchers at Toronto's St. Michael's Hospital studied blood samples from over 1,300 kids between the ages of two and five. They found that the kids who drank more milk had higher vitamin D levels but lower levels of iron. Further research showed that if children drink two cups of milk a day, they will have good levels of vitamin D and iron. Once they have more than two cups, their iron levels will go down. So, while milk is good, there is a limit to how good it is.

3

6

9

① 우유는 혈액의 농도에 영향을 미친다.
② 우유는 영양분이 풍부한 완전식품이다.
③ 과도한 우유 섭취는 신체의 비타민 D 수치를 낮춘다.
④ 우유는 2세에서 5세의 아이들의 성장에 큰 도움이 된다.
⑤ 적당량의 우유를 마시는 것이 일부 영양소 균형에 좋다.

서술형

우유를 너무 많이 섭취하는 것의 단점을 윗글에서 찾아 문장을 완성하시오.

If kids drink more milk, their _____ _____ _____ _____ _____.

---

2 **nutrient-rich** 영양분이 풍부한 **protein** 단백질 **good** 좋은; 알맞은, 적절한 **plenty of** 많은 **sample** 표본, (테스트를 위한) 샘플 **level** 수준, 정도 **iron** 철; *철분 **further** 더 먼; *추가의 **limit** 한계(점)

3 다음 글의 밑줄 친 부분 중, 어법상 틀린 것은?

The butterfly fish is found near coral reefs in tropical waters. It is brightly colored, with distinctive markings on its body. ^D **So unique is the appearance of the butterfly fish** that it is instantly recognizable. Many interesting things about this fish ① stand out. First, there are more than 100 different species of butterfly fish. Second, although it is found in many places, including the Atlantic, Indian, and Pacific oceans, it needs very specific conditions ② to survive. In addition, the butterfly fish searches for food during the day and rests at night, like humans ③ do, and it mostly eats plankton and small shrimp. Perhaps the most interesting thing about the butterfly fish, however, is ④ what pairs stay together for life after they mate. ^E Unfortunately, **water pollution and habitat loss** are currently threatening the butterfly fish, so it ⑤ is considered an endangered species.

*butterfly fish: 나비고기

4 글의 흐름으로 보아, 주어진 문장이 들어가기에 가장 적절한 곳은?

Along with this increase, spicy foods may also create a feeling of fullness.

Studies suggest that some spicy foods can increase our metabolic rate by raising our body temperature. This could help us burn more of the calories that we consume. ^F **It** is not clear, however, **how much of an effect they have**. Capsaicin seems to have the most powerful effect. It's the compound that makes chili peppers so spicy. (①) **It is believed that a spicy meal raises the body's metabolism by about 8% on average**. (②) During a Canadian study, adult men were served appetizers before a meal. (③) Some of these appetizers included hot sauce. (④) The men who ate the spicy appetizers went on to consume 200 fewer calories than the men who ate the normal appetizers. (⑤) Based on this, the researchers believe that capsaicin can help decrease appetite.

5 The Last Desert에 관한 다음 글의 내용과 일치하지 <u>않는</u> 것은?

The 4 Deserts Race Series, which consists of four long races in different parts of the world, is one of the most difficult footraces in the world. The Last Desert is the final event, and in order to compete in it, runners must complete at least two of the three previous races. ^G**What makes it so difficult** is that it takes place in Antarctica! The race is held once every two years, giving the environment time to recover from human impact in between events. To finish, the participants must run 250 kilometers in seven days. They carry a small amount of safety equipment and are provided with water, food, shelter, and medical assistance. They may face blizzards and temperatures as low as -20 °C. But despite the extreme conditions of the race, more and more runners participate each time it is held. Some former competitors even return to challenge themselves again.

*The Last Desert: 남극 마라톤 대회

① 출전에 앞서 최소 다른 두 경주를 완주해야만 한다.
② 환경을 보호하기 위해 한 해 걸러 개최된다.
③ 250km를 일주일 안에 완주해야 한다.
④ 참가자는 식량과 의료 지원 등을 제공받는다.
⑤ 재참가 인원이 없는데도 참가자 수가 매년 증가하고 있다.

---

3 coral reef 산호초 tropical 열대 지방의, 열대의 distinctive 독특한 marking (동물·새·목재의) 무늬, 반점 instantly 즉시, 즉각 recognizable (쉽게) 알아볼 수 있는 stand out 두드러지다 species (생물 분류 단위의) 종 specific 특정한 condition 상태; *조건 for life 평생(의) mate 짝짓기를 하다 habitat 서식지 loss 상실, 소실 threaten 협박하다; *위태롭게 하다 endangered 멸종 위기에 처한

4 spicy 양념 맛이 강한, 매운 fullness 가득함, 포만 metabolic 신진대사의 (*n.* metabolism 신진대사) rate 속도 raise 들어올리다; *(양을) 올리다, 높이다 burn (불이) 타오르다; *(연료 등을) 태우다 consume 소비하다; *섭취하다 compound 화합물 on average 평균적으로 serve 제공하다, 차려 주다 appetizer 애피타이저, 전채 appetite 식욕

5 consist of …로 구성되다 footrace 도보 경주 compete in …에 참가[출전]하다 (*n.* competitor 경쟁자; *(시합) 참가자) previous 이전의 Antarctica 남극 대륙 recover 회복하다 impact 영향 safety equipment 안전 장비 shelter 주거지; *대피소 medical 의학의, 의료의 assistance 도움, 지원 blizzard 눈보라 extreme 극한의 former 과거[이전]의 challenge 도전하다

· REVIEW TEST ·

정답 및 해설 p. 8

A 다음 문장에서 주어와 동사에 각각 밑줄을 긋고, 각 문장을 우리말로 해석하시오.

Ⓐ Talking about weight at any age is difficult.

Ⓑ First, it's helpful for parents to realize that the whole family needs to get healthy together.

Ⓒ For those reasons, many people believe that it's always good for kids to drink plenty of milk.

Ⓓ So unique is the appearance of the butterfly fish that it is instantly recognizable.

Ⓔ Unfortunately, water pollution and habitat loss are currently threatening the butterfly fish, ….

Ⓕ It is not clear, however, how much of an effect they have.

Ⓖ What makes it so difficult is that it takes place in Antarctica!

B 다음 문장에 주어진 단어 중 문맥에 가장 적절한 것을 고르시오.

1 But with childhood obesity becoming a serious global problem, parents are wandering / wondering how to bring up the subject.

2 Second, promoting a positive / negative body image to children is essential.

3 Researchers at Toronto's St. Michael's Hospital studied blood examples / samples from over 1,300 kids between the ages of two and five.

4 The butterfly fish is found / founded near coral reefs in tropical waters.

5 Studies suggest that some spicy foods can increase our metabolic rate by rising / raising our body temperature.

6 During a Canadian study, adult men were served / deserved appetizers before a meal.

7 The race is held once every two years, giving the environment time to cover / recover from human impact in between events.

03

목적어 바로 찾기

목적어는 동사의 대상이 되는 말이다. 한 단어인 명사나 대명사로 이루어진 목적어도 있지만, 구와 절로 이루어지거나 수식어의 수식을 받아 길어진 목적어도 있다.

1 목적어로 쓰이는 명사구

A They decided **to sell their house**.

B My cousin remembers **meeting me** when we were young.

C Did you ask him **when to deliver the flower basket**?

A 그들은 집을 팔기로 결정했다.
B 내 사촌은 우리가 어렸을 때 나를 만났던 것을 기억한다.
C 꽃바구니를 언제 배달할지 그에게 물어봤니?

→ to부정사(구)^A, 동명사(구)^B, 의문사구^C는 타동사의 목적어가 될 수 있다. 이때, 어떤 목적어를 쓸지는 동사에 따라 달라지므로 유의한다.
  • to부정사만을 목적어로 쓰는 동사:
    agree, ask, decide, expect, learn, manage, plan, pretend, refuse, want 등
  • 동명사만을 목적어로 쓰는 동사:
    admit, avoid, consider, deny, enjoy, finish, mind, suggest, give up 등
  • to부정사와 동명사를 둘 다 목적어로 쓰는 동사:
    begin, cease, continue, hate, like, love, prefer, start 등

Q 다음 문장의 괄호 안에서 어법상 알맞은 것을 고르시오.

1 I don't mind (to stay / staying) at a cheap hotel.

2 He wanted (to impress / impressing) the audience.

3 She refused (to take / taking) responsibility for the mistake.

4 They're considering (to move / moving) to London next year.

5 I really don't know (how to get / what to get) her for Christmas.

6 I gave up (to make / making) New Year's resolutions a long time ago.

> **의문사+to부정사**
> • 「how to-v」 '어떻게 …할지[…하는 방법]'
> • 「what to-v」 '무엇을 …할지'
> • 「when to-v」 '언제 …할지'
> • 「where to-v」 '어디서 …할지'
> • 「which to-v」 '어떤 것을 …할지'

➕ 빠바PLUS 목적어의 형태에 따라 의미가 달라지는 동사

remember[forget]는 to부정사와 동명사를 둘 다 목적어로 쓸 수 있지만, 그 의미가 서로 다르다.

• 「remember[forget] to-v」 '(미래에) …할 것을 기억하다[잊다]'

• 「remember[forget] v-ing」 '(과거에) …했던 것을 기억하다[잊다]'

1 Please remember to write to me when you get to New York.

2 I remember writing a letter to him last year.

stop은 동명사만을 목적어로 쓰는 동사이며, stop 뒤에 오는 to부정사는 대개 목적을 나타내는 부사구이다.

• 「stop v-ing」 '…하는 것을 멈추다[중단하다]'

• 「stop to-v」 '…하기 위해 멈추다'

3 He stopped buying expensive things for himself.

4 They stopped to buy some cookies at the bakery.

② 목적어로 쓰이는 명사절

^A He thinks **(that) she will be the winner of the quiz show.**

^B Can you tell me **why people like that singer?**

^C I will never forget **what you told me.**

^A 그는 그녀가 그 퀴즈 쇼의 우승자가 될 것이라고 생각한다.
^B 사람들이 왜 저 가수를 좋아하는지 내게 말해 줄 수 있니?
^C 나는 네가 나에게 말한 것을 결코 잊지 않을 것이다.

→ 명사절 접속사(that, if, whether 등)^A, 의문사^B, 관계대명사 what^C 등이 이끄는 명사절은 목적어가 될 수 있다. 접속사 that이 이끄는 명사절이 목적어로 쓰이는 경우 that은 흔히 생략된다. 복잡한 문장에서 이러한 생략이 일어나면 목적어로 쓰인 명사절 내의 주어와 동사를 파악하기 어려우므로 유의한다.

Q 다음 문장에서 목적어로 쓰인 명사절을 [ ]로 묶으시오.

1 I hope she will accept my proposal.
2 Can you tell me when he left for Paris?
3 Do you know if John will be our coach again this season?
4 He promised me that he would be there for me whenever I needed him.
5 I asked her whether she had bought the book or borrowed it from the library.

③ 긴 목적어를 대신하는 it

^A People consider **it** unhealthy **to have too much sugar.**

^B He found **it** difficult **living alone in a foreign country.**

^C Nobody thought **it** unusual **that she stopped eating meat.**

^A 사람들은 너무 많은 설탕을 섭취하는 것을 건강에 해롭다고 여긴다.
^B 그는 외국에서 혼자 사는 것이 어렵다는 것을 알게 되었다.
^C 아무도 그녀가 육식을 끊은 것을 특이하다고 생각하지 않았다.

→ 「S+V+O+OC」의 문형에서 목적어가 to부정사구^A, 동명사구^B, 명사절^C 등으로 길어지면, 문장의 균형을 맞추기 위해 목적어를 뒤로 보내고 그 자리에 가목적어 it을 쓴다. 특히, to부정사는 해당 문형의 목적어 자리에 직접 쓰지 않는 것에 유의한다.

Q 다음 문장에서 밑줄 친 it이 의미하는 부분을 찾아 밑줄을 그으시오.

1 I thought it better to tell him the truth.
2 She finds it painful remembering the accident.
3 I consider it a pleasure spending time with you.
4 We believe it important that kids learn about ethics.
5 We have made it a rule never to lend or borrow money.
6 The teacher made it clear that nobody can sleep during class.
7 Many people find it difficult managing both work and childcare.

4 목적어로 쓰이는 재귀대명사

A He introduced **himself** to his new neighbors.

B They found **themselves** going in the wrong direction.

A 그는 새로운 이웃들에게 자신을 소개했다.

B 그들은 자신들이 잘못된 방향으로 가고 있다는 것을 깨달았다.

→ 주어가 행하는 동작의 영향이 주어 자신에게 되돌아오는 경우, 재귀대명사를 목적어로 사용한다.

Q 밑줄 친 부분에 유의하여 다음 문장을 우리말로 해석하시오.

1 She tried to raise <u>herself</u> up in bed.

2 He cut <u>himself</u> while he was shaving.

3 If I don't take care of <u>myself</u>, who will?

4 The twin babies looked at <u>themselves</u> in the mirror.

5 When you exercise with dumbbells, be careful not to hurt <u>yourself</u>.

6 We congratulated <u>ourselves</u> on having the courage to try new things.

➕ 바바PLUS 재귀대명사를 포함하는 관용표현

재귀대명사를 포함하는 표현 중에는 관용적으로 쓰이는 것들이 있으므로, 이를 숙어처럼 암기해 두는 것이 좋다.

- 「devote[give] oneself to」 '…에 전념하다[헌신하다]'
- 「help oneself to」 '…을 마음껏 먹다'
- 「make oneself at home」 '편히 쉬다[지내다]'
- 「enjoy oneself」 '즐기다, 즐거운 시간을 보내다'
- 「hurt oneself」 '다치다'
- 「make oneself understood」 '자기 말을 남에게 이해시키다'

1 She <u>devoted herself to</u> creating a new type of music.

2 We all <u>enjoyed ourselves</u> at the party last night.

3 Please <u>help yourself to</u> those cookies.

4 I <u>hurt myself</u> while gardening.

5 <u>Make yourself at home.</u>

6 Can you <u>make yourself understood</u> in Japanese?

A 다음 보기와 같이 굵은 글씨로 강조된 동사의 목적어에 밑줄을 그으시오. (수식어 제외)

> 보기　They **decided** to sell their house.

1 He **admitted** making a big mistake.

2 He **didn't know** what his wife had in mind.

3 I **promise** to tell you everything about my trip.

4 We can't **decide** where to stay in Busan next week.

5 Don't **give up** trying to do what you really want to do!

6 The children **enjoyed** themselves on the roller coaster.

B 다음 보기와 같이 밑줄 친 it이 의미하는 부분을 찾아 밑줄을 그으시오.

> 보기　He found it difficult living alone in a foreign country.

1 Danny believes it unhealthy to stay up late at night.

2 I considered it a great joy to teach my own children.

3 Mom thought it a good idea for me to learn how to swim.

4 I found it a waste of time to use smartphones all day long.

5 Do you believe it possible for robots to replace human workers?

6 Our family made it a tradition that we would always have dinner together on Sundays.

C 다음 문장의 괄호 안에서 어법상 알맞은 것을 고르시오.

1 I hope you enjoy (you / yourself) in Rome.

2 I thought (that / it) funny to dress up like a vampire.

3 You should avoid (to call / calling) her on weekends.

4 He pretended (to be / being) innocent even though he stole the bike.

5 Please remember (to wake / waking) me up at six tomorrow morning.

6 I'll never forget (to shake / shaking) hands with my favorite actor yesterday.

1 다음 글의 밑줄 친 부분 중, 문맥상 낱말의 쓰임이 적절하지 않은 것은?

Most syndromes only have negative effects. However, Stendhal syndrome starts with something ① good that leads to something bad. It is most likely to occur when you are **enjoying yourself** at an art museum. [Ⓐ]You may find **yourself** staring at an amazing masterpiece. And that's when it ② happens. Your emotions become too strong, you start **to feel dizzy**, and you begin **to panic**. You may find **it** hard **to believe that this happens**, but it's a serious problem for some tourists. Therefore, experts advise travelers to ③ vary the activities on their schedule. By balancing their schedules between viewing art and enjoying other activities, they can ④ seek Stendhal syndrome. This is because your odds of developing it are ⑤ reduced if you don't allow **yourself** to be overwhelmed by beauty.

서술형

Stendhal syndrome의 증상을 윗글에서 찾아 다음 문장을 완성하시오.

When a person with Stendhal syndrome sees great artwork, he or she starts to _____ _____ and _____.

---

1 **syndrome** 증후군 **effect** 결과; 영향; *효능 **lead to** …로 이어지다 **occur** 발생하다 **stare at** …을 응시하다 **masterpiece** 걸작 **dizzy** 어지러운 **panic** 공황 상태에 빠지다 **advise** 충고[조언]하다 **vary** 달리하다, 변화를 주다 **balance** 균형을 잡다 **seek** 찾다; *구하다, 추구하다 **odds** 가능성 **develop** 발전하다; *(병·문제가) 생기다 **overwhelm** 압도하다 [문제] **artwork** 미술품

2 다음 글의 주제로 가장 적절한 것은?

ⓑAfter decades of uncertainty, scientists now know **what the babies of tyrannosaurs looked like**. There are many well-preserved fossils of these fierce dinosaurs, but a tyrannosaur egg has never been discovered. This is most likely because they are ₃ relatively small and can easily be washed away by running water. However, fossils of a tiny claw and jawbone that resemble those of a tyrannosaur have been found. By carefully measuring and examining them with a 3D scanner, researchers proved ₆ **that they came from unborn tyrannosaurs**. This allowed them to estimate (big, tyrannosaurs, were, how) while they were still inside their eggs. The answer is that they were about the size of a modern chicken. The researchers now believe **it** ₉ possible **that an actual tyrannosaur egg will be found in the near future**.

① a discovery that revealed information about a dinosaur species
② a mistake made by some scientists researching dinosaur eggs
③ a method for determining which species egg fossils came from
④ the reason the eggs of large dinosaurs were unusually small
⑤ how researchers found the first fossil of a complete dinosaur

서술형

윗글의 괄호 안의 단어들을 바르게 배열하여 문장을 완성하시오.

> big, tyrannosaurs, were, how

This allowed them to estimate _____ while they were still inside their eggs.

---

2 decade 10년 uncertainty 불확실(성), 반신반의 preserve 지키다; *보존[관리]하다 fossil 화석 fierce 사나운 relatively 비교적 claw 발톱 jawbone (아래)턱뼈 resemble 닮다, 비슷[유사]하다 examine 조사[검토]하다 estimate 추정하다 [문제] unusually 평소와 달리; *대단히, 몹시 determine 알아내다, 밝히다 species 종 reveal 드러내다[밝히다]

3 다음 글에서 전체 흐름과 관계 <u>없는</u> 문장은?

Don't you hate it when you come across an ad for an event, only to find **that the dates have already passed**? New York's Museum of Modern Art now offers a tool to help art lovers who experience this annoyance. MoMA's past exhibits are all stored online. ① [ⓒ] This means **you can see the exhibits from your computer**. ② [ⓓ] Thanks to MoMA's website, no one has to give up **experiencing great art exhibits** because of their schedule or location. ③ If you've missed an exhibition date or if New York is just too far away, you can view online photographs of the artwork for free. ④ This demonstrates **that some museums really do care more about modern art than about traditional art**. ⑤ Why not check it out today, and experience modern art in a completely modern way?

4 주어진 글 다음에 이어질 글의 순서로 가장 적절한 것은?

[ⓔ] For a long time, scientists have been trying **to solve a mystery about the planet Jupiter**.

(A) This spot is actually a giant storm that has existed on the surface of the planet for at least 300 years. Bigger than Earth, it constantly expands and contracts, creating both gravity waves and sound waves.

(B) Scientists now believe **that the heat in Jupiter's upper atmosphere is caused by a combination of these two types of waves**. They collide like ocean waves crashing on a beach, causing the planet's atmosphere to heat up.

(C) Its upper atmosphere shouldn't be as hot as it actually is. Now, they think **they may have found the source of this unexpected heat — Jupiter's Great Red Spot**.

① (A) – (C) – (B)　　　② (B) – (A) – (C)　　　③ (B) – (C) – (A)
④ (C) – (A) – (B)　　　⑤ (C) – (B) – (A)

5 밑줄 친 magical time to open a new world for children이 다음 글에서 의미하는 바로 가장 적절한 것은?

We often hear about the impact that violent video games have on children. However, there is rarely any discussion about the negative effects of the news. **ⓕ**Research has shown that young children who are exposed to stories about disasters, crimes, and accidents begin **to view the world as a scarier place**. They suffer from nightmares and are unable to concentrate in school. Although it is impossible to completely shield kids from the news, parents should try **to control what their children are exposed to and when they are exposed to it**. Children under the age of seven often do not understand the details of news stories, and the resulting confusion can cause anxiety. Older children, on the other hand, generally have the ability to understand what they are seeing. However, they are not adults yet. There is no <u>magical time to open a new world for children</u>. It is up to each parent to decide depending on their child's maturity level and their ability to understand complex issues.

① set length of time to get over feelings of fear and anxiety
② process for learning common sense beyond the classroom
③ opportunity for children to experience failure and frustration
④ effective teaching method that prepares kids for online news
⑤ specific age at which kids should be allowed to watch the news

---

3 **come across** …을 우연히 발견하다 **ad** 광고 (= advertisement) **tool** 도구 **annoyance** 짜증, 성가심 **exhibit** 전시품; *전시회 **store** 저장하다 **location** 장소[위치] **for free** 무료로 **demonstrate** 논증[입증]하다 **completely** 완전히, 전적으로

4 **planet** 행성 **Jupiter** 목성 **spot** 점 **exist** 존재하다 **surface** 표면 **constantly** 끊임없이 **expand** 확대[팽창]하다 **contract** 수축하다 **gravity wave** 중력파 **sound wave** 음파 **upper** 더 위에 있는; *위쪽의, 상층의 **atmosphere** 대기 **combination** 조합, 결합 **collide** 충돌하다 **ocean wave** 파랑 **crash** 충돌하다 **source** 원천, 근원 **unexpected** 예기치 않은, 예상 밖의

5 **violent** 폭력적인 **rarely** 드물게 **expose** 드러내다; *노출시키다 **disaster** 참사, 재해 **nightmare** 악몽 **concentrate** 집중하다 **shield** 방패; *보호하다 **anxiety** 불안(감), 염려 **maturity** 성숙함 **complex** 복잡한 [문제] **common sense** 상식 **frustration** 좌절(감)

A 다음 문장에서 동사의 목적어에 밑줄을 긋고, 각 문장을 우리말로 해석하시오.

Ⓐ You may find yourself staring at an amazing masterpiece.

Ⓑ After decades of uncertainty, scientists now know what the babies of tyrannosaurs looked like.

Ⓒ This means you can see the exhibits from your computer.

Ⓓ Thanks to MoMA's website, no one has to give up experiencing great art exhibits because of their schedule or location.

Ⓔ For a long time, scientists have been trying to solve a mystery about the planet Jupiter.

Ⓕ ..., and accidents begin to view the world as a scarier place.

B 다음 문장에 주어진 단어 중 문맥에 가장 적절한 것을 고르시오.

1 Therefore, experts advise / advertise travelers to vary the activities on their schedule.

2 There are many well-preserved fossils of these gentle / fierce dinosaurs, ...

3 This is most likely because they are actively / relatively small and can easily be washed away by running water.

4 New York's Museum of Modern Art now offers / suffers a tool to help art lovers who experience this annoyance.

5 This spot is actually a giant storm that has existed / expired on the surface of the planet for at least 300 years.

6 Scientists now believe that the heat in Jupiter's upper circumstance / atmosphere is caused by a combination of these two types of waves.

7 However, there is regularly / rarely any discussion about the negative effects of the news.

8 ..., parents should try to obey / control what their children are exposed to and when they are exposed to it.

04

보어의 이해

보어는 주어나 목적어의 성질·상태·동작 등을 보충 설명하는 말이다. 주로 명사, 형용사, 부정사, 분사 등이 보어로 사용된다.

· GRAMMAR BUILD UP ·

정답 및 해설 p. 12

1 주격보어로 쓰인 명사구

A The main purpose of my trip was **to visit the Eiffel Tower**.
B One of his hobbies is **hiking in the mountains**.

A 내 여행의 주목적은 에펠탑을 방문하는 것이었다.
B 그의 취미 중 하나는 산에서 하이킹을 하는 것이다.

→ to부정사(구)^A와 동명사(구)^B는 주격보어로 쓰일 수 있다.

Q 다음 문장에서 주격보어에 밑줄을 그으시오. (수식어 제외)

1 The hardest thing for me is to beat him in a race.
2 My dream is to live a quiet life in the country.
3 Play is doing what one likes to do, while work is doing what one has to do.

➕빠바PLUS 「be to-v」 용법

형용사적 용법의 to부정사가 be동사의 주격보어일 때 예정, 의무, 운명, 가능, 의도 등의 의미를 나타내기도 한다. 이때, to부정사의 의미는 문맥을 통해 판단한다.

1 She is to arrive here tomorrow morning. 〈예정〉
2 All swimmers are to warm up before entering the pool. 〈의무〉
3 He was never to see his family again. 〈운명〉
4 Nothing was to be found in her room. 〈가능〉
5 If you are to lose weight, you need to consider your food choices. 〈의도〉

2 주격보어로 쓰인 명사절

A The problem is **that I don't know much about him**.
B The important thing is **how you deal with your feelings**.
C Happiness is **what everyone desires**.

A 문제는 내가 그에 대해 많이 알지 못한다는 것이다.
B 중요한 것은 네가 감정을 어떻게 처리하냐는 것이다.
C 행복은 모든 사람이 바라는 것이다.

→ 접속사(that, whether)^A, 의문사^B, 관계대명사 what^C 등이 이끄는 명사절은 주격보어로 쓰일 수 있다.

Q 다음 문장에서 주격보어에 밑줄을 긋고, 각 문장을 우리말로 해석하시오.

1 The key issue is whether he did it on purpose or not.
2 The question is what the best plan for the country is.
3 Unconditional love is what parents have for their kids.
4 The advantage of solar power is that it never runs out.

③ 주격보어로 쓰인 분사

A The house looked **amazing**.

B The kids were **exhausted** after a day at the beach.

A 그 집은 굉장해 보였다.
B 아이들은 해변에서 하루를 보낸 후 기진맥진했다.

→ 분사(v-ing, p.p.)는 주격보어로 쓰일 수 있다. 주어와 주격보어가 능동 관계이거나 진행을 나타내면 현재분사를^A, 수동 관계이거나 완료를 나타내면 과거분사를 사용한다.^B

Q 다음 문장의 괄호 안에서 어법상 알맞은 것을 고르시오.

1 My boss seems (satisfying / satisfied) with the job I've done.
2 The statue remained (standing / stood) during the earthquake.
3 The robber stood (surrounding / surrounded) by ten policemen.
4 I felt (frustrating / frustrated) when she told everyone my secret.

④ 목적격보어로 쓰인 to부정사

A The travel agency **advised** us **to make** a reservation early.

B The judge **ordered** him **to do** 60 hours of community service.

C He **permitted** his son **to play** a computer game.

A 여행사는 우리에게 일찍 예약할 것을 권했다.
B 판사는 그에게 60시간의 사회봉사를 하라고 명령했다.
C 그는 아들이 컴퓨터 게임을 하는 것을 허락했다.

→ 권고^A, 명령^B, 허가^C, 바람, 요청 등의 의미를 나타내는 일부 동사들의 경우 to부정사를 목적격보어로 쓴다.

Q 밑줄 친 부분에 유의하여 다음 문장을 우리말로 해석하시오.

1 I persuaded him to give up smoking.
2 She asked us not to be late for the conference.
3 The manager allowed the staff to leave work early.
4 The bad weather caused the buses to be delayed.
5 The officer ordered the soldiers to fire at the enemy.

➕ 빠바 PLUS to부정사를 목적격보어로 쓰는 동사

• 「advise A to-v」	'A에게 …하라고 충고하다, 권하다'	• 「allow A to-v」	'A가 …하는 것을 허락하다'
• 「cause A to-v」	'A가 …하게 하다'	• 「enable A to-v」	'A가 …을 할 수 있게 하다'
• 「order A to-v」	'A에게 …하라고 명령하다'	• 「persuade A to-v」	'A가 …하도록 설득하다'
• 「require A to-v」	'A에게 …하라고 요구하다'	• 「want A to-v」	'A가 …하기를 원하다'

⑤ 목적격보어로 쓰인 원형부정사

A The audience **watched** the acrobat **jump** into the ring of fire.

B My father **made** me **apologize** to my little sister.

A 관중은 그 곡예사가 불의 고리 안으로 뛰어드는 것을 지켜보았다.

B 아버지는 내가 여동생에게 사과하게 하셨다.

→ 지각동사와 사역동사의 경우, 목적어와 목적격보어가 능동 관계이면 원형부정사를 목적격보어로 쓴다. 이때, 목적어는 원형부정사의 의미상 주어가 된다.
  • 지각동사: feel, hear, listen to, notice, see, watch 등 A
  • 사역동사: have, let, make B

Q 다음 문장에서 목적격보어에 밑줄을 그으시오. (수식어 제외)

1 Did you notice anyone come in?

2 Don't let the children play on the street.

3 She had Martin pick up some coffee for the meeting.

4 He heard someone open the door and saw a shadow enter the room.

➕ 빠바PLUS 사역의 의미가 있지만 to부정사를 목적격보어로 쓰는 동사

사역의 의미가 있지만 원형부정사가 아닌 to부정사를 목적격보어로 쓰는 동사들이 있다. 단, help는 to부정사와 원형부정사를 모두 목적격보어로 쓸 수 있다.
  • 「compel[force] A to-v」 'A가 …하도록 강요하다'
  • 「get A to-v」 'A가 …하게 하다'
  • 「help A (to-)v」 'A가 …하는 것을 돕다'

---

⑥ 목적격보어로 쓰인 분사

A I felt my heart **beating** quickly.

B She kept her jewelry **locked** in a safe.

A 나는 내 심장이 빠르게 뛰고 있는 것을 느꼈다.

B 그녀는 자신의 장신구를 금고에 넣고 잠가 두었다.

→ 분사(v-ing, p.p.)는 목적격보어로 쓰일 수 있다. 목적어와 목적격보어가 능동 관계이거나 진행을 나타내면 현재분사를 A, 수동 관계이거나 완료를 나타내면 과거분사를 사용한다. B

Q 다음 문장의 괄호 안에서 어법상 알맞은 것을 고르고, 각 문장을 우리말로 해석하시오.

1 She had her decayed tooth (pulling / pulled) out.

2 I saw you (washing / washed) your car yesterday.

3 You should get the work (doing / done) by tomorrow.

4 Paul kept me (waiting / waited) for 40 minutes in the rain.

· GRAMMAR CHECK UP ·

정답 및 해설 p. 13

A 다음 보기와 같이 문장에서 주격보어에 밑줄을 긋고, 각 문장을 우리말로 해석하시오.

> 보기 The hardest thing for me is <u>to beat him</u> in a race. 나에게 가장 어려운 일은 경주에서 그를 이기는 것이다.

1 He looked surprised at the news.

2 A little girl sat talking to her brother.

3 Freedom is what makes the world a better place.

4 One way to learn to swim is to jump into the water.

5 My hope is that this project will motivate everybody.

6 Our photography club is to meet at the park at 3 p.m.

7 My biggest challenge in life was overcoming my fear of heights.

B 다음 문장의 괄호 안에서 어법상 알맞은 것을 고르시오.

1 I was shocked to find my bag (stealing / stolen).

2 I heard him (talking / talked) with Janet the other day.

3 Social networks help people (finding / find) jobs more easily.

4 Don't let the child (put / to put) his head out of the car window.

5 She wants him (change / to change) his job as soon as possible.

6 Have you ever seen the mountains (covering / covered) with snow?

7 I couldn't make myself fully (understanding / understood) in French.

8 A barking dog caused him (wake up / to wake up) earlier than expected.

C 괄호 안의 동사를 이용하여 다음 문장을 완성하시오.

1 We had our baggage _____ by a porter. (carry)

2 She sat _____ the newspaper in the living room. (read)

3 I saw a wall _____ with children's drawings. (cover)

4 The country's army stood _____ for war at all times. (prepare)

5 I have noticed her _____ the same clothes day after day. (wear)

6 She made me _____ that everything is going to be fine. (believe)

7 Most schools don't permit students _____ their cell phones in class. (use)

8 You should keep the windows _____ when the air conditioner is on. (close)

1

다음 글의 요지로 가장 적절한 것은?

It is sometimes suggested that people's ideal jobs can be determined by their personality type. This is unlikely to be true. Although personality type does play a role in choosing a career, so do life experiences, cultural background, and personal beliefs. Therefore, two people with the same personality type can have very different perspectives on employment—suggesting that they have the same ideal job doesn't make sense. Of course, if 90% of people with a certain personality enjoy sharing knowledge, for example, it makes sense that being a teacher may suit that personality type. However, career consultants should not say, "You should become a teacher." **Ⓐ** Few would think that this advice **sounds satisfying**. **Ⓑ** Proper advice would be **to say, "Consider a career in education."** In other words, the best use of personality type is **suggesting a general career direction, not a fixed destination.**

① 직업 선택에 있어 문화적 배경의 영향이 절대적이다.
② 미래의 직업을 구체적으로 정해 두는 것이 바람직하다.
③ 직업 선택 시에 직업 상담가의 조언을 따르는 것이 중요하다.
④ 동일한 성격 유형을 지닌 사람들은 직업에 관한 가치관이 일치한다.
⑤ 성격 유형은 직업의 방향성을 제시하는 척도로만 참고하는 것이 좋다.

서술형

직업 상담가들의 올바른 조언 방법을 윗글에서 찾아 다음 문장을 완성하시오.

Career consultants can help their clients in choosing a career by offering _____ _____ _____ _____ that is related to personality types.

---

1 ideal 이상적인, 가장 알맞은 determine 알아내다; *결정하다 personality 성격 unlikely …할 것 같지 않은 background 배경 perspective 관점, 시각 employment 직장 knowledge 지식 consultant 상담가 satisfying 만족스러운, 만족감을 주는 proper 적절한, 제대로 된 general 일반[보편/전반]적인; *대략적인 fixed 고정된 destination 목적지 [문제] client 고객, 의뢰인

2 다음 글의 내용을 한 문장으로 요약하고자 한다. 빈칸 (A), (B)에 들어갈 말로 가장 적절한 것은?

If you use toothpaste or facial scrub, you might be polluting the ocean. This is because both of these products often ⓐ contain microbeads. Microbeads are tiny pieces of plastic that are smaller than five millimeters. Due to their size, they are easily washed down sink drains. As microbeads are difficult for sewage treatment plants ⓑ to remove, many of them go straight to the ocean. Thus, just taking one shower can pollute the ocean with about 100,000 tiny pieces of plastic. This is a serious issue because fish often eat microbeads. This can make them ⓒ sick. What makes matters ⓓ worse is **that humans sometimes eat these fish.** Microbeads contain toxins, which can cause great harm to us. For this reason, many countries have begun ⓔ ban the use of microbeads.

⬇

Not only are microbeads ____(A)____ enough to slip through filters and travel to the ocean, but they are also ____(B)____ to people and the environment.

	(A)		(B)		(A)		(B)
①	rare	······	harmful	②	small	······	invisible
③	huge	······	significant	④	small	······	dangerous
⑤	huge	······	beneficial				

서술형 윗글의 밑줄 친 ⓐ~ⓔ 중, 어법상 틀린 것을 찾아 바르게 고쳐 쓰시오.

_____

---

2 pollute 오염시키다 contain 들어 있다, 함유하다 microbead 미세플라스틱 tiny 아주 작은[적은] sink drain 배수구 sewage treatment plant 하수 처리 시설 toxin 독소 harm 해를 끼치다; *해, 피해 (*a.* harmful 해로운) ban 금지하다 slip through …을 지나가다 filter 필터, 여과기 [문제] rare 드문, 희귀한 invisible 보이지 않는 significant 중요한 beneficial 유익한, 이로운

04 보어의 이해 **47**

3 다음 글의 목적으로 가장 적절한 것은?

Some people think aquariums have just one purpose—to entertain visitors. ^D But aquariums also play the important role of **helping us learn** about and **protect** sea creatures. For this reason, the City Aquarium is proud to introduce its new sea turtle center. Here, we will take care of wild sea turtles that are sick or have been injured. Once they are healthy again, they will be released. With the opening of the center, the City Aquarium has positioned itself to become a leader in sea turtle conservation. ^E The center will also **allow** guests **to share** the joy of helping these beautiful animals. It is an experience the whole family can enjoy.

① 수족관의 필요성을 알리려고
② 시립 수족관의 새 전시관을 소개하려고
③ 바다거북의 생태에 관해 설명하려고
④ 새로운 가족 놀이 시설을 광고하려고
⑤ 해양 생물을 보호하는 캠페인을 알리려고

4 밑줄 친 reading printed books is like meditating이 다음 글에서 의미하는 바로 가장 적절한 것은?

E-books have been around for a while now, and they have **become** quite **popular**. But are they **making** us **better readers**? Studies show that printed text is actually easier to comprehend. This may be because reading printed books is like meditating. Reading digital text, on the other hand, does not promote the same level of concentration. When we look at a screen, we expect to rush through multiple tasks. It is common to jump from page to page, **leaving** articles partially **unread**. What's more, digital devices **make** us **scroll**, **click**, and **follow** links, all of which take our attention away from the text. ^F This can **get** us **stuck** in the middle of something we didn't intend to read. It is fine if you're surfing the internet, but not if you're trying to read a book.

① Reading printed text is good for our mental health.
② Meditating is the best way to become a good reader.
③ We focus on a single thing when reading printed text.
④ Digital materials teach us how to do many different things.
⑤ By reading printed text, we can learn how to find inner peace.

5 다음 글에서 필자가 주장하는 바로 가장 적절한 것은?

While modern society's promotion of individualism is generally considered to be a good thing, it can also result in self-centered teenagers who have little regard for the well-being of others. This is not only bad for society; it's bad for the teenagers as well. Researchers studying the effects of altruism in teenagers have recently made some interesting discoveries. ^GIt turns out that teenagers who do good acts generally have healthier hearts and higher self-esteem, **are** less **depressed**, and are even more successful later in life. Another recent study has backed up this result as well. It says that a healthy mental state is more closely linked with giving help than with receiving it. It is clear that we should encourage teenagers to help others, as it can also improve their own lives.

① 청소년들이 참여할 수 있는 자원봉사 활동을 확대해야 한다.
② 청소년들이 유해 환경에 노출되지 않도록 지속적으로 단속해야 한다.
③ 청소년들이 이타적인 삶을 실천할 수 있도록 적극적으로 지원해야 한다.
④ 청소년들은 신체 건강뿐 아니라 정신 건강 관리에도 주의를 기울여야 한다.
⑤ 봉사활동의 의미가 퇴색되지 않도록 진정성 있는 프로그램을 마련해야 한다.

---

3 aquarium 수족관 purpose 목적 entertain 즐겁게 해 주다 play a role 역할을 하다 sea creature 해양 생물 injure 부상을 입히다 release 풀어주다 position 두다; *…의 자리를 잡다, 자리매김하다 conservation 보호, 보존 share 공유하다

4 meditate 명상[묵상]하다 comprehend (충분히) 이해하다 promote 증진[촉진]하다 concentration 정신 집중 rush through …을 서둘러 처리하다 multiple 많은, 다수의 task 일, 과업 get ... stuck …을 꼼짝 못 하게 하다 intend 의도[작정]하다, (…하려고) 생각하다 [문제] mental 정신의 material 재료, 물질; *자료

5 promotion 승진; *조장, 장려 individualism 개인주의 self-centered 자기 중심의, 이기적인 regard 관심, 배려 altruism 이타주의, 이타심 turn out …인 것으로 드러나다, 밝혀지다 self-esteem 자존감, 자아 존중감 depressed 우울한 back up …을 뒷받침하다 encourage 권장[장려]하다

· REVIEW TEST ·

정답 및 해설 p. 15

A 다음 문장에서 굵은 글씨로 강조된 동사의 보어에 밑줄을 긋고, 각 문장을 우리말로 해석하시오. (수식어 제외)

Ⓐ Few would think that this advice **sounds** satisfying.

Ⓑ Proper advice **would be** to say, "Consider a career in education."

Ⓒ What makes matters worse **is** that humans sometimes eat these fish.

Ⓓ But aquariums also play the important role of **helping** us learn about and protect sea creatures.

Ⓔ The center **will** also **allow** guests to share the joy of helping these beautiful animals.

Ⓕ This **can get** us stuck in the middle of something we didn't intend to read.

Ⓖ It turns out that teenagers who do good acts generally have healthier hearts and higher self-esteem, **are** less depressed, and **are** even more successful later in life.

B 다음 문장에 주어진 단어 중 문맥에 가장 적절한 것을 고르시오.

1 It is sometimes suggested that people's ideal jobs can be postponed / determined by their personality type.

2 Therefore, two people with the same personality type can have very different disturbances / perspectives on employment ....

3 Microbeads are tiny / giant pieces of plastic that are smaller than five millimeters.

4 Some people think aquariums have just one proposal / purpose — to entertain visitors.

5 Here, we will take care of wild sea turtles that are sick or have been respected / injured .

6 Studies show that printed text is actually easier to comprehend / distract .

7 It is clear that we should discourage / encourage teenagers to help others, as it can also improve their own lives.

05

시제의 이해

시제는 동사가 나타내는 동작·상태의 발생 시점과 그 양상을 보여 준다. 과거·현재·미래의 기본시제에 완료형·진행형·완료진행형이 결합되어 사용될 수 있다.

1 현재완료 have+p.p.

A The researchers **have** just **completed** a big project.

B **Have** you ever **seen** a shooting star?

C I **have known** her since she was a child.

D My father **has left** for Singapore on business.

A 그 연구원들은 대규모 프로젝트를 막 끝마쳤다.

B 너는 별똥별을 본 적이 있니?

C 나는 그녀가 아이였을 때부터 그녀를 알아 왔다.

D 아버지는 사업차 싱가포르로 떠나셨다.

→ 현재완료는 「have+p.p.」의 형태이며, 과거의 일이 현재까지 영향을 주는 완료·경험·계속·결과를 나타낸다.
  • 과거에 시작된 동작의 완료: '최근에[막] …했다' A
  • 과거부터 현재까지의 경험: '…해 본 적이 있다' B
  • 과거부터 현재까지 계속되는 동작·상태: '지금까지 계속 …해 왔다' C
  • 과거의 동작·상태가 현재에 미치는 결과: '…해서 그 결과 지금 ~하다' D

Q 밑줄 친 부분에 유의하여 다음 문장을 우리말로 해석하시오.

1 He <u>hasn't eaten</u> anything today.

2 Somebody <u>has broken</u> the window.

3 She <u>has seen</u> the opera many times.

4 I <u>have just finished</u> reading this book.

5 They <u>have been</u> in the drama club for two years.

➕ 빠바 PLUS 현재완료시제 vs. 과거시제

현재완료시제가 과거시제와 다른 점은 현재와의 관련성이다. 단순히 과거에 일어났던 동작이나 상태를 나타내는 과거시제와 달리, 현재완료시제는 과거에 일어난 일이 현재에 영향을 미치는 경우에 사용된다.

1 We <u>were</u> good friends. (과거에 좋은 친구 사이였으나 지금은 어떤지 알 수 없음)

  We <u>have been</u> good friends for a long time. (과거부터 현재까지 계속 좋은 친구 사이임)

2 He <u>thought</u> about moving into a new apartment. (이사 가고 싶은 생각이 지금은 어떤지 알 수 없음)

  He <u>has thought</u> about moving into a new apartment. (이사 가고 싶은 생각이 현재도 지속되고 있음)

➕ 빠바 PLUS 현재완료시제를 쓸 수 없는 경우

현재완료시제는 명백한 과거를 나타내는 부사(구)(yesterday, last night, ago, then 등)와 함께 쓸 수 없고, 〈경험〉을 나타낼 때를 제외하고는 의문사 when으로 시작하는 의문문에서는 거의 쓰이지 않는다.

1 **I slept** for seven hours **last night**. (~~I have slept for seven hours last night.~~)

2 **When did** he **return** home? (~~When has he returned home?~~)

  cf. **When have** you ever **been** there? <현재완료의 경험>

2 과거완료 had + p.p.

A They **had** just **left** the building when the earthquake occurred.
B Jonathan greeted her with pleasure as she **had expected**.

A 지진이 발생했을 때 그들은 막 건물을 떠났었다.
B 그녀가 예상했었던 대로 Jonathan은 그녀를 반갑게 맞이했다.

→ 과거완료는 「had + p.p.」의 형태로, 과거 이전의 일이 과거까지 영향을 주는 완료·경험·계속·결과를 나타내거나 A, 과거 특정 시점보다 더 이전에 일어난 일(대과거)을 나타낸다. B

Q 괄호 안의 동사를 이용하여 다음 문장을 완성하시오.

1 Neil _____ the novel when I borrowed it from him. (finish)
2 Jerry visited the place I _____ about the previous week. (talk)
3 Yesterday, he met Jack, who _____ back from vacation. (come)
4 She _____ to Germany several years earlier, but I didn't know. (move)

3 미래완료 will have + p.p.

A The birds **will have flown** south by late fall.
B By next week, the cherry blossoms **will have** fully **bloomed**.

A 그 새들은 늦가을쯤이면 남쪽으로 날아가 버릴 것이다.
B 다음 주쯤이면 벚꽃이 활짝 피어 있을 것이다.

→ 미래완료는 「will have + p.p.」의 형태로, 과거나 현재부터 미래의 한 시점까지의 완료·경험·계속·결과를 나타낸다.

Q 밑줄 친 부분에 유의하여 다음 문장을 우리말로 해석하시오.

1 By the time he comes back, I will have finished the work.
2 We will have lived here for six years at the end of this month.
3 Ted will have been to L.A. five times if he goes there next week.
4 She will have completed her master's degree by June of next year.

4 진행형 be v-ing

A My friends **are riding** the roller coaster.
B I **was sleeping** on the sofa when Amy called.
C She **will be working** at this time tomorrow.
D He **is** always **complaining** about trivial things.

A 내 친구들이 롤러코스터를 타고 있다.
B Amy가 전화했을 때 나는 소파에서 자고 있었다.
C 그녀는 내일 이 시간에 일하고 있을 것이다.
D 그는 사소한 일에 대해 늘 불평한다.

→ 진행형은 「be v-ing」의 형태이며 특정 시점에 진행 중인 동작을 나타내는데, be동사의 시제에 따라 현재진행 A, 과거진행 B, 미래진행 C으로 구분된다. 진행형은 또한 always, usually 등과 함께 쓰여 반복적인 일에 대한 화자의 감정을 나타내기도 하며 D, 가까운 미래를 나타낼 때도 쓸 수 있다.

Q 밑줄 친 부분에 유의하여 다음 문장을 우리말로 해석하시오.

1 He is preparing dinner with his wife.
2 She is always studying when I call her.
3 My father is starting a new job next month.
4 I wonder what he will be doing next weekend.
5 We are holding a meeting on the 14th of this month.
6 While I was taking a bath, my friend rang the doorbell.

⑤ 완료진행형 have[had] been v-ing

ᴬ It **has been raining** for three days.

ᴮ He **had been sleeping** for two hours when the electricity suddenly went out.

ᴬ 3일 동안 비가 (계속) 오고 있다.
ᴮ 갑자기 정전되었을 때 그는 두 시간 동안 자고 있던 중이었다.

→ 완료진행형은 특정 시점에 일이 진행 중임을 강조할 때 사용한다.
  • 현재완료진행형 「have been v-ing」: 과거에 시작되어 현재 순간까지 진행 중인 일 ᴬ
  • 과거완료진행형 「had been v-ing」: 대과거에 시작되어 과거 특정 시점까지 진행 중인 일 ᴮ

Q 밑줄 친 부분에 유의하여 다음 문장을 우리말로 해석하시오.

1 We have been looking for a larger apartment for three weeks.
2 When I got there, they had been talking about the issue for an hour.
3 By the time she arrived, he had been standing there for three hours.
4 I have been studying for two hours and probably won't finish until midnight.

⑥ 주의해야 할 시제

ᴬ The students learned that water **boils** at 100 °C.

ᴮ Napoleon's army **was defeated** at Waterloo in 1815.

ᴬ 그 학생들은 물이 섭씨 100도에서 끓는다는 것을 배웠다.
ᴮ 나폴레옹의 군대는 1815년 Waterloo에서 패했다.

→ 과학적·일반적 진리나 사실, 혹은 격언을 나타낼 때는 현재시제를 사용하고 ᴬ, 과거에 이미 일어난 역사적 사실을 진술하거나 과거를 나타내는 부사(구)를 함께 쓸 때는 과거시제를 사용한다. ᴮ

Q 다음 문장의 괄호 안에서 어법상 알맞은 것을 고르시오.

1 When (is / was) the first World Cup held?
2 He (took / has taken) the picture three years ago.
3 Julia sold her car and (bought / has bought) a new one last month.
4 When I was very young, I didn't understand that the Earth (is / had been) round.

· GRAMMAR CHECK UP ·

정답 및 해설 p. 16

A 다음 문장의 괄호 안에서 어법상 알맞은 것을 고르시오.

1 I (have read / will have read) all of his books already.

2 We (are / have been) expanding our business worldwide since 2009.

3 Did you know that World War I (broke out / has broken out) in 1914?

4 They (will know / will have known) each other for ten years next year.

5 Tim lives in Jeju now. He (lived / has lived) there for the last six months.

6 Frank (is talking / was talking) to his father on the phone when I came in.

7 I woke up because I (have heard / had heard) a noise outside my window.

B 다음 두 문장이 같은 의미가 되도록 빈칸을 채우시오.

1 He finished his homework. Then I called him.

= He _____ _____ his homework when I called him.

2 The bus will leave for Seattle tomorrow afternoon.

= The bus _____ _____ for Seattle tomorrow afternoon.

3 I started doing ballet four years ago. I'm still doing it.

= I _____ _____ _____ ballet for four years.

4 She has worked at the company for more than 10 years. Next month will be her 11th year there.

= She _____ _____ _____ at the company for 11 years next month.

C 다음 문장의 밑줄 친 부분을 바르게 고쳐 쓰시오.

1 What they <u>will have found</u> so far is not known.

2 I <u>had studied</u> Chinese for three years next year.

3 My mother said that the early bird <u>caught</u> the worm.

4 I <u>am playing</u> computer games when my father came in.

5 In 2016, he <u>has visited</u> Brazil to participate in the Olympic Games.

1 다음 글의 주제로 가장 적절한 것은?

Cuzco, a city in modern-day Peru, **was** once an important part of the ancient world. One of the oldest cities in the Americas, it **was** the capital of the Inca Empire. In the 15th century, this empire **was** the largest in the world, stretching across most of the west coast of South America. Although there **were** only about 40,000 Incas, they **controlled** about 10 million people. Today, the remains of the Inca Empire are still found in Cuzco. Sacsayhuaman, for example, **is** an ancient fort that **took** 80 years to build and contain stones that **weigh** as much as 300 tons. ᴬ A plan to preserve the fort, which **is located** on the edge of the city, **was developed** in 2005 and **is** currently **being carried out**.

3

6

9

① why the Inca Empire was so large
② the largest fort in the ancient world
③ the ancient capital of the Inca Empire
④ how the modern nation of Peru formed
⑤ the problems faced by the capital of Peru

서술형

윗글의 네모 안의 contain 을 올바른 시제로 고쳐 쓰시오.

_____

---

1 **modern-day** 현대의 **ancient** 고대의 **capital** 수도 **empire** 제국 **stretch** 늘어나다; *(어떤 지역에 걸쳐) 뻗어 있다 **coast** 해안 **control** 지배[통제]하다 **remains** (*pl.*) 나머지; *유적 **fort** 요새 **weigh** 무게가 …이다 **be located on[in]** …에 위치하다 **edge** 가장자리 **currently** 현재 **carry out** …을 수행[실행]하다

2 밑줄 친 an unintended but positive consequence가 다음 글에서 의미하는 바로 가장 적절한 것은?

Have (a tree, ever, to, sent, you, an email)? You probably **haven't**, but many people in Melbourne, Australia, **have**. It all started with a government project to improve the health of city trees. Officials assigned an ID number and email address to each tree in the city's parks and forests. They hoped that citizens who spotted sick or damaged trees would send an email alerting the city. [Ⓑ] Sure enough, emails soon began to arrive, but they were not the kind of emails that **had been expected**. Rather than sending damage reports, people **were emailing** fan letters to the trees. [Ⓒ] Some emails complimented the appearance of certain trees; others contained stories of how the trees **had been improving** the lives of their human neighbors. The amused officials called it "an unintended but positive consequence" of their project.

① Everyone was delighted by the actions of the officials.
② The letters showed people's hidden affection for trees.
③ Despite the setback, the project is expected to succeed.
④ Technology can help trees when it is used the right way.
⑤ The emails helped reduce the number of damaged city trees.

서술형 윗글의 괄호 안의 단어들을 바르게 배열하여 문장을 완성하시오.

> a tree, ever, to, sent, you, an email

Have _____?

---

2 **unintended** 의도하지 않은 **positive** 긍정적인 **consequence** 결과 **government** 정부, 정권 **official** 공무원, 관공리 **assign** (일·책임 등을) 맡기다; *부여하다 **spot** 발견하다, 찾다 **alert** (위험 등을) 알리다 **compliment** 칭찬하다 **appearance** (겉)모습, 외모 **amused** 재미있어[즐거워]하는 [문제] **delighted** 아주 기뻐[즐거워]하는 **affection** 애정, 호의 **setback** 차질 **succeed** 성공하다

3 주어진 글 다음에 이어질 글의 순서로 가장 적절한 것은?

> "Quiet quitting" may sound like someone leaving their job without telling anyone, but it's something very different. It involves people refusing to work any harder than is necessary.

(A) On the other side of workplace relationships, there is quiet firing. ^DThis **has been done** for a long time. It happens when managers want employees to leave but are unwilling to fire them. Instead, they treat the workers so badly that they eventually quit.

(B) These behaviors of quiet quitting could also be a sign that an employee is unhappy or is being given too much work. It could be their way of reducing their stress levels and avoiding burnout. Another possibility is that they are ready to switch to a different job.

(C) ^EEmployees who decide to quiet quit **have worked** too hard for too long. Now they **have set** clear boundaries. They will do only the minimum amount of work that is required. Although they continue to do their job, they are focused on achieving a healthy work-life balance.

① (A) – (C) – (B)   ② (B) – (A) – (C)   ③ (B) – (C) – (A)

④ (C) – (A) – (B)   ⑤ (C) – (B) – (A)

4 다음 글의 요지로 가장 적절한 것은?

In today's society, inheriting money **has** once again **become** a more common path to wealth than working hard, according to Thomas Piketty, a French economist. This is because a few people have the majority of the money, and the interest they earn on this wealth **is growing** faster than the economy. It is a situation similar to that of the early 19 th century, when the only way for a poor person to become wealthy **was** to marry a rich person. Today, rich people inherit more money than the average worker earns in a lifetime. ^FThey **have been transferring** their money from one generation to another for years. This practice keeps wealth within a small number of families. As a result, social inequality **is increasing** and people are no longer motivated to work hard.

① 세대별 소득 격차가 점점 벌어지고 있다.

② 19세기와 현대 사회의 부의 세습 형태가 다르다.

③ 부의 세습으로 인해 사회의 불평등이 커지고 있다.

④ 급속한 경제 성장이 빈부 격차 확대의 주원인이다.

⑤ 현대 사회에서는 열심히 일하면 누구든 부를 얻을 수 있다.

5 Jesse Owens에 관한 다음 글의 내용과 일치하지 <u>않는</u> 것은?

The African American athlete Jesse Owens was the son of a sharecropper and the grandson of slaves. As a student, Owens set the high school world record by running 91.4 meters in 9.4 seconds, which also tied the overall world record. He set another ₃ high school world record by running 201.2 meters in 20.7 seconds and set the world record in the long jump by jumping 7.6 meters. ^GAlthough dozens of colleges **had recruited** Owens to join their track teams, he chose Ohio State University. While ₆ in school, he worked several jobs to support himself and his wife. Owens then participated in the 1936 Berlin Olympics. The German leader, Adolf Hitler **had hoped** the games would prove that Germans were superior to other races. But Owens ₉ stopped this from happening. He won gold medals in the 100- and 200-meter races, the 4x100-meter relay, and the long jump.

*sharecropper: 소작인 **track team: (미국) 육상부

① 노예의 손자이자 소작농의 아들로 태어났다.

② 고등학교 시절의 91.4미터 기록은 세계 기록에는 못 미쳤다.

③ 여러 대학에서 그를 육상부에 영입하려고 했다.

④ 재학 중에 가족을 부양하기 위해 여러 가지 일을 했다.

⑤ 1936년 베를린 올림픽에서 네 개의 금메달을 땄다.

---

3 quit (하던 일을) 그만두다 involve 포함하다; *뜻하다 refuse 거절하다, 거부하다 workplace 직장 fire 불; 불을 지르다; *해고하다 be unwilling to-v …을 꺼리다, 싫어하다 treat (특정한 태도로) 대하다, 대우하다 burnout 번아웃, 극도의 피로 switch 스위치; *전환하다, 바꾸다 boundary 경계 minimum 최소한의

4 inherit 상속받다, 물려받다 path 길 wealth 부, 재산 (*a.* wealthy 부유한) economist 경제학자 majority 대부분, 대다수 interest 흥미; *이자 earn (돈을) 벌다 average 평균의; *보통의, 일반적인 lifetime 일생, 평생 transfer 이동하다; *(재산을) 넘겨주다 generation 세대 practice 실천; *관행, 관례 inequality 불평등 motivate 동기를 부여하다

5 tie 묶다; *동점이 되다, …에 필적하다 overall 전체의, 종합적인 recruit 모집하다[뽑다] support 지지하다; *부양하다 participate in …에 참가[참여]하다 superior to …보다 우수한 relay 계주

· REVIEW TEST ·

정답 및 해설 p. 19

A 다음 문장에서 굵은 글씨로 강조된 시제에 유의하여 각 문장을 우리말로 해석하시오.

ⓐ A plan to preserve the fort, which is located on the edge of the city, was developed in 2005 and **is** currently **being carried out**.

ⓑ Sure enough, emails soon began to arrive, but they were not the kind of emails that **had been expected**.

ⓒ …; others contained stories of how the trees **had been improving** the lives of their human neighbors.

ⓓ This **has been done** for a long time.

ⓔ Employees who decide to quiet quit **have worked** too hard for too long.

ⓕ They **have been transferring** their money from one generation to another for years.

ⓖ Although dozens of colleges **had recruited** Owens to join their track teams, he chose Ohio State University.

B 다음 문장에 주어진 단어 중 문맥에 가장 적절한 것을 고르시오.

1 In the 15th century, this empire was the largest in the world, shortening / stretching across most of the west coast of South America.

2 Officials assigned / designed an ID number and email address to each tree in the city's parks and forests.

3 They hoped that citizens who spotted sick or damaged trees would send an email attacking / alerting the city.

4 It involves people refusing / confusing to work any harder than is necessary.

5 Another possibility is that they are ready to attach / switch to a different job.

6 This is because a few people have the majority / minority of the money, and the interest they earn on this wealth is growing faster than the economy.

7 The German leader, Adolf Hitler had hoped the games would prove that Germans were advanced / superior to other races.

06

수동태의 이해

동사가 나타내는 행위의 대상이 주어일 때 이러한 동사의 형태를 수
동태라고 한다. 동사의 종류와 시제에 따른 다양한 형태의 수동태를
반드시 숙지하도록 한다.

1 수동태의 기본형 be + p.p.

A Zebras **are hunted** by lions.

B A book **was given** to me by my aunt.

C She **was named** player of the year.

D He danced and **was applauded** by the audience.

A 얼룩말은 사자에게 사냥당한다.
B 책 한 권이 나의 고모에 의해서 나에게 주어졌다.
C 그녀는 올해의 선수로 지명되었다.
D 그는 춤추고 청중으로부터 박수갈채를 받았다.

→ 수동태의 기본형은 「be + p.p.」이며, 행위의 주체는 보통 「by + 목적격」으로 나타낸다. 위 문장들을 능동태로 바꾸면 아래와 같다.

A = Lions hunt zebras.
　　　S　　V　　O

B = My aunt gave me a book.
　　　S　　V　 O₁ O₂

C = They named her player of the year.
　　 S　　V　　O　　　OC

D = He danced, and the audience applauded him.
　　S　　V　　　　S　　　　　V　　　O

→ 수동태를 주로 사용하는 경우
- 행위의 대상에 초점을 맞출 때 A, B
- 행위의 주체가 분명하지 않거나 일반적인 사람들일 때 C
- 동일한 주어를 이용하여 두 개 이상의 문장을 하나로 만들 때 D

Q 괄호 안의 동사를 이용하여 다음 문장을 완성하시오.

1 I don't think the runner's record will ever _____ _____. (break)

2 I _____ _____ a job by a company last week. (offer)

3 An important problem _____ _____ unsolved by him yesterday. (leave)

4 Susan became a manager and _____ _____ more tasks by her boss. (give)

능동태 문장의 수동태 전환
1 능동태 문장의 목적어를 주어로 한다.
2 동사를 「be + p.p.」 형태로 바꾼다.
3 능동태 문장의 주어는 「by + 목적격」의 형태로 바꾸어 문장의 뒤쪽으로 보낸다. 단, 주어가 일반적인 사람(they, we, people 등)일 경우 「by + 목적격」을 보통 생략한다.

➕ 빠바 PLUS 「be + p.p.」를 하나의 동사로 간주하라

수동태 문장에서는 「be + p.p.」를 하나의 동사로 간주하여 '…되다[당하다]'라는 의미로 이해한다. 이때, 뒤따르는 어구가 목적어인지, 보어인지, 수식어인지 유의하여 해석한다.

1 Ms. Wood / was sent / a thank-you letter / by Mary. 〈목적어〉
　Wood 씨는　　받았다　　감사 편지를　　Mary에 의해

2 The sailors / were made / unhealthy / by a lack of fruit and vegetables. 〈보어〉
　그 선원들은　　되었다　건강하지 못하게　　과일과 채소의 부족에 의해

② 완료형·진행형의 수동태

A Music **has been called** the universal language. B The tower **was being built** when the war broke out.	A 음악은 세계 공통어라고 불려 왔다. B 그 탑은 그 전쟁이 발발했을 때 건설되고 있었다.

→ 수동태가 완료형이나 진행형과 결합하면 동사의 형태가 복잡해진다. 태와 시제를 개별적으로 따지기보다 완료형·진행형의 수동태를 하나의 동사로 간주하여 해석한다.
  • 완료형 수동태 「have[had] been + p.p.」: '…되었다', '…된 적이 있다', '…되어 왔다' A
  • 진행형 수동태 「be being + p.p.」: '…되고 있다', '…당하고 있다' B

Q 밑줄 친 부분에 유의하여 다음 문장을 우리말로 해석하시오.

1 The house <u>was being painted</u> by its owner.
2 The injured people <u>were being carried</u> to the hospital.
3 This year's campaign slogan <u>hasn't been decided</u> yet.
4 The death penalty <u>has been prohibited</u> in many countries.
5 Much <u>has been said</u> about the problem, but little <u>is being done</u> to solve it.

③ 형태에 주의해야 할 수동태

A Tom **was laughed at** by the class. B She **was made to pay** a fine by the police. C His theory on the origin of the universe **is not accepted by anyone**.	A Tom은 반 아이들에게 비웃음을 당했다. B 그녀는 경찰에 의해서 벌금을 내게 되었다. C 우주의 기원에 대한 그의 이론은 아무에게도 인정받지 못한다.

→ 군동사의 수동태 A
  동사구가 하나의 타동사 역할을 하는 군동사는 수동태로 바뀌어도 하나의 덩어리로 움직인다.
  A = The class **laughed at** Tom.

→ 지각동사와 사역동사의 수동태 B
  지각동사와 사역동사의 능동태 문장에서 목적격보어로 쓰인 동사원형은 수동태 문장에서 to부정사로 바뀐다.
  B = The police **made** her **pay** a fine.

→ 주어가 부정어인 문장의 수동태 C
  능동태 문장의 주어가 「no + (대)명사」인 문장의 수동태는 「not ... by any ~」의 형태로 쓰기도 한다.
  C = **No one** accepts his theory on the origin of the universe.

Q 다음 문장의 괄호 안에서 어법상 알맞은 것을 고르시오.

1 The meeting was (called / calling) off.

2 Sally was made (stay / to stay) in her room.

3 The children were seen (enter / to enter) the bookstore.

4 They were (brought by / brought up by) their grandparents.

5 Nobody can solve the mystery.

  = The mystery cannot be solved by (nobody / anybody).

6 When he is sleeping, nothing can wake him up.

  = When he is sleeping, he cannot be woken up by (nothing / anything).

➕ 빠바 PLUS 「they say[believe/think] that+주어+동사」 구문의 수동태 전환

• 능동태 문장의 주어가 일반적인 사람이고 동사 say, believe, think 등의 목적어가 that절인 경우, 두 가지 형태의 수동태로 전환이 가능하다.

- 가주어 it을 주어로 하는 수동태:
  「it is said[believed/thought] that+주어+동사」 '…라고 말해진다[믿어진다/생각된다]'
- that절의 주어를 문장의 주어로 하는 수동태: 수동태 문장으로 전환 시 that절의 동사를 to부정사로 바꾼다.
  「주어+be said[believed/thought] to-v」 '…가 ~하다고 말해진다[믿어진다/생각된다]'

1 They say that the taste of love is sweet.

  → It is said that the taste of love is sweet.
    ‾‾‾ 가주어 it

  → The taste of love is said *to be* sweet.
    ‾‾‾‾‾‾‾‾‾‾ that절의 주어

• 「주어+be said[believed/thought] to-v」의 형태에서 to부정사는 본동사의 시제와의 관계에 따라 단순부정사 「to +동사원형」이나 완료부정사 「to have+p.p.」를 쓴다.

2 They say that he is one of the richest men in the world. (that절의 시제와 주절의 시제가 같을 때)
         현재   현재

  → He is said to be one of the richest men in the world.
    현재 단순부정사

3 They say that she was the chief editor when she was in college. (that절의 시제가 주절의 시제보다 앞설 때)
         현재   과거

  → She is said to have been the chief editor when she was in college.
    현재 완료부정사

· GRAMMAR CHECK UP ·

정답 및 해설 p. 20

A 다음 문장의 괄호 안에서 어법상 알맞은 것을 고르시오.

1 Harry was heard (go / to go) upstairs.

2 The word "jeans" is believed (come / to come) from Genova.

3 The baby (was taken care / was taken care of) by her.

4 That report (is preparing / is being prepared) by the student.

5 The scientist (has discovered / has been discovered) a new planet.

6 The library is said (to be rebuilt / to have been rebuilt) 20 years ago.

B 괄호 안의 동사를 이용하여 우리말과 일치하도록 문장을 완성하시오.

1 한 고층 건물이 그 회사에 의해 건설되고 있다. (construct)

A skyscraper _____ _____ _____ by the company.

2 나는 어머니에 의해 그녀에게 사과하게 되었다. (make)

I _____ _____ _____ apologize to her by my mother.

3 방콕행 비행기가 세 시간 동안 지연되고 있다. (delay)

The flight to Bangkok _____ _____ _____ for three hours.

4 그 선생님은 학생들에게 존경받는다. (look up to)

The teacher _____ _____ _____ _____ by the students.

5 적절한 처벌이 그 판사에 의해 그 범죄자에게 주어졌다. (give)

A suitable punishment _____ _____ _____ the criminal by the judge.

C 다음 두 문장이 같은 의미가 되도록 빈칸을 채우시오.

1 They say that the pen is mightier than the sword.

= _____ _____ _____ that the pen is mightier than the sword.

= The pen _____ _____ _____ be mightier than the sword.

2 My classmates made fun of me for my mistake.

= I _____ _____ _____ _____ by my classmates for my mistake.

3 It is said that baseball was invented in New York in 1839.

= Baseball is said to _____ _____ _____ in New York in 1839.

4 The disaster happened suddenly, so no one could prevent the situation.

= The disaster happened suddenly, so the situation could _____ _____

_____ _____ _____ .

1

goliath grouper에 관한 다음 글의 내용과 일치하지 <u>않는</u> 것은?

The goliath grouper is a large ocean fish ⓐ that can live for about 40 years and reach a weight of nearly 1,500 kilograms. It prefers to live in shallow areas close to shore and can often ⓑ be found near rocky reefs. ⓒ Its diet consists mainly of lobsters, turtles, and smaller fish. ^A It **is known** for swallowing prey whole with its enormous mouth rather than chewing it. Another striking feature of the goliath grouper is ⓓ what it will emit a loud booming sound to scare away its attackers when it **is startled** or **cornered**. When it comes to its population, recreational spearfishing led to a sharp decline in the goliath grouper population in the 1960s. In the 1990s, however, an emergency law **was enacted** to ban ⓔ harvesting of the goliath grouper.

① 주로 수심이 얕은 지역에서 서식한다.
② 먹이를 통째로 삼키는 습성이 있다.
③ 놀라거나 궁지에 몰리면 큰 소리를 낸다.
④ 오락 목적의 낚시로 인해 개체 수가 급격히 감소했다.
⑤ 1960년대에 보호하기 위한 법이 제정되었다.

서술형

윗글의 밑줄 친 ⓐ~ⓔ 중, 어법상 틀린 것을 찾아 바르게 고쳐 쓰시오.

_____

---

1 **shallow** 얕은 **shore** 해안[해변] **reef** 암초 **consist of** …로 구성되다[이루어지다] **swallow** (음식 등을) 삼키다 **prey** 먹이[사냥감] **enormous** 막대한, 거대한 **striking** 눈에 띄는, 두드러진 **feature** 특징, 특성 **emit** (빛·소리 등을) 내다[내뿜다] **booming** 꽝 하고 울리는 **startle** 깜짝 놀라게 하다 **corner** (구석에) 가두다, (궁지에) 몰아넣다 **population** 인구; *개체 수 **recreational** 레크리에이션[오락]의 **spearfish** 작살로 물고기를 잡다 **decline** 감소, 하락 **emergency** 비상용의, 긴급한 **enact** (법을) 제정하다 **ban** 금(지)하다 **harvest** 수확하다

2 다음 글의 제목으로 가장 적절한 것은?

When people **are given** the choice between bottled water and tap water, they usually choose bottled water because it **is** often **believed** to be cleaner. However, this isn't always true. It is important to check the label to see where the water comes from ₃ before choosing bottled water. Spring water is usually best because it comes from a natural source, so it is less likely **to have been polluted** by artificial products. The container should also (A) consider. While containers that **are made out of** plastic do ₆ generally keep water clean, it is possible for chemicals from the plastic (B) get into the water. This is more likely to occur if it **has been kept** in a place with inconsistent temperatures. ®To avoid this, make sure your bottled water **has been stored** in a ₉ cool, dry place.

① Can Tap Water Ever Be Safe?

② The Health Benefits of Bottled Water

③ Bottled Water: Know What You Are Drinking

④ The Advantages of Tap Water over Bottled Water

⑤ The Surprising Truth about Natural Water Sources

윗글의 밑줄 친 (A)와 (B)를 어법에 알맞게 각각 고쳐 쓰시오.

(A) _____

(B) _____

---

2 **tap water** 수돗물   **spring water** 샘물   **source** (사물의) 원천, 근원   **pollute** 오염시키다   **artificial** 인공적인, 인공의   **product** 생산물, 상품, 제품   **container** 그릇, 용기   **consider** 고려[숙고]하다   **generally** 일반적으로   **chemical** 화학물질   **occur** 일어나다, 발생하다   **inconsistent** 부합하지 않는; *너무 자주 변하는, 일관성 없는   **avoid** 방지하다, 막다   **store** 저장[보관]하다
[문제] **advantage** 유리한 점, 이점, 장점

3 다음 글의 빈칸에 들어갈 말로 가장 적절한 것은?

Russia's Big Stone River is not what its name suggests. It is actually a long line of giant rocks stretching down the side of a mountain. [ⓒ]It **is believed to have been caused** by a rock slide about 10,000 years ago. At that time, there were glaciers on top of the region's mountains. [ⓓ]The mountaintops **were crushed** into giant rocks by the heavy weight of this ice. After the glaciers melted, the rocks began to slide down, creating the Big Stone River. It **was given** its name because it looks like a river, not because _____. The "river" has been motionless since the original rock slide. Despite this, running water **can be heard** at the Big Stone River. The sound, however, **is produced** by small streams beneath the rocks.

① it contains stones　　　② it is very long　　　③ it is on a mountain
④ it is always frozen　　　⑤ it actually flows

4 다음 글의 요지로 가장 적절한 것은?

When a natural disaster occurs, many people react by donating clothes, food, or toys. [ⓔ]However, if these items **weren't** specifically **requested**, they may actually be making things worse. Haiti, for example, received hundreds of refrigerators from a well-meaning company after it **was hit** by a devastating earthquake. Unfortunately, the refrigerators **were not designed** to work in Haiti, and most of the people who **were affected** by the earthquake were living in tents. The tropical country also received donations of winter clothing. In the end, it **was discovered** that more than half of the donations **were not needed**, and they **were dumped** into local landfills. This had a negative impact on the country's environment. Donating to people in need is a thoughtful thing to do, but only if a charity or government agency has asked for the items.

① 재난 피해를 입은 곳에 대한 지속적인 후원이 필요하다.
② 어떤 구호품은 재난 상황 극복에 도움이 되지 않을 수도 있다.
③ 재난 피해가 심각한 나라에는 구호품을 보내지 않는 것이 좋다.
④ 지나치게 많은 구호품을 보내는 것은 환경에 좋지 않은 영향을 미친다.
⑤ 재난 상황에 처한 곳에는 가급적 다양한 물건을 기부하는 것이 바람직하다.

5 다음 글에서 전체 흐름과 관계 <u>없는</u> 문장은?

Computerized tomography scans, commonly called CT scans, **were** first **performed** in the 1970s and have since become a powerful medical tool. ① They utilize computers and X-ray machines to produce cross-sectional images of the body that are more detailed than typical X-rays. ② [Ⓕ] For example, they **can be used** to produce comprehensive images not only of bones but also of blood vessels and soft tissues. ③ [Ⓖ]A CT scan **is performed** by having a patient lie down in a tunnel-like machine that takes X-ray images while rotating around the patient's body. ④ Due to the high amount of radiation exposure involved, it is risky for patients to undergo this scan frequently. ⑤ Once the scan is complete, the X-rays **are combined** by a computer to make slice-like images of the body, which **may** then **be used** to produce 3D images.

*tomography: 단층 촬영 **cross-sectional: 단면의

---

3 suggest 제안하다; *시사하다 rock slide 낙석 glacier 빙하 region 지방, 지역 crush 부수다 melt 녹다 motionless 움직이지 않는 original 본래의; *최초의 stream 개울, 시내 [문제] frozen 얼음이 언, 결빙한

4 disaster 참사, 재해 react 반응하다, 반응을 보이다 donate 기부하다 (n. donation 기부, 기증; *기증품, 기부금) specifically 분명히; *특별히 well-meaning 선의의, 선의로 한 devastating 대단히 파괴적인, 엄청난 손상을 가하는 earthquake 지진 unfortunately 불행하게도, 유감스럽게도 tropical 열대 지방의, 열대의 dump 버리다 local 지역의, 현지의 landfill 쓰레기 매립지 negative 부정적인 in need 어려움에 처한 thoughtful 생각이 깊은, 사려 깊은 charity 자선 단체 government 정부

5 utilize 활용[이용]하다 detailed 상세한 typical 전형적인, 대표적인 comprehensive 포괄적인, 종합적인 blood vessel 혈관 tissue (세포들로 이뤄진) 조직 rotate 회전하다 due to … 때문에 radiation 방사선 exposure 노출 involve 수반[포함]하다 risky 위험한 undergo …을 받다, 겪다 frequently 자주, 흔히 combine 결합하다

06 수동태의 이해 **69**

A 다음 문장에서 수동태에 밑줄을 긋고, 각 문장을 우리말로 해석하시오.

Ⓐ It is known for swallowing prey whole with its enormous mouth rather than chewing it.

Ⓑ To avoid this, make sure your bottled water has been stored in a cool, dry place.

Ⓒ It is believed to have been caused by a rock slide about 10,000 years ago.

Ⓓ The mountaintops were crushed into giant rocks by the heavy weight of this ice.

Ⓔ However, if these items weren't specifically requested, they may actually be making things worse.

Ⓕ For example, they can be used to produce comprehensive images not only of bones but also of blood vessels and soft tissues.

Ⓖ A CT scan is performed by having a patient lie down in a tunnel-like machine that takes X-ray images while rotating around the patient's body.

B 다음 문장에 주어진 단어 중 문맥에 가장 적절한 것을 고르시오.

1 It prefers to live in shallow / swallow areas close to shore and can often be found near rocky reefs.

2 When it comes to its population, recreational spearfishing led to a sharp rise / decline in the goliath grouper population in the 1960s.

3 Spring water is usually best because it comes from a natural source, so it is less likely to have been polluted by artificial / artistic products.

4 After the glaciers formed / melted , the rocks began to slide down, creating the Big Stone River.

5 Donating to people in need is a(n) awful / thoughtful thing to do, but only if a charity or government agency has asked for the items.

6 Due to the high amount of radiation exposure involved, it is risky / safe for patients to undergo this scan frequently.

07

조동사의 이해

조동사는 본동사의 앞에 쓰여 허가·가능·추측·의무 등의 의미를 보완한다. 자주 쓰이는 조동사와 그 의미, 관용표현을 알아 둔다.

· GRAMMAR BUILD UP ·

정답 및 해설 p. 23

1 자주 쓰이는 조동사 (1)

A **May** I use your phone for a while?

B He **will** graduate from high school next year.

C She **can** speak four languages, including Korean.

D There **must** be something in my eye.

A 당신의 전화를 잠시 사용해도 될까요?
B 그는 내년에 고등학교를 졸업할 것이다.
C 그녀는 한국어를 포함하여 4개 언어를 말할 수 있다.
D 내 눈에 뭔가가 들어간 것이 틀림없다.

→ 조동사 뒤에는 항상 동사원형을 쓴다. 자주 쓰이는 조동사는 그 의미를 정리하여 알아 둔다.
- 허가: may, can '…해도 좋다', '…해도 된다' A
- 예정·미래: will '…할 것이다' B
- 가능·능력: can '…할 수 있다' C
- 추측: must '…임이 틀림없다' D
  cannot[can't] '…일 리가 없다'
  may, might '…일지도 모른다'

Q 밑줄 친 부분에 유의하여 다음 문장을 우리말로 해석하시오.

1 You <u>may</u> wear any clothes you like.

2 He <u>will</u> visit his grandmother tomorrow.

3 The password for the account <u>cannot</u> be so simple.

4 We <u>might</u> take a trip to the beach this coming Saturday.

5 Dry ice <u>can</u> be dangerous if you touch it without wearing gloves.

추측을 나타내는 조동사의 확실성 비교 must 〉 may 〉 might의 순서로, must가 가장 확실한 추측을 나타내는 반면 might는 가장 불확실한 추측을 나타낸다.

2 자주 쓰이는 조동사 (2)

A You **ought to** apologize for your bad behavior.

B Every summer, we **would** ride our bikes to the riverside.

C The park is not as clean as it **used to** be.

A 너는 네 나쁜 행실에 대해 사과해야 한다.
B 매년 여름, 우리는 자전거를 타고 강변으로 가곤 했다.
C 그 공원은 예전에 그랬던 것만큼 깨끗하지 않다.

→ 자주 쓰이는 조동사는 그 의미를 정리하여 알아 둔다.
- 의무·권고: must, should, ought to '…해야 한다' A
  (※ must는 강제적인 의무를, should와 ought to는 윤리적·도덕적인 의무를 주로 나타낸다.)
  had better '…하는 것이 좋다' 〈강한 권고〉
  had better not '…하지 않는 것이 좋다' 〈강한 권고〉
- 과거의 습관: would '…하곤 했다' B
- 과거의 습관·상태: used to '…하곤 했다', '(상태가) …이었다' C

Q 다음 문장의 괄호 안에서 문맥상 알맞은 것을 고르시오.

1 We (may / ought to) be quiet in the library.

2 You (should / would) take responsibility for what you did.

3 You (had better / used to) take your umbrella with you tomorrow.

4 You (cannot / must) follow the instructions of the crew for your safety.

5 There (used to / would) be a flower shop on the corner three years ago.

would와 used to의 비교
과거의 습관을 나타낼 경우 would와 used to 둘 다 쓰지만, 과거의 상태를 나타낼 경우에는 used to만 쓴다.

➕ **바바PLUS** used to와 혼동하기 쉬운 표현들

used to와 형태가 비슷하여 혼동하기 쉬운 「be used to-v」와 「be used to v-ing」의 쓰임을 익혀 두자.

1 This machine is used to clean the floor.　　'···하는 데 사용되다' <수동태>

2 I'm used to reading while listening to music.　'···하는 데 익숙하다'

---

③ 조동사 + have + p.p.

A She **may have cooked** pasta for dinner.

B You **should have seen** the beautiful scenery with your own eyes.

A 그녀는 저녁 식사로 파스타를 만들었을지도 모른다.

B 네가 그 아름다운 풍경을 네 눈으로 봤어야 했는데.

→ 조동사가 완료형인 「have + p.p.」와 함께 쓰이면 과거 사실에 대한 추측, 가능성, 후회 등을 나타낸다.

- 「may[might] have + p.p.」 '···했을지도 모른다' A
- 「must have + p.p.」 '···했음이 틀림없다'
- 「cannot[can't] have + p.p.」 '···했을 리가 없다'
- 「could have + p.p.」 '···할 수도 있었다'
- 「should have + p.p.」 '···했어야 했는데 (하지 않았다)' B
- 「should not[shouldn't] have + p.p.」 '···하지 말았어야 했는데 (했다)'
- 「need not[needn't] have + p.p.」 '···할 필요가 없었는데 (했다)'

Q 다음 두 문장의 의미가 같도록 괄호 안에서 문맥상 알맞은 것을 고르시오.

1 My mother (can't / must) have thought that I was asleep.

　= It is certain that my mother thought I was asleep.

2 She (can't / shouldn't) have gone so far in such a short time.

　= It is impossible for her to have gone so far in such a short time.

3 You (could / should) have refused such an unfair proposal.

　= It was a mistake that you didn't refuse such an unfair proposal.

4 He (may / can't) have forgotten the promise because he was busy.

　= It is possible that he forgot the promise because he was busy.

5 You (may / need) not have given me such an expensive present.

　= It was not necessary for you to give me such an expensive present.

4 조동사를 포함하는 주요 구문

A I'd **like to buy** a brand-new car.

B I'd **rather** live alone **than** with her.

C It's very sunny today. We **may well** get a tan.

D You **may as well** check your email.

E We **couldn't help laughing** at Dad's dancing.

F You **cannot** be **too** careful in choosing your friends.

A 나는 신형 자동차를 사고 싶다.
B 그녀와 사느니 차라리 혼자 살겠다.
C 오늘은 아주 화창하다. 우리는 아마 햇볕에 탈 것이다.
D 너는 이메일을 확인하는 편이 낫겠다.
E 우리는 아빠의 춤에 웃지 않을 수 없었다.
F 친구를 선택함에 있어서는 아무리 조심해도 지나치지 않다.

→ 조동사를 포함하는 주요 구문과 그 의미를 정리하여 알아 둔다.
- 「would like to-v」 '…하고 싶다' A
  ※ 「would like ... to-v」 '…가 ~하기를 바라다'
- 「would rather ... (than ~)」 '(~하느니) 차라리 …하겠다[하고 싶다]' B
- 「may well ...」 '…하는 것은 당연하다', '아마 …일 것이다' C
- 「may[might] as well ...」 '…하는 편이 낫다' D
- 「cannot[can't] help v-ing(= cannot[can't] but+동사원형)」 '…하지 않을 수 없다' E
- 「cannot[can't] ... too+형용사/부사」 '아무리 ~하게 …해도 지나치지 않다' F

Q 주어진 우리말과 일치하도록 빈칸에 적절한 조동사 구문을 쓰시오.

1 나는 그의 용기에 감탄하지 않을 수 없다.

   I _____ _____ admire his courage.

2 그녀가 그 소식에 놀라는 것은 당연하다.

   She _____ _____ be surprised at the news.

3 나는 다음 버스를 기다리느니 차라리 걸어가겠다.

   I _____ _____ walk _____ wait for the next bus.

4 나는 언젠가 사하라 사막을 방문하고 싶다.

   I _____ _____ _____ visit the Sahara desert one day.

5 Sarah는 그 다친 강아지를 안쓰럽게 여기지 않을 수가 없다.

   Sarah _____ _____ feeling sorry for the injured little dog.

6 너는 직접 요리하는 법을 배우는 편이 낫다.

   You _____ _____ _____ learn how to cook for yourself.

7 우리는 이 중요한 발표를 위해 아무리 많이 준비해도 지나치지 않다.

   We _____ prepare _____ much for this important presentation.

A 다음 문장의 괄호 안에서 문맥상 알맞은 것을 고르시오.

1 We all made the rules, so we (can't / ought to) obey them.

2 You (had better / would like to) leave now, or you'll miss the bus.

3 You (should / used to) not have made a U-turn on a one-way street.

4 When she was young, she (ought to / used to) sing in a church choir.

5 She (must / can't) be rich; she bought the most expensive bag in that store.

6 What he said (can't / used to) be true because he doesn't know about the news.

7 You (must / should) have studied hard, but you played computer games instead.

8 Stacy is the most honest girl I've ever known, so she (can't / must) have told a lie.

B 다음 문장의 밑줄 친 부분을 바르게 고쳐 쓰시오.

1 I can't find my wallet. I <u>may leave</u> it at home.

2 It is raining cats and dogs. You <u>had not better</u> go out.

3 I <u>used to living</u> in San Francisco, but now I live in Detroit.

4 Andy never eats peanuts. He <u>may as well</u> be allergic to them.

C 주어진 우리말과 일치하도록 빈칸에 적절한 조동사 구문을 쓰시오.

1 나는 새 신발에 진흙을 묻히지 않을 수 없었다.

  I couldn't _____ getting mud on my new shoes.

2 이 빗속에서 걷느니 차라리 집에 있겠다.

  I _____ _____ stay home than walk in this rain.

3 너는 그녀에게 네가 어떻게 느끼고 있는지 말하는 편이 낫다.

  You might _____ _____ tell her how you're feeling.

4 좋은 우정의 가치는 아무리 많이 강조해도 지나치지 않다.

  You _____ emphasize the value of good friendship too much.

5 우주에는 아마 다른 지적 생명체가 존재할 것이다.

  There _____ _____ be other intelligent beings in the universe.

6 이 영화에 대해서 더 알고 싶으시면, 저희 웹 사이트를 방문하세요.

  If you _____ _____ _____ know more about this movie, please visit our website.

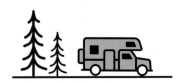
1 다음 글의 제목으로 가장 적절한 것은?

A group of cyclists are all riding identical bicycles. But they're not part of a cycling club—they're using a local bike share program. **ⓐ** You **may have seen** or **heard** about bike share programs. Using a mobile app, people **can** locate an available bike nearby. And when they're done riding the bike, the app **will** tell them where they **can** return it. Most of these programs use high-quality bikes. Along with locks and comfortable seats, they **might** also have baskets or lights. And the cost is quite reasonable compared to other forms of public transportation. Best of all, users get a chance to work out and enjoy some fresh air. From the city's point of view, using bike sharing programs improves traffic conditions and reduces air pollution. It is a win-win situation for everyone involved.

① The Best Mobile Apps for Staying Fit
② Why More People Are Buying Bicycles
③ A Healthy Alternative to Buses and Taxis
④ Public Transportation: Good for the Earth
⑤ The Benefits of Working Out with a Group

서술형 윗글의 네모 안의 they 가 가리키는 것을 찾아 영어로 쓰시오.

_____

---

1 cyclist 자전거 타는 사람 (*n.* cycling 자전거 타기) identical 동일한, 똑같은 local 지역의, 현지의 locate 정확한 위치를 찾아내다 available 구할[이용할] 수 있는 along with …와 함께 reasonable 합리적인; *적정한, 너무 비싸지 않은 compared to …와 비교하여 public transportation 대중교통 기관[수단] point of view 관점[견해] improve 개선하다, 향상시키다 pollution 오염, 공해 win-win 모두에게 유리한[모두가 득을 보는] [문제] stay fit 건강을 유지하다 alternative 대안, 선택 가능한 것 benefit 혜택, 이득

76

2 다음 글의 목적으로 가장 적절한 것은?

▢▢☒

To whom it **may** concern,

I am a local resident and also an employee at the town's public radio station, KDFG. Our station plays an important role in the region. Along with music and entertainment, we provide listeners with an emergency alert system. Despite this, the town council has decided (A) cutting our budget by nearly 30%. When I heard this, I knew I had to do something. If the station's funding (B) cut, many staff members **will** lose their jobs. This **will** hurt the local economy. What's more, losing this source of news and information **will** be upsetting to many people. **ⓑ**Therefore, I'd **like** you **to** reconsider your decision. It **would** be the right thing to do.

Benjamin O'Connor

---

① 일자리 감소 대책을 요구하려고
② 지역 경제의 어려움을 호소하려고
③ 시의회의 예산 책정 방식을 비판하려고
④ 지역 방송국의 예산 삭감 재고를 요청하려고
⑤ 지역 라디오 방송국의 프로그램을 홍보하려고

서술형

윗글의 밑줄 친 (A)와 (B)를 어법에 알맞게 각각 고쳐 쓰시오.

(A) _____

(B) _____

---

2 **resident** 거주자, 주민 **employee** 종업원, 고용인 **station** 역, 정거장; *방송국 **entertainment** 오락 **emergency alert system** 비상경보 시스템[체계] **council** 의회 **budget** 예산 **funding** 자금 **staff member** 직원 **upsetting** 속상하게 하는 **reconsider** 재고하다

다음 글의 밑줄 친 부분 중, 어법상 틀린 것은?

People provide pets with homes, and pets provide people with companionship. This **can** be an enjoyable, mutually beneficial relationship. However, not everyone is cut out to be a pet owner. Owning a pet comes with responsibilities. ᶜBefore ① deciding ₃ to get a pet, you **may well** need to take your home and lifestyle into consideration. You **should** adopt only pets ② for which you **can** provide sufficient space and a safe environment. Also, if you share a home with others, you **had better** consider how ₆ you **will** keep your pet from negatively impacting ③ them. This includes controlling your pet's odors, keeping it from making too much noise, and not allowing it ④ strayed. Finally, you **must** understand ⑤ that pet ownership is a lifelong ₉ commitment. ᴰThe importance of this **cannot** be emphasized **too** much.

4 글의 흐름으로 보아, 주어진 문장이 들어가기에 가장 적절한 곳은?

> However, the number of such cottages in the Korean countryside is continuously dropping.

Swallows, a type of migratory bird, come back to Korea every May. ᴱThey **used to** ₃ be quite common. However, the number of birds has been decreasing each year. The primary cause is a drop in insect populations. Farmers use chemicals to kill insects, which are the main food source for swallows. (①) Fewer insects mean fewer ₆ swallows. (②) What's more, the swallows' nesting areas are disappearing. (③) They prefer to build nests on the roofs of traditional cottages. (④) Many people feel sorry that the swallows, which **used to** visit in large numbers, are becoming rare. (⑤) ₉ Some even think the bird **should** be made a natural treasure so it **can** be protected.

*migratory bird: 철새

5

다음 글의 빈칸에 들어갈 말로 가장 적절한 것은?

In the 1950s, instant cake mixes appeared on supermarket shelves in America. Consumers were suspicious at first—simply mixing powder and water together seemed too easy. [ⓕ]Cake-mix manufacturers soon learned that adding an additional step to the process **would** make people feel more comfortable. Even though they were simply cracking an egg into the mix, it made the process feel more like real baking. There **may have been** other factors as well; instant cakes made with an egg **may well have looked** and **tasted** better. But it was the sense of effort that made these cakes so popular. Consumers are generally unwilling to put a lot of time and effort into instant food products. However, _____ seems to appeal to their sense of pride and desire to feel self-sufficient.

① helping shoppers to make informed decisions
② finding ways to simplify complex cooking processes
③ adding healthy ingredients to otherwise unhealthy food
④ encouraging Americans to cook their own food at home
⑤ giving people a chance to be more involved in the process

3 **companionship** 동료[동지]애, 우정   **mutually** 서로, 상호 간에   **beneficial** 유익한, 이로운   **be cut out to-v** …에 적합하다   **responsibility** 책임(맡은 일), 책무   **take ... into consideration** …을 고려하다   **adopt** 입양하다   **sufficient** 충분한   **negatively** 부정적으로   **impact** 영향[충격]을 주다   **odor** 냄새   **stray** (자기도 모르게) 제 위치를 벗어나다; *돌아다니다   **ownership** 소유(권)   **lifelong** 평생 동안의, 일생의   **commitment** 약속   **emphasize** (중요성을) 강조하다

4 **cottage** 시골집, 오두막집   **countryside** 시골 지역, 전원 지대   **continuously** 계속해서   **drop** 떨어지다; 감소   **swallow** 제비   **primary** 주된, 주요한   **population** 인구; *개체 수   **chemical** 화학 물질[약품]   **nest** 둥지를 틀다; (새의) 둥지   **traditional** 전통적인   **natural treasure** 천연기념물

5 **suspicious** 의혹을 갖는, 수상쩍어하는   **manufacturer** 제조자[사], 생산 회사   **factor** 요인, 요소   **unwilling** 꺼리는, 싫어하는   **appeal** 간청하다; *(마음에) 와닿다, 매력이 있다   **self-sufficient** 자급자족할 수 있는, 자립할 수 있는   [문제] **informed** 정보에 근거한   **simplify** 간소화[단순화]하다   **complex** 복잡한   **ingredient** 재료[성분]   **otherwise** 그렇지 않으면[않았다면]

A 다음 문장에서 굵은 글씨로 강조된 조동사 구문에 유의하여 각 문장을 우리말로 해석하시오.

ⓐ You **may have seen** or **heard** about bike share programs.

ⓑ Therefore, I**'d like** you **to** reconsider your decision.

ⓒ Before deciding to get a pet, you **may well** need to take your home and lifestyle into consideration.

ⓓ The importance of this **cannot** be emphasized too much.

ⓔ They **used to** be quite common.

ⓕ Cake-mix manufacturers soon learned that adding an additional step to the process **would** make people feel more comfortable.

B 다음 문장에 주어진 단어 중 문맥에 가장 적절한 것을 고르시오.

1 Using a mobile app, people can ⃞ locate / displace ⃞ an available bike nearby.

2 And the cost is quite ⃞ responsible / reasonable ⃞ compared to other forms of public transportation.

3 What's more, losing this source of news and information will be ⃞ caring / upsetting ⃞ to many people.

4 You should ⃞ adapt / adopt ⃞ only pets for which you can provide sufficient space and a safe environment.

5 Many people feel sorry that the swallows, which used to visit in large numbers, are becoming ⃞ rare / common ⃞.

6 Consumers were ⃞ conscious / suspicious ⃞ at first — simply mixing powder and water together seemed too easy.

08

가정법의 이해

있는 사실을 그대로 전달하는 직설법과 달리 가정법은 가정·상상·
소망·가능성 등 화자의 심리를 표현하는 동사의 형태이다.

· GRAMMAR BUILD UP ·

1 가정법의 기본 형태와 의미

A If I **lived** near a pool, I **would swim** every day.

B If it **had not been** so cloudy, we **could have seen** the full moon.

C If I **hadn't been** sick, I **would be** happier **now**.

A 만약 내가 수영장 근처에 산다면 매일 수영을 할 것이다.

B 만약 날씨가 그렇게 흐리지 않았더라면, 우리는 보름달을 볼 수 있었을 것이다.

C 만약 내가 아프지 않았더라면, 나는 지금 더 행복할 것이다.

→ 가정·상상·소망·가능성 등을 표현하는 가정법에는 크게 세 가지의 기본 형태가 있다.

- 가정법 과거 「if+주어+동사의 과거형, 주어+조동사의 과거형+동사원형」:
  '만약 …하면, ~할 것이다'의 의미로, 실현 가능성이 희박한 일이나 현재 사실과 반대되는 일을 가정한다. A
  이때, if절에 나오는 be동사의 과거형은 인칭과 수에 관계없이 were를 쓰는 것이 원칙이다.
- 가정법 과거완료 「if+주어+had+p.p., 주어+조동사의 과거형+have+p.p.」:
  '만약 …했더라면, ~했을 것이다'의 의미로, 과거 사실과 반대되는 일을 가정한다. B
- 혼합 가정법 「if+주어+had+p.p., 주어+조동사의 과거형+동사원형」:
  '(과거에) 만약 …했더라면, (지금) ~할 것이다'의 의미로, 과거의 사실과 반대되는 일이 현재까지 영향을 미치는 경우에 사용되며, 보통 주절에 now, today, still 등의 현재를 나타내는 부사(구)가 쓰인다. C

Q 다음 문장의 괄호 안에 주어진 동사를 알맞은 형태로 고쳐 쓰시오. (단, 고칠 필요가 없으면 그대로 쓸 것.)

1 If I (be) you, I wouldn't waste my time.

2 If you had called me, I would (go) to a movie.

3 If it (be) not so icy in the mountains, I would go hiking.

4 If I hadn't told her a lie, we would still (be) good friends.

5 If I (have) a lot of money, I would travel around the world.

6 If they had left earlier, they could (avoid) the heavy traffic.

7 If I (accept) the job then, I would be working with you now.

8 If your mother (know) you skipped school, she would be angry.

9 If he hadn't bought the expensive car, he would (have) a lot of money now.

➕ 빠바 PLUS if절에 were to-v 또는 should를 사용한 가정법

「if+주어+were to-v, 주어+조동사의 과거형+동사원형」은 실현 가능성이 없는 미래의 일에 대한 가정·상상을 나타내고, 「if+주어+should+동사원형, 주어+조동사의 과거형+동사원형」은 실현 가능성이 희박한 미래의 일에 대한 가정을 나타낸다.

1 If I were to choose my career again, I would become a journalist.

2 If economic growth should stop, people would lose their jobs.

2 주어 + wish + 가정법 / as if[though] + 가정법

A **I wish** I **were** more confident.

B **I wish** we **had brought** the map.

C She spends money **as if** it **grew** on trees.

D The boy looks **as though** he **had seen** a ghost.

A 내가 좀 더 자신감이 있다면 좋을 텐데.
B 우리가 그 지도를 가져왔더라면 좋을 텐데.
C 그녀는 마치 돈이 나무에서 열리는 것처럼 돈을 쓴다.
D 그 소년은 마치 유령을 봤던 것처럼 보인다.

→ 「주어＋wish」나 as if[though]를 사용하여 현재에 이루기 힘든 소망, 과거에 하지 못한 일에 대한 아쉬움, 사실과 반대되는 상상 등을 나타낼 수 있다. 이때, 주절의 시제와 일치하는 시점의 일을 가정하면 가정법 과거를, 그 이전 시점의 일을 가정하면 가정법 과거완료를 쓴다.
  - 「주어＋wish＋가정법 과거」   '…라면 좋을 텐데' A
  - 「주어＋wish＋가정법 과거완료」   '…했더라면 좋을 텐데' B
  - 「as if[though]＋가정법 과거」   '마치 …인 것처럼' C
  - 「as if[though]＋가정법 과거완료」   '마치 …였던 것처럼' D

Q 밑줄 친 부분에 유의하여 다음 문장을 우리말로 해석하시오.

1 Ryan speaks as though he were an expert.

2 I wish I had kept in touch with my old friends.

3 Everything looks strange to me, as if I had not seen it before.

4 She wishes her parents approved of her plan to study abroad.

➕ 빠바 PLUS   as if[though] + 직설법

as if[though] 다음에 나오는 내용이 사실일 가능성이 있는 경우에는 직설법을 쓸 수 있다.

1 The man acts as if he were rich. (가정법: 사실은 부자가 아니다)

2 The man acts as if he is rich. (직설법: 실제로 부자일 가능성이 있다)

3 My wife talks as if she were satisfied with this shabby house. (가정법: 사실은 만족하지 못한다)

4 My wife talks as if she is satisfied with this shabby house. (직설법: 만족할 가능성이 있다)

3 if의 생략

A **Were I** healthy, I **would play** soccer with you.

B **Had I known** it was your birthday, I **would have bought** you a present.

A 만약 내가 건강하다면, 나는 너와 함께 축구를 할 것이다.
B 만약 내가 네 생일인 것을 알았더라면, 나는 너에게 선물을 사 주었을 것이다.

→ 가정법 if절의 (조)동사가 were, had, should일 때, 접속사 if를 생략할 수 있다. 이때 if절의 주어와 (조)동사는 도치된다. A, B
  A = If I were healthy, I would play soccer with you.
  B = If I had known it was your birthday, I would have bought you a present.

Q 다음 두 문장이 같은 의미가 되도록 빈칸을 채우시오.

1 If I were a woman, I would grow my hair long.
→ _____ _____ a woman, I would grow my hair long.

2 If I had known her phone number, I would have called her.
→ _____ _____ _____ her phone number, I would have called her.

3 If you were a teacher, you would understand how difficult teaching is.
→ _____ _____ a teacher, you would understand how difficult teaching is.

4 If our team had practiced harder, we might have won the game.
→ _____ _____ _____ _____ harder, we might have won the game.

4 가정·조건의 의미가 함축된 어구

A **Without** the internet, communication **would be** very slow.

B **A man of sense would do** it another way.

C **To see** him dance, you **would think** he was a dancer.

D **Born** into a different family, I **would not have had** such a happy life.

A 인터넷이 없다면, 의사소통이 매우 느릴 것이다.

B 사리를 분별할 줄 아는 사람이라면 그것을 다른 방식으로 할 것이다.

C 그가 춤추는 것을 본다면, 너는 그를 댄서라고 생각할 것이다.

D 다른 가정에서 태어났더라면, 나는 그런 행복한 삶을 살지 못했을 것이다.

→ 가정·조건의 의미가 함축된 부사(구)^A, 주어인 명사(구)^B, to부정사(구)^C, 분사구문^D은 가정법의 if절을 대신할 수 있다.

A = If it were not for the internet, communication would be very slow.

B = If he were a man of sense, he would do it another way.

C = If you saw him dance, you would think he was a dancer.

D = If I had been born into a different family, I would not have had such a happy life.

Q 밑줄 친 부분에 유의하여 다음 문장을 우리말로 해석하시오.

1 I would be happy to be of service to you.
2 Living in the country, you would feel more relaxed.
3 But for the traffic jam, we could have arrived on time.
4 An honest person would not have cheated his/her friends.
5 In your place, I would make a complaint about their mistakes.
6 I'm very busy this week; otherwise, I would come to your party.

but for와 without

'…이 없(었)다면'을 의미하는 「but for …」와 「without …」은 가정법 과거에서는 「if it were not for …」로, 가정법 과거완료에서는 「if it had not been for …」로 바꿔 쓸 수 있다.

➕ **빠바 PLUS** 가정·조건의 의미가 함축된 어구의 가정법 시제 파악

if절 대신에 가정이나 조건의 의미가 함축된 어구가 사용된 경우, 뒤따르는 동사의 형태를 통해 가정법 과거인지 혹은 가정법 과거완료인지 알 수 있다.

1 A more skilled teacher would treat such a student differently.
　　　　　　　　　　　　　　가정법 과거

2 He really did his best; otherwise, he could not have accomplished it.
　　　　　　　　　　　　　　　　　　　　　가정법 과거완료

 A 다음 문장의 괄호 안에서 어법상 알맞은 것을 고르시오.

1 I wish I (can / could) speak three languages.

2 My uncle treats me as if I (am / were) his daughter.

3 (Is / Were) he stronger, he could lift the heavy boxes.

4 (Did I know / Had I known) the answer, I could have told you.

5 If I had studied harder, I could (pass / have passed) the exam.

6 (If / Without) your support, I couldn't have finished my project.

7 (Did we take / Had we taken) a taxi, we could have arrived earlier.

8 If we had lived in the same city, we could (see / have seen) each other more.

9 If I had run the marathon yesterday, I would (be / have been) tired now.

10 He'd never been to Paris, but he talked as if he (lived / had lived) there before.

B 다음 문장의 괄호 안에 주어진 동사를 알맞은 형태로 고쳐 쓰시오. (단, 고칠 필요가 없으면 그대로 쓸 것.)

1 If I had been wiser, I would not (turn) down his offer.

2 If we (attend) the same school, we could spend more time together.

3 If Karen (bring) an umbrella, she would have enjoyed her walk more.

4 If she could see her favorite singer in person, she would (jump) for joy.

C 다음 두 문장이 같은 의미가 되도록 빈칸을 채우시오.

1 A reliable worker would not be late every day.

= If he/she _____ a reliable worker, he/she would not be late every day.

2 Under different circumstances, I would not have been so upset.

= If the circumstances _____ _____ different, I would not have been so upset.

3 I looked it up on the internet; otherwise, I would not have known the answer.

= If I _____ _____ _____ _____ _____ on the internet, I would not
have known the answer.

4 Without his grandma's encouragement, he wouldn't have written that novel.

= If it _____ _____ _____ _____ his grandma's encouragement,
he wouldn't have written that novel.

1 다음 글에서 필자가 주장하는 바로 가장 적절한 것은?

ⒶHave you ever thought about what you **would do if** you **could travel** back in time? **If I had known** in the past ⓐ <u>what</u> I know now, I **could have sped up** my personal development. Of course, time travel is impossible, but I can share some important knowledge with you—not everything <u>that</u> ⓑ <u>goes</u> wrong is somebody's fault. When there is a problem, our first reaction is usually to try ⓒ <u>to figure out</u> who caused it. And once we do, we are generally ⓓ <u>satisfied</u>, **as if** we **have solved** the problem. However, not only ⓔ <u>do</u> the problem still exist, but there may not even be someone to blame. Therefore, you should focus on the problem's solution rather than its cause.

① 문제 발생 시 원인 규명을 가장 먼저 해야 한다.
② 빠른 문제 해결을 위해 타인에게 조언을 구해야 한다.
③ 문제 발생에 책임이 있는 사람에게 문제 해결을 맡겨야 한다.
④ 개인의 발전을 위해서 과거의 경험을 되돌아볼 줄 알아야 한다.
⑤ 문제의 책임 소재를 밝히는 것보다 해결책을 찾는 것을 우선시해야 한다.

서술형

윗글의 밑줄 친 ⓐ~ⓔ 중, 어법상 틀린 것을 찾아 바르게 고쳐 쓰시오.

_____

---

1 **speed up** 속도를 높이다 **personal** 개인의[개인적인] **development** 발전, 성장 **share** 공유하다 **go wrong** (일이) 잘못되다[문제를 겪다] **fault** 잘못, 책임 **reaction** 반응 **figure out** …을 알아내다 **satisfied** 만족하는, 만족스러워하는 **exist** 존재하다 **blame** 나무라다, 비난하다 **solution** 해결책

2 다음 글의 요지로 가장 적절한 것은?

Children's ideas about race are largely shaped by their parents. It is believed that these beliefs begin to form as early as the age of six months. This means that issues related to race need to be addressed early on. Many (so, regret, doing, parents, not). ₃
ⒷThe parents believe that **if** their children **had been educated** about race earlier, they **wouldn't have formed** racial biases. It is important to teach children to be "anti-racist" rather than simply "not to be racist." There is a big difference. Some parents teach ₆ children "not to be racist" by avoiding difficult conversations about racial differences and racial bias. Their kids end up learning about racism from their peers, which can be a problem. Parents who teach their kids to be "anti-racist," on the other hand, help ₉ them better understand people who are different from them.

① 피부색의 차이를 인식하는 시기는 아이마다 다르다.
② 아이의 인종 간 편견을 형성하는 데 있어 또래가 가장 큰 영향을 미친다.
③ 부모가 아이와 인종 차별에 관한 대화를 회피하는 것은 바람직하지 않다.
④ 인종 문제를 터놓고 논의하게 하는 학교 차원의 다문화 교육이 필요하다.
⑤ 인종 간 편견을 방지하기 위해 평소 아이가 쓰는 표현에 유의하는 것이 좋다.

서술형 윗글의 괄호 안의 단어들을 바르게 배열하여 문장을 완성하시오.

> so, regret, doing, parents, not

Many _____.

2　**race** 인종 (*a.* **racial** 인종 간의)　**largely** 크게, 대체로, 주로　**shape** (어떤) 모양으로 만들다; *형성하다　**related to** …와 관련 있는　**address** 주소를 쓰다; *고심하다[다루다]　**early on** 초기에　**regret** 후회하다　**educate** 교육하다　**bias** 편견, 편향　**racist** 인종차별주의자 (*n.* **racism** 인종차별(주의))　**peer** 또래

3 다음 글의 제목으로 가장 적절한 것은?

"Going Dutch" has become a popular trend in recent years due to the rising cost of eating at restaurants. By paying for your own meal when eating out with friends, you relieve the host of the responsibility of paying for everyone and avoid the obligation doing the same next time. While going Dutch may seem reasonable in most situations, it's not always culturally acceptable. For example, when someone invites people out for a meal in Turkey, it is expected that the host will pay the bill. ⊙You might think you are being polite by going Dutch in this situation, but it will actually seem **as if** you **were trying** to distance yourself from the host and the other guests. Instead, it's customary to allow the host to pay and then return the favor at a later date.

① The Financial Benefits of Going Dutch
② Dining Etiquette in European Countries
③ The Requirements of Being a Good Host
④ Going Dutch: Know When It's Appropriate
⑤ How to Identify Culturally Acceptable Trends

4 다음 글의 빈칸에 들어갈 말로 가장 적절한 것은?

What **would** life on Earth **be** like **if** the Moon **never existed**? **Would** something terrible **happen if** it **were to** suddenly **disappear**? ⊙**Without** the Moon, the Earth's axis **would not be** stable. Sometimes the Earth **would tilt** over onto its side. This **would mean** that there **would be** more extreme weather, as well as bigger temperature differences between winter and summer. At other times, the Earth **would be** standing straight up, which **would eliminate** seasons and **make** night and day equally long all year. These effects can all be seen on Mars, which doesn't have a large moon to keep it stable. Because of this, its climate has gone through huge _____ over time. ⊙**If the Earth were to lose** the Moon, something similar **would happen.**

① stages   ② changes   ③ growth
④ evolution   ⑤ difficulties

5 Maria Cunitz에 관한 다음 글의 내용과 일치하지 <u>않는</u> 것은?

Maria Cunitz was born in Wolow, a town located in what is now Poland, in the early 17th century. Her father was a physician, and he personally educated his children in a variety of subjects. When she was 20, Cunitz married an amateur astronomer who encouraged her to learn more about the field. She soon began making her own astronomical observations, but she could not afford the expensive instruments she required. Therefore, she focused on mathematical calculations. Specifically, she wanted to create a simpler version of Johannes Kepler's astronomical tables of the stars and planets. Kepler was one of the most brilliant astronomers of his time, but it was extremely difficult to use his tables to make calculations. In 1650, Cunitz finally managed to publish her own book of simplified tables, called *Urania Propitia*. **ⓕ But for** her dedication to astronomy, she **would not have been** able to make such a monumental achievement.

3

6

9

12

*astronomical table: 천문표(별과 행성의 위치를 계산하기 위한 표)

① 의사인 아버지 밑에서 다양한 교육을 받았다.
② 아마추어 천문학자인 남편은 그녀의 연구를 지지해주었다.
③ 그녀는 장비를 살 돈이 부족하여 수학적 계산에 집중하였다.
④ Kepler의 천문표보다 단순하며 사용이 용이한 천문표를 고안해 냈다.
⑤ 동료들의 도움을 받아 *Urania Propitia*를 출판하였다.

---

3 **go Dutch** 더치페이하다, 비용을 나눠 내다 **host** (손님을 초대한) 주인, 주최자 **responsibility** 책임, 책무 **obligation** 의무 **reasonable** 도리에 맞는, 합리적인 **acceptable** 용인되는[받아들여지는] **customary** 관례적인 [문제] **financial** 재정(상)의, 재무의 **requirement** 필요(한 것); *필요조건, 요건 **appropriate** 적절한 **identify** 확인하다, 식별하다

4 **axis** 축 **stable** 안정적인 **tilt** 기울다 **temperature** 기온 **eliminate** 없애다 **equally** 똑같이, 동일하게 **Mars** 화성 **moon** 위성 **climate** 기후 **go through** …을 겪다 [문제] **evolution** 진화

5 **physician** 의사, 내과 의사 **subject** 주제, 대상; *과목 **amateur** 취미로 하는, 아마추어의 **astronomer** 천문학자 **astronomical** 천문학의 (*n.* **astronomy** 천문학) **observation** 관찰, 관측 **instrument** 기구, 도구 **calculation** 계산 **specifically** 특히, 명확하게 **manage to-v** 간신히 …해내다 **simplified** 간소화한 **dedication** 헌신, 전념 **monumental** 기념비적인; *엄청난[대단한] **achievement** 업적, 성취

• REVIEW TEST •

정답 및 해설 p. 30

A 다음 문장에서 굵은 글씨로 강조된 가정법 구문에 유의하여 각 문장을 우리말로 해석하시오.

Ⓐ Have you ever thought about what you **would do if** you **could travel** back in time?

Ⓑ The parents believe that **if** their children **had been educated** about race earlier, they **wouldn't have formed** racial biases.

Ⓒ ..., but it will actually seem **as if** you **were trying** to distance yourself from the host and the other guests.

Ⓓ **Without** the Moon, the Earth's axis **would not be** stable.

Ⓔ **If** the Earth **were to lose** the Moon, something similar **would happen**.

Ⓕ **But for** her dedication to astronomy, she **would not have been** able to make such a monumental achievement.

B 다음 문장에 주어진 단어 중 문맥에 가장 적절한 것을 고르시오.

1 Therefore, you should focus on the problem's solution / evolution rather than its cause.

2 This means that issues related to race need to be regretted / addressed early on.

3 While going Dutch may seem reasonable in most situations, it's not always culturally acceptable / deniable .

4 At other times, the Earth would be standing straight up, which would eliminate / establish seasons and make night and day equally long all year.

5 Her father was a physician, and he personally educated his children in a variety of objects / subjects .

6 She soon began making her own astronomical requirements / observations , but she could not afford the expensive instruments she required.

7 In 1650, Cunitz finally failed to / managed to publish her own book of simplified tables, called *Urania Propitia*.

09

형용사적 수식어

형용사는 주로 명사를 앞에서 수식하지만, 길고 복잡한 형태의 수식어는 명사를 뒤에서 수식한다. 이러한 형용사적 수식어를 잘 구분하면 문장 구조를 정확히 이해할 수 있다.

1 형용사(구)의 수식

A This is a **wonderful** novel.

B Is there anything **interesting** in the newspaper?

C The bride's father prepared a speech **full of jokes**.

A 이것은 훌륭한 소설이다.
B 신문에 흥미로운 뭔가가 있니?
C 그 신부의 아버지는 농담으로 가득한 연설을 준비했다.

→ 형용사는 대개 명사의 앞에서 명사를 수식하지만^A, 다음의 경우에는 명사의 뒤에서 명사를 수식한다.
  • -thing, -body, -one 등으로 끝나는 대명사를 수식할 경우^B
  • 다른 어구를 동반하여 길어진 형용사구의 경우^C

Q 다음 문장에서 밑줄 친 부분을 수식하는 형용사(구)를 [ ]로 묶으시오.

1 The old man was led by a little <u>girl</u>.
2 There's <u>something</u> wrong with the engine.
3 <u>The basket</u> full of apples is on the table over there.
4 I'd like to introduce you to <u>somebody</u> new to our school.
5 He handed in <u>a paper</u> irrelevant to the given topic.

2 전치사구의 수식

A The trash **in that bin** can be recycled.

A 저 쓰레기통 안의 쓰레기는 재활용될 수 있다.

→ 전치사구는 명사의 뒤에서 명사를 수식하는 형용사구의 역할을 할 수 있다.^A 이때, 전치사구가 어디까지인지 파악하는 것이 문장의 전체 구조를 이해하는 데 도움이 된다.

Q 다음 문장에서 밑줄 친 부분을 수식하는 전치사구를 [ ]로 묶으시오.

1 <u>Advice</u> from parents can be very valuable.
2 Most of <u>the goods</u> in this factory are exported.
3 <u>The view</u> from the top of N Seoul Tower is great.
4 I read <u>a news article</u> about environmental issues this morning.
5 <u>The documentary</u> on endangered animals was very educational.
6 <u>An hour's sleep</u> in the middle of the day is good for one's health.

3 분사(구)의 수식 (1)

^A This **thrilling** movie is about a spy.

^B The **retired** professor still works as a science journal editor.

^A 이 오싹하게 하는 영화는 한 스파이에 관한 것이다.

^B 그 은퇴한 교수는 여전히 과학 학술지 편집자로 일한다.

→ 분사가 단독으로 명사를 수식할 때, 명사의 앞에서 명사를 수식한다. 이때, 분사와 명사의 관계가 능동·진행이면 '…하는', '…하고 있는'의 의미인 현재분사를 사용하고^A, 수동·완료이면 '…된', '…한'의 의미인 과거분사를 사용한다.^B

Q 다음 문장의 괄호 안에 주어진 동사를 알맞은 형태로 고쳐 쓰시오.

1 They found (hide) treasure.
2 Look at the (shine) lights of the city.
3 He wants to recover his (lose) memories.
4 She opened the letter with (tremble) hands.
5 The (sing) birds woke me up in the morning.
6 There's an (interest) Mexican art exhibit at the museum.
7 Don't forget to correct any (misspell) words before you turn in your essay.

4 분사(구)의 수식 (2)

^A The girl **playing the electric guitar** is my cousin.

^B The book **read most in the world** is the Bible.

^A 전자 기타를 연주하고 있는 소녀는 내 사촌이다.

^B 세계에서 가장 많이 읽히는 책은 성경이다.

→ 분사가 다른 어구를 동반하여 길어질 때, 그 분사구는 명사의 뒤에서 명사를 수식한다. 이 경우에도 분사와 명사의 관계가 능동·진행이면 현재분사를 사용하고^A, 수동·완료이면 과거분사를 사용한다.^B

Q 다음 문장에서 밑줄 친 부분을 수식하는 분사구를 [ ]로 묶으시오.

1 The book advertised in the magazine sold well.
2 The waiter brought me a waffle covered with syrup.
3 The goods ordered last month have not arrived yet.
4 The air coming through the window is too cold today.
5 People living in cities don't know the pleasures of country life.
6 What are the documents required to open a new bank account?

분사가 명사를 수식하는 문장에서 현재분사를 동사의 진행형으로, 과거분사를 동사의 과거형으로 혼동하기 쉽다. 분사는 동사로 쓰일 수 없으며, 문장에는 본동사가 필요하다는 것에 유의한다.

1 The girl sitting in the front row is my niece.　　〈sitting ⇒ 현재분사〉

2 The girl is sitting in the front row.　　〈is sitting ⇒ 동사의 현재진행형〉

3 This is the kind of movie preferred by children.　　〈preferred ⇒ 과거분사〉

4 Children preferred this kind of movie in the past.　　〈preferred ⇒ 동사의 과거형〉

⑤ to부정사(구)의 수식

A She is not one **to feel jealous**.

B I need someone **to share my experience with**.

A 그녀는 질투를 느낄 사람이 아니다.
B 나는 내 경험을 공유할 누군가가 필요하다.

→ to부정사(구)는 명사의 뒤에서 명사를 수식하는 형용사적 용법으로 쓰일 수 있다.[A,B] to부정사구에 쓰인 동사가 전치사를 수반하는 동사구인 경우, 수식을 받는 명사는 전치사의 목적어가 되므로 전치사를 빠뜨리지 않도록 유의한다.[B]

Q 밑줄 친 부분에 유의하여 다음 문장을 우리말로 해석하시오.

1 He has no friends to rely on.

2 Don't you have anything to say to me?

3 This is an experience to remember forever.

4 It's hard to find a house to live in these days.

5 I have no time to worry about such little things.

6 The last person to leave the room must turn off the light.

· GRAMMAR CHECK UP ·

정답 및 해설 p. 31

A 다음 보기와 같이 밑줄 친 부분을 수식하는 어구를 [ ]로 묶으시오.

> 보기 The goods [ordered last month] have not arrived yet.

1 There's <u>only one man</u> qualified for the job.

2 The <u>dog</u> running next to its owner is very cute.

3 The <u>bicycle</u> by the front door belongs to James.

4 The <u>old building</u> opposite our school will be destroyed.

5 My grandfather gave me <u>an antique watch</u> worth $2,000.

6 <u>People</u> arriving late will not be permitted to enter the theater.

7 The <u>business card</u> given to me by my friend is made of metal.

8 The <u>first person</u> to finish this assignment will be given a reward.

9 They gave me <u>some meat and vegetables</u> to prepare dinner with.

B 다음 문장의 괄호 안에서 어법상 알맞은 것을 고르시오.

1 A boy (naming / named) Bruce broke that window.

2 The picture (taking / taken) by my son was not clear.

3 I found (nothing wrong / wrong nothing) with my computer.

4 The guy (carrying / carried) some boxes seems suspicious.

5 This is a very rewarding program to (participate / participate in).

6 The man (making / made) a pie in the kitchen was dressed all in white.

7 The apple trees (planting / planted) five years ago will bear fruit this year.

C 다음 문장의 밑줄 친 부분을 바르게 고쳐 쓰시오.

1 I found <u>a house covering with snow</u>.

2 I feel lonely, so I need <u>someone to talk</u>.

3 The waitress <u>worn the yellow shirt</u> was rude.

4 The <u>wounding soldiers</u> were sent to the hospital.

5 <u>Of the survey the results</u> surprised the researchers.

1

다음 글의 요지로 가장 적절한 것은?

People generally avoid materials that contain toxic chemicals. Unfortunately, one **of these materials** is almost impossible to avoid—household dust. [Ⓐ]According to a study, most household dust contains about ten different chemicals **suspected or known to harm human health**. These chemicals come from a variety of sources typically **found inside the home**. Cancer-causing phthalates, for example, are found in things **made of vinyl**, such as food packaging. <u>Other items that contains harmful chemicals includes cosmetics, baby products, and furniture.</u> Although it is impossible to remove all of the dust from your home, there are some things you can do. The researchers suggest washing your hands, vacuuming the floors, and dusting with a damp cloth as often as possible.

*phthalate: 프탈레이트(플라스틱을 부드럽게 하는 화학 첨가제)

① 인체에 무해한 생활용품은 가격이 비싸다.
② 독성 물질은 식품 포장재에 다량 함유되어 있다.
③ 집 안에서 유해한 물건을 파악하는 것이 중요하다.
④ 집먼지 발생을 줄이기 위해 자주 환기하는 습관이 필요하다.
⑤ 일상생활에서 피하기 어려운 집먼지가 몸에 해로울 수 있다.

서술형

윗글의 밑줄 친 문장에서 어법상 **틀린** 부분을 두 군데 찾아 바르게 고쳐 쓰시오.

_____

---

1   **avoid** 피하다   **material** 물질, 재료, 원료   **impossible** 불가능한 (↔ **possible** 가능한)   **toxic** 유독성의   **household** 가정
dust 먼지; 먼지를 닦다   **suspect** 의심하다   **harm** 해를 끼치다   **a variety of** 여러 가지의   **typically** 보통   **packaging** 포장재
cosmetic 화장품   **furniture** 가구   **vacuum** 진공청소기로 청소하다   **damp** 축축한, 젖은

2 다음 글의 내용을 한 문장으로 요약하고자 한다. 빈칸 (A), (B)에 들어갈 말로 가장 적절한 것은?

Although Black Friday and Cyber Monday are popular sales events, their materialistic nature has become a cause **for concern**. Such concerns resulted in the creation **of Giving Tuesday**, a global generosity movement. This event, which takes place on the Tuesday **following Cyber Monday**, has become highly successful in raising money **for charities**. It also has prompted research **into the effects of sales events on donation behavior**. A recent study shows that sales events positively impact the willingness **of consumers to donate**. ® According to the study, consumers believe they have more resources **to use** due to the money they saved during the sales. This research (explain, Giving Tuesday, the success, helps, of) and provides insight **into the best times to plan charitable campaigns**. Furthermore, it suggests that sales events are a great opportunity for companies **to collaborate with charities**.

⬇

Charities receive more ____(A)____ from consumers after a sales event because consumers believe they have more ____(B)____ available.

	(A)		(B)		(A)		(B)
①	attention	·····	time	②	donations	·····	information
③	contributions	·····	resources	④	supports	·····	information
⑤	requests	·····	resources				

서술형

윗글의 괄호 안의 단어들을 바르게 배열하여 문장을 완성하시오.

explain, Giving Tuesday, the success, helps, of

This research _____ and provides insight into the best times to plan charitable campaigns.

---

2 materialistic 물질(만능)주의적인 nature 자연; *본질 concern 우려[걱정] result in …을 낳다[야기하다] generosity 관대, 관용 highly 크게, 대단히, 매우 charity 자선[구호] 단체 (a. charitable 자선(단체)의) prompt 자극하다, 촉구[촉발]하다 impact 영향[충격]을 주다 willingness 기꺼이 하는 마음 resource 자원; *자산 insight 통찰력, 통찰 opportunity 기회 collaborate with …와 협력하다 available 구할[이용할] 수 있는 [문제] contribution 기부금, 성금

3 다음 글의 제목으로 가장 적절한 것은?

Some of the planet's most poisonous creatures are found in Australia. Recently, a team **of scientists** there has used spider venom to make an important discovery that could help improve painkillers. Spiders, of course, use venom to paralyze their prey. The scientists figured out how this venom works. [ⓒ]It blocks the pathway **responsible for sending pain signals to the brain.** For example, the venom of one particular spider, the Borneo orange-fringed tarantula, has the right characteristics **to be used as a painkiller by doctors.** Most importantly, the scientists believe that painkillers **made from spider venom** won't be addictive. [ⓓ]This will make them much safer to use on patients **suffering from constant pain.**

① A Surprising Cure for Spider Bites
② How to Get Rid of Harmful Venom
③ Using Poison to Help People in Pain
④ Venom: The Most Deadly Substance
⑤ How Painkillers Work in the Human Body

4 다음 글의 밑줄 친 부분 중, 문맥상 낱말의 쓰임이 적절하지 <u>않은</u> 것은?

Travel papers weren't a ① <u>common</u> necessity in the past. Generally, they were only used by sailors **traveling from port to port.** In the 19th century, however, railroads made traveling around Europe much easier. [ⓔ]So most countries got rid of the papers that had been ② <u>required</u> for travel **to other nations.** As a result, Europe's borders were more or less ③ <u>closed</u> at the start of the 20th century. This, however, was changed by World War I. When the war broke out, governments kept a closer eye on people **traveling across borders.** The UK was the first nation **to set up a passport system like the one we recognize today.** People were given a piece of paper that ④ <u>contained</u> their picture and other information. After some small changes **made in the 1920s,** these passports became the standard design for all ⑤ <u>international</u> travel.

5 글의 흐름으로 보아, 주어진 문장이 들어가기에 가장 적절한 곳은?

> Indeed, the Earth would absorb 20 percent more heat if there were no clouds.

You may have noticed that clear nights are normally chillier than cloudy ones. Cloud cover is the reason **for this phenomenon**. **The amount of the sky covered by clouds** affects how quickly the Earth's surface heats up at night. Clouds can actually cause the Earth's surface to heat up at night. (①) This is because clouds keep heat from escaping into space, especially upper-level clouds. (②) But when there aren't any clouds **in the sky**, heat is able to leave the Earth's atmosphere. (③) Thus, clear nights are noticeably colder than nights when we have a sky **full of clouds**. (④) In the daytime, however, clouds create lower temperatures, as they block the Sun's rays. (⑤) So when you look up at the sky, think about how the clouds may have affected the weather.

*cloud cover: 구름양(전 하늘에 대한 구름이 덮인 부분의 외관상의 비율)

---

3 the planet 지구 poisonous 유독한, 독이 있는 venom 독[독액] discovery 발견 painkiller 진통제 paralyze 마비시키다 prey 사냥감, 먹이 work 일하다; *작용하다 block 막다, 차단하다 pathway 좁은 길; *경로 signal 신호 characteristic 특징, 특질 addictive 중독성이 있는 suffer from …에 시달리다 constant 지속적인, 끊임없는 [문제] deadly 생명을 앗아가는, 치명적인 substance 물질

4 paper 서류, 문서 necessity 필요성; *필수품 sailor 선원 port 항구 railroad 철도(선로); *철도 시설 border 국경 (지역) more or less 거의 break out 발발[발생]하다 keep a close eye on …을 감시[주시]하다 set up …을 수립하다 recognize 알아보다[알다] standard 표준의

5 indeed 실로, 참으로, 실제로 absorb 흡수하다, 빨아들이다 notice …을 알아차리다, 인지하다 (*ad.* noticeably 두드러지게, 현저히) chilly 쌀쌀한, 추운 phenomenon 현상 surface 표면, 지면 atmosphere (지구의) 대기 ray 광선, 선, 빛살

· REVIEW TEST ·

정답 및 해설 p. 33

A 다음 문장에서 밑줄 친 부분을 수식하는 형용사(구)를 [ ]로 묶고, 각 문장을 우리말로 해석하시오.

Ⓐ According to a study, most household dust contains about <u>ten different chemicals</u> suspected or known to harm human health.

Ⓑ According to the study, consumers believe they have <u>more resources</u> to use due to the money they saved during the sales.

Ⓒ It blocks <u>the pathway</u> responsible for sending pain signals to the brain.

Ⓓ This will make them much safer to use on <u>patients</u> suffering from constant pain.

Ⓔ So most countries got rid of the papers that had been required for <u>travel</u> to other nations.

Ⓕ The amount of <u>the sky</u> covered by clouds affects how quickly the Earth's surface heats up at night.

B 다음 문장에 주어진 단어 중 문맥에 가장 적절한 것을 고르시오.

1 People generally | avoid / pursue | materials that contain toxic chemicals.

2 Although it is | impossible / possible | to remove all of the dust from your home, there are some things you can do.

3 Although Black Friday and Cyber Monday are popular sales events, their materialistic nature has become a cause for | consent / concern |.

4 Furthermore, it suggests that sales events are a great opportunity for companies to | elaborate / collaborate | with charities.

5 Spiders, of course, use venom to | analyze / paralyze | their prey.

6 When the war | broke out / broke down |, governments kept a closer eye on people traveling across borders.

7 The UK was the first nation to set up a passport system like the one we | recognize / organize | today.

8 Indeed, the Earth would | absorb / abstract | 20 percent more heat if there were no clouds.

100

10

to부정사의 이해

'정해지지 않은 말'이라는 의미인 부정사는 주어의 인칭이나 수의 제한을 받지 않는다. 「to + 동사원형」의 형태로 쓰이는 to부정사는 문장 내에서 명사·형용사·부사로 쓰일 수 있다.

· GRAMMAR BUILD UP ·

정답 및 해설 p. 34

1 to부정사의 의미상 주어

A They decided **to climb** the mountain.

B I want her **to pay** for the meal this time.

C The movie was too difficult **for me to understand**.

D It was kind **of him to invite** me to dinner.

A 그들은 그 산을 오르기로 결심했다.
B 나는 이번에 그녀가 음식값을 내길 바란다.
C 그 영화는 내가 이해하기에 너무 어려웠다.
D 그가 나를 저녁 식사에 초대한 것은 친절했다.

→ to부정사의 의미상 주어란 to부정사의 주체를 일컫는다.
  • 의미상 주어가 문장의 주어와 일치하거나^A 목적어와 일치하는 경우^B, 또는 일반인일 경우에는 주어를 따로 밝히지않는다.
  • 의미상 주어가 문장의 주어와 일치하지 않는 경우에는 to부정사 앞에 「for[of]＋목적격」으로 표시한다.^C, D

Q 다음 문장에서 밑줄 친 to부정사의 의미상 주어를 [ ]로 묶으시오.

1 It was wise of you to call the police.

2 It is unusual for him to go to bed so late.

3 The professor's lectures are easy for me to follow.

4 Can you recommend a good movie for me to watch?

> 「of＋목적격」을 쓰는 경우 to부정사의 의미상 주어는 대부분 「for＋목적격」으로 나타내지만, 성격·성품 등 사람에 대한 주관적 평가를 나타내는 형용사 뒤에는 「of＋목적격」으로 나타낸다.

2 형태에 주의해야 할 to부정사

A He seems **to be** a bus driver.

B He seems **to have been** a bus driver.

C My room needs **to be cleaned**.

A 그는 버스 운전사인 것 같다.
B 그는 버스 운전사였던 것 같다.
C 내 방은 청소될 필요가 있다.

→ to부정사는 시제와 태에 따라 형태가 달라질 수 있다는 점에 유의한다.
  • to부정사가 본동사와 같은 시제를 나타내거나 미래를 나타내는 경우 단순부정사 「to＋동사원형」을 사용하고^A, 본동사의 시제보다 이전의 시점을 나타내는 경우 완료부정사 「to have＋p.p.」를 사용한다.^B
    ^A = It seems that he is a bus driver.
    ^B = It seems that he was a bus driver.
  • to부정사의 수동태를 나타내는 경우에는 「to be＋p.p.」나 「to have been＋p.p.」를 사용한다.^C

Q 밑줄 친 부분에 유의하여 다음 문장을 우리말로 해석하시오.

1 My father seems to be in a good mood today.

2 Something bad appears to have happened to her.

3 He wants to be accepted as a graduate student by the university.

102

❸ to부정사의 의미 (1) — 목적, 원인

^A She sat under a tree **to photograph** the monkeys.

^B I went to the market **in order to buy** some vegetables.

^C They were **disappointed to lose** the important game.

^A 그녀는 원숭이들의 사진을 찍기 위해서 나무 아래에 앉았다.

^B 나는 채소를 좀 사기 위해서 시장에 갔다.

^C 그들은 그 중요한 시합에 져서 실망했다.

→ 목적을 나타내는 to부정사는 '…하기 위해서'로 해석하며^A, 의미를 분명히 하기 위해 to 앞에 in order나 so as를 쓰기도 한다.^B

→ 원인을 나타내는 to부정사는 '…해서', '…하게 되어서'로 해석하며, 주로 감정을 나타내는 어휘(disappointed, angry, glad, pleased, sorry, surprised 등) 뒤에 쓰인다.^C

Q 밑줄 친 부분에 유의하여 다음 문장을 우리말로 해석하시오.

1 We were pleased to hear they got married.

2 The people stood up so as to see the parade better.

3 She was surprised to see the article in the newspaper.

4 I am sorry to tell you that the show has been canceled.

5 She splashed water on his face in order to wake him up.

6 The policeman stopped the traffic for the children to cross the road safely.

❹ to부정사의 의미 (2) — 결과

^A We went to the restaurant **to find** that it was no longer in business.

^B Her daughter **grew up to be** a well-known scientist.

^C The horse trained hard, **only to break** its leg in the race.

^A 우리는 그 식당에 갔다가 그곳이 더 이상 영업을 하지 않는다는 것을 알게 되었다.

^B 그녀의 딸은 자라서 유명한 과학자가 되었다.

^C 그 말은 열심히 훈련받았으나, 결국 경주에서 다리가 부러지고 말았다.

→ 결과를 나타내는 to부정사는 '(…해서) ~하다'로 해석하며, 대개 문맥을 통해 판단해야 하지만^A, 보통 다음과 같은 표현들이 쓰여 결과의 의미를 나타내는 경우가 많다.
- awake, wake up, grow up, live 등의 무의지 동사와 함께 쓰인 to부정사^B
- 「only to-v」 '결국 …하고 말다'^C
- 「never to-v」 '절대 …하지 못하다'

Q 밑줄 친 부분에 유의하여 다음 문장을 우리말로 해석하시오.

1 I tried to persuade my mother, only to fail.

2 She awoke to find herself in a strange room.

3 The good old days are gone, never to return.

4 He returned to Korea to find himself a national hero.

5 Some people lose weight in a short period, only to gain it back quickly.

⑤ to부정사의 의미 (3) — 정도

A His story was **hard** for us **to believe**.

B I was **too** sick **to go out** yesterday.

C This box is large **enough to hold** all these things.

D Liam's singing was **so loud as to wake** up his neighbors.

A 그의 이야기는 우리가 믿기에 어려웠다.
B 나는 어제 너무 아파서 외출할 수 없었다.
C 이 상자는 이 물건들을 모두 담을 만큼 충분히 크다.
D Liam의 노랫소리는 그의 이웃들을 깨울 만큼 컸다.

→ to부정사는 형용사나 부사를 수식하여 정도를 나타낼 수 있다. A
  • 「too+형용사/부사+to-v」 '~하기에 너무 …한/하게', '너무 …해서 ~할 수 없는' B
  • 「형용사/부사+enough to-v」 '~할 만큼 충분히 …한/하게' C
  • 「so+형용사/부사+as to-v」 '~할 만큼 …한/하게' D (cf. 「so as to-v」 '…하기 위해서')

Q 다음 문장의 괄호 안에 제시된 단어들을 바르게 배열하시오.

1 This software is (convenient, use, very, to).
2 Is she (believe, as to, foolish, so) such nonsense?
3 The moon was (as to, light up, so, bright) the forest.
4 The fence was (jump, the boy, high, for, to, too) over.
5 I was (sleepy, to, finish, too) my homework last night.
6 This book is (a six-year-old child, read, enough, to, for, easy).

⑥ to부정사의 의미 (4) — 판단의 근거, 조건, 문장 전체 수식

A He **must** have been angry **to say** such a thing.

B **To look** at her, you would think she was a tourist.

C **To make matters worse**, I spilled coffee on my jacket.

A 그가 그런 말을 하다니 화가 났던 것이 틀림없다.
B 그녀를 본다면, 너는 그녀를 관광객이라고 생각할 것이다.
C 설상가상으로, 나는 내 재킷에 커피를 쏟았다.

→ 판단의 근거를 나타내는 to부정사는 '…하다니'로 해석하며, 추측이나 판단을 나타내는 조동사와 함께 사용되는 경우가 많다. A

→ 조건·가정을 나타내는 to부정사는 '…한다면'의 의미이며, if절로 바꿔 쓸 수 있다. B

→ 문장의 앞/뒤에 오거나 중간에 삽입된 to부정사구가 문장 전체를 수식하여 여러 부사적 의미를 나타내기도 한다. C

Q 밑줄 친 부분에 유의하여 다음 문장을 우리말로 해석하시오.

1 To tell the truth, I don't like the way he speaks.
2 To hear them talk, you'd think they were good at baseball.
3 The car has a reasonable price, not to mention a modern design.
4 He must be popular to get that many chocolates on Valentine's Day.

문장 전체를 수식하는 주요 to부정사구
• 「not to mention …」 '…은 말할 것도 없고'
• 「so to speak」 '말하자면'
• 「to be sure」 '확실히'
• 「to begin with」 '우선, 먼저'
• 「to tell (you) the truth」 '사실대로 말하면', '사실은'

밑줄 친 부분에 유의하여 다음 문장을 우리말로 해석하시오.

1 Tony was <u>too shy to talk to the girl</u>.

2 I visited the museum <u>to learn about the city's history</u>.

3 The story of his suffering was painful <u>to listen to</u>.

4 She would be happy <u>to know that he is still alive</u>.

5 Our professor is a walking encyclopedia, <u>so to speak</u>.

6 He must be insane <u>to go camping in this stormy weather</u>.

7 Jane's father was shocked <u>to hear that Jane was in the hospital</u>.

8 Surprisingly, the sickly woman lived <u>to be more than 90 years old</u>.

다음 두 문장이 같은 의미가 되도록 빈칸을 채우시오.

1 It seems that your laptop is broken.

   = Your laptop seems _____ _____ _____.

2 It is said that she played the guitar very well.

   = She is said _____ _____ _____ the guitar very well.

3 It seems that he made every effort to achieve his goal.

   = He seems _____ _____ _____ every effort to achieve his goal.

4 It is said that the prisoner was sentenced to life in prison.

   = The prisoner is said _____ _____ _____ _____ to life in prison.

다음 문장의 괄호 안에 제시된 단어들을 바르게 배열하시오.

1 The toy was too childish (us, with, for, to play).

2 It was rude (you, to accept, of, not) his apology.

3 Jerry hit his head (hard, as, to make, so) his eyes water.

4 The lake was clear (for us, enough, to see) the fish swimming.

5 You'd better stop for gas now (not, on the road, to get stuck, in order).

6 The applicant was (too, answer, nervous, to) the interviewer's questions.

정답 및 해설 p. 35

1 다음 글에서 전체 흐름과 관계 <u>없는</u> 문장은?

Ⓐ In the past, people turned on their televisions **to watch** solemn news anchors present the news. Today, however, more and more news is being delivered as comedy. Some people believe this may be a more effective way of informing young viewers. ① **To find out** whether this is true, researchers had young adults watch a mix of funny and serious news clips. ② Afterward, they conducted a memory test **to determine** (information, how much, had retained, the participants) and asked whether they were likely to share each clip. ③ People often share clips online **in order to strengthen** their connections with people in their social network. ④ The study showed that the participants remembered the humorous clips better and were more likely to share them online. ⑤ This shows that humor can motivate people **to engage** with politics and current events.

서술형

윗글의 괄호 안의 단어들을 바르게 배열하여 문장의 일부를 완성하시오.

information, how much, had retained, the participants

... to determine _____

and asked whether they were likely to share each clip.

---

1 **solemn** 진지한, 엄숙한   **present** 주다; *(프로를) 진행하다   **effective** 효과적인   **inform** 알리다[통지하다]   **conduct** (특정한 활동을) 하다   **determine** 알아내다, 밝히다   **retain** 유지[보유]하다, 간직하다   **participant** 참가자   **strengthen** 강화하다   **humorous** 재미있는, 유머러스한   **motivate** 동기를 부여하다   **engage with** …와 관계를 맺다   **politics** 정치   **current event** 시사, 시사 문제

106

2 Summer Math Camp for Kids에 관한 다음 안내문의 내용과 일치하지 <u>않는</u> 것은?

•Summer Math Camp for Kids•

This summer camp is specially designed for kids who love math. There are enough math-related activities to keep any student engaged and interested. The campers will work together **to solve** challenging problems, which helps them to improve both their math skills and their social skills. **In order to** accept into the program, all applicants must take an entry test. The purpose of this is to confirm they are truly interested in math, **not to mention** skilled **enough to handle** the challenging curriculum.

Sample Schedule
The Summer Math Camp for Kids lasts for 14 days. Each day is different, but a typical daily schedule is included below.

Time	Activity
9 a.m. to 11 a.m.	Morning math classes
2 p.m. to 5 p.m.	Group problem-solving sessions
7 p.m. to 10 p.m.	Recreational activities

* **To view** a detailed, two-week schedule, please visit our website at www.mathcamp.net.

① 캠프를 통해 사회성을 향상시킬 수 있다.
② 참가를 위해서는 입학시험을 봐야 한다.
③ 오전에는 수학 수업이 있을 것이다.
④ 저녁에는 자유 시간이 주어질 것이다.
⑤ 웹 사이트에서 전체 일정을 확인할 수 있다.

윗글의 네모 안의 accept 를 어법에 알맞게 고쳐 쓰시오.

_____

2 engaged 몰두하고 있는 improve 개선하다 challenging 도전적인, 도전 의식을 북돋우는 social skill 사교 기술, 사회성
applicant 지원자 entry test 입학시험 purpose 목적 confirm 확인하다 skilled 숙련된 handle 다루다, 처리하다
curriculum 교육 과정 typical 일반적인 session 시간[기간] recreational 여가의, 오락의 detailed 상세한

3 다음 글의 제목으로 가장 적절한 것은?

An environmental activist from Detroit received a variety of empty chip bags as a donation. Her purpose was simple: She wanted to help the local homeless and help save the environment. She got inspired **to create** something useful out of something that was thrown away after watching a video of a woman in England. In it, the woman showed how sleeping bags could be made by ironing foil-lined chip bags together. Since chip bags are light, durable, and good at retaining heat, they are the perfect material for sleeping bags. Because a single sleeping bag takes about four hours to make and calls for 150 chip bags, she needed some help. ᶜThe people of Detroit were **delighted to help** reduce waste and to help the local homeless population endure the harsh winters. After going viral, the project received nationwide attention.

*foil-lined: 호일로 된

① Creating Hope out of Trash
② How to Keep the Homeless Safe
③ The Difficulty of Helping the Homeless
④ Chip Bags: A Creative Solution for Surviving Winter
⑤ International Cooperation: A Plus for the Environment

4 다음 글의 밑줄 친 부분 중, 어법상 틀린 것은?

The Paris Agreement was signed in 2016 **to show** ① that the world's governments are serious about fighting climate change. ᴰIt was also designed **to signal** the end of the era of fossil fuels. Participating nations will aim ② to keep the planet's temperatures from rising significantly. The agreement also calls for large amounts of money ③ to have been spent on adapting to the changes caused to the Earth. This might include coming up with strategies to deal with poor soil in farming areas and ④ promoting the use of renewable energy sources. The fact that both developed and developing countries signed the agreement ⑤ demonstrates a high level of international cooperation. For this reason, the Paris Agreement was an important step in the fight against climate change.

5 다음 글의 내용을 한 문장으로 요약하고자 한다. 빈칸 (A), (B)에 들어갈 말로 가장 적절한 것은?

ⓔWe all know that avoiding sugar is good for our health, but it can be really hard **for us to do so**. **To reduce** the amount of sugar in our lives, we should start by eliminating refined sugars. Unfortunately, refined sugars are found in many products. ⓕ**To make matters worse**, the products' labels are often **too** confusing **for us to understand**. ⓖWe may think we've stopped eating refined sugars, **only to find** that we actually haven't. So **to make things clearer**, we must realize that the following items are likely to contain refined sugars: flavored coffee, juices, pickles, and sauces. **To begin with**, we can stop buying these products. Although this won't completely remove sugar from our lives, it will make it easier to minimize the amount we consume.

⬇

In terms of our diet, it's almost impossible to _____(A)_____ sugar, but we can start by avoiding foods that generally _____(B)_____ refined sugars.

*refined sugar: 정제당

(A)	(B)	(A)	(B)
① reduce ······ strengthen		② separate ······ maintain	
③ increase ······ include		④ reconsider ······ maximize	
⑤ remove ······ contain			

---

3 environmental 환경의 activist 운동가, 활동가 donation 기부, 기증; *기부금, 기증품 homeless 노숙자들; 노숙자의 inspired 영감을 받은 iron 다리미질을 하다 durable 내구성이 있는, 오래가는 call for …을 필요로 하다 endure 견디다, 참다 harsh 가혹한; *혹독한 go viral 입소문이 나다 nationwide 전국적인 attention 주의, 주목 [문제] international 국제적인, 국제(상)의 cooperation 협력

4 agreement 협정, 합의 signal 신호를 보내다; *시사하다 era 시대 fossil fuel 화석 연료 aim to …하는 것을 목표로 하다 significantly 상당히, 크게 adapt to …에 적응하다 come up with …을 생각해 내다 strategy 전략 deal with …을 다루다[처리하다] poor 가난한; *(질적으로) 좋지 못한 soil 토양, 흙 promote 촉진[고취]하다 renewable 재생 가능한 developed country 선진국 developing country 개발도상국 demonstrate 입증[실증]하다

5 eliminate 없애다 refined 정제된 confusing 혼란스러운 flavored (맛·향 등이) 첨가된 completely 완전히 minimize 최소화하다 consume 소모하다; *먹다, 마시다 in terms of …의 면에서 [문제] maintain 유지하다 reconsider 재고하다 maximize 최대화하다

· REVIEW TEST ·

정답 및 해설 p. 37

A to부정사와 의미상 주어에 유의하여 다음 문장을 우리말로 해석하시오.

Ⓐ ..., people turned on their televisions to watch solemn news anchors present the news.

Ⓑ The purpose of this is to confirm they are truly interested in math, not to mention skilled enough to handle the challenging curriculum.

Ⓒ The people of Detroit were delighted to help reduce waste and to help the local homeless population endure the harsh winters.

Ⓓ It was also designed to signal the end of the era of fossil fuels.

Ⓔ ... avoiding sugar is good for our health, but it can be really hard for us to do so.

Ⓕ To make matters worse, the products' labels are often too confusing for us to understand.

Ⓖ We may think we've stopped eating refined sugars, only to find that we actually haven't.

B 다음 문장에 주어진 단어 중 문맥에 가장 적절한 것을 고르시오.

1 This shows that humor can motivate people to | engage / collide | with politics and current events.

2 The campers will work together to solve challenging problems, which helps them to | approve / improve | both their math skills and their social skills.

3 She got | expired / inspired | to create something useful out of something that was thrown away after watching a video of a woman in England.

4 After going viral, the project received nationwide | attention / intention |.

5 This might include coming up with strategies to deal with poor soil in farming areas and | promoting / protesting | the use of renewable energy sources.

6 To reduce the amount of sugar in our lives, we should start by eliminating | organic / refined | sugars.

7 Although this won't completely remove sugar from our lives, it will make it easier to minimize the amount we | consume / presume |.

11

분사구문의 이해

분사가 이끄는 구가 문장에서 부사 역할을 할 때, 이를 분사구문이라고 한다. 분사구문은 문맥에 따라 다양하게 해석되므로 이에 유의한다.

1 분사구문의 의미 (1) — 시간, 이유

> A **Opening her locker**, she found a love letter inside.
>
> B **Hating the cold weather**, my grandma rarely leaves the house in winter.

> A 자신의 사물함을 열었을 때, 그녀는 안에 서 연애편지를 발견했다.
> B 추운 날씨를 싫어하셔서, 나의 할머니는 겨울에 좀처럼 집을 나가지 않으신다.

→ 시간을 나타내는 분사구문은 '…할 때(when, as)', '…한 후에(after)', '…하는 동안(while)' 등으로 해석한다. A
  A = When she opened her locker, she found a love letter inside.

→ 이유를 나타내는 분사구문은 '…하기 때문에(as, because, since)'로 해석한다. B
  B = As she hates the cold weather, my grandma rarely leaves the house in winter.

Q 밑줄 친 부분과 괄호 속의 표현이 의미가 같으면 O, 다르면 X로 표시하시오.

1 <u>Listening</u> to the radio, I drove home. (While I was listening)
2 <u>Having</u> a headache, I went to bed early last night. (As I had)
3 <u>Waiting</u> for the bus, I fell asleep on a bench. (Since I was waiting)
4 <u>Not hearing</u> any news from him, I decided to give him a call. (Since I didn't hear)

2 분사구문의 의미 (2) — 동시동작, 연속상황[결과]

> A They drove off, **waving cheerfully out of the car windows**.
>
> B We struggled through the snow, **arriving just in time for school**.

> A 그들은 차창 밖으로 기분 좋게 손을 흔들면 서 차를 몰고 떠났다.
> B 우리는 눈 속을 힘겹게 헤치고 나아가 학교 에 딱 맞춰 도착했다.

→ 주절과 동시에 일어난 일을 나타내는 분사구문은 '…하면서(as)'로 해석한다. A

→ 연속적으로 일어난 일이나 주절의 내용에 대한 결과를 나타내는 분사구문은 '…하고(and)', '…하여 그 결과'로 해석한 다. B

Q 밑줄 친 부분에 유의하여 다음 문장을 우리말로 해석하시오.

1 The storm hit the city, <u>causing</u> great damage.
2 The boy left home last night, <u>taking</u> nothing with him.
3 Dad began dancing to the music, <u>humming</u> to himself.
4 A stranger came up to me, <u>asking</u> the way to the library.

③ 분사구문의 의미 (3) — 조건, 양보

A **Turning to the left**, you'll find the post office on your right.

B **Trying every possible means**, we found no way to cure his illness.

A 왼쪽으로 돌면, 너는 너의 오른편에서 우체국을 찾게 될 것이다.

B 가능한 모든 수단을 시도했지만, 우리는 그의 병을 고칠 방법을 발견하지 못했다.

→ 조건을 나타내는 분사구문은 '…하면(if)'으로 해석한다. A

   A = If you turn to the left, you'll find the post office on your right.

→ 양보를 나타내는 분사구문은 '…일지라도(though, although, even though)'로 해석한다. B

   B = Though we tried every possible means, we found no way to cure his illness.

Q 밑줄 친 부분에 유의하여 다음 문장을 우리말로 해석하시오.

1 Taking this medicine, you will get well soon.
2 Running as fast as she could, she failed to catch the bus.
3 Climbing to the top of this mountain, you will see the lake.

④ 형태에 주의해야 할 분사구문 (1)

A **Having already seen the movie**, Sam knew its ending.

B **Impressed by the singer**, I tried to get her autograph.

A 이미 그 영화를 봤기 때문에, Sam은 그것의 결말을 알고 있었다.

B 그 가수에 감동해서, 나는 그녀의 사인을 받으려고 했다.

→ 완료형 분사구문 「having+p.p.」는 부사절의 시제가 주절의 시제보다 앞설 때 쓴다. A

   A = As he had already seen the movie, Sam knew its ending.

→ 수동형 분사구문 「being[having been]+p.p.」에서 being이나 having been은 생략할 수 있다. B

   B = As I was[had been] impressed by the singer, I tried to get her autograph.

     = Being[Having been] impressed by the singer, I tried to get her autograph.

Q 다음 문장의 괄호 안에서 어법상 알맞은 것을 고르시오.

1 (Seen / Having seen) him before, I recognized him at once.
2 (Tired / Having tired) from the long trip, he couldn't attend the meeting.
3 Not (being read / having read) it yet, Andrew couldn't criticize the book.
4 (Disappointed / Disappointing) with her grades, she decided to study harder.

➕ 빠바PLUS 수동형 분사구문의 의미

과거분사로 시작되는 수동형 분사구문은 대개 수동의 의미를 가지며 '…되다', '…받다'로 해석한다.

1 (Being) Seen from the Moon, the Earth looks like a ball. '보다(×)' '보이다(○)'
2 (Being) Shocked at the news, she couldn't speak. '충격을 주다(×)' '충격을 받다(○)'

⑤ 형태에 주의해야 할 분사구문 (2)

A **Weather permitting**, the race will be held on schedule.

B **While walking down the street**, I saw an injured man who needed help.

^A 날씨가 허락한다면, 경주는 예정대로 열릴 것이다.

^B 거리를 걷는 동안에, 나는 도움이 필요한 다친 남자를 봤다.

→ 부사절의 주어가 주절의 주어와 다를 경우, 부사절의 주어를 분사 앞에 남겨둔다. ^A

→ 분사구문의 의미를 명확히 나타내기 위해서 접속사를 생략하지 않을 수도 있다. ^B

Q 다음 문장에서 밑줄 친 부분을 분사구문으로 바꾸시오.

1 <u>As there were no objections</u>, Congress passed the bill.
2 <u>While I stayed in Rome</u>, I visited several good restaurants.
3 <u>Since the last bus had gone</u>, my sister and I had to walk home.

> 「접속사+v-ing」로 잘 쓰이지 않는 경우 이유를 나타내는 접속사(as, because, since)는 일반적으로 「접속사+v-ing」의 형태로 사용되지 않는다.

⑥ 형태에 주의해야 할 분사구문 (3)

A **With the crowd cheering**, the pianist played another song.

^A 사람들이 환호하는 가운데, 그 피아니스트는 다른 곡을 연주했다.

→ 「with+(대)명사+v-ing/p.p.」는 '…가 ~한/된 채로', '…가 ~하면서/해서' 등으로 해석한다. (대)명사와 분사가 능동 관계일 때는 현재분사를, 수동 관계일 때는 과거분사를 쓴다.

Q 다음 문장의 괄호 안에서 어법상 알맞은 것을 고르시오.

1 She walked slowly, with her dog (followed / following) her.
2 With all my work (doing / done), I relaxed for the rest of the day.
3 The bride came into the room, with everyone (stared / staring) at her.

➕ 빠바PLUS 「with+(대)명사+형용사(구)/부사(구)」

「with+(대)명사+v-ing/p.p.」 구문에서 분사 대신 형용사(구), 부사(구) 등이 쓰이기도 한다.

1 He kept speaking with his mouth <u>full of food</u>.
　　　　　　　　　　　　　　　　　　형용사구

2 She picked up her baby, with a smile <u>on her face</u>.
　　　　　　　　　　　　　　　　　　　　　　부사구

➕ 빠바PLUS 관용적으로 쓰이는 분사구문

부사절의 주어가 일반적인 사람(we, you, they 등)인 경우, 주절의 주어와 다르더라도 주어를 따로 표시하지 않는다.

•「considering …」	'…을 고려하면'	•「generally speaking」	'일반적으로 말하면'
•「given that …」	'…을 고려하면'	•「judging from …」	'…로 판단하건대'
•「providing/provided that …」	'(만약) …라면'	•「speaking of …」	'…에 관해 말한다면'

114

A 다음 문장의 밑줄 친 분사구문이 맞으면 O, 틀리면 X로 표시하고 바르게 고쳐 쓰시오.

1 <u>Sat in the sun</u>, I still feel cold.

2 James, <u>looked around</u>, picked up the newspaper.

3 <u>Disappointed at the results</u>, the child began to cry.

4 <u>Working together</u>, you will finish much more quickly.

5 <u>It being a national holiday</u>, all the shops were closed.

6 <u>Being read the news article</u>, I happened to find his name.

7 Every morning, he cycles to the park <u>with his dog run alongside</u>.

8 <u>With the years passed by</u>, the accident was slipping from everyone's memory.

B 다음 문장의 괄호 안에서 어법상 알맞은 것을 고르시오.

1 My uncle was watching TV with his arms (folding / folded).

2 (Seeing / Seen) the curtain rise, the actress came onstage.

3 I cannot hear him well with the others (talking / talked) so loudly.

4 (Being failed / Having failed) three times, we gave up climbing Mt. Everest.

5 With Lena (hesitated / hesitating) to answer, her mother made the choice instead.

C 다음 두 문장이 같은 의미가 되도록 빈칸을 채우시오.

1 He entered the room and closed the door.

   = He entered the room, _____ the door.

2 As I didn't know whom to trust, I said nothing.

   = _____ _____ whom to trust, I said nothing.

3 After he had mowed the lawn, Andy watered the garden.

   = _____ _____ the lawn, Andy watered the garden.

4 Although he was invited to Lucy's birthday party, he didn't come.

   = Although _____ to Lucy's birthday party, he didn't come.

5 While she checked in at the airport, she found she had left her passport at home.

   = _____ _____ at the airport, she found she had left her passport at home.

6 Since Jane had finished her project, Tom asked her to go to the movies.

   = _____ _____ _____ her project, Tom asked her to go to the movies.

· 적용독해 ·

정답 및 해설 p. 39

1   다음 글의 요지로 가장 적절한 것은?

When most people think of classrooms, they imagine neat rows of desks and a teacher ⓐ <u>standing</u> at the front of the room. This is the traditional classroom layout, but modern learning environments are usually ⓑ <u>more</u> flexible. Students are allowed   3
to change desks freely or even ⓒ <u>move</u> them. Although these things might seem like distractions, they can actually promote learning. **Switching desks frequently**, students are less likely to get bored. And rearranging the desks can allow them   6
ⓓ <u>work</u> more effectively in groups or alone. Classroom flexibility is helpful to teachers as well. ⓐ**Standing at the front of the room**, they are more likely to address the class as a group. **Moving around the room**, on the other hand, they can give   9
individuals the help and attention ⓔ <u>they</u> need.

① 조별 활동이 학생들의 협업 능력을 향상시킨다.
② 노후화된 교실 가구를 주기적으로 교체할 필요가 있다.
③ 유연한 학습 환경이 학습 효율을 높이는 데 도움이 된다.
④ 학생들의 집중력 향상을 위해 적절한 동기 부여가 필요하다.
⑤ 학생들이 자신의 학급 좌석을 지정하게 하는 것이 바람직하다.

서술형   윗글의 밑줄 친 ⓐ~ⓔ 중, 어법상 틀린 것을 찾아 바르게 고쳐 쓰시오.

_____

---

1   **neat** 정돈된   **traditional** 전통의; *전통적인   **layout** 배치, 설계   **flexible** 구부리기 쉬운; *융통성 있는, 유연한 (*n.* **flexibility** 굴곡성; *유연성, 융통성)   **distraction** (주의) 집중을 방해하는 것   **promote** 촉진[고취]하다   **switch** 전환하다, 바꾸다   **frequently** 자주, 흔히   **rearrange** 재배열[배치]하다   **effectively** 효과적으로   **address** 주소를 쓰다; *(…에게) 말을 걸다[하다]   **individual** 개인

116

2 다음 글의 내용을 한 문장으로 요약하고자 한다. 빈칸 (A), (B)에 들어갈 말로 가장 적절한 것은?

Humans are constantly evaluating the sincerity of the people with whom they have social interactions. Researchers conducted an experiment to look at what is involved in making these evaluations. In the experiment, more than 7,500 participants either watched, listened to, or read an account of a short conversation. Each conversation contained a simple question and a response, and the participants had to report how sincerely they felt the response was. Delayed responses were consistently rated less sincere than immediate ones, except in cases where the answer was socially undesirable. For example, in conversations in which people were asked whether they liked someone's new hairstyle or not, an answer of "no" was rated as sincere with or without a delay. **⊕ This being an exception**, the researchers concluded that perceptions of insincerity were clearly linked to slower response times.

3

6

9

12

⬇

A study showed that how ____(A)____ a question is answered affects perceptions of sincerity, with ____(B)____ creating an impression of dishonesty.

	(A)		(B)
①	confidently	······	complaints
②	quickly	······	hesitations
③	accurately	······	explanations
④	quickly	······	repetitions
⑤	confidently	······	denials

서술형

윗글의 네모 안의 sincerely 를 어법에 알맞게 고쳐 쓰시오.

_____

---

2 constantly 끊임없이 evaluate 평가하다[감정하다] (*n.* evaluation 평가) sincerity 정직, 진심 (*a.* sincere 진실된, 진심 어린) interaction 상호 작용 conduct (활동을) 하다 account 계좌; *설명[이야기] response 대답, 응답 delay 늦추다, 지체시키다; 지연, 지체 consistently 일관하여, 지속적으로 rate 평가하다[여기다] immediate 즉각적인 undesirable 바람직하지 않은, 탐탁지 않은 perception 지각, 자각, 인식 dishonesty 부정직, 불성실 [문제] complaint 불평[항의] hesitation 주저, 망설임 accurately 정확히, 정밀하게 explanation 설명 repetition 반복[되풀이] denial 부인[부정]

3 밑줄 친 부분이 가리키는 대상이 나머지 넷과 다른 것은?

Dogs clearly pay attention to human language. But do ① they really understand words, or only tones of voice? In a recent study, researchers trained pet dogs to lie inside of a brain scanner without moving. **Lying calmly inside,** ② they heard meaningful words, sometimes in a happy tone, and sometimes in a neutral tone. ③ They also heard meaningless words. **While listening to the words,** the dogs processed meaningful ones in their brain's left hemisphere, regardless of tone. This means they recognized individual words and not just the tone in which ④ they were said. **Informed of the results of this study,** perhaps we shouldn't use a cheerful voice when we tell our dogs ⑤ they are going to the vet.

*brain scanner (뇌종양 등을 진단하는) 뇌주사(走査) 장치 **hemisphere: (뇌의) 반구

4 satin bowerbird에 관한 다음 글의 내용과 일치하지 않는 것은?

Satin bowerbirds are medium-sized birds found mostly in coastal regions of Australia. Adult males are a striking bluish-black color, while females and younger males are a greenish-brown. They spend most of their time in wet forests, **feeding mainly on fruit.** During the summer, their diet is supplemented by insects; in winter, they often eat leaves. The most unusual aspect of satin bowerbirds is their mating behavior. Males build and decorate structures known as bowers. They prefer bright blue objects, so they often use bottle caps or plastic straws as decorations. When a female arrives at one of these bowers, the male begins a strange ritual. **Making buzzing sounds,** the male bows and dances **with its wings trembling. Watching the dancing male and examining his bower,** the female decides whether or not she wishes to mate with him.

① 주로 호주의 해안 지대에서 발견된다.
② 암컷과 어린 수컷은 녹갈색이다.
③ 겨울에는 흔히 나뭇잎을 먹는다.
④ 수컷은 밝은 파란색 물체로 구조물을 장식하는 경향이 있다.
⑤ 암컷은 수컷의 구애 행위에 춤으로 화답한다.

5 주어진 글 다음에 이어질 글의 순서로 가장 적절한 것은?

> The Antikythera wreck is one of the most famous shipwrecks in the world.

(A) **Preserved for 2,000 years**, DNA from these bones could tell scientists a lot. They hope to learn information such as where the man came from and what he looked like. With this information, scientists could understand the crew of this ancient ship better than ever before.

(B) **After sinking about 2,000 years ago**, the ship was discovered in 1900 near the Greek island of Antikythera. Located about 150 feet below the surface, the wreck has been the site of many discoveries including ancient pottery, statues, and coins.

(C) But on August 31, 2016, investigators made a truly surprising find: several bones from a human skeleton. Thought to have belonged to a young man, they are the first bones discovered from a shipwreck since scientists developed methods of studying ancient DNA.

① (A) – (C) – (B)　　　② (B) – (A) – (C)　　　③ (B) – (C) – (A)
④ (C) – (A) – (B)　　　⑤ (C) – (B) – (A)

3　**pay attention to** …에 주목하다, 주의를 기울이다　**tone** 어조　**train** 훈련하다, 교육하다　**meaningful** 의미 있는; *의미를 갖는 (↔ **meaningless**)　**neutral** 중립적인; *감정을 자제하는[드러내지 않는]　**process** 처리하다　**regardless of** …에 상관없이　**inform A of B** A에게 B를 알려 주다　**cheerful** 활기찬　**vet** 수의사; *동물 병원

4　**coastal** 해안[연안]의　**region** 지방, 지역　**striking** 눈에 띄는, 두드러진　**diet** 식사[음식]　**supplement** 보충[추가]하다　**aspect** 측면　**mating** 짝짓기[교미] (*v.* **mate** 짝짓기를 하다)　**structure** 구조; *구조물, 건축물　**bower** 나무 그늘(의 휴식처), 정자　**ritual** 의식 절차; *의식과 같은[의례적인] 일　**buzz** 윙윙거리다　**tremble** (몸을) 떨다　**examine** 조사[검토]하다, 살펴보다

5　**wreck** 난파선　**shipwreck** 난파, 조난 사고; *난파선　**preserve** 지키다; *보존하다　**crew** (배·비행기의) 승무원 (전원)　**ancient** 고대의　**sink** 가라앉다　**pottery** 도자기 (그릇들)　**statue** 조각상　**investigator** 수사관, 조사관　**skeleton** 뼈대, 골격; *해골　**develop** 개발하다

• REVIEW TEST •

정답 및 해설 p. 41

A 다음 문장의 괄호 안에서 어법상 알맞은 것을 고르고, 각 문장을 우리말로 해석하시오.

ⓐ (Standing / Stood) at the front of the room, they are more likely to address the class as a group.

ⓑ This (being / been) an exception, the researchers concluded that perceptions of insincerity were clearly linked to slower response times.

ⓒ (Informing / Informed) of the results of this study, perhaps we shouldn't use a cheerful voice when we tell our dogs they are going to the vet.

ⓓ Making buzzing sounds, the male bows and dances with its wings (trembling / trembled).

ⓔ After (sinking / sunk) about 2,000 years ago, the ship was discovered in 1900 near the Greek island of Antikythera.

B 다음 문장에 주어진 단어 중 문맥에 가장 적절한 것을 고르시오.

1 Although these things might seem like distractions, they can actually discourage / promote learning.

2 Delayed responses were consistently rated less sincere than immediate / intermediate ones, except in cases where the answer was socially undesirable.

3 While listening to the words, the dogs proceeded / processed meaningful ones in their brain's left hemisphere, regardless of tone.

4 During the summer, their diet is implemented / supplemented by insects; in winter, they often eat leaves.

5 The most unusual aspect / suspect of satin bowerbirds is their mating behavior.

6 Deserved / Preserved for 2,000 years, DNA from these bones could tell scientists a lot.

7 Thought to have belonged to a young man, they are the first bones discovered from a shipwreck since scientists abandoned / developed methods of studying ancient DNA.

12

접속사의 이해

접속사는 단어와 단어, 구와 구, 절과 절을 연결한다. 대개 접속사가 있는 문장은 길거나 구조가 복잡할 수 있으므로, 접속사 전후의 구조를 파악하는 연습을 충분히 하도록 한다.

· GRAMMAR BUILD UP ·

정답 및 해설 p. 41

1 등위접속사와 종속접속사

A My shoulders are sore **and** stiff.

B The problem is **that** children have a short attention span.

C It is difficult to talk to my mother **when** she gets angry.

A 내 어깨는 아프고 뻣뻣하다.

B 문제는 아이들은 집중 지속 시간이 짧다는 것이다.

C 나의 어머니가 화나셨을 때는 말을 걸기가 어렵다.

→ 등위접속사(and, but, or, so 등)는 문법적으로 대등한 단어나 구, 절을 연결한다. A

→ 종속접속사는 주절의 내용을 설명하거나 보충하는 종속절을 이끈다.
  • 명사절을 이끄는 접속사: that, whether, if B
  • 부사절을 이끄는 접속사: when, because, if, unless, though, once 등 C

Q 다음 문장의 괄호 안에서 어법상 알맞은 것을 고르시오.

1 I thought (that / if) Americans didn't like spicy food.
2 (Once / Whether) you have made up your mind, stick with your decision.
3 The police are checking (if / when) drivers have fastened their seat belts.
4 The durian is a tropical fruit that smells really bad (and / but) tastes great.
5 (If / Unless) it isn't delivered within 30 minutes, the pizza is free of charge.
6 (If / After) he finished drying his hair, he put the hair dryer back in the drawer.

if를 쓰지 않는 경우
• 「if to-v」
• 「if or not+주어+동사」
※ if절은 전치사의 목적어로 쓰지 않고, 주어·보어로 잘 쓰지 않는다.

2 짝을 이루는 상관접속사

A She went to Hawaii, **not** for vacation **but** for business.

B The stream was **so** polluted **that** a lot of fish died.

C He gave **such** a long speech **that** we all became tired.

D They climbed higher **so (that)** they could get a better view.

E **No sooner** had I arrived home **than** I heard a sharp scream.

A 그녀는 휴가를 위해서가 아니라 사업차 하와이에 갔다.

B 그 개울은 너무 오염되어서 많은 물고기가 죽었다.

C 그가 너무 긴 연설을 해서 우리는 모두 지쳤다.

D 그들은 더 좋은 전망을 보기 위해 더 높이 올라갔다.

E 나는 집에 도착하자마자 날카로운 비명을 들었다.

→ 상관접속사란 두 개 이상의 단어가 짝이 되어 쓰이는 접속사를 가리킨다.

→ 선택·첨가의 의미를 갖는 상관접속사
  • 「not A but B」 'A가 아니라 B' A   • 「either A or B」 'A 또는 B'
  • 「neither A nor B」 'A도 B도 아닌'   • 「both A and B」 'A와 B 둘 다'
  • 「not only A but also B」 'A뿐만 아니라 B도' (= 「B as well as A」)
  위 표현들이 주어일 때 「both A and B」의 경우 복수동사를 쓰고, 나머지는 B에 수를 일치시킨다.

→ 결과의 의미를 갖는 상관접속사
  • 「so+형용사/부사+that ~」 '너무 …해서 ~하다' [B]   • 「such+명사+that ~」 '너무 …해서 ~하다' [C]

→ 목적의 의미를 갖는 상관접속사
  • 「so (that) ...」 '…하기 위해', '…하도록' [D]

→ 시간의 의미를 갖는 상관접속사
  • 「no sooner ... than ~」, 「scarcely[hardly] ... before[when] ~」 '…하자마자 ~하다' [E]
  이때, no sooner, scarcely, hardly와 같이 부정의 뜻을 가진 부사(구)가 문두에 있으면 주어와 (조)동사가 도치되
  므로 이에 유의한다. 또한, 해당 상관접속사들은 「as soon as+주어+동사」로 바꿔 쓸 수 있다.
  [E] = As soon as I arrived home, I heard a sharp scream.

Q 다음 문장에서 짝을 이루는 접속사에 밑줄을 그으시오.

1 You can pay either now or later.

2 Neither he nor she is responsible for this problem.

3 Hardly had I got off the bus when it began to snow.

4 I had scarcely walked in before the phone began to ring.

5 My daughter was so quiet that I thought she was sleeping.

6 She gave such a witty answer that everyone burst out laughing.

7 Not only my parents but also my sister disagrees with my opinion.

so와 such의 어순
「so+형용사+a(n)+명사」
=「such+a(n)+형용사+명사」

③ 의미가 여러 가지인 **접속사**

[A] **As** I was walking in the forest, it suddenly began to rain.

[B] I don't know how to eat lobster, **as** I've never had it before.

[C] **As** the average life expectancy increases, the government is encouraging the elderly to work.

[D] Pretty **as** she is, the girl is very selfish.

[A] 내가 숲속을 걷고 있었을 때, 갑자기 비가 내리기 시작했다.
[B] 전에 먹어 본 적이 한 번도 없기 때문에, 나는 바닷가재를 먹는 법을 모른다.
[C] 평균 기대 수명이 늘어남에 따라, 정부는 노인들이 일하도록 장려하고 있다.
[D] 예쁘긴 하지만, 그 소녀는 매우 이기적이다.

→ • as   ① …할 때 [A]   ② … 때문에 [B]   ③ …함에 따라 [C]   ④ …이긴 하지만 [D]
  • since   ① …한 이래로   ② … 때문에
  • while   ① …하는 동안   ② …인 반면에
  • if   ① …한다면   ② …인지

Q 밑줄 친 부분에 유의하여 다음 문장을 우리말로 해석하시오.

1 As he grew older, he became more modest.

2 Do you know if the shop is open every Sunday?

3 Since you didn't help me, I had to do the job by myself.

4 As I went to bed early last night, I had a good night's sleep.

5 I bumped into an old friend while I was walking down the street.

6 His fame increased, while the amount of time he spent with his family decreased.

4 접속사 대용어구

^A **The moment** the phone rang, I knew it would be good news.

^A 전화벨이 울리자마자, 나는 그것이 좋은 소식일 거라는 것을 알았다.

→ 얼핏 보기에 부사(구)나 명사구처럼 보이지만 접속사의 역할을 하는 어구들이 있다.
- 「the moment ...」 '…하자마자' ^A
- 「now that ...」 '…이니까'
- 「in case ...」 '…의 경우에 대비해서'
- 「by the time ...」 '…할 때까지(는)', '…할 때쯤에(는)'
- 「every time ...」 '…할 때마다'

Q 다음 문장에서 접속사의 역할을 하는 부분에 밑줄을 긋고, 각 문장을 우리말로 해석하시오.

1 Take some extra money in case you need it.

2 We'll have everything ready by the time you get here.

3 Now that I have finished my homework, I'm going to take a nap.

4 Every time you come across a new word, look it up on the Internet.

5 The moment the movie star got out of the car, a big crowd of fans gathered around him.

5 접속사와 전치사

^A **Although** the economy was in a slowdown, the company remained stable.

^B He passed the physical examination **despite** his poor eyesight.

^A 비록 경기가 침체되어 있었지만, 그 회사는 안정을 유지했다.
^B 그는 좋지 않은 시력에도 불구하고 신체 검사를 통과했다.

→ 비슷한 의미를 가진 접속사와 전치사를 혼동하지 않도록 주의한다. 접속사 뒤에는 주어와 동사를 포함한 절이 오고 ^A, 전치사(구) 뒤에는 명사 (상당어구)가 온다. ^B

의미	접속사	전치사(구)
… 때문에	because, since, as	because of, due to, owing to
… 동안에	while	during, for
…의 경우에 대비해서	in case	in case of
(비록) …이지만[…에도 불구하고]	though, although, even though	despite, in spite of

Q 다음 문장의 괄호 안에서 어법상 알맞은 것을 고르시오.

1 My stomach was rumbling loudly (during / while) class.

2 (In case of / In case) a blackout, my mother bought some candles.

3 (Although / In spite of) they are twins, they have different personalities.

4 (Despite / Even though) he knew it was illegal, the manager secretly hired foreign workers.

5 They were able to escape the building (because / because of) they used the emergency stairs.

A　다음 문장의 괄호 안에서 문맥상 알맞은 것을 고르시오.

1　He'll accept the job (if / unless) the salary isn't too low.

2　I think your problem is not your intelligence (and / but) your laziness.

3　He had woken up early, (while / as) the interview was to begin at 8 a.m.

4　(Now that / By the time) the weather is nice, we've decided to go hiking.

5　She is well known for (both / either) her kindness and her understanding.

6　(The moment / No sooner) I saw the ad, I knew the job was right for me.

7　(Since / In case) you can't find the shop, save its number on your phone.

8　(Despite / Every time) the player scores, a donation of 100,000 won is made to an orphanage.

B　다음 문장의 밑줄 친 부분을 문맥상 자연스럽게 고쳐 쓰시오.

1　Both the customers or the staff were surprised by the fire alarm.

2　Add more flour such that the dough is not too sticky.

3　While my vacation, I traveled by bicycle all over the country.

4　Owing to there was road construction, drivers had to use other roads.

5　This book provides not interesting stories but also beautiful illustrations.

C　제시된 단어들을 바르게 배열하여 우리말과 일치하도록 문장을 완성하시오.

1　그것을 말하자마자, 나는 내가 실수를 했다는 것을 깨달았다.
　　(had I said it, than, I had made a mistake, no sooner, I realized)

　　_____

2　그는 자신의 빚을 1년 이내에 갚을 수 있도록 열심히 일했다.
　　(he could pay off, so that, his debt, he worked hard, within a year)

　　_____

3　그는 돈 문제에 대해 너무 걱정해서 밤에 잠을 잘 수가 없다.
　　(that, so much, at night, he worries, about money matters, he can't sleep)

　　_____

4　나는 너무 예기치 않은 결과를 얻어서 그 실험을 다시 했다.
　　(such, I conducted, I got, that, an unexpected result, the experiment again)

　　_____

1 다음 글의 제목으로 가장 적절한 것은?

ⒶNow that you've found everything ⓐ that you needed in the supermarket, it is time to head to the checkout counter. The moment you ask for a plastic bag, however, the cashier shakes her head and ⓑ points to a sign. It turns out you've been shopping at a zero-waste store. These are places that help consumers ⓒ reduce the amount of plastic waste they generate. ⒷThe stores neither sell products that are packaged in plastic nor ⓓ offered their customers plastic bags. Some of the items for sale are reusable, and others come in reusable packaging, such as glass jars. Many zero-waste stores also donate part of their profits to environmental organizations. If there is one in your area, you should go check ⓔ it out.

① Encourage Shops to Recycle Plastic
② Why We Should Use Reusable Bags
③ Waste Less by Shopping More Often
④ Are Paper Bags Better than Plastic Bags?
⑤ What Is Special about a Plastic-Free Store?

서술형

윗글의 밑줄 친 ⓐ~ⓔ 중 어법상 틀린 것을 찾아 바르게 고쳐 쓰시오.

_____

---

1 head (특정 방향으로) 가다   turn out 모습을 드러내다; *…인 것으로 드러나다[밝혀지다]   consumer 소비자   generate 발생시키다, 만들어 내다   package 포장하다   reusable 재사용할 수 있는   come in (상품 등이) 들어오다   packaging 포장재   profit (금전적인) 이익, 수익   environmental 환경의   organization 조직(체), 단체, 기구   check ... out (흥미로운 것을) 살펴보다[보다]

2

다음 글의 밑줄 친 부분 중, 문맥상 낱말의 쓰임이 적절하지 <u>않은</u> 것은?

It is obvious **that** yawning is ① <u>contagious</u> **because** we often yawn **when** we see someone else yawn. Yawning is generally a pleasant experience, **as when** we yawn, we also stretch the muscles in our face, chest, limbs, and abdomen. This sends signals that activate the part of the brain associated with ② <u>good</u> sensations. ⓖ**Despite** this, yawns sometimes feel unfinished and disappointing, creating an ③ <u>uneasy</u> feeling. **So** what causes this? One hypothesis suggests **that** our levels of cortisol, a hormone that plays a significant role in stress, are briefly ④ <u>elevated</u> **when** we yawn. **If** we are stressed or anxious, our body will not fully relax **and** we will be unable to achieve a complete muscle stretch, leaving us dissatisfied with the experience. **Therefore**, it is important to note **that** the real problem with a ⑤ <u>complete</u> yawn is **not** the yawn itself **but** the stress and anxiety we are feeling.

하품을 하는 것의 장점을 윗글에서 찾아 문장을 완성하시오.

Yawning creates a pleasant experience by letting us _____ _____ _____ .

---

2 **obvious** 분명한, 명백한 **contagious** 전염되는, 전염성의 **stretch** 늘이다, 당기다 **abdomen** 배, 복부 **activate** 작동시키다, 활성화시키다 **sensation** 느낌, 감각 **hypothesis** 가설 **briefly** 잠시 **elevate** 높이다[증가시키다] **anxious** 불안해하는 (*n.* **anxiety** 불안) **complete** 완벽한; *완전한 **note** 메모; *…에 주목[주의]하다

3 글의 흐름으로 보아, 주어진 문장이 들어가기에 가장 적절한 곳은?

> In addition, the salt water has caused the wood to become as hard as stone over time.

The city of Venice was originally built on the islands of a lagoon by people seeking safety from attacks. ᴰ**Although** the lagoon's islands were soft and sandy, the people made solid foundations by driving wooden stakes into the ground. **Once** this was done, they placed platforms on top of the stakes. (①) Venice's buildings were constructed on these platforms. (②) It may seem strange **that** they used wood for the foundations, **since both** stone **and** metal usually last longer. (③) But wood decay is caused by microorganisms such as bacteria and fungi. (④) **Because** Venice's wooden foundations are underwater, they are not exposed to these microorganisms. (⑤) For these reasons, the city has stood for centuries.

*lagoon: 석호   **fungi: 균류, 곰팡이류 (fungus의 복수형)

4 다음 글의 빈칸에 들어갈 말로 가장 적절한 것은?

In the past, coal miners would bring canaries with them into the coal mines. These birds weren't pets. They were used as protection against the dangers of carbon monoxide (CO). ᴱMiners feared this deadly gas, **as** it is **both** colorless **and** odorless. **By the time** miners realized they were breathing it in, it would be too late. Canaries, however, breathe more rapidly than humans. **If** there was CO in the air, canaries would breathe it in twice as fast, which would cause them to show signs of illness before the miners. **If** a canary began to act strangely, the miners would leave as quickly as possible. Nowadays, canaries aren't needed in coal mines, **as** they have been replaced by digital detectors. However, the phrase "canary in a coal mine" is still used today to refer to something that may be _____.

*carbon monoxide: 일산화탄소

① a danger that can be avoided
② a consequence of poor decisions
③ an inspiration for tired employees
④ a warning sign of impending danger
⑤ a problem needed to be fixed by technology

5

다음 글에서 전체 흐름과 관계 <u>없는</u> 문장은?

Jupiter is the largest planet in the solar system, but did you know **that** its mass is more than 300 times greater than that of Earth? ① In fact, **if** you add the mass of every other planet in the solar system together, Jupiter is still 2.5 times more massive. ② [Ⓕ] However, Jupiter's mass is actually decreasing, partly **because** its atmosphere is **so warm that** gas molecules can move fast enough to escape the planet's gravitational pull. ③ Also, solar winds are ionizing atoms in Jupiter's atmosphere, allowing them to escape the planet's magnetic field. ④ Jupiter has the strongest magnetic field of all the planets in the solar system, **as** it is nearly 20,000 times more powerful than Earth's. ⑤ As a result of these phenomena, Jupiter is experiencing a slow but constant loss of mass.

*gravitational pull: 중력

· REVIEW TEST ·

정답 및 해설 p. 44

A 다음 문장의 괄호 안에서 어법상 알맞은 것을 고르고, 각 문장을 우리말로 해석하시오.

ⓐ (Now that / In case) you've found everything that you needed in the supermarket, it is time to head to the checkout counter.

ⓑ The stores neither sell products that are packaged in plastic (or / nor) offer their customers plastic bags.

ⓒ (Despite / Despite of) this, yawns sometimes feel unfinished and disappointing, creating an uneasy feeling.

ⓓ (Although / Hardly) the lagoon's islands were soft and sandy, the people made solid foundations by driving wooden stakes into the ground.

ⓔ Miners feared this deadly gas, (as / while) it is both colorless and odorless.

ⓕ However, Jupiter's mass is actually decreasing, partly because its atmosphere is (so / such) warm that gas molecules can move fast enough to escape the planet's gravitational pull.

B 다음 문장에 주어진 단어 중 문맥에 가장 적절한 것을 고르시오.

1 Many zero-waste stores also donate part of their losses / profits to environmental organizations.

2 It is obvious that yawning is contagious / conditional because we often yawn when we see someone else yawn.

3 Venice's buildings were constructed / obstructed on these platforms.

4 Because Venice's wooden foundations are underwater, they are not exposed / closed to these microorganisms.

5 Nowadays, canaries aren't needed in coal mines, as they have been placed / replaced by digital detectors.

6 In fact, if you add the mass of every other planet in the solar system together, Jupiter is still 2.5 times more massive / passive.

7 As a result of these phenomena, Jupiter is experiencing a slow but constant / rapid loss of mass.

130

13

관계사의 이해 I

관계사에는 관계대명사와 관계부사가 있다. 관계대명사는 접속사와
대명사의 역할을, 관계부사는 접속사와 부사의 역할을 동시에 수행
한다. what을 제외한 관계사는 대개 형용사절을 이끈다.

· GRAMMAR BUILD UP ·

정답 및 해설 p. 44

1 절의 주어를 대신하는 주격 관계대명사

A I like people **who** laugh loudly and often.

B Where can I catch the bus **which** goes downtown?

C The dog **that** was chained to the tree disappeared.

A 나는 큰 소리로, 그리고 자주 웃는 사람들을 좋아한다.

B 시내로 가는 버스를 어디에서 탈 수 있나요?

C 나무에 묶여 있던 개가 사라졌다.

→ 주격 관계대명사 who, which, that은 선행사를 대신해 그것이 이끄는 절 안에서 주어 역할을 한다. 선행사가 사람인 경우에는 who나 that을 A, 사물·동물인 경우에는 which나 that을 사용한다. B, C

Q 다음 문장에서 밑줄 친 부분을 수식하는 관계사절을 [ ]로 묶으시오.

1 The river that flows through our town is polluted.

2 What is the name of the tall man who just came in?

3 The street that leads to the school is very narrow.

4 Anyone who wants to go abroad must have a passport.

5 New Zealand is a country that is famous for its beautiful landscape.

2 절의 목적어를 대신하는 목적격 관계대명사

A I saw a woman **who(m)** I had met at the party.

B The coffee shop **which** I like is close to the train station.

C This is the puppy **that** Julie adopted from the animal shelter.

A 나는 파티에서 만났던 한 여자를 봤다.

B 내가 좋아하는 커피숍은 기차역에서 가깝다.

C 이것은 Julie가 동물 보호소에서 입양한 강아지이다.

→ 목적격 관계대명사 who(m), which, that은 선행사를 대신해 그것이 이끄는 절 안에서 목적어 역할을 한다. 선행사가 사람인 경우에는 who(m)나 that을 A, 사물·동물인 경우에는 which나 that을 사용한다. B, C

Q 다음 문장에서 밑줄 친 부분을 수식하는 관계사절을 [ ]로 묶으시오.

1 The cold medicine that I took makes me sleepy.

2 The computer that I wanted to buy was too expensive.

3 This is the coldest winter that we have had in 30 years.

4 He invited only those children that he knew very well.

5 The couple who we met on vacation has sent us a card.

③ 소유격을 대신하는 소유격 관계대명사

A I received a phone call from a girl **whose** voice was cute.

B The car **whose** doors are open is not mine but his.

C Sarah lives in a big house **the roof of which** is red.

A 나는 목소리가 귀여운 한 소녀로부터 전화를 받았다.

B 문이 열려 있는 그 차는 나의 것이 아니라 그의 것이다.

C Sarah는 지붕이 빨간 큰 집에서 산다.

→ 소유격 관계대명사는 선행사의 소유격 역할을 하며, 사람·사물·동물에 관계없이 whose를 쓴다. A, B 단, 선행사가 사물·동물인 경우에는 whose 대신 of which를 쓸 수 있는데, 이 경우 「of which+the+명사」 또는 「the+명사+of which」의 형태로 써야 한다. C

Q 다음 문장에서 밑줄 친 부분을 수식하는 관계사절을 [ ]로 묶으시오.

1 I'm staying in a hotel the name of which I forgot.

2 Camels are desert animals whose humps contain fat.

3 There was a picture of a man whose dog had won a pet contest.

➕ 빠바PLUS 빠른 독해를 위한 관계사절 해석법

• 주어와 동사의 구분: 관계사절이 문장의 주어를 꾸밀 때는 문장의 본동사를 찾아 그 앞까지 묶는다.

1 The man [who repaired my car] is good at his job.
   S ↑_____| V

2 The man [whom the police arrested] has been set free.
   S ↑_____| V

• 순차적 해석: 관계사 앞에서 끊고 선행사를 확인한 후, 관계사절 내에 없는 문장 성분의 자리에 선행사를 대입한다.

3 He is repairing the chair / that ∧ was broken by his son. (관계사절에 주어가 없음: that = the chair)

4 Look at the size of this fish / that I caught ∧. (관계사절에 목적어가 없음: that = this fish)

---

④ 선행사를 포함하는 관계대명사 what

A **What** made me smile was the baby's chubby, little feet.

B I have told the police **what** I know about the accident.

A 나를 미소 짓게 만든 것은 그 아기의 통통하고 작은 발이었다.

B 나는 내가 그 사고에 대해 알고 있는 것을 경찰에게 말해 주었다.

→ what은 선행사를 포함하는 관계대명사로 '(…하는) 것'의 의미이며, 다른 관계사와 달리 명사절을 이끈다. A, B

Q 밑줄 친 부분에 유의하여 다음 문장을 우리말로 해석하시오.

1 He is what is called a genius.

2 What we are taught in school is only the beginning of knowledge.

3 I found my lost wallet, and what is better, all the money was still in it.

관계대명사 what을 이용한 관용적 표현
• 「what+주어+be동사」 …의 인격·상태
• 「what+주어+have[has]」 …의 재산
• 「what is called」 '소위', '이른바'
• 「what is+비교급」 '더욱 …한 것은'

5 절의 부사를 대신하는 관계부사

A I remember the day **when** I got my driver's license.

B That is the restaurant **where** we met for the first time.

C That is **how** she gets ideas for her novels.

D Did you think of a reason **why** you should apologize to him?

A 나는 내가 운전 면허를 딴 날을 기억한다.
B 저곳이 우리가 처음으로 만났던 식당이다.
C 그것이 그녀가 자신의 소설에 대한 아이디어를 얻는 방법이다.
D 네가 그에게 사과해야 하는 이유를 생각해 봤니?

→ 관계부사 when, where, why, how는 그것이 이끄는 절 안에서 부사 역할을 하며, 각각 시간, 장소, 이유, 방법을 나타내는 선행사를 취한다. 관계부사는 「전치사+선행사」를 대신하므로 「전치사+관계대명사」로 바꿔 쓸 수 있으며, 이 형태는 주로 격식체에서 사용된다.

Q 다음 문장에서 관계사절을 [ ]로 묶으시오.

1 That is why he wants to move to Canada.
2 The day when I took the picture was dark and cloudy.
3 Nobody wants to live in a society where there is no freedom.
4 The film will show you how people lived in Alaska at that time.

> **관계부사의 선행사 생략**
> 일반적으로 시간, 장소, 이유를 나타내는 선행사 the time, the place, the reason 등은 종종 생략된다. how의 경우 선행사에 해당하는 the way와 함께 쓸 수 없으므로, 둘 중 하나는 반드시 생략한다.

6 쓰임이 다양한 관계사 that

A The girl **that** offered me her hand had a beautiful smile.

B The violin **that** he plays is worth at least a million dollars.

C Can you suggest a good time **that** we could meet?

A 나에게 손을 내민 그 소녀는 아름다운 미소를 가지고 있었다.
B 그가 연주하는 바이올린은 적어도 백만 달러의 가치가 있다.
C 우리가 만날 수 있는 적당한 시간을 제안해 줄 수 있니?

→ that은 관계사 중에서 가장 널리 쓰인다. 선행사의 종류에 관계없이 주격이나 목적격 관계대명사로 쓰일 수 있고 A, B 관계부사로도 쓰일 수 있다. C

Q 밑줄 친 that과 바꿔 쓸 수 있는 관계사가 맞으면 O, 틀리면 X로 표시하고 바르게 고쳐 쓰시오.

1 The clothes that are on the floor are dirty. [which]
2 I miss last winter that you stayed with me. [where]
3 Is this the reason that you disagreed with me? [why]
4 We bought a new oven that has four gas burners. [who]
5 He was photographed by the fans that were waiting for him. [who]

> **관계대명사 that을 선호하는 경우**
> • 선행사가 최상급의 형용사, the+서수, very, only 등에 의해 수식될 때
> • 선행사가 all, anything, everything, nothing 등일 때
> • 선행사가 「사람+사물·동물」일 때

A 다음 보기에서 알맞은 관계사를 골라 빈칸에 써 넣으시오.

보기 who　　whose　　whom　　what　　when　　where　　why　　how

1 Do you know the man _____ hair is dyed blue?

2 The professor _____ I met at the conference was very kind.

3 They already know _____ we did during the summer vacation.

4 I visited the café _____ the writer had written his greatest novel.

5 Anna really wants to know _____ I solved the problem so quickly.

6 I'm looking for a part-timer _____ knows how to make chocolate cake.

7 There were moments _____ he found it difficult to understand the lecture.

8 Could you tell me the reason _____ you didn't participate in this campaign?

B 다음 문장의 괄호 안에서 어법상 알맞은 것을 고르시오.

1 I liked (how / which) he treated me at the party.

2 He made a promise (that / who) couldn't be kept.

3 I'm looking for a jacket (which / whose) pockets are wide.

4 I'll never forget the day (where / when) my first book was published.

5 I have a student in my class (who / which) has difficulty understanding English.

C 제시된 단어들을 바르게 배열하여 우리말과 일치하도록 문장을 완성하시오.

1 엔진이 뒤쪽에 달려 있는 차들은 매우 시끄럽다.

(that, very noisy, in the back, have their engines, are, cars)

_____

2 David가 너에게 사 준 그 치마는 네게 아주 잘 어울린다.

(for you, that, David, the skirt, bought, suits you perfectly)

_____

3 내 어머니의 정원에서 자라는 꽃들은 그녀의 자랑이자 기쁨이다.

(her pride and joy, that, the flowers, are, grow, in my mother's garden)

_____

4 내가 친구들과 함께 다니곤 했던 몇몇 장소들은 더 이상 나에게 흥미를 일으키지 않는다.

(where, with friends, I used to go, some places, no longer interest me)

_____

정답 및 해설 p. 46

1 글의 흐름으로 보아, 주어진 문장이 들어가기에 가장 적절한 곳은?

> And drinks like lemonade are useful because their acid neutralizes capsaicin.

People all around the world enjoy eating spicy food. But after you've eaten something a little too spicy, your mouth might feel like it is on fire. What's (way, the best, deal with, to) this problem? Don't just grab the nearest glass of water. (①) ᴬ**What** causes that burning feeling in your mouth is something called capsaicin. (②) Capsaicin is oil-based, so drinking water will just spread it around your mouth. (③) Milk-based or acidic drinks are a much better option. (④) ᴮMilk contains a protein called casein, which breaks down capsaicin in the same way **that** soap gets rid of grease. (⑤) Finally, bread or rice can be helpful by simply creating a wall of food between the capsaicin and your burning mouth.

*neutralize: 중화시키다

윗글의 괄호 안의 단어들을 바르게 배열하여 문장을 완성하시오.

서술형

> way, the best, deal with, to

What's ＿＿＿＿＿＿＿＿＿＿＿＿＿＿ this problem?

---

1 **deal with** …을 처리하다 **burning** 불타는; *화끈거리는, 얼얼한 **spread** 퍼뜨리다 **acidic** 산성의, 매우 신 (*n.* **acid** 산) **option** 선택(할 수 있는 것) **protein** 단백질 **break down** …을 부수다; *분해하다 **get rid of** …을 제거하다 **grease** 기름[지방] **helpful** 도움이 되는

2 다음 글의 목적으로 가장 적절한 것은?

To the Pine Lake Camp Community:

As you know, we had to cancel all of our summer camp activities due to the pandemic. Summer is the best time of year at the lake. It is the season **when** the weather is the nicest and the scenery is the most beautiful. ⓒWe know that parents have long considered Pine Lake [be] a place **where** their kids could safely spend a fun-filled summer. Unfortunately, it is just not possible this year. The pandemic has seriously damaged our organization financially. This is **why** we need your help. Pine Lake has always relied on donations from friends of the camp. This year, those donations are even more important to us. If you help us, we will be able to reopen next summer bigger and better than ever.

The Pine Lake Staff

---

① 캠프 일정 변경을 공지하려고
② 캠프장의 운영 재개를 알리려고
③ 단체에 필요한 기부금을 요청하려고
④ 올해의 여름 캠프 행사를 홍보하려고
⑤ 캠프 운영 자원 봉사자를 모집하려고

윗글의 네모 안의 [be]를 어법에 알맞게 고쳐 쓰시오.

_____

---

2   community 주민, 지역사회; *공동체   pandemic 전국[세계]적 유행병   scenery 경치, 풍경   unfortunately 불행하게도, 유감스럽게도   damage 손상을 주다, 피해를 입히다   organization 조직(체), 단체, 기구   financially 재정적으로, 재정상   rely on …에 의지[의존]하다, …을 필요로 하다   donation 기부, 기증; *기증품, 기부금

3　다음 글의 밑줄 친 부분 중, 어법상 <u>틀린</u> 것은?

These days, the number of people traveling to the polar regions ① <u>is</u> increasing. Unfortunately, this threatens the local ecosystems. Tourism increases the number of ships and airplanes in the area and ② <u>add to</u> the risk of oil spills. Also, because those places **where** wildlife is accessible are limited, tourism mainly focuses on small areas, ③ <u>putting</u> vegetation at risk. On the positive side, polar tourism allows people ④ <u>to develop</u> a close connection with rarely seen parts of the world. ^D Plus, those **who** travel to these regions often end up becoming directly involved with conservation efforts. Finally, tourism helps the local economy. In the Arctic, this added source of income has made residents ⑤ <u>much</u> more financially independent. So, it's still debatable whether polar tourism is a good thing or a bad thing.

4　다음 글의 빈칸에 들어갈 말로 가장 적절한 것은?

Lev Kuleshov was a Russian director **who** believed editing is the most important aspect of filmmaking. ^E In 1921, he gave a presentation **which** demonstrated **what** became known as the Kuleshov effect. He projected a series of images onto a screen: first, a famous actor, followed by a bowl of soup; next, the same actor, followed by a girl in a coffin; and finally, the actor again, followed by an attractive woman. When asked about **what** they had seen, viewers said the actor looked hungry in the first series of images, sad in the second, and romantic in the third. However, all three images of the actor were identical. Kuleshov had influenced **how** it was interpreted through editing. He had also caused two separate locations to appear to be a single place. This showed that _____ is possible through creative editing.

① creating originality
② making unique films
③ manipulating perception
④ keeping audiences interested
⑤ mixing several different themes

5 다음 글에서 전체 흐름과 관계 없는 문장은?

The good news is that human beings are living longer than ever before. ⓕ The bad news is that the elderly still face health risks **that** can affect them both mentally and physically. That's **why** exergames were created. ① They are programs **that** combine computer gaming with a full-body workout. ② Most exergames provide a moderate workout **that** is the equivalent of taking a walk at a fast speed. ③ Walking is considered one of the best exercises for older individuals, as it causes little damage to the knees and ankles. ④ However, they also encourage users to make complex movements **that** include changes in step length, direction, and speed. ⑤ Elderly individuals **who** use exergames for just a short time every day have experienced significant improvements in their overall health and wellbeing.

3

6

9

---

3 **polar** 극지의　**threaten** 위협[협박]하다　**ecosystem** 생태계　**tourism** 관광(업)　**add to** …을 늘리다[증가시키다]　**oil spill** 석유 유출　**wildlife** 야생 생물　**accessible** 접근[입장/이용] 가능한　**put ... at risk** …을 위험에 처하게 하다　**vegetation** (어떤 지역의) 초목[식물]　**end up v-ing** 결국 …하게 되다　**conservation** (자연환경) 보호　**income** 수입, 소득　**resident** 거주자, 주민　**independent** 독립된; *자립적인　**debatable** 논란[이론]의 여지가 있는

4 **edit** 편집하다　**aspect** 측면　**demonstrate** 입증하다　**project** 계획하다; *비추다, 투영하다　**followed by** 뒤이어, 잇달아 **coffin** 관　**attractive** 멋진, 매력적인　**identical** 동일한, 똑같은　**interpret** 설명[해명]하다; *해석[이해]하다　**separate** 분리된; *서로 다른, 별개의　**location** 장소　[문제] **originality** 독창성　**manipulate** 조종하다　**perception** 지각, 자각; *인식

5 **mentally** 정신적으로　**physically** 신체[육체]적으로　**combine** 결합하다　**workout** 운동　**moderate** 절제 있는; *알맞은, 적당한 **equivalent** (…에) 상당[대응]하는 것　**encourage** 격려[고무]하다; *권장[장려]하다　**complex** 복잡한　**significant** 중요한; *상당한, 현저한　**improvement** 개선, 호전　**overall** 종합[전반]적인, 전체의　**wellbeing** (건강과) 행복

A 다음 문장의 괄호 안에서 어법상 알맞은 것을 고르고, 각 문장을 우리말로 해석하시오.

ⓐ (What / Which) causes that burning feeling in your mouth is something called capsaicin.

ⓑ Milk contains a protein called casein, which breaks down capsaicin in the same way (that / how) soap gets rid of grease.

ⓒ We know that parents have long considered Pine Lake to be a place (when / where) their kids could safely spend a fun-filled summer.

ⓓ Plus, those (which / who) travel to these regions often end up becoming directly involved with conservation efforts.

ⓔ In 1921, he gave a presentation (which / what) demonstrated (that / what) became known as the Kuleshov effect.

ⓕ The bad news is that the elderly still face health risks (what / that) can affect them both mentally and physically.

B 다음 문장에 주어진 단어 중 문맥에 가장 적절한 것을 고르시오.

1 Capsaicin is oil-based, so drinking water will just gather / spread it around your mouth.

2 Finally, bread or rice can be helpful / harmful by simply creating a wall of food between the capsaicin and your burning mouth.

3 As you know, we had to create / cancel all of our summer camp activities due to the pandemic.

4 So, it's still debatable / detectable whether polar tourism is a good thing or a bad thing.

5 He rejected / projected a series of images onto a screen: ....

6 He had also caused two separate / united locations to appear to be a single place.

7 They are programs that divide / combine computer gaming with a full-body workout.

8 Most exergames provide a moderate / ordinary workout that is the equivalent of taking a walk at a fast speed.

14

관계사의 이해 II

관계사는 종류, 위치, 의미에 따라 해석이 까다로울 수 있다. 관계사가 복잡하게 활용된 경우와 그 자체에 선행사를 포함한 복합관계사를 잘 익혀 둔다.

· GRAMMAR BUILD UP ·

정답 및 해설 p. 48

1 전치사를 동반하는 **관계대명사**

> A He is the man **whom** the majority of people voted **for**.
> B The beach **on which** we walked together was very clean.

> A 그는 대다수의 사람이 투표한 사람이다.
> B 우리가 함께 걸었던 그 해변은 매우 깨끗했다.

→ 관계대명사가 전치사의 목적어로 쓰이면 전치사는 관계대명사절의 끝에 오거나ᴬ, 관계대명사의 바로 앞에 올 수 있다.ᴮ 단, 관계대명사 that 앞에는 전치사를 둘 수 없다.

Q 밑줄 친 부분에 유의하여 다음 문장을 우리말로 해석하시오.

1 There is no one here <u>that</u> you need to be afraid of.

2 The average age <u>at which</u> people marry has increased.

3 The train <u>which</u> I am waiting for is now half an hour late.

4 By the lake is the land <u>on which</u> our new house will be built.

> **in that**
> 「in that」은 '…라는 점에서', '…이기 때문에'의 의미이며, 이때 that은 접속사이다.

➕ 빠바PLUS 「전치사＋관계대명사」의 해석

전치사를 동반하는 관계대명사의 해석이 어렵다면 전치사를 관계대명사절의 동사(구)와 결합해 보거나 선행사를 전치사 뒤로 옮겨 전치사구를 만들어 해석한다.

1 This is the book <u>for which I was looking</u> yesterday.
　　　　　　　→ which I was looking for

2 This is the hotel <u>which we stayed in</u> last summer.
　　　　　　　→ we stayed in the hotel

2 목적격 관계대명사의 생략

> A She is the person **(whom)** our company relies on.

> A 그녀는 우리 회사가 필요로 하는 사람이다.

→ 목적격 관계대명사는 생략할 수 있다. 목적격 관계대명사가 생략되면 선행사 다음에 「주어＋동사」가 바로 이어지는데, 이것을 주절의 주어나 동사와 혼동하지 않도록 유의한다.

Q 다음 문장에서 관계대명사가 생략된 부분에 ∧ 표시를 하시오.

1 Is there anything you want me to do?

2 Mary lives next door to the man John worked with.

3 The garage I keep my car in is just around the corner.

4 The book the teacher chose was too difficult for the students.

③ 관계사의 계속적 용법

^A He bought me a scarf, **which** I never wore.

^B I fell in love with the boy, **whom** I met only once.

^C We went to Mexico, **where** we saw some Mayan ruins.

^A 그가 나에게 스카프를 하나 사줬지만, 나는 그것을 한 번도 매지 않았다.
^B 나는 그 소년과 사랑에 빠졌는데, 나는 그를 단 한 번 만났다.
^C 우리는 멕시코에 갔는데, 그곳에서 우리는 몇몇 마야 유적들을 보았다.

→ 콤마(,)와 함께 쓰인 관계사절은 선행사나 앞 절 전체에 대해 부연 설명을 할 수 있다. 이때, 관계사는 문맥에 따라 and, but, for, though 등 다양한 접속사의 의미를 가진다. 단, 관계대명사 that은 계속적 용법으로 쓰지 않는다.
  ^A = He bought me a scarf, <u>but</u> I never wore <u>it</u>.
  ^B = I fell in love with the boy, <u>though</u> I met <u>him</u> only once.
  ^C = We went to Mexico, <u>and there</u> we saw some Mayan ruins.

Q 밑줄 친 부분에 유의하여 다음 문장을 우리말로 해석하시오.

1 My teacher praised me, <u>which</u> made me feel good.

2 Tomorrow, I'll visit Nancy, <u>whom</u> I have an appointment with.

3 We stopped working at 1 p.m., <u>when</u> we decided to go out for lunch.

4 He likes to go to museums with his brother, <u>who</u> studied art at university.

5 She received a long letter of apology from her boyfriend, <u>which</u> she hasn't opened yet.

④ 선행사 찾기

^A This is **the recipe** for chicken soup **that** I learned in my cooking class.

^B This was the first book **that** I read **that** didn't have over 100 pages.

^C **Bryan had quit his job, which** was a big surprise to us.

^A 이것은 내가 요리 강좌에서 배운 닭고기 수프 조리법이다.
^B 이것은 100쪽이 넘지 않은 내가 읽은 첫 번째 책이었다.
^C Bryan이 그의 일을 그만두었는데, 그것은 우리에게 매우 놀라운 일이었다.

→ 다음과 같이 선행사를 파악하기 어려운 경우가 있다. 이때, 선행사를 정확하게 찾으면 문장 구조를 이해하기 쉽다.
  • 관계사와 선행사가 떨어져 있는 경우 ^A
  • 하나의 선행사에 두 개의 관계사절이 연결된 경우 ^B
  • 관계사가 앞 절 전체를 선행사로 하는 경우 ^C

Q 다음 문장에서 굵은 글씨로 강조된 관계사의 선행사에 밑줄을 그으시오.

1 Students admire Mr. Brown, **which** I think is natural.

2 The time will soon come **when** we can enjoy space travel.

3 Hundreds of people came to the party, **which** cost the host a fortune.

4 Please recommend someone **that** you know **who** is as talented as Jerry.

⑤ 복합관계대명사 who/which/what + -ever

A **Marie** serves tea to **whoever** comes to her house.

B **Whatever** his reasons are, being late makes him seem lazy.

A Marie는 자신의 집에 오는 사람은 누구든지 차를 대접한다.

B 이유가 무엇이더라도, 지각하는 것은 그를 게을러 보이게 한다.

→ 관계대명사에 -ever를 붙인 형태의 복합관계대명사는 그 자체에 선행사를 포함한다. 복합관계대명사는 명사절 또는 부사절을 이끈다.

복합관계대명사	명사절 ('…든지')	부사절 ('…라도')
whoever	…하는 사람은 누구든지(= anyone who) A	누가[누구를] …하더라도(= no matter who)
whichever	…하는 어느 것이든지(= anything that)	어느 것이[을] …하더라도(= no matter which)
whatever	…하는 것은 무엇이든지(= anything that)	무엇이[을] …하더라도(= no matter what) B

Q 다음 문장의 괄호 안에 제시된 단어들을 바르게 배열하시오.

1 (you, whatever, do), give it all you've got.

2 (breaks, whoever, the law) should be punished.

3 (she, whatever, in the drama, wears) becomes popular.

4 Among these shirts, you can choose (you, whichever, want).

⑥ 복합관계부사 when/where/how + -ever

A **I** am willing to give her a ride **whenever** she needs one.

B **However** difficult the challenge is, he never gives up.

A 나는 그녀가 필요로 할 때는 언제든지 기꺼이 그녀를 태워줄 것이다.

B 도전이 아무리 힘들더라도, 그는 절대 포기하지 않는다.

→ 관계부사에 -ever를 붙인 형태의 복합관계부사는 그 자체에 선행사를 포함한다. 복합관계부사는 부사절을 이끈다.

복합관계부사	부사절 (시간·장소·방법)	부사절 (양보)
whenever	…할 때는 언제든지(= (at) any time (that)) A	언제 …하더라도(= no matter when)
wherever	…하는 곳은 어디든지(= (at) any place (that))	어디서 …하더라도(= no matter where)
however	…하는 어떤 방법으로든지(= in whatever way (that))	아무리 …하더라도(= no matter how) B 어떻게 …하더라도

Q 다음 문장의 괄호 안에서 어법상 알맞은 것을 고르시오.

복합관계부사 however
• 「however+형용사/부사+주어+동사」
  '아무리 …하더라도'
• 「however+주어+동사」
  '어떻게 …하더라도'

1 (However / Whenever) late you are, I'll wait for you.

2 You can stop by my office (whenever / wherever) you like.

3 (Wherever / Whenever) we may be, we will always be friends.

4 (Whichever / However) you cook it, chicken is always delicious.

A 다음 문장에서 관계대명사가 생략된 부분에 ∧ 표시를 하고, 생략된 관계대명사를 쓰시오.

1 Prague is a city I want to visit.

2 I hope he'll win the race he's entering.

3 There's no one he can tell the truth to.

4 All you have to do is believe in yourself.

5 The doctor he went to see told him to stay home.

6 Some people believe anything they see on the internet.

7 It's the only building I've ever seen that is made entirely of glass.

B 다음 문장의 괄호 안에서 어법상 알맞은 것을 고르시오.

1 (Whatever / However) happens, I will continue to move forward.

2 The old house (which / in which) she lives needs to be renovated.

3 The concert began with my favorite song, (which / that) made me happy.

4 Both art and science are lenses through (which / that) we see the universe.

5 Robert is an old friend from high school (which / who) knows a lot about cars.

C 다음 두 문장이 같은 의미가 되도록 빈칸을 채우시오.

1 Whoever visits this festival will get a T-shirt.

= _____ _____ visits this festival will get a T-shirt.

2 However difficult the test is, just try your best.

= _____ _____ _____ difficult the test is, just try your best.

3 I will provide whatever is needed for your project.

= I will provide _____ _____ is needed for your project.

4 She feels pain in her back whenever she exercises hard.

= She feels pain in her back _____ _____ _____ that she exercises hard.

5 You can eat lunch wherever you like because every seat is available.

= You can eat lunch _____ _____ _____ that you like because every seat is available.

·적용독해·

정답 및 해설 p. 49

1 다음 글의 제목으로 가장 적절한 것은?

ⓐ Even after Christmas and New Year's Day are over, **wherever** you look, you'll find the French enjoying holiday feasts. This is because they still have one more holiday in January: Epiphany. Also called "Three Kings Day," Epiphany is a Christian holiday held every year. One way it's celebrated is with a *galette des rois*, a puffed pastry cake that usually contains almonds or an almond-flavored filling. A tiny ornament known as a *fève* is concealed within the cake. It can come in a variety of shapes and is made from materials such as plastic or porcelain. **Whoever** locates the ornament is named king or queen for the night, granted unique privileges, and given special gifts.

*porcelain: 자기(磁器)

① How the French Make *Galette des Rois*
② The Similarities of Two Christian Holidays
③ What Epiphany Is, and How It Is Celebrated
④ French Pastries Come in a Variety of Shapes
⑤ The Transformation of an Old French Tradition

서술형

윗글에서 제시된 다음 문장과 같은 의미가 되도록 빈칸을 채우시오.

> Whoever locates the ornament is named king or queen for the night, granted unique privileges, and given special gifts.

= _____ _____ locates the ornament is named king or queen for the night, granted unique privileges, and given special gifts.

---

1 **feast** 잔치; *(종교적) 축제일[기간] **Christian** 기독교의 **celebrate** 기념하다, 축하하다 **puffed** 부푼 **filling** (음식물의) 소, 속 **ornament** 장식품 **conceal** 감추다, 숨기다 **a variety of** 여러 가지의 **material** 재료 **locate** …의 정확한 위치를 찾아내다 **grant** 주다, 수여하다 **privilege** 특권, 특전 [문제] **similarity** 유사성; *유사점 **transformation** 변화[탈바꿈], 변신

글의 흐름으로 보아, 주어진 문장이 들어가기에 가장 적절한 곳은?

These sounds are then arranged by something called a speech processor.

ⓑA cochlear implant is **an electronic device** for people with serious hearing disabilities **that** helps them experience sound. It is not the same as a hearing aid, **which** simply amplifies sounds for people who are unable to hear well. The implants work by sending sounds directly to the auditory nerve, bypassing any parts of the ear that have been damaged. (①) A cochlear implant consists of five parts. (②) The first is a microphone, **which** detects external sounds. (③) Next, a transmitter and stimulator receive signals from the speech processor and change them into electric impulses. (④) Finally, these impulses are collected by an electrode array and sent to various parts of the auditory nerve. (⑤) Although cochlear implants don't completely restore hearing, they can help deaf people understand speech.

*cochlear implant: 인공와우 **electrode: 전극

윗글의 네모 안의 them 이 가리키는 것을 찾아 영어로 쓰시오.

---

2 **processor** 가공 처리용 기계; *프로세서[처리기] **electronic** 전자의 **device** 장치[기구] **disability** (신체적·정신적) 장애 **hearing aid** 보청기 **amplify** 증폭시키다 **implant** (수술을 통해 인체에) 주입하는 물질 **auditory** 청각의 **nerve** 신경 **bypass** 우회하다 **consist of** …로 구성되다 **external** 외부의, 밖의 **transmitter** 전송기, 송신기 **stimulator** 자극기 **impulse** 충동; *자극 **array** 집합체; *배열 **restore** 회복시키다 **deaf** 청각 장애가 있는

3 다음 글의 주제로 가장 적절한 것은?

Emoji are small pictures created by Shigetaka Kurita in the late 1990s. They are used around the world in emails, text messages, and chat rooms. One of the reasons for their popularity is that everyone can understand them. **However** different we may be, we can still communicate with one another using emoji, **which** clearly express basic emotions. Despite this, the frequency **with which** each emoji is used is surprisingly low. There are more than 3,000 varieties of emoji, but only a small number of them are frequently used. According to one expert, this is mainly due to the way **in which** emoji are generally employed. Instead of using them throughout the message in place of words, people typically add them to the end as a way of including extra information.

① a newly invented method of using emoji
② why emoji are only used in particular areas
③ why emoji are not used as frequently as we think
④ the advantages and disadvantages of using emoji
⑤ the importance of emoji for the cell phone industry

4 다음 글의 밑줄 친 부분 중, 어법상 틀린 것은?

Paleontologists are scientists, but they work like detectives. It is their job to examine evidence left behind by extinct animals. This evidence, **which** gives them clues about the appearance of dinosaurs, ① are found in the form of fossils. These fossils can be bones, teeth, shells, or even footprints. Patience and the ability ② to observe things carefully are required in order to be a paleontologist. But there's more to the job than simply searching for fossils. Paleontologists also work in the lab, ③ examining **the specimens they've found**. They must analyze these fossils ④ carefully, classifying them, noting their characteristics, and determining their relationship to one another. Today, paleontologists are also using high-tech procedures, such as CT scans, to solve ⑤ unanswered questions about dinosaurs.

5 다음 글의 요지로 가장 적절한 것은?

For many years, scientists have been warning people that the overuse of antibiotics could bring about new, dangerous kinds of microbes. These microbes, **which** are often called superbugs, are not affected by antibiotics. In other words, using antibiotics too often might cause them to stop working. Today, this is no longer a scary possibility we have to prepare for—it is actually happening. Some traditional antibiotics are no longer effective, and more and more superbugs are being discovered. In the U.S. alone, these microbes make more than 3 million people sick annually, causing about 35,000 deaths each year. The time to act is now. We must look for new methods **with which** patients can be treated. ❶This would reduce our use of antibiotics, **which** could, in turn, lead to fewer superbugs.

*antibiotic: 항생제 **microbe: 미생물

① 항생제의 효용성 검증이 필요하다.
② 항생제의 효능에 과장된 측면이 있다.
③ 올바른 항생제 복용법의 숙지가 중요하다.
④ 슈퍼버그에 대응할 치료법을 찾아야 할 때이다.
⑤ 전통적인 항생제의 사용을 줄이는 것이 바람직하다.

---

3 chat room (인터넷의) 대화방, 채팅방 popularity 인기 communicate 연락을 주고받다, 의사소통을 하다 express 표현하다 frequency 빈도 (*ad.* frequently 자주, 흔히) variety 여러 가지; *품종[종류] due to … 때문에 employ 고용하다; *이용하다 in place of …을 대신해서 typically 보통, 일반적으로 [문제] method 방법 particular 특정한 advantage 유리한 점, 장점 (↔ disadvantage) industry 산업

4 paleontologist 고생물학자 detective 형사, 수사관 examine 조사[검토]하다 evidence 증거, 흔적 extinct 멸종된 appearance (겉)모습, 외모 fossil 화석 patience 인내, 인내심 observe …을 보다; *관찰하다 require 필요[요구]하다 specimen 견본, 샘플; *표본 analyze 분석하다 classify 분류하다 note …에 주목[주의]하다 characteristic 특징, 특질 determine 알아내다, 밝히다 high-tech 첨단 기술의 procedure 절차[방법]

5 overuse 남용 bring about …을 야기[초래]하다 superbug 슈퍼버그 (항생제로 쉽게 제거되지 않는 박테리아) possibility 가능성; *있음 직한 일 annually 매년 in turn 차례로; *결국[결과적으로]

· REVIEW TEST ·

정답 및 해설 p. 51

A 다음 문장의 괄호 안에서 어법상 알맞은 것을 고르고, 각 문장을 우리말로 해석하시오.

Ⓐ ..., (wherever / however) you look, you'll find the French enjoying holiday feasts.

Ⓑ A cochlear implant is an electronic device for people with serious hearing disabilities (who / that) helps them experience sound.

Ⓒ (However / Whatever) different we may be, we can still communicate with one another using emoji, which clearly express basic emotions.

Ⓓ According to one expert, this is mainly due to the way (which / in which) emoji are generally employed.

Ⓔ Paleontologists also work in the lab, examining the specimens (that / whom) they've found.

Ⓕ This would reduce our use of antibiotics, (which / that) could, in turn, lead to fewer superbugs.

B 다음 문장에 주어진 단어 중 문맥에 가장 적절한 것을 고르시오.

1 A tiny ornament known as a *fève* is `concealed / revealed` within the cake.

2 Whoever locates the ornament is named king or queen for the night, `planted / granted` unique privileges, and given special gifts.

3 It is not the same as a hearing aid, which simply `diminishes / amplifies` sounds for people who are unable to hear well.

4 Although cochlear implants don't completely `restore / replay` hearing, they can help deaf people understand speech.

5 Despite this, the `density / frequency` with which each emoji is used is surprisingly low.

6 It is their job to examine evidence left behind by `extinct / imaginary` animals.

7 Patience and the ability to `reserve / observe` things carefully are required in order to be a paleontologist.

8 These microbes, which are often called superbugs, are not `affected / reflected` by antibiotics.

15

비교 구문

형용사와 부사의 성질·상태·수량의 정도를 비교할 때 원급·비교급·
최상급을 사용한다. 비교 표현이 사용된 다양한 구문과 표현들을 잘
익혀 둔다.

· GRAMMAR BUILD UP ·

정답 및 해설 p. 51

1 비교 구문의 기본 형태

A Driving while tired is just **as dangerous as** driving while drunk.

B Today, she is speaking **more confidently than** usual.

C This is **the most beautiful** beach on the island.

A 피곤할 때 운전하는 것은 술에 취했을 때 운전하는 것만큼 위험하다.

B 오늘 그녀는 평소보다 더 자신 있게 말하고 있다.

C 이곳은 이 섬에서 가장 아름다운 해변이다.

→ 원급, 비교급, 최상급을 이용한 각 비교 구문의 기본 형태는 다음과 같다.
- 원급: 「as+형용사/부사의 원급+as ...」 '…만큼 ~한/하게' A
  (※ 부정문에서는 앞에 있는 as 대신 so를 쓰기도 한다.)
- 비교급: 「비교급+than ...」 '…보다 더 ~한/하게' B
- 최상급: 「(the)+최상급」 '가장 …한/하게' C

Q 밑줄 친 부분에 유의하여 다음 문장을 우리말로 해석하시오.

1 Our town has become as noisy as the center of a big city.

2 It is much more meaningful to make a gift than to buy one.

3 Using photo-editing software is not so difficult as it seems.

4 Red pepper powder is one of the most widely used spices in the world.

> 비교급을 강조하는 어구
> much, far, even, still, a lot 등은 '훨씬'의 의미로 비교급 앞에서 비교급을 강조한다.

2 주의해야 할 비교 용법

A This month's rainfall is much **higher than that** of last month.

B Most handmade dishes are **superior to** machine-made ones in terms of durability.

A 이번 달의 강수량은 지난달의 그것보다 훨씬 더 많다.

B 대부분의 수제 그릇이 기계로 만든 것보다 내구성 면에서 더 우수하다.

→ 비교하는 대상은 문법적으로 동일해야 한다. 명사를 비교할 경우, 중복되는 명사는 앞서 나온 명사가 단수이면 that으로, 복수이면 those로 나타낸다. A

→ superior(우수한), inferior(열등한), prior(전[앞]의), senior(상급의; 연상의), junior(하급의) 등과 같이 -or로 끝나는 형용사의 비교 표현에서는 than 대신 to를 사용한다. B

Q 다음 문장의 괄호 안에서 어법상 알맞은 것을 고르시오.

1 Men's feet tend to be bigger than (that / those) of women.

2 This new computer is superior (to / than) the one we used to use.

3 The performance of the new airplane is better than (that / those) of the old one.

4 The language of science seems much more difficult than (that / those) of everyday life.

③ 원급·비교급을 포함하는 주요 구문

A Try to speak **as clearly as possible**.

B **The harder** I tried to impress her, **the more** mistakes I made.

C His success is **not so much** due to his talent **as** his effort.

D The storm is growing **more and more violent**.

E **No more than** five trains a day stop at this station.

F He doesn't have time for eating, **much less** for dating.

A 가능한 한 명확하게 말하려고 노력해라.

B 그녀를 감동시키려고 더 열심히 노력하면 할수록 나는 더 많은 실수를 했다.

C 그의 성공은 재능이라기보다는 노력 덕택이다.

D 폭풍우가 점점 더 거세지고 있다.

E 하루에 겨우 다섯 대의 열차만이 이 역에 정차한다.

F 그는 식사할 시간이 없는데 하물며 데이트할 시간은 더욱 없다.

→ 원급이나 비교급을 이용하여 다양한 의미를 나타낼 수 있다.
- 「as＋형용사/부사의 원급＋as possible」'가능한 한 …한/하게' A
  (=「as＋형용사/부사의 원급＋as＋주어＋can」)
- 「the＋비교급 …, the＋비교급 ~」'…하면 할수록 더 ~하다' B
- 「not so much A as B」'A라기보다는 B' C (=「not A so much as B」)
- 「비교급＋and＋비교급」'점점 더 …한/하게' D
- 「no more than …」'겨우 …만[밖에]' E (=「only …」)
- 「not more than …」'기껏해야 …' (=「at most …」)
- 「no less than …」'(자그마치) …만큼이나' (=「as many[much] as …」)
- 「not less than …」'적어도 …' (=「at least …」)
- 「much less …」'하물며[더구나] …은 아니다' F

Q 밑줄 친 부분에 유의하여 다음 문장을 우리말로 해석하시오.

1 Some pop stars are not so much singers as dancers.

2 It took him no more than an hour to fix the computer.

3 You should apologize to her as sincerely as possible.

4 There were no less than 1,000 people in the audience.

5 The older I get, the less I worry about what others think.

6 I don't like to read poems, much less to memorize them.

7 The temperature of the earth is getting higher and higher.

8 The baby isn't eating her food so much as playing with it.

9 When I was a student, I went to the library as often as I could.

10 Henry is becoming less and less satisfied with his job each day.

④ 원급·비교급을 이용한 최상급의 표현

A **No one** in the world is **as generous as** that millionaire.	**A** 세상에서 아무도 저 백만장자만큼 인심이 후하지 않다.
B The elephant is **heavier than any other animal** in this zoo.	**B** 그 코끼리는 이 동물원에 있는 다른 어떤 동물보다 더 무겁다.

→ 원급이나 비교급을 이용하여 최상급의 의미를 나타낼 수 있다.
- 「부정주어＋as[so]＋원급＋as ~」 '어떤 누구[것]도 ~만큼 …하지 않다' ᴬ
- 「부정주어＋비교급＋than ~」 '어떤 누구[무엇]도 ~보다 더 …하지 않다'
- 「비교급＋than any other＋단수명사」 '다른 어떤 누구[무엇]보다 더 …한/하게' ᴮ
  (= 「비교급＋than all the other＋복수명사」)

Q 밑줄 친 부분에 유의하여 다음 문장을 우리말로 해석하시오.

1 Africa has <u>more nations than any other continent</u>.
2 No student in the school plays tennis <u>as well as</u> Amy.
3 Nothing is <u>stronger than</u> parents' love for their children.
4 No people talk <u>as much</u> about the weather <u>as</u> the British.
5 "The" is used <u>more often than all the other words</u> in English.

⑤ 배수의 표현

A My younger sister owns **twice as many** clothes **as** I do.	**A** 내 여동생은 내가 가진 것보다 두 배만큼 많은 옷을 가지고 있다.
B Now I make **three times more** money **than** I did before.	**B** 지금 나는 내가 예전에 벌었던 것보다 세 배 더 많은 돈을 번다.

→ '…보다 몇 배만큼[더] ~한/하게'의 의미는 다음과 같이 표현한다.
- 「배수사＋as＋형용사/부사의 원급＋as …」 ᴬ
- 「배수사＋비교급＋than …」 ᴮ
  (※ 배수사는 주로 「as＋형용사/부사의 원급＋as …」로 쓴다.)

Q 다음 문장의 괄호 안에 제시된 단어들을 바르게 배열하시오.

1 A double room is (twice, as, a single room, expensive, as).
2 The price of your watch is (than, of, ten times, mine, higher, that).
3 Children today eat (sugar, more, than, did, their parents, three times).
4 My new cell phone battery lasts (as, my old one, did, as, long, twice).
5 The population of Australia is about (as, two-fifths, large, that, Korea, of, as)

> **분수를 표현하는 방법**
> 분자는 기수(one, two …)로, 분모는 서수(third, fourth …)로 표현한다. 분자가 2 이상일 경우 분모를 복수형으로 쓴다.
> - a half[one-half] (1/2)
> - a third[one-third] (1/3)
> - two-thirds (2/3)

A 다음 문장의 밑줄 친 부분이 맞으면 ○, 틀리면 X로 표시하고 바르게 고쳐 쓰시오.

1 Putting yourself in others' shoes is <u>not as difficult as</u> it seems.

2 This machine is <u>inferior than that one</u> in terms of functionality.

3 The cost of food in Tokyo is higher than <u>those of food in Seoul</u>.

4 He doesn't brush his teeth on Sundays, <u>much less</u> wash his face.

5 She knew <u>much more about Korean history</u> than any other student in her class.

6 The more participants in this campaign there are, <u>cleaner the Earth will become</u>.

B 다음 두 문장이 같은 의미가 되도록 빈칸을 채우시오.

1 There are no more than three libraries in this area.

 → There are _____ three libraries in this area.

2 Nothing is as important as being healthy.

 → Being healthy is _____ important _____ any other thing.

3 No car in the world is as fast as this car.

 → This car is _____ than _____ _____ _____ cars in the world.

4 She spent two times more money than her older sister did.

 → She spent _____ _____ much money _____ her older sister did.

5 We meet customers' expectations as much as possible.

 → We meet customers' expectations as much as _____ _____.

6 Hand in a résumé of not less than 1,000 words on your past work experience.

 → Hand in a résumé of _____ _____ 1,000 words on your past work experience.

C 다음 문장의 괄호 안에 제시된 단어들을 바르게 배열하시오.

1 (as, as, no, was, movie, boring) the one I saw today.

2 She learned Chinese (quickly, I, more, had expected, than).

3 A man's worth lies (much, in, not, so, what he has, as) in what he is.

4 The more things you experience, (will, mistakes, the, you, fewer, make).

5 His car costs (as, mine, as, much, twice) and consumes three times as much fuel.

1 다음 표의 내용과 일치하지 <u>않는</u> 것은?

Minimum Wage in the US, by State

State	2023 (A)	2024 (B)	Gap (B-A)
California	$15.50	$16.00	$0.50
Maryland	$13.25	$15.00	$1.75
New Jersey	$14.13	$15.13	$1.00
New York	$15.00	$16.00	$1.00
Washington	$15.74	$16.28	$0.54

The table above shows the five states with the highest minimum wage in the United States in 2023 and 2024. ① In 2023 the minimum wage in both California and New York was **higher than that** of New Jersey. ② [Ⓐ]Of the five states in the table, **no other state** had a minimum wage **as high as** that of Washington, which was **more than** $15.50 per hour in both years. ③ Maryland experienced **the largest** increase of $1.75 between 2023 and 2024. ④ Despite this rise, its minimum wage remained **lower than that of any other state** in the table. ⑤ Finally, the gap in the minimum wage between 2023 and 2024 in New Jersey and New York was **half as large as** that of California.

서술형

윗글의 네모 안의 that 이 가리키는 것을 찾아 영어로 쓰시오.

_____

---

1 minimum 최저의, 최소한의   wage 임금[급료]   state (미국 등의) 주(州)   table 식탁; *표   increase 증가[인상]시키다; *증가   rise 오르다, 올라가다[오다]; 증가[상승]   gap 틈; *격차

2 다음 글의 내용을 한 문장으로 요약하고자 한다. 빈칸 (A), (B)에 들어갈 말로 가장 적절한 것은?

A psychologist wanted to find out what infants look at, so he built a box with two pictures in it. One was a bull's eye, and the other was a human face. Babies lying inside the box could easily see both pictures. There was also a small hole between the pictures. By looking through the hole, the psychologist could see which picture the babies were looking at. He believed they would spend less time looking at the face, since it was **not as complex as** the bull's eye. [Ⓑ]However, the amount of time the babies spent looking at the bull's eye was **no more than** half of that spent looking at the face. This suggests that babies are born with the ability to recognize human faces and understand that (will, people, take care of, is, who, them, it).

*bull's eye: (과녁의) 중심

⬇

In an experiment, a psychologist found that infants ＿＿＿(A)＿＿＿ to look at human faces rather than geometric shapes, suggesting that their ability to identify other humans is ＿＿＿(B)＿＿＿.

	(A)		(B)			(A)		(B)
①	refuse	⋯⋯	learned		②	refuse	⋯⋯	needed
③	attempt	⋯⋯	insufficient		④	prefer	⋯⋯	acquired
⑤	prefer	⋯⋯	innate					

서술형

윗글의 괄호 안의 단어들을 바르게 배열하여 문장을 완성하시오.

will, people, take care of, is, who, them, it

This suggests that babies are born with the ability to recognize human faces and understand that ＿＿＿＿＿＿＿＿＿＿＿＿＿＿＿＿＿＿＿＿＿＿＿＿.

---

3 다음 글에서 전체 흐름과 관계 <u>없는</u> 문장은?

Soap is a commonplace item that many of us take for granted. Few people, however, know the origins of soap. ① The first soap, produced by the ancient Mesopotamians, was made by mixing the fatty acids of farm animals with water and lye. ② Although this mixture effectively removed dirt, it was **more likely** to be used for cleaning cotton or wool **than** for bathing. ③ At that time, people didn't realize that allergic reactions or skin irritation could be caused by the ingredients in scented soap. ④ It was in the Middle Ages, when vegetable oils were first used as a base, that soaps started to become **as pleasant as** the ones we use today. ⑤ Produced in Syria, Aleppo soap was the first bar soap to become popular as a luxury item in Europe, but it wasn't long before Europeans started creating their own luxury soap.

*fatty acid: 지방산 **lye: 잿물

4 다음 글의 주제로 가장 적절한 것은?

The term "superfood" has become **more and more common** in food marketing in recent years. There is no exact definition of "superfood," so the term can be used for nearly anything that seems healthy. Because the word implies that the product is **superior to** other foods, consumers don't think about any possible disadvantages of the food. Therefore, many consumers think that **the more** superfoods they eat, **the healthier** they will become. However, this is not the case. Superfoods can be an important part of a balanced diet. But nutrition experts advise consumers to remember that they are **not so much** a medicine **as** a tool. Like all tools, they can be useful, but only if used wisely.

① common misconceptions about superfoods
② the advantages of eating lots of superfoods
③ how superfoods can replace ordinary foods
④ the qualities that make superfoods beneficial
⑤ examples of products that contain superfoods

5 다음 표의 내용과 일치하지 <u>않는</u> 것은?

What Kinds of News Stories Do People Pay Attention To?

Country \ Topic	Politics (%)	Climate (%)	Lighthearted (%)
Peru	60	31	26
Brazil	51	37	47
Kenya	44	33	53
US	27	36	52
Singapore	27	28	59

The table above shows the percentages of people in five countries who pay attention to different types of news stories. ① Peru had the highest interest in politics of the five countries, as the percentage of people interested in the topic was higher than those of people interested in climate and lighthearted news combined. ② People in Brazil paid **more attention** to politics **than any other** topic, and climate news generated the least amount of attention. ③ **⑤**Singapore showed **more interest** in lighthearted news **than any other** country in the table, with more than twice the percentage of Singaporeans paying attention to it than to climate news. ④ **⑥**In the US, the percentage of people interested in lighthearted news was **twice as high as** that of Peru. ⑤ Finally, in Kenya, climate-related news ranked second highest in terms of attention.

*lighthearted: 심각하지 않은

---

3 commonplace 아주 흔한 take ... for granted …을 당연시하다 origin 기원, 근원 mix 섞다, 혼합[배합]하다 (*n*. mixture 혼합물[혼합체]) effectively 효과적으로 allergic 알레르기(성)의 reaction 반응, 반작용 irritation 자극, 흥분; *염증, 아픔, 과민증 ingredient 재료[성분] scented 향수를 뿌린, 향료가 든 Middle Ages 중세 base 맨 아랫부분; *기본 (재료), 바탕 pleasant 유쾌한, 기분 좋은 luxury 사치(품)의, 고급(품)의

4 term 용어, 말 exact 정확한 definition 정의 imply 암시[시사]하다 disadvantage 불리한 점, 약점 consumer 소비자 be not the case 실제로는 그렇지 않다 balanced 균형 잡힌 nutrition 영양(소) advise 조언하다, 충고하다 [문제] misconception 오해 replace 대체하다 ordinary 보통의, 일상적인 quality 질; *특징

5 pay attention to …에 주목하다 politics 정치 combined 결합된 generate 발생시키다 related (…에) 관련된 rank 지위; *(순위를) 차지하다 in terms of …에 관하여, … 면에서는

A 다음 문장에서 비교 구문에 밑줄을 긋고, 각 문장을 우리말로 해석하시오.

Ⓐ Of the five states in the table, no other state had a minimum wage as high as that of Washington, which was more than $15.50 per hour in both years.

Ⓑ However, the amount of time the babies spent looking at the bull's eye was no more than half of that spent looking at the face.

Ⓒ ... soaps started to become as pleasant as the ones we use today.

Ⓓ The term "superfood" has become more and more common in food marketing in recent years.

Ⓔ ... the more superfoods they eat, the healthier they will become.

Ⓕ Singapore showed more interest in lighthearted news than any other country in the table, ...

Ⓖ In the US, the percentage of people interested in lighthearted news was twice as high as that of Peru.

B 다음 문장에 주어진 단어 중 문맥에 가장 적절한 것을 고르시오.

1 Despite this rise, its minimum wage related / remained lower than that of any other state in the table.

2 This suggests that babies are born with the ability to recognize / ignore human faces ....

3 Soap is a commonplace / advanced item that many of us take for granted.

4 At that time, people didn't realize that allergic interactions / reactions or skin irritation could be caused by the ingredients in scented soap.

5 There is no exact / ambiguous definition of "superfood," so the term can be used for nearly anything that seems healthy.

6 Because the word implies that the product is superior to other foods, consumers don't think about any possible advantages / disadvantages of the food.

7 Finally, in Kenya, climate-related news entered / ranked second highest in terms of attention.

16

특수 구문

도치, 강조, 생략, 삽입, 동격, 부정 등이 특수 구문으로 불린다. 이러한 특수 구문으로 인해 문장의 어순이나 구조가 달라지므로 이를 정확히 파악하도록 한다.

 · GRAMMAR BUILD UP ·

정답 및 해설 p. 55

1 도치

^A Never **will I forget** your kindness.

^B So great **was his excitement** that he jumped up and down.

^A 나는 너의 친절을 절대 잊지 않을 것이다.
^B 너무 흥분해서 그는 펄쩍펄쩍 뛰었다.

→ 부정어(구), 부사(구), 보어 등이 강조를 위해 문두에 오면, 주어와 (조)동사의 순서가 바뀌는 도치가 일어날 수 있다. 일반적으로 주어가 대명사일 경우에는 도치가 일어나지 않지만, 부정어(구)가 문두에 오는 경우에는 반드시 주어와 (조)동사의 도치가 일어난다. ^A

Q 다음 문장의 밑줄 친 부분이 맞으면 O, 틀리면 X로 표시하고 바르게 고쳐 쓰시오.

1 Behind his smile <u>is a lot of pain</u>.

2 So old <u>the food was</u> that it did not taste good.

3 Only through practice <u>can we</u> develop our skills.

4 Never <u>want I</u> to go through such a terrible experience again.

5 Little <u>knew he</u> that it would be the last time he saw his mother.

> 일반동사를 포함하는 문장의 도치
> 일반동사가 있는 문장에서 부정어(구)가 강조되어 도치가 일어날 때는 「부정어(구) +do[does/did]+주어+동사원형」의 어순을 취한다. 부정어(구) 이외에는 본동사와 주어를 그대로 도치한다.

2 강조

^A **It was** her kind heart **that** made her so beautiful.

^B **It was** the writer himself **who** played the main character in the movie.

^C I **do hope** you can come to the party.

^A 그녀를 그렇게 아름답게 만든 것은 바로 그녀의 친절한 마음이었다.
^B 그 영화에서 주인공을 맡은 사람은 바로 작가 자신이었다.
^C 나는 네가 파티에 올 수 있기를 정말 바란다.

→ 「it is[was] ... that ~」 강조구문은 it is[was]와 that 사이에 강조하는 어구가 있으며 '~한 것은 바로 ⋯이다[였다]'라고 해석한다. ^A 강조하는 대상이 사람일 때, that을 who로 바꿔 쓸 수 있다. ^B

→ 동사를 강조하려면 동사 앞에 조동사 do[does/did]를 쓰며, '정말 ⋯하다'라고 해석한다. ^C

Q 다음 문장에서 강조되는 부분에 밑줄을 그으시오.

1 I do know what they have in mind.

2 It was a heart attack that caused his sudden death.

3 It was the child who stopped his parents from fighting.

4 I did try to persuade him, but he finally decided to quit his job.

5 It was not until she grew older that she understood her mother's struggles.

> not until의 강조
> 「it is[was] not until ... that ~」
> '⋯해서야 비로소 ~하다'

3 생략

A Some like their coffee with milk, and others like it without ∧.

B Though ∧ very tired, he kept on working.

→ 문장을 간결하게 만들기 위해서 반복되는 어구는 생략될 수 있다.^A 또한, 접속사 when, while, if, though 등이 이끄는 부사절에서 「주절의 주어와 동일한 주어+be동사」는 생략될 수 있다.^B

A = Some like their coffee with milk, and others like it without milk.

B = Though he was very tired, he kept on working.

A 어떤 사람들은 우유를 넣은 커피를 좋아하고, 다른 사람들은 (우유를) 넣지 않은 것을 좋아한다.

B (그는) 매우 피곤했지만, 그는 계속 일을 했다.

Q 다음 문장에서 생략된 부분에 ∧ 표시를 하시오.

1 The skin produces vitamin D if exposed to the sun.

2 Our sales this year are much better than last year's.

3 I didn't dance with him because he didn't ask me to.

4 She checked the arrival time for the bus while waiting for it.

5 Talking is easier than doing, and promising than performing.

6 When asked why he missed school yesterday, he said nothing.

관용적 생략 어구
• 「if possible」 '가능하면'
• 「if necessary」 '필요하면'

---

4 삽입

A The president, **believe it or not**, is the son of a poor farmer.

B She is the athlete who **I think** will win the medal.

→ 설명을 덧붙이거나 의미를 보충하기 위해 문장 중간에 어구가 삽입되기도 한다. 이는 보통 콤마(,)로 구분되지만^A, 「주어+think[believe/guess/know]」의 형태는 콤마(,) 없이 삽입되기도 하므로 유의한다.^B

A 믿거나 말거나, 그 대통령은 가난한 농부의 아들이다.

B 그녀는 내가 생각하기에 메달을 딸 것 같은 선수이다.

Q 다음 문장에서 삽입어구를 [ ]로 표시하고, 각 문장을 우리말로 해석하시오.

1 You are, so to speak, a fish caught by him.

2 Effort, it is often said, is the key to success.

3 John has always done what he believes is right.

4 The boy who I thought was honest deceived me.

5 The actress is rarely, if ever, seen in public these days.

6 It is easy, though not cheap, to buy everything we need.

7 He is a learned scholar, to be sure, but lacks common sense.

관용적 삽입 어구
• 「so to speak」 '말하자면'
• 「if ever」 '설사 …하는 일이 있다 해도'
• 「in fact」 '사실은'
• 「that is to say」 '즉'
• 「to be sure」 '확실히'
• 「what is worse」 '설상가상으로'

⑤ 동격

^A My favorite writer, **Sue Kim**, published 60 volumes of fiction.

^B Dr. James expressed hope **that the patient would recover soon.**

^A 내가 아주 좋아하는 작가인 Sue Kim은 60권으로 된 소설을 출간했다.

^B James 박사는 그 환자가 곧 회복될 것이라는 희망을 표했다.

➡ 명사나 대명사의 의미를 보충하기 위해 콤마(,), of, or, that절 등을 사용하여 뒤에 다른 명사 (상당어구)를 덧붙이는 경우, 이들을 동격 관계에 있다고 한다. ^{A, B}

Q 다음 문장에서 밑줄 친 부분과 동격에 밑줄을 그으시오.

1 They've just received the news of his death.

2 I finally traveled down the Nile, the longest river in the world.

3 He majors in astronomy, or the science of stars and the universe.

4 I agree with your opinion that using a blog as a diary is dangerous.

> 동격절을 이끄는 경우가 많은 명사
> fact, idea, hope, thought, doubt, news, opinion 등

⑥ 부정

^A **Few** students were paying attention to his lecture.

^B **Not every** player can be a professional.

^C People nowadays **cannot** live a day **without** mobile devices.

^A 그의 강의에 집중하는 학생들이 거의 없었다.

^B 모든 선수가 프로 선수가 될 수는 없다.

^C 요즘 사람들은 휴대 기기 없이는 단 하루도 살 수 없다.

➡ 준부정어: not이나 never와 같은 부정어구 없이 부정의 의미를 나타낸다. ^A

➡ 부분부정: not과 함께 all, every, always, necessarily 등의 어구가 사용되면 진술 내용을 부분적으로 부정하며, '모두[항상/반드시] …한 것은 아니다'라고 해석한다. ^B

➡ 이중부정: 부정어가 또 다른 부정어나, 부정의 의미를 가지는 어구와 함께 쓰이면 강한 긍정의 의미를 나타낸다. ^C

Q 밑줄 친 부분에 유의하여 다음 문장을 우리말로 해석하시오.

1 Not all snakes are poisonous.

2 There was hardly any time left.

3 Their calculations were free from mistakes.

4 His plan was far from perfect, but it worked.

5 A high price does not necessarily mean high quality.

6 She has never failed to get a perfect score on her math exams.

7 In this era of technology, self-driving cars are not unbelievable.

> 부정의 의미를 가지는 주요 준부정어
> • few '거의 없는', '소수'
> • little '거의 없는', '소량'
> • be free from '…이 없다'
> • seldom[rarely] '좀처럼 … 않는'
> • anything but/far from '결코[전혀] …이 아닌'

A　다음 문장의 괄호 안에서 어법상 알맞은 것을 고르시오.

1　Never (I did / did I) think she would lie to me.

2　It was on the floor (that / what) I found the wallet.

3　(Little / Few) of the refugees were provided with shelter.

4　He has a son (who / whom) I think is around my daughter's age.

5　Ancient people didn't believe the fact (which / that) the earth rotates.

6　Little (I did / did I) know that Paul was going to become such a great singer.

7　I studied hard, so it would be (possible / impossible) not to pass the test.

B　다음 보기 문장의 각 부분을 「it was ... that ~」 구문을 이용하여 강조하시오.

> 보기　Yuna found a ring on her desk last night.

1　Yuna　　　→　_____

2　a ring　　→　_____

3　on her desk　→　_____

4　last night　→　_____

C　다음 보기와 같이 생략된 부분에 ∧ 표시를 하고, 생략된 내용을 쓰시오.

> 보기　Some like their coffee with milk, and others like it without ∧. (milk)

1　They were good friends when young.

2　I don't like to sing in public, but I had to.

3　You must be either for or against the plan.

4　He opened the door, though I had told him not to.

5　Diabetes can be threatening if not treated consistently.

6　Some find happiness in money, and others in relationships.

7　Tim renewed his membership at the fitness club but Susan didn't.

·적용독해·

정답 및 해설 p. 56

1 다음 글의 목적으로 가장 적절한 것은?

Dear Mr. Klein,

I am writing regarding your position here at our store, **Healthy Foods**. We were in agreement **that you would work for us three days a week, from 5 p.m. until 9 p.m.** However, it has now been two weeks since you last showed up for work. You were not given any vacation time, and (you, to respond, to any of, have failed, our attempts) to contact you by phone and email. Therefore, we are going to assume that you have resigned from your position as of February 22, **the last day that you worked for us**. The contents of your locker will be mailed to you later this week. If you have any questions about this situation, you may contact Carl Black, **the store manager**.

Sincerely,
Alicia O'Reilly

① 휴가 일정을 문의하려고
② 새로운 직무를 제안하려고
③ 고용 종료 의사를 전달하려고
④ 근무 일정 변경을 알리려고
⑤ 퇴직금 수령 여부를 확인하려고

서술형

윗글의 괄호 안의 단어들을 바르게 배열하여 문장을 완성하시오.

> you, to respond, to any of, have failed, our attempts

You were not given any vacation time, and _____
_____ to contact you by phone and email.

---

1 **regarding** …에 관하여[대하여] **position** 위치; *(일)자리, 직위 **agreement** 협정; *동의, 합의 **show up** (예정된 곳에) 나타나다 **respond** 대답[응답]하다, 답장을 보내다 **attempt** 시도 **contact** 연락하다 **assume** 추정[상정]하다 **resign** 사직[사임]하다 **as of** …일 자로 **content** (*pl.*) 속에 든 것들, 내용물

2 다음 글의 주제로 가장 적절한 것은?

Avocados have become very ⓐ <u>trendy</u> in recent years. Although often ⓑ <u>considering</u> a vegetable, they are actually a stone fruit. Avocados are prized for their creamy texture and the fact ⓒ <u>that</u> they contain lots of vitamins and minerals. One avocado 3 contains about 250 calories, and most of these calories come from fats. These fats, however, are mostly of the healthy, beneficial variety. [Ⓑ] But there is, **unfortunately for avocado lovers**, a dark side to this popular food. Criminal organizations and 6 corrupt politicians control much of the avocado industry in Mexico, ⓓ <u>where</u> many avocados are grown. [Ⓒ] Farmers are threatened, **workers poorly paid**, and **profits stolen**. It may be easy ⓔ <u>to overlook</u> the harsh realities of avocado production when 9 we're shopping at our local grocery store, but more attention should be paid to this situation.

*stone fruit: 핵과(核果)

① ways of coping with rising avocado prices
② a problem with the growing popularity of avocados
③ health issues that can be caused by eating avocados
④ reasons avocados have become less popular recently
⑤ the story behind why avocados are considered harmful in Mexico

윗글의 밑줄 친 ⓐ~ⓔ 중, 어법상 틀린 것을 찾아 바르게 고쳐 쓰시오.

_____

2 trendy (최신) 유행의   prize 소중하게[귀하게] 여기다   texture 감촉; *질감   contain …이 들어있다   variety 여러 가지; *품종[종류]
criminal 범죄의   corrupt 부패한, 타락한   threaten 협박[위협]하다   poorly 저조하게, 형편없이   profit 이익, 수익   overlook 못
보고 넘어가다, 간과하다   reality 현실   [문제] cope with …에 대처[대응]하다

3 주어진 글 다음에 이어질 글의 순서로 가장 적절한 것은?

Imagine you're looking at a product online. There is only one review, and it is negative. There's a good chance **you won't buy that product**.

(A) This impact works both ways. When a product's first review is positive, that product will be purchased by many people and receive many positive reviews. But if it is negative, fewer people will buy the product, leading to fewer positive reviews.

(B) All of this is valuable information for online sellers. [Ⓓ]It is **not always** necessary for these businesses to focus on overall ratings. However, they **do need** to pay close attention to that first review.

(C) This is because the first review of a product has an unusually strong influence. Researchers have found that this impact lasts a long time, with a product's initial review affecting its overall reviews for up to three years.

① (A) – (C) – (B) ② (B) – (A) – (C) ③ (B) – (C) – (A)
④ (C) – (A) – (B) ⑤ (C) – (B) – (A)

4 다음 글에서 전체 흐름과 관계 없는 문장은?

Driving on a highway without any speed limits sounds dangerous. However, about 70 percent of the Autobahn, **Germany's famous highway system**, doesn't have a speed limit. This has become controversial in recent years. ① Many Germans argue that imposing a speed limit on the Autobahn would not only improve traffic safety but also reduce carbon emissions. ② Recycling and using alternative energy sources are some other ways to fight climate change. ③ The German Association of the Automotive Industry, however, doesn't believe that a speed limit would offer significant safety or environmental benefits. ④ A spokesperson for the group has stated that an Autobahn speed limit would lead to a reduction of only one percent of carbon emissions. ⑤ [Ⓔ]He suggested that **it is** digitizing traffic systems and promoting electric vehicles **that** will truly improve road safety and reduce air pollution.

5 다음 글의 빈칸에 들어갈 말로 가장 적절한 것은?

During a total solar eclipse, it is important that you do not stare directly at the sun. Even when it is partially blocked by the moon, its rays can still cause permanent damage to your vision. ⑤The fact is that you **cannot** safely stare at the sun without putting on safety glasses first. So intense **is the energy of the sun** that it can _____. The only time you can remove your safety glasses during an eclipse is when the sun is fully covered by the moon. So why is sunlight so dangerous? When it enters the human eye, the lens focuses it onto the retina, which is located at the back of the eye. Our retinas allow us to see by sensing the presence of light and transmitting information about it to the brain. The process is similar to placing a magnifying glass in the sunlight. The light would become concentrated on a single small area. It could even burn paper. The lenses of your eyes will produce a similar effect when you look directly at the sun.

*retina: (눈의) 망막

① create an illusion
② cause sunburn and skin damage
③ burn holes in your retina
④ reach Earth in a few minutes
⑤ cause temporary color blindness

---

3 negative 부정적인, 나쁜 impact 영향, 충격 positive 긍정적인 purchase 구입하다 valuable 소중한, 귀중한 necessary 필요한 overall 종합[전반]적인, 전체의 rating 순위[평가] unusually 평소와 달리; *대단히, 몹시 influence 영향 initial 처음의, 초기의 affect 영향을 미치다 up to …까지

4 highway 고속도로 speed limit 제한 속도 controversial 논란이 많은 impose 도입[시행]하다 improve 개선하다, 향상시키다 reduce 줄이다, 감소시키다 (*n.* reduction 축소, 감소) carbon 탄소 emission 배출; *배출물, 배기가스 alternative 대체 가능한; *대체의 association 협회 automotive 자동차의 significant 중요한; *상당한 spokesperson 대변인 state (정식으로) 말하다[쓰다] digitize 디지털화하다 promote 촉진[증진]하다, 장려하다

5 total solar eclipse 개기 일식 partially 부분적으로 permanent 영구적인 (↔ temporary 일시적인) vision 시력 safety glasses 보호 안경, 보안경 intense 강렬한, 극심한 lens 렌즈; (안구의) 수정체 sense 감지하다, 느끼다 presence 존재 transmit 전달하다, 전송하다 magnifying glass 돋보기

• REVIEW TEST •

정답 및 해설 p. 58

 A 밑줄 친 부분에 유의하여 다음 문장을 해석하시오.

Ⓐ I am writing regarding your position here at our store, <u>Healthy Foods</u>.

Ⓑ But there is, <u>unfortunately for avocado lovers</u>, a dark side to this popular food.

Ⓒ Farmers are threatened, <u>workers poorly paid</u>, and <u>profits stolen</u>.

Ⓓ It is <u>not always</u> necessary for these businesses to focus on overall ratings.

Ⓔ He suggested that <u>it is</u> digitizing traffic systems and promoting electric vehicles <u>that</u> will truly improve road safety and reduce air pollution.

Ⓕ The fact is that you <u>cannot</u> safely stare at the sun <u>without</u> putting on safety glasses first.

 B 다음 문장에 주어진 단어 중 문맥에 가장 적절한 것을 고르시오.

1 Therefore, we are going to assume that you have | resigned / begun | from your position as of February 22, the last day that you worked for us.

2 One avocado | contains / weighs | about 250 calories, and most of these calories come from fats.

3 When a product's first review is positive, that product will be | purchased / refunded | by many people and receive many positive reviews.

4 Many Germans argue that | opposing / imposing | a speed limit on the Autobahn would not only improve traffic safety but also reduce carbon emissions.

5 Recycling and using | alternative / representative | energy sources are some other ways to fight climate change.

6 Even when it is partially blocked by the moon, its rays can still cause | limited / permanent | damage to your vision.

7 Our retinas allow us to see by sensing the | presence / absence | of light and transmitting information about it to the brain.

 수능유형+

수능유형+

01

주제·제목

글의 중심 내용에 해당하는 주제나, 이를 함축적으로 표현한 제목을 찾는 유형이다.

---

1 다음 글의 제목으로 가장 적절한 것은?

People can feel blue or be green with envy. When they're angry, they see red. ⓐLanguage often links colors to emotions, and research shows colors do actually influence our moods. However, these effects aren't universal. Instead, each person connects colors to emotions based on personal experience. ⓑFor example, some people might find blue relaxing because it reminds them of the beautiful blue skies of their childhood. But others might find blue stressful because it reminds them of a blue jacket worn by a bully. Nevertheless, because people have so many shared experiences, there are some color connections that are fairly common. Most people find green peaceful because it is the color of nature, while red often creates feelings of fear because it is the color of fire and blood.

① What Color Best Describes You?
② Colors: How They Help Us Communicate
③ Color Therapy: Healing People with Color
④ Colors Affect Your Emotions in Unique Ways
⑤ The Genetic Link between Colors and Emotions

필수구문

ⓐ Language often **links** colors **to** emotions, and research shows [(that) colors *do* actually influence our moods].

  » 「link A to B」는 'A를 B에 관련[연결]시키다'의 의미이다. [ ]는 shows의 목적어로 쓰인 명사절이다. do는 동사 influence를 강조하는 조동사로 쓰였다.

ⓑ For example, <u>some people</u> <u>might find</u> <u>blue</u> <u>relaxing</u> because it **reminds** them **of** the
　　　　　　　　　　 S　　　　　 V　　　 O　　　 OC
beautiful blue skies of their childhood.

  » 「remind A of B」 'A에게 B를 생각[연상]하게 하다'

1　blue 파란: *우울한　green with envy 몹시 샘을 내는　see red (화가 나서) 붉으락푸르락하다　universal 보편적인, 일반적인　based on …에 근거하여　childhood 어린 시절　stressful 스트레스가 많은, 스트레스를 일으키는　bully (약자를) 괴롭히는 사람　fairly 상당히, 꽤　[문제] therapy 치료, 요법　heal 치유하다, 낫게 하다　genetic 유전(학)의

2 다음 글의 주제로 가장 적절한 것은?

^ATundras are cold, windy, dry regions in which there are no trees. They are generally found in the Arctic or atop mountains, and they are covered by snow for most of the year. They are also some of the least explored parts of the world. ^BSince they cover nearly 20 percent of the planet, it is likely that there are many natural resources hidden beneath them. These resources could include diamonds, valuable metals, natural gas, and oil. For this reason, some people are in favor of mining and drilling in tundras. Others, however, feel that conserving these unique ecosystems is more important.

① the unique characteristics of tundra seasons
② the environmental crisis taking place in tundras
③ the different plants and animals found in tundras
④ the best ways to survive in harsh tundra climates
⑤ the potential for finding natural resources in tundras

필수구문

^A Tundras are cold, windy, dry regions **in which** there are no trees.

» in which는 장소를 나타내는 관계부사 where로 바꿔 쓸 수 있다.

^B Since they cover nearly 20 percent of the planet, it is likely that there are many
'… 때문에'   '…할 가능성이 있다'
natural resources hidden beneath them.

---

2 **tundra** 툰드라 **atop** …의 꼭대기에 **explore** 탐험[답사]하다 **natural resource** 천연자원 **beneath** …의 아래[밑]에 **in favor of** …에 찬성[지지]하여 **mine** 캐다, 채굴하다 **drill** 구멍을 뚫다 **feel** 느끼다; *…라고 생각하다 **conserve** 보호[보존]하다 **ecosystem** 생태계 [문제] **characteristic** 특징, 특질 **crisis** 위기 **potential** 가능성

요지·주장

필자가 말하고자 하는 핵심 내용인 요지나, 필자가 주장하는 바를 파악하는 유형이다.

1

다음 글의 요지로 가장 적절한 것은?

Sleep plays an important role in how people stay healthy. If you want a good night's sleep, you might want to try a new kind of blanket. According to recent studies, using a weighted blanket can improve the quality of your sleep and provide other ³ health benefits. ⒶThese special blankets are filled with beads that make them heavier so that they put more pressure on your body as you sleep. ⒷBy imitating the feeling of a loving hug, this pressure has a calming effect that can lower your heart rate, ⁶ which allows your body to enter a state of rest more easily. Research suggests that people who use weighted blankets wake up less often at night and feel more alert throughout the day. They have also been found to be beneficial for people suffering ⁹ from a variety of conditions, including insomnia, anxiety, and autism.

① 수면 시간보다 수면의 질이 더 중요하다.
② 특정한 수면 자세가 숙면을 유도할 수 있다.
③ 무거운 담요가 숙면을 취하는 데 도움이 된다.
④ 자신의 수면 패턴에 맞는 담요를 선택할 필요가 있다.
⑤ 담요를 주기적으로 교체하여 수면의 질을 높일 수 있다.

필수구문

Ⓐ These special blankets are filled with beads [that <u>make</u> <u>them</u> <u>heavier</u>] **so that** they put
　　　　　　　　　　　　　　　　　　　　　　　　　　 V　　 O　　 OC
more pressure on your body <u>as</u> you sleep.
　　　　　　　　　　　　　　 ···하는 동안에
　» [ ]는 선행사인 beads를 수식하는 주격 관계대명사절이다. 「so (that) ....」는 '···하기 위해', '···하도록'의 의미이다.

Ⓑ **By imitating** the feeling of a loving hug, this pressure has a calming effect [that can
lower your heart rate], [which <u>allows</u> <u>your body</u> <u>to enter a state of rest</u> more easily].
　　　　　　　　　　　　　　　　　　 V　　　 O　　　　 OC
　» 「by v-ing」은 '···함으로써'의 의미이다. 첫 번째 [ ]는 선행사인 a calming effect를 수식하는 주격 관계대명사
　　절이고, 두 번째 [ ]는 앞 절 전체를 선행사로 하는 계속적 용법의 주격 관계대명사절이다.

---

1 **according to** ···에 따르면　**weighted** 무거워진　**benefit** 혜택, 이득 (*a.* **beneficial** 유익한, 이로운)　**bead** 구슬, 비즈
pressure 압박, 압력　**imitate** 모방하다, 본뜨다　**heart rate** 심박동수　**state** 상태　**alert** 기민한, 정신이 초롱초롱한
throughout 도처에; *···* 동안 쭉, 내내　**condition** 상태; *질환, 문제　**insomnia** 불면증　**anxiety** 불안(감), 염려　**autism** 자폐증

2 다음 글에서 필자가 주장하는 바로 가장 적절한 것은?

Vegetables are a recommended part of any healthy diet, as they help reduce the risk of certain chronic diseases. You should note, however, that it's possible to eat too many vegetables. [Ⓐ]No matter what you're eating, if your intake of calories exceeds ₃ the amount of calories you burn off, you will gain weight. That's why you should focus on non-starchy vegetables, such as broccoli, asparagus, and tomatoes. These vegetables are essentially impossible to overeat, unless you are covering them in ₆ cheese or butter. This is because they contain high levels of water and fiber, which means they fill up your stomach without providing too many calories. [Ⓑ]Focus on these, avoiding starchy vegetables like corn and potatoes, and you'll find yourself ₉ feeling fit and trim in no time.

*starchy: 전분(질)의, 전분을 함유하는

① 채소와 육류를 골고루 섭취하는 습관을 길러야 한다.
② 다양한 종류의 채소를 포함한 식단을 구성해야 한다.
③ 식사 후에 섭취한 칼로리를 구체적으로 기록해야 한다.
④ 체중 관리를 위해서는 전분이 없는 채소를 주로 섭취해야 한다.
⑤ 식이 조절 시에는 지방 함량이 높은 부재료 사용을 자제해야 한다.

필수구문

Ⓐ **No matter what** you're eating, if your intake of calories exceeds the amount of calories [(which/that) you burn off], you will gain weight.

» no matter what은 '무엇을 …하더라도'의 의미로 양보의 부사절을 이끌며, whatever로 바꿔 쓸 수 있다. [ ]는 선행사인 calories를 수식하는 목적격 관계대명사절로, 관계대명사가 생략되었다.

Ⓑ **Focus** on these, [avoiding starchy vegetables like corn and potatoes], **and** you'll find
   V₁   S V₂

yourself feeling fit and trim in no time.
  O   OC

» 「명령문+and ~」는 '…해라, 그러면 ~'의 의미이다. [ ]는 동시동작을 나타내는 분사구문이다.

---

2 recommend 추천하다; *권고[권장]하다 chronic 만성적인 note …에 주목[주의]하다 intake 섭취[량] exceed 넘다[초과하다] burn off …을 태우다[연소시키다] essentially 본질[기본]적으로 overeat 과식하다 fiber 섬유소[질] trim (건강하고) 늘씬한 in no time 곧

글의 목적

글을 통해 필자가 전달하고자 하는 의도나 목적을 파악하는 유형이다.

1

다음 글의 목적으로 가장 적절한 것은?

Every October 16 is World Food Day. [Ⓐ]On this day, people agree to work together to end hunger around the world. There is enough food for everyone, so there is no reason for anyone to be hungry. [Ⓑ]One way to celebrate World Food Day is to host a   3
meal. It's very simple. First, invite as many friends and family members as possible to share a meal together. Then, as everyone enjoys the meal, start a conversation about food and hunger. You can talk about how food is grown and why some people   6
don't have enough of it. This is a great way to raise awareness of World Food Day and to make people think about this important issue.

① 세계 식량의 날의 취지를 알리려고
② 식량 부족에 대한 경각심을 일깨우려고
③ 식량 수급 불균형의 원인을 설명하려고
④ 파티를 개최하는 흥미로운 방법을 제안하려고
⑤ 세계 식량의 날을 기념하는 방법을 소개하려고

필수구문

Ⓐ On this day, people <u>agree to work</u> together <u>to end</u> hunger around the world.
                            '…하는 데 동의하다'   '…하기 위해서' 〈목적〉

Ⓑ One way **to celebrate** World Food Day is *to host* a meal.
    S   └──────────────┘   V   SC
    » to celebrate는 One way를 수식하는 형용사적 용법의 to부정사이다. to host는 주격보어로 쓰인 명사적 용법의 to부정사이다.

---

1   hunger 굶주림, 기아   celebrate 기념하다, 축하하다   host (행사를) 주최하다   conversation 대화   raise awareness of …에 대한 의식을 고취하다[높이다]

2 다음 글의 목적으로 가장 적절한 것은?

Dear Ms. Erin Brown,

I hope you remember me from the time I spent at your company. I am now scheduling job interviews with other companies, and I need your help. I have tried to contact my former manager, Ron McConnell, but he is apparently away on a long vacation. When I worked for him, I was responsible for the company newsletter. [Ⓐ]I had to ensure not only that it was sent out regularly but also that the content was interesting. [Ⓑ]Mr. McConnell always gave me positive evaluations, which he placed in my employee records. Therefore, I was hoping for a recommendation. I know you're busy, but it would be very helpful to me. Please let me know if this is possible.

Yours truly,
Anna Smith

---

① 연말 평가 결과를 문의하려고
② 면접 일정 변경을 요청하려고
③ 채용 추천서 작성을 부탁하려고
④ 상사의 휴가 일정을 확인하려고
⑤ 사보 제작에 관한 조언을 구하려고

Ⓐ I had to ensure **not only** that it was sent out regularly **but also** that the content was
　　　　　　　　　　　'…해야 했다' 〈의무〉　　　　(= the company newsletter)
interesting.
　» 「not only A but also B」 'A뿐만 아니라 B도'

Ⓑ Mr. McConnell always gave me positive evaluations, [which he placed in my employee
　　　　S　　　　　　　　V　　O₁　　　O₂
records].
　» [ ]는 선행사인 positive evaluations를 부연 설명하는 계속적 용법의 목적격 관계대명사절이다.

2　**schedule** 일정을 잡다　**contact** 연락하다　**former** 먼저의, 이전의　**apparently** 듣자[보아]하니　**be responsible for** …을 책임지다[맡다]　**newsletter** 소식지[회보]　**ensure** 반드시 …하게[이게] 하다, 보장하다　**regularly** 정기적으로　**content** 내용 **evaluation** 평가　**record** 기록　**recommendation** 추천; *추천장[서]

수능유형+ 04

빈칸 추론

글의 전체적인 내용을 파악하여 빈칸에 들어갈 적절한 어휘나 어구, 절 등을 추론하는 유형이다.

1

다음 글의 빈칸에 들어갈 말로 가장 적절한 것은?

Bad news is addictive for many people. And the convenience of the internet has made it much easier to feed this addiction. ⒶIt's common nowadays for people to compulsively scan through negative online news articles, despite the harmful side effects it might have. This habit is referred to as "doomscrolling." Although doomscrolling is a recent phenomenon, researchers have been warning people about _____ for many years. Studies have connected it with a variety of mental health conditions, including anxiety and depression. There are, however, ways that you can protect yourself. Limiting how much news you read each day will reduce the amount of bad news you take in. Focusing more on news that fits your personal interests can also help to create a better balance in the information you consume.

① the difficulties faced by online news sites
② how badly negative news can mislead them
③ the dangers of relying on advanced technology
④ the reliability of information found on the internet
⑤ the negative impacts of taking in too much bad news

필수구문

Ⓐ **It's** common nowadays **for people** [to compulsively scan through negative online news articles], *despite* the harmful side effects [(which/that) **it** might have].

» It은 가주어이고 첫 번째 [ ]가 진주어이며, for people은 to부정사구의 의미상 주어이다. despite는 전치사이 므로 뒤에 명사 (상당어구)가 왔다. 두 번째 [ ]는 선행사인 the harmful side effects를 수식하는 목적격 관계 대명사절로 관계대명사가 생략되었으며, it은 앞서 나온 to부정사구를 가리킨다.

---

1 addictive 중독성의; *중독성이 있는 (*n.* addiction 중독) convenience 편의, 편리 feed 먹이를 주다; *충족시키다
compulsively 강제적으로, 마지못해 side effect 부작용 phenomenon 현상 depression 우울증 consume 소비(소모)하다
[문제] mislead 호도[오도]하다 advanced 선진의 reliability 신뢰성, 신뢰도

2

다음 글의 빈칸에 들어갈 말로 가장 적절한 것은?

How are vegans different from vegetarians? [Ⓐ]The most basic difference is that vegans avoid all foods that come from animals, not just meat. While some vegetarians eat things like eggs, vegans do not include eggs, milk, or even honey ₃ in their diet. What's more, because some vegans focus heavily on animal rights, they do not use animal products for any purpose. This affects their choices of clothing, cleaning supplies, and much more. [Ⓑ]In short, being vegan changes a ₆ person's _____, whereas being vegetarian is mainly about diet alone. If you are considering becoming vegetarian or vegan, think carefully about what is important to you. Both diets might benefit your health and help you to live in a more animal- ₉ friendly way. But if you like big challenges, being vegan may be the right fit for you.

*vegan: 엄격한 채식주의자

① appetite
② clothing
③ lifestyle
④ health
⑤ expenses

Ⓐ The most basic difference is **that** vegans avoid all foods **that** come from animals, not
　　　　　　　　　S　　　　　　V　　　　　　　　SC
just meat.
　》 첫 번째 that은 주격보어인 명사절을 이끄는 접속사이고, 두 번째 that은 선행사인 all foods를 수식하는 주격 관계
　　대명사이다.

Ⓑ ..., whereas **being vegetarian is** mainly about diet alone.
　　　'…인 데 반하여'　　　S　　　　　V
　》 주어로 쓰인 동명사구는 단수 취급하므로 단수동사 is가 쓰였다.

2　**vegetarian** 채식주의자　**basic** 기초[기본]적인　**heavily** (양·정도가) 심하게[아주 많이]　**cleaning supplies** 청소용품
challenge 도전　**fit** 발작; *조화, 어울림　[문제] **appetite** 식욕　**expense** 지출, 비용

수능유형+ 05 함축 의미 추론

글의 중심 내용을 바탕으로 밑줄 친 어구나 문장이 함축적으로 의미하는 바를 추론하는 유형이다.

1

밑줄 친 <u>falling into this zone</u>이 다음 글에서 의미하는 바로 가장 적절한 것은?

Some human-like robots are considered cute or appealing. Others, however, leave people feeling uncomfortable and unsettled. This is due to something called "the uncanny valley." As robots become more and more realistic, their appeal rises. However, at a certain point of realism, their appeal suddenly drops. If the robots are made to look extremely similar to humans, the response to them becomes positive again. This may not sound problematic, but it is for robot developers. ⓐThus, they are constantly looking for ways to keep their robots from <u>falling into this zone</u>. ⓑSome believe the solution is to make them even more lifelike so people react to them as if they were real humans. Others, however, are more focused on not mixing human and nonhuman features as well as on making sure that the behavior of robots matches their appearance.

① becoming disturbing to most people
② behaving in ways similar to people
③ appearing less upsetting than before
④ functioning in a way that is incorrect
⑤ resembling real human beings closely

 필수구문

ⓐ Thus, they are constantly looking for ways [to **keep** their robots **from falling** into this zone].
  » [ ]는 ways를 수식하는 형용사적 용법의 to부정사구이다. 「keep A from v-ing」는 'A가 …하지 못하게 막다'의 의미이다.

ⓑ Some believe [(that) the solution is to make them even more lifelike] so people react to them **as if** they **were** real humans.
  » [ ]는 believe의 목적어로 쓰인 명사절이다. 「as if + 가정법 과거」는 '마치 …인 것처럼'의 의미이다.

---

1 **appealing** 매력적인, 흥미로운 (n. **appeal** 애원, 간청; *매력) **unsettled** (상황이) 불확실한; *불안해하는, 긴장한 **realistic** 현실적인; *사실적인, 실제 그대로의 **realism** 현실주의; *사실성 **response** 대답; *반응 **problematic** 문제가 있는[많은] **constantly** 끊임없이 **lifelike** 실물과 똑같은 **feature** 특징, 특색 **appearance** (겉)모습, 외모 [문제] **disturbing** 불안하게 하는 **upsetting** 혼란[동요]시키는 **function** 기능하다[작용하다] **resemble** 닮다, 비슷[유사]하다

2

밑줄 친 get back on the horse that threw you가 다음 글에서 의미하는 바로 가장 적절한 것은?

Public speaking is a common source of fear and anxiety. Some people deal with this fear by practicing alone in front of a mirror, while others just avoid speaking in front of others altogether. [Ⓐ]Neither of these approaches is effective; they simply end up reinforcing the person's belief that public speaking is something to fear. A better method is to get back on the horse that threw you. Even if your last experience with speaking in public was awful, you need to go right back out and do it again. [Ⓑ]This may not actually eliminate your stage fright, but it will cause your brain to get used to public speaking. Once feeling this way becomes a familiar habit, public speaking will no longer be something to fear.

3

6

9

① resist the feelings of fear inside you
② keep trying to do the thing that scares you
③ imagine an even worse scenario over and over
④ speak in front of other people about how you feel
⑤ recall a memory that repeatedly makes you anxious

필수구문

Ⓐ ...; they simply **end up reinforcing** *the person's belief* [that public speaking is something **to fear**].

» 「end up v-ing」는 '결국 …하게 되다'의 의미이다. the person's belief와 [ ]는 동격이다. to fear는 something을 수식하는 형용사적 용법의 to부정사이다.

Ⓑ This may not actually eliminate your stage fright, but <u>it</u> <u>will cause</u> <u>our brain</u> <u>to **get**</u>
                                              S   V   O   OC
used to public speaking.

» 「get used to+(동)명사(구)」는 '…에 익숙해지다'의 의미이다.

---

2   **altogether** 완전히, 전적으로   **approach** 접근법, 처리 방법   **effective** 효과적인   **reinforce** 강화하다   **method** 방법   **awful** 끔찍한, 지독한   **eliminate** 없애다, 제거[삭제]하다   **stage fright** 무대 공포증   **no longer** 더 이상 … 아닌   [문제] **recall** 기억해 내다, 상기하다   **repeatedly** 되풀이하여, 여러 차례

수능유형+ 06 내용 (불)일치

특정 대상에 관한 글, 행사 안내문, 공지 등을 읽고, 선택지와의 일치 여부를 판단하는 유형이다.

---

1 food neophobia에 관한 다음 글의 내용과 일치하지 <u>않는</u> 것은?

Food neophobia is defined as the fear of trying new foods. [Ⓐ]Mild food neophobia is common in young children and is considered a normal stage of development. Occasionally, however, it continues through adolescence and into adulthood. The most commonly avoided foods are vegetables, fruit, and fish. Researchers believe that genetics play a major role in food neophobia, but it can be influenced by psychological factors as well. Along with the risk of poor nutrition, food neophobia can cause serious social problems. [Ⓑ]For example, it may prevent a teen from spending the night at a friend's house, due to worries about what foods might be served. Parents can help their children outgrow food neophobia by leading by example—children are more likely to try a new food when a parent eats it first.

① 새로운 음식을 먹어보는 것에 대해 두려움을 느끼는 현상이다.
② 흔히 어린이에게 발현되나, 청소년기 이후까지 나타나기도 한다.
③ 심리적인 이유 외의 발생 원인은 아직 밝혀지지 않았다.
④ 아이의 사회성 발달의 문제로 이어질 수 있다.
⑤ 부모의 노력을 통해서 극복될 수 있다.

필수구문

[Ⓐ] Mild food neophobia is common in young children and is considered a normal stage
　　　　　　S　　　　　V₁　　SC　　　　　　　　　　　　V₂ 〈수동태〉
of development.

[Ⓑ] For example, it may **prevent** a teen **from spending** the night at a friend's house,
due to worries about [what foods might be served].

» 「prevent A from v-ing」는 'A가 …하지 못하게 하다'의 의미이다. [ ]는 전치사 about의 목적어로 쓰인 간접
의문문으로, 「의문사+주어+동사」의 어순을 따른다.

1　**define** 정의하다　**mild** (정도가) 가벼운　**occasionally** 가끔　**adolescence** 청소년기　**adulthood** 성인임, 성인기　**avoid** 방지하다;
*(회)피하다　**genetics** 유전학; *유전적 특징　**psychological** 정신[심리]의, 정신[심리]적인　**nutrition** 영양　**outgrow** 너무 커져 맞지
않게 되다; *…에서 벗어나다　**lead by example** 솔선수범하다

182

2 Language Education Conference에 관한 다음 안내문의 내용과 일치하지 <u>않는</u> 것은?

Welcome to the Language Education Conference!

[Ⓐ]The National Education Council is proud to announce the 12th Annual Language Education Conference, which will take place September 3-5 with a theme of "Technology in the Classroom." The conference is a great chance to improve your understanding of the latest technology trends!

▪ Social Event

Along with our usual lectures, there will be three social events. [Ⓑ]These events are excellent opportunities to meet peers from around the country and build networking skills. The social event schedule is included below.

▪ Detailed Event Schedule

EVENT	DATE	TIME	PLACE
Get Together	Thursday, September 3	8:00-9:00 p.m.	Convention Center
Welcome Party	Friday, September 4	7:00-11:00 p.m.	Prague Hotel
Farewell Party	Saturday, September 5	6:30-7:30 p.m.	Convention Center

① 매년 개최된다.　　　　　　　　　② 3일간 진행된다.

③ 강의와 사교 행사로 구성되어 있다.　　④ 행사 일정 중 환영 파티 시간이 가장 길다.

⑤ 모든 사교 행사는 평일에 진행된다.

'···하게 되어' 〈감정의 원인〉

Ⓐ The National Education Council is proud to announce the 12th Annual Language Education Conference, [which will take place ...].

» [ ]는 선행사인 the 12th Annual Language Education Conference를 부연 설명하는 계속적 용법의 주격 관계대명사절이다.

Ⓑ These events are excellent opportunities to meet peers from around the country and (to) build networking skills.

2　**conference** 회의[학회]　**council** 의회; *협의회, 심의회　**announce** 발표하다, 알리다　**annual** 매년의, 연례의　**latest** 최신의, 최근의　**lecture** 강의, 강연　**opportunity** 기회　**peer** 동료　**networking** 인적 네트워크[정보망] 형성　**farewell** 작별

지칭 추론

밑줄 친 대명사가 가리키는 대상이 나머지와 다른 것을 찾는 유형이다.

1

밑줄 친 부분이 가리키는 대상이 나머지 넷과 다른 것은?

Barbra Streisand is a legendary singer and actor. When she was just 16, she enrolled at a well-known acting school. She had acted only once before when she was an intern at a theater. ① Her acceptance at the school was due to the efforts of an actor named Anita Miller, who was married to a famous actor and director. Miller had met Streisand at a theatre where ② she had found another internship position. When Streisand recognized her, she asked ③ her countless questions about the acting profession. [Ⓐ]Impressed by ④ her eagerness, Miller convinced her husband to accept Streisand into his class at the acting school. Streisand couldn't afford the tuition, so she took care of Miller's two sons instead. [Ⓑ]Not wanting to let her family know about the situation, Streisand told her mother ⑤ she'd received a scholarship.

필수구문

Ⓐ [(Being) Impressed by her eagerness], <u>Miller</u> <u>convinced</u> <u>her husband</u> to accept
　　　　　　　　　　　　　　　　　　　　S　　　V　　　　O

Streisand into his class at the acting school.
　　　　　　　　OC

» [ ]는 문두에 Being이 생략된 형태의 수동형 분사구문이다.

Ⓑ [**Not** wanting to let her family know about the situation], <u>Streisand</u> <u>told</u> <u>her mother</u>
　　　　　　　　　　　　　　　　　　　　　　　　　　　　　　　　S　　　V　　　O₁

(that) she'd received a scholarship.
　　　　O₂

» [ ]는 이유를 나타내는 분사구문이며, 분사(wanting) 바로 앞에 not을 써서 부정을 나타낸다.

---

1 **legendary** 전설적인, 아주 유명한　**enroll** 등록하다, 입학하다　**acceptance** 받아들임, 수락 (*v.* **accept** 받아들이다, 받아 주다)
internship 인턴직　**recognize** (누구인지) 알아보다, 알다　**countless** 무수한, 셀 수 없는　**profession** 직업　**eagerness** 열렬함
convince 납득시키다; *설득하다　**afford** …할 여유[형편]가 되다　**tuition** 수업료　**scholarship** 장학금

2 밑줄 친 부분이 가리키는 대상이 나머지 넷과 다른 것은?

Recently, the European company Airbus introduced a 3D-printed mini-plane called "THOR" to the world. The plane, whose name stands for "Test of High-Tech Objectives in Reality," was presented at the 2016 Berlin Air Show. Except for ① its electrical system, THOR was made entirely by 3D printers. ② It is a small drone, less than four meters long. Like other drones, ③ it is controlled by signals from an outside location. [Ⓐ]Although THOR cannot carry people, ④ it demonstrates why airlines find 3D printing attractive. ⑤ It allows complex parts to be built quickly, with few tools, using light materials. [Ⓑ]This means that airplanes similar to THOR could be cheaper to make and could use less fuel than planes today.

필수구문

Ⓐ Although THOR cannot carry people, it demonstrates [why airlines find 3D printing
'(비록) …이긴 하지만'   S   V   O

attractive].
OC
» [ ]는 demonstrates의 목적어로 쓰인 간접의문문으로, 「의문사＋주어＋동사」의 어순을 따른다.

Ⓑ This means that airplanes (that are) similar to THOR could be cheaper to make and
S   V₁   '…하기에' 〈정도〉

could use **less** fuel **than** planes today.
V₂
» 「less A than B」 'B보다 더 적은 A'

---

2 stand for …을 의미하다 **objective** 목적, 목표 **present** 주다; *소개하다 **electrical** 전기의, 전기를 이용하는 **entirely** 전적으로 **drone** 무인 항공기 **demonstrate** 증거[실례]를 들어가며 보여 주다, 입증[실증]하다 **airline** 항공사 **attractive** 매력적인 **fuel** 연료

수능유형+
08

어휘 추론
제시된 낱말 중 문맥에 적합한 것을 고르거나, 문맥상 어색한 낱말을 고르는 유형이다.

1 다음 글의 밑줄 친 부분 중, 문맥상 낱말의 쓰임이 적절하지 <u>않은</u> 것은?

ⒶDoctors may prescribe antidepressants when a patient's feelings of depression make it ① <u>difficult</u> to do daily tasks. Antidepressant medications help balance chemicals in the brain correctly. They must be taken regularly for about six weeks, and often longer, before their ② <u>full</u> effect is felt. After the medication begins to work, the treatment is continued for six to twelve months or longer. This allows the brain to adjust to the new balance of chemicals. If the patient sees good results during this time period, the doctor may decide to ③ <u>discontinue</u> the medication. It is essential that the patient stop the treatment ④ <u>gradually</u>. A slow transition is the only effective means of ending the treatment because sudden changes could cause another ⑤ <u>balance</u> in the brain's chemistry.

*antidepressant: 우울증 치료제, 항우울제

필수구문

Ⓐ Doctors may prescribe antidepressants when <u>a patient's feelings of depression</u> <u>make</u>
　　　　　　　　　　　　　　　　　　　　　　　　　　　　　　S　　　　　　　　　　　V

it difficult [to do daily tasks].
O　　OC
» it은 가목적어이고 [ ]가 진목적어이다.

1　**prescribe** 처방하다　**medication** 약[약물] (치료)　**balance** 균형을 유지하다[잡다]; 균형　**regularly** 정기[규칙]적으로　**treatment** 치료　**adjust to** …에 적응하다　**chemical** 화학 물질　**discontinue** 중단하다　**gradually** 서서히　**transition** 변천, 변화　**means** 수단　**chemistry** 화학; *화학적 성질

다음 글의 밑줄 친 부분 중, 문맥상 낱말의 쓰임이 적절하지 않은 것은?

An unusual event in British India led to the term "cobra effect." During the British colonial period, the government created a new policy in Delhi. ⒶAnyone who brought in a dead cobra would receive a cash reward. The government hoped this ₃ policy would ① decrease the number of poisonous cobras. However, this policy led the Indians to ② breed cobras for money. When the government eventually realized that many cobra breeders were making money from the policy, it was ③ abolished. ₆ Since the snakes were now ④ worthless, the breeders set them free. As a result, the cobra population became larger than before. ⒷAlthough the government tried to solve the problem, it actually made the situation even worse. Now, the term is used ₉ to describe similar situations with ⑤ beneficial solutions.

Ⓐ Anyone who brought in a dead cobra **would** receive a cash reward.

　　　s 　　　　　　　　　　　　　　　　　　　　　　　V　　　　O

» 과거 시점에서의 미래를 표현할 때는 조동사 will의 과거형인 would로 나타낸다.

Ⓑ Although the government <u>tried to solve</u> the problem, it actually made the situation

　　　　　　　　　　　　 '…하려고 노력하다'

even worse.

» much, far, even, still, a lot 등은 비교급 앞에 쓰여 비교급을 강조한다.

---

term 용어, 말　**colonial** 식민(지)의　**policy** 정책, 방침　**reward** 보상　**poisonous** 유독한, 독[독성]이 있는　**breed** 새끼를 낳다; *사육하다 (n. **breeder** 사육자)　**eventually** 결국, 마침내　**abolish** 폐지하다　**worthless** 가치 없는, 쓸모없는　**set ... free** …을 풀어주다　**population** 인구; *개체 수

수능유형+ 09 심경 변화·분위기

글에 나타난 상황을 바탕으로 등장인물의 심경이나 글의 전체적인 분위기를 추론하는 유형이다.

1 다음 글에 드러난 butterfly의 심경 변화로 가장 적절한 것은?

One day, a brightly colored butterfly flew by an elephant. Like all elephants, this one was big and gray. "Oh, you are ugly," exclaimed the butterfly. "It's nice to meet you too," replied the elephant, who was a little annoyed. But the butterfly continued. "You are so big! Your legs are like old, wrinkly trees! **Don't you wish you were like me?** I fly wherever I want in the air. With these beautiful wings, I float above the ground." Just then, the wind began to blow. The butterfly flapped its wings hard, trying to stay in place. "Perhaps you would like an old, wrinkly tree to hold on to?" asked the elephant. But before the butterfly could say anything, the wind blew it far away. The elephant only laughed.

① indifferent → regretful
② confident → furious
③ pleased → bored
④ proud → embarrassed
⑤ excited → disappointed

필수구문

Ⓐ "It's nice to meet you too," <u>replied</u> <u>the elephant</u>, [who was a little annoyed].
　　　　　　　　　　　　　　　V　　　S
» 인용문이 문두에 와서 주어와 동사가 도치되었다. [ ]는 선행사인 the elephant를 부연 설명하는 계속적 용법의 주격 관계대명사절이다.

Ⓑ Don't **you wish** you **were** like me?
» 「주어+wish+가정법 과거」 '…라면 좋을 텐데'

1　exclaim 소리치다, 외치다　annoyed 짜증이 난, 약이 오른　wrinkly 주름이 있는　float 떠가다[떠돌다]　flap (새 등이 날개를) 퍼덕이다　in place 제자리에 (있는)　hold on to …에 매달리다, 의지하다　[문제] indifferent 무관심한　regretful 후회하는　furious 몹시 화가 난　embarrassed 어리둥절한, 당혹한

2 다음 글의 상황에 나타난 분위기로 가장 적절한 것은?

A family is grieving at a funeral. [Ⓐ]Some of them weep. Others mourn in silence. [Ⓑ]As they think about the deceased, the children are having an especially hard time. A golden, curly-haired dog softly walks up to a little boy and sits next to him. He pets ₃ her fur, and his expression becomes a little less sad. The dog's name is Lulu, and she seems to know what each person needs. She sits quietly with some and plays happily with others. For people experiencing sadness and stress, she brings an atmosphere of ₆ peace. Lulu plays a small part in helping heal each person's heart.

① sad and hopeless
② warm and touching
③ uneasy and depressing
④ boring and monotonous
⑤ cheerful and encouraging

Ⓐ **Some** of them weep. **Others** mourn in silence.
　» 다수 중에서 막연한 일부는 some으로, 또 다른 막연한 일부는 others로 나타낸다.

Ⓑ As they think about **the deceased**, the children are having an especially hard time.
'…하면서'
　» 「the＋형용사」는 일반적으로 복수보통명사를 나타내지만, 여기에서 the deceased는 '고인'을 나타내는 단수 명사로 쓰였다.

2　grieve 몹시 슬퍼하다, 가슴 아파하다　funeral 장례식　weep 울다, 눈물을 흘리다　mourn 애도[슬퍼]하다　pet 어루만지다[쓰다듬다]
expression 표현; *표정　atmosphere 대기; *분위기　heal 치유하다　[문제] hopeless 가망 없는, 절망적인　touching 감동적인
uneasy 불안한　monotonous 단조로운　encouraging 격려[장려]의, 힘을 북돋아 주는

수능유형+

10 흐름과 무관한 문장·글의 순서 파악

글의 전체 흐름에서 벗어난 문장을 찾거나, 주어진 글 다음에 이어질 글의 순서를 찾는 유형이다.

1

다음 글에서 전체 흐름과 관계 <u>없는</u> 문장은?

Camels once wandered across huge areas, searching for grass to eat. Today, however, many camels live on dairy farms in the Middle East, where they are kept for their milk. In the future, camels may actually become a replacement for cows. But why camels? ① It is because camels evolved to survive in desert environments, where the days are extremely hot and the nights are freezing cold. ② They can survive for days with little water, and they produce less methane than cows. ③ Camel milk is high in vitamin C, and it is low in fat. ④ [Ⓐ]These traits mean camels can easily adapt to climate change, making them an attractive alternative to cows in areas where the climate is changing. ⑤ As the demand for camel milk increases, the camel industry will likely continue to grow as well.

필수구문

Ⓐ These traits mean [(that) camels can easily adapt to climate change], [making them
                                                                                        V   O
an alternative to cows in areas {where the climate is changing}].
                        └─────── OC ───────┘

» 첫 번째 [ ]는 동사 means의 목적어로 쓰인 명사절로 접속사 that이 생략되었다. 두 번째 [ ]는 결과를 나타내는 분사구문이며, { }는 장소를 나타내는 선행사인 areas를 수식하는 관계부사절이다.

---

1 **wander** 돌아다니다 **dairy** 유제품의; *낙농업의 **replacement** 대체(물) **evolve** 진화하다 **desert** 사막 **methane** 메탄 (가스) **trait** 특성, 특징 **adapt** 맞추다, 조정하다; *적응하다 **attractive** 매력적인 **alternative** 대안

주어진 글 다음에 이어질 글의 순서로 가장 적절한 것은?

The Moon's gravity has a strong influence on the Earth. [Ⓐ]It keeps our planet steady on its axis and creates the ocean's tides.

(A) The researchers measured the "tidal stress" on the Earth just before major earthquakes. They found that 75% of large earthquakes happened in the period between a new moon and a full moon. This may be because tidal water increases the pressure on cracks in the ground.

(B) [Ⓑ]However, there may also be another effect, one that can be extremely dangerous. According to a recent study, the Moon's gravity may sometimes cause large earthquakes to occur.

(C) They didn't, however, find any link between tidal stress and smaller earthquakes. Despite this, this information could help scientists predict earthquakes more accurately in the future.

*tidal stress: 조석 변형력(밀물과 썰물이 해저면에 가하는 힘)

① (A) – (C) – (B) ② (B) – (A) – (C) ③ (B) – (C) – (A)
④ (C) – (A) – (B) ⑤ (C) – (B) – (A)

Ⓐ It **keeps** our planet steady on its axis **and creates** the ocean's tides.
　　 S　V₁　　O₁　　　OC　　　　　　　　V₂　　　　O₂

Ⓑ However, there may also be another effect, one **that** can be extremely dangerous.

» 선행사가 one이므로 관계대명사 that으로 수식하는 것을 선호한다.

2　**gravity** 중력　**steady** 꾸준한; *흔들림 없는, 안정된　**axis** 축; *지축　**tide** 밀물과 썰물, 조류 (*a.* tidal 조수의)　**measure** 측정하다
major 주요한, 중요한; *큰, 두드러진　**new moon** 초승달　**full moon** 보름달　**predict** 예측하다　**accurately** 정확하게

수능유형+

11

주어진 문장의 위치

제시된 글이 논리적으로 전개되도록 주어진 문장을 적절한 위치에 배치하는 유형이다.

---

1 글의 흐름으로 보아, 주어진 문장이 들어가기에 가장 적절한 곳은?

> Tree rings can also reveal catastrophic events that rapidly alter the environment.

Ⓐ We all know that tree rings can tell us how old a tree is. But did you know that scientists can also use tree rings to learn about a region's past climate? Thicker rings, for example, form when the tree has undergone a period of significant growth. (①) This indicates a time of considerable rain and other favorable environmental conditions. (②) Thin rings, on the other hand, suggest little growth during a cold or dry period. (③) When wildfires burn the exterior of a tree, they leave behind a distinctive scar, like a clue hidden in its rings. (④) Ⓑ Diseases, earthquakes, and volcanic eruptions are some other events that may leave evidence in the tree rings that can serve as historical indicators. (⑤) Anthropologists even hope that tree rings might someday provide clues to the reasons for the rise and fall of ancient civilizations.

필수구문

Ⓐ We all know [that tree rings can tell us {how old a tree is}].
　　　　　　　　　　　　　　　　　V　O₁　　O₂
　» [ ]는 know의 목적어로 쓰인 명사절이다. { }는 tell의 직접목적어로 쓰인 간접의문문으로, 「의문사+주어+동사」
　　의 어순을 따른다.

Ⓑ Diseases, earthquakes, and volcanic eruptions are some other events [that may leave evidence in the tree rings {that can serve as historical indicators}].
　» [ ]는 선행사인 some other events를 수식하는 주격 관계대명사절이다. { }는 선행사인 evidence를 수식하는 주격 관계대명사절이다.

1　**reveal** 드러내다, 밝히다　**catastrophic** 큰 재앙의　**rapidly** 빨리, 급속히　**alter** 변경하다, 바꾸다　**region** 지방, 지역　**undergo** 겪다　**indicate** 나타내다, 보여 주다　**considerable** 상당한, 많은　**favorable** 호의적인; *유리한, 좋은　**leave behind** …을 떠나다; *남겨 두다　**distinctive** 독특한, 뚜렷이 구별되는　**scar** 흉터; *흔적[상흔]　**eruption** (화산의) 폭발, 분화　**indicator** 지표　**anthropologist** 인류학자　**civilization** 문명

글의 흐름으로 보아, 주어진 문장이 들어가기에 가장 적절한 곳은?

> What was surprising, however, was that the scores of the memory test dropped much less than those of the power test.

Research suggests that, when forced to choose, the human body prioritizes mental ability over physical ability. For a recent study, an experiment was designed in which students from a university rowing team were graded on a series of tasks. (①) They started off by completing a three-minute memory test involving word recall. (②) The students were then asked to use a rowing machine for a power test, which also lasted three minutes. (③) [Ⓐ]The researchers concluded the experiment by asking the students to do both three-minute tests at the same time so that these scores could be compared to their previous results. (④) As expected, doing both tests at once produced lower scores. (⑤) [Ⓑ]The researchers suggest that prioritizing quick thinking over fast movement is an evolved trait that may have given our species a better chance to survive.

필수구문

Ⓐ The researchers concluded the experiment **by asking** the students to do both three-
  　　　　　　　　　　　　　　　　　　　　　 V 　　　 O 　　　　　　 OC
minute tests at the same time *so that these scores could* be compared to their previous results.
» 「by v-ing」는 '…함으로써'의 의미이며, 「so that + 주어 + can[could]」은 '…가 ~할 수 있도록'의 의미이다.

Ⓑ The researchers suggest [that prioritizing quick thinking over fast movement is an
　　　　　　　　　　　　　　　　 　　 S 　　　　　　　　　　　　　　 V
evolved trait {that **may have given** our species a better chance *to survive*}].
　 SC
» [ ]는 suggest의 목적어로 쓰인 명사절이다. { }는 주격보어 evolved trait를 수식하는 주격 관계대명사절이다. 「may have + p.p.」는 '…했을지도 모른다'의 의미로, 과거 사실에 대한 추측을 나타낸다. to survive는 a better chance를 수식하는 형용사적 용법의 to부정사이다.

2　**prioritize** 우선순위를 매기다; *우선시키다　**rowing** 노 젓기, 조정　**grade** …에 등급을 매기다　**a series of** 일련의　**recall** 기억(하는 능력)　**conclude** 결론[판단]을 내리다; *끝내다, 마치다　**previous** 앞의, 이전의　**at once** 즉시; *동시에　**evolve** 진화하다　**trait** 특성

12

도표

제시된 글에서 도표의 정보와 일치하지 않는 문장을 찾는 유형이다.

1

다음 표의 내용과 일치하지 <u>않는</u> 것은?

Attitudes Toward Personal Data Protection in 2023

Country	Concerned about data misuse	Actively protecting data
Spain	57%	44%
South Korea	49%	21%
Mexico	46%	39%
Germany	36%	42%
China	34%	42%
India	30%	42%
United States	27%	31%

The table above shows people's attitudes towards personal data privacy in seven countries in 2023. ① In Spain, 57% of respondents had concerns about data misuse and 44% reported taking active measures to protect their data. ② For the first three countries in the table, more respondents were concerned about data misuse than about actively protecting their data. ③ Germany, China, and India all shared the same percentage of people who said they actively protect their data. ④ Of the seven countries in the table, Mexico was the third highest in terms of concerns about misuse of personal data, while less than 40% of Mexicans reported actively protecting their data. ⑤ [Ⓐ]Finally, less than 50% of the South Korean respondents were concerned about their data being wrongfully used, while the percentage of people protecting their data was 10% higher than that of the U.S.

필수구문

Ⓐ Finally, less than 50% of the South Korean respondents were concerned about **their data** [being wrongfully used], while the percentage of people [protecting their data] was 10% higher than *that* of the U.S.

» 첫 번째 [ ]는 전치사 about의 목적어로 쓰인 동명사구이며, their data는 동명사 being used의 의미상 주어이다. 두 번째 [ ]는 people을 수식하는 현재분사구이다. that은 앞서 나온 the percentage of people protecting their data를 가리키는 대명사이다.

---

1 **attitude** 태도 **concerned** 걱정[염려]하는 (*n.* concern 우려[걱정]) **misuse** 남용, 오용 **actively** 적극적으로 (*a.* active 적극적인) **respondent** 응답자 **take measure** 조치를 취하다 **wrongfully** 틀리게, 부당하게

2 다음 도표의 내용과 일치하지 <u>않는</u> 것은?

Amount of Electricity from Renewable Energy Sources in the EU

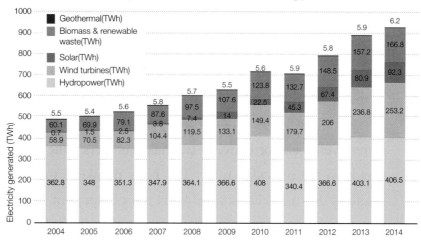

The above graph shows the amount of electricity created from renewable energy sources in the European Union over an eleven-year period. ① Hydropower produced the most electricity in every year on the graph, reaching a peak of 408 TWh in 2010. ② ᴬThat same year, the least electricity was produced by geothermal sources, accounting for fewer than five TWh. ③ Biomass and renewable waste was the second-most productive source in 2004, but it was replaced by wind turbines in every other year. ④ Solar power accounted for less than a single TWh of electricity in 2004, but that number sharply increased to more than 92 in 2014. ⑤ ᴮThe amount of electricity produced from renewable sources overall increased each year on the graph, with the exception of 2011.

*geothermal: 지열의 **biomass: 바이오매스(에너지원으로 이용되는 생물 자원)

ᴬ That same year, the least electricity was produced by geothermal sources, [accounting
　　　　　　　　　　　　'가장 적은 …'　　　　　　　　　과거시제 수동태

for fewer than five TWh].
　'…보다 적은 수의'
» [ ]는 동시동작을 나타내는 분사구문이다.

ᴮ The amount of electricity produced from renewable sources overall increased each
　　　　　　S　　　　　　　　　　　　　　　　　　　　　　　　　　　　　　　　V

year on the graph, with the exception of 2011.

2　renewable 재생 가능한 TWh(= Terawatt-hour) 테라와트시(전력량의 단위), 1조 와트시 solar 태양의 wind turbine 풍력 발전용 터빈 hydropower 수력 전기(력) peak 절정, 최고조 account for …을 설명하다; *…을 차지하다 productive 생산적인 replace 대체하다 sharply 날카롭게; *급격하게 overall 전부, 종합[전반]적으로 exception 예외

요약문 완성

글의 내용을 한 문장으로 압축한 요약문의 빈칸에 들어갈 적절한 말을 고르는 유형이다.

1

다음 글의 내용을 한 문장으로 요약하고자 한다. 빈칸 (A), (B)에 들어갈 말로 가장 적절한 것은?

One of the first psychologists to study the nature of love and affection was Harry Harlow. He is known for his experiment with monkeys. Baby monkeys were given a choice between two fake mothers. One was soft, while the other was hard but provided milk. The baby monkeys preferred the former. This suggests that a mother's comfort is more important than food. Unfortunately, this experiment is now viewed as cruel and unethical. Harlow separated infant monkeys from their mothers as soon as they were born. The infants were not allowed to have social contact with any other monkeys during the experiment. In some cases, this lasted for as long as a year. Despite this, the experiment's results were valuable, as they have significantly influenced our society's approach to childcare.

↓

Harry Harlow's experiment implies that infants choose comfort over _____(A)_____, but it has been _____(B)_____ for the isolation of baby monkeys.

	(A)		(B)		(A)		(B)
①	affection	……	supported	②	nourishment	……	criticized
③	freedom	……	essential	④	safety	……	controversial
⑤	communication	……	rejected				

필수구문

Ⓐ One of the first psychologists to study the nature of love and affection was Harry Harlow.
　　　　S　└──────────┘　　　　　　　　　　　　　　　　　　　　　　　V　　SC

1　nature 자연; *성질, 본성　affection 애정　prefer 선호하다　comfort 안락; *위안　cruel 잔인한　infant 유아, 아기; *유아의
valuable 가치 있는　approach 접근(법)　childcare 보육　imply 내포하다; *암시[시사]하다　isolation 고립, 격리　[문제]
nourishment 영양　controversial 논란이 많은

2 다음 글의 내용을 한 문장으로 요약하고자 한다. 빈칸 (A), (B)에 들어갈 말로 가장 적절한 것은?

Our brains are constantly making a map of our immediate surroundings. An experiment has shown that our ability to accurately recall this map depends partly on what we are searching for. In the experiment, eight different types of food were placed in different parts of a room. Four of these were high-calorie foods, and the other four were low-calorie foods. Participants were brought into the room and asked to taste each type of food. Afterward, they had to identify the location of each one on a map of the room. ⓐIt was found that participants were nearly 30 percent better at remembering the location of the high-calorie foods. The researchers believe early humans developed this ability because high-calorie foods, which are necessary for survival, were very difficult to find. Although this is no longer the case today, our brains seem to have retained this interesting skill.

↓

A scientific experiment has suggested that the human brain is better at ____(A)____ the location of items that it considers ____(B)____ to our survival.

	(A)		(B)		(A)		(B)
①	sharing	......	valuable	②	identifying	......	harmful
③	recalling	......	essential	④	revealing	......	relevant
⑤	remembering	......	irrelevant				

필수구문

ⓐ It was found that participants were nearly 30 percent better at remembering the location
　　　　　　가주어　　　　　　　　　　　　　　　　　　　진주어
of the high-calorie foods.

2　immediate 즉각적인; *아주 가까이에 있는　depend on …에 달려 있다[…에 의해 결정되다]　identify (신원 등을) 확인하다; *찾다
retain (계속) 유지[보유]하다　[문제] essential 필수적인　reveal (비밀 등을) 드러내다　relevant 관련 있는 (↔ irrelevant)

수능유형+ 14

어법성 판단

제시된 표현 선택지가 어법상 옳고 그른지의 여부를 판단하는 유형이다.

1 다음 글의 밑줄 친 부분 중, 어법상 틀린 것은?

Drivers who have violated parking laws may find the Barnacle on their vehicles. This device, mostly made of plastic, ① <u>attaches</u> to the windshield using suction cups. [Ⓐ]Unlike a paper ticket, the Barnacle makes it impossible for violators to drive away 3 because it covers more than two-thirds of the windshield. The hundreds of pounds of force from the suction cups keeps the Barnacle secure, like a barnacle stuck to a boat. It is almost impossible for violators to remove ② <u>them</u> with their own hands. The 6 Barnacle has many advantages over traditional methods of restricting vehicles. They are far lighter, and they can be ③ <u>safely</u> attached from the sidewalk. The Barnacle also allows unclaimed vehicles ④ <u>to be towed</u> with the devices on. [Ⓑ]Instead of 9 calling someone to come remove the device, violators can pay the ticket online, after which a code is sent. The code is entered on a keypad ⑤ <u>located</u> on the device, and the Barnacle can be removed. The driver can then return the device to the police 12 station.

*suction cup: 흡착컵

필수구문

Ⓐ Unlike a paper ticket, <u>the Barnacle</u> <u>makes</u> <u>it</u> <u>impossible</u> <u>for violators</u> <u>to drive away</u> ....
　　　　　　　　　　　　　 S　　　 V　 가목적어　OC　　 의미상 주어　　 진목적어

Ⓑ Instead of <u>calling</u> someone to come remove the device, violators can pay the ticket
　　'… 대신에'　'…하는 것' (동명사)
online, [<u>after which</u> a code is sent].
　　　　　전치사＋관계대명사
» [ ]는 앞 절 전체를 선행사로 하는 계속적 용법의 관계사절이다.

---

1 **violate** 위반하다 (*n.* **violator** 위반자)　**barnacle** 따개비　**vehicle** 차량　**device** 장치, 기구　**attach** 붙이다; *달라붙다
windshield (차량의) 앞유리　**force** (물리적인) 힘　**secure** 안전한; *고정된　**stick** 붙이다[붙다], 달라[들러]붙다　**remove** 없애다,
제거하다　**advantage** 이점, 장점　**restrict** 제한하다, 통제하다　**sidewalk** 인도(人道)　**unclaimed** 주인이 나서지 않는　**tow**
견인하다　**code** 암호, 코드

2 다음 글의 밑줄 친 부분 중, 어법상 틀린 것은?

A global entertainment company is looking to parents to answer an important question: What does ① it mean to be a princess today? Many people have asked the company to create princess characters who are ② better role models for girls. In order to do that, the company made a list of positive things that their princesses ③ do. ⓐThey then asked 5,000 British parents of girls aged six to twelve to rank the most important principles for their daughters. The most valuable principles, according to the survey, ④ were "Care for others," "Live healthily," and "Don't judge a book by its cover." The results clearly show ⑤ that parents want. ⓑBeing a princess is about kindness, wisdom, and open-mindedness, not beauty and riches.

ⓐ They then **asked** 5,000 British parents of girls aged six to twelve **to rank** the most important principles for their daughters.

» 「ask A to-v」 'A에게 …하라고 요청하다'

ⓑ Being a princess is about kindness, wisdom, and open-mindedness, **not** beauty and riches.
　　　　　S　　　　　　V

» 「A, not B」는 'B가 아니라 A'의 의미로, A와 B는 전치사 about의 목적어이다.

2　**look to** …을 기대하다[의지하다]　**role model** 역할 모델, 모범이 되는 사람　**rank** 순위를 매기다[평가하다]　**principle** 원칙
survey (설문) 조사　**care for** …을 보살피다[돌보다]　**judge** 판단하다　**wisdom** 지혜　**open-mindedness** 열린 마음
riches (*pl.*) 부, 재물

15 일반 장문

하나의 긴 글을 읽고 제목과 어휘 추론 등의 문항에 답하는 유형이다.

1-2 다음 글을 읽고, 물음에 답하시오.

Unlike lawyers in other countries, those in the U.K. wear wigs to court even though it is not a requirement. While most people would say it's just a tradition, there are several other reasons for this unique practice.

[Ⓐ]First of all, wigs are used to (a) <u>show</u> that lawyers are honorable people who do important things. [Ⓑ]Wearing wigs signifies that court is a serious place and that lawyers are dignified people who respect the law.

In addition, some people believe wigs (b) <u>prevent</u> bias in court, as a good-looking lawyer with a nice hairstyle could affect the outcome of a trial. When lawyers wear wigs, they all have the same hairstyle. This ensures that their (c) <u>appearance</u> won't interfere with the court's rulings.

The last reason is for anonymity. Lawyers always face the possibility of being attacked by clients who are angry about the court's decision. Therefore, it could be (d) <u>unnecessary</u> to keep their identity hidden. Wearing a wig can hide the gender or age of the lawyer, so he or she won't be recognizable. If all the lawyers look (e) <u>alike</u>, angry criminals can't tell who is who.

Overall, these are all good reasons for wearing wigs. [Ⓒ]Though it seems strange and even silly, lawyers in the U.K. still consider wearing a wig to be not only a valuable tradition but also a useful custom.

*anonymity: 익명성

1 윗글의 제목으로 가장 적절한 것은?

① The History of the Wig
② Why U.K. Lawyers Wear Wigs
③ How Wigs Are Made in the U.K.
④ Arguments over Wearing Wigs in Court
⑤ How to Guarantee the Honesty of Lawyers

2 밑줄 친 (a)~(e) 중에서 문맥상 낱말의 쓰임이 적절하지 <u>않은</u> 것은?

① (a)　　　② (b)　　　③ (c)　　　④ (d)　　　⑤ (e)

필수구문

Ⓐ First of all, wigs are used to show [that lawyers are honorable people who do important
　　　　　　　　　　　　　'…하기 위해서' 〈목적〉
things].
» [ ]는 to show의 목적어로 쓰인 명사절이다.

Ⓑ Wearing wigs signifies [that court is a serious place] and [that lawyers are dignified
　　　　S　　　　　V
people who respect the law].
» 두 개의 [ ]는 signifies의 목적어로 쓰인 명사절로, 등위접속사 and로 병렬 연결되었다.

Ⓒ Though it seems strange and even silly, lawyers in the U.K. still consider wearing a
'(비록) …이지만' S' V'　　　　SC'　　　　　　　　S　　　　　V　　　O
wig to be not only a valuable tradition but also a useful custom.
　　　　　　　　　　　　　　OC

1-2　**lawyer** 변호사　**wig** 가발　**court** 법정　**requirement** 필요(한 것); *필요조건, 요건　**practice** 실천; *관례, 관행　**honorable** 훌륭한, 명예로운　**signify** 의미하다, 나타내다　**serious** 심각한; *진지한, 엄숙한　**dignified** 위엄[품위] 있는　**respect** 존경하다; *(법률 등을) 준수하다　**bias** 편견, 편향　**outcome** 결과　**trial** 재판, 공판　**interfere with** …을 방해하다[…에 지장을 주다]　**ruling** 결정, 판결　**identity** 신원, 정체(성)　**recognizable** (쉽게) 알(아볼) 수 있는　**criminal** 범죄자　[문제] **guarantee** 보장[약속]하다

순서 장문

네 개의 단락으로 된 글을 읽고, 순서 배열, 지칭 추론, 내용 (불)일치 등의 문항에 답하는 유형이다.

1-3 다음 글을 읽고, 물음에 답하시오.

(A)

Several decades ago, a group of young male poets, novelists, and essayists at the University of Wisconsin imagined that (a) <u>they</u> could become the next great American writers. (b) <u>They</u> formed a club and began holding meetings where they critiqued each other's work, never holding back or toning down their meanest comments. ⒶTheir criticism was actually so harsh that even (c) <u>they</u> began to refer to themselves as the Stranglers.

*strangler: 교살자

(B)

It might not be fair to suggest that (d) <u>they</u> simply had more talent and that this is the key difference accounting for their later success. ⒷInstead, it is more likely that the eventual achievements of the two groups were influenced by the environment in which the members got their start. The Stranglers fueled self-doubt, while the Wranglers fostered self-confidence.

*wrangler: 논쟁하는 사람

(C)

Having heard about (e) <u>them</u>, a group of women writers on the University of Wisconsin campus formed a literary circle of their own. They decided to call their group the Wranglers, and like their male counterparts, they shared their writing and listened to suggestions. But there was one important difference: They did not focus on criticism. Rather, they were supportive of fellow Wranglers.

(D)

Some time later, after the Wranglers and Stranglers had left the university, an alumnus studying the careers of Wisconsin graduates made an interesting discovery. Not a single one of the bright young people in the Stranglers had made any sort of relevant literary contribution in life. But the Wranglers had produced several important writers, including the award-winning author Marjorie Kinnan Rawlings, who wrote *The Yearling*.

1 주어진 글 (A)에 이어질 내용을 순서에 맞게 배열한 것으로 가장 적절한 것은?

① (B) – (D) – (C)　　　　　　② (C) – (B) – (D)

③ (C) – (D) – (B)　　　　　　④ (D) – (B) – (C)

⑤ (D) – (C) – (B)

2 밑줄 친 (a)~(e) 중에서 가리키는 대상이 나머지 넷과 다른 것은?

① (a)　　② (b)　　③ (c)　　④ (d)　　⑤ (e)

3 윗글의 내용으로 적절하지 <u>않은</u> 것은?

① Stranglers는 남성으로만 구성된 작가 모임이었다.

② Stranglers는 서로의 작품에 대해 신랄한 비평을 했다.

③ Stranglers가 결성된 후 Wranglers가 만들어졌다.

④ Wranglers는 서로를 격려하는 여성 작가 모임이었다.

⑤ Stranglers와 Wranglers 모두 저명한 작가들을 배출했다.

필수구문

ⓐ Their criticism was actually **so** harsh **that** even they began to *refer to* themselves *as* the Stranglers.

» 「so+형용사+that」은 '너무 …해서 ~한'의 의미이다. 「refer to A as B」는 'A를 B라고 부르다'의 의미이다.

ⓑ Instead, <u>it</u> is more likely <u>that the eventual achievements of the two groups were</u>
　　　　　　 가주어　　　　　　　　　　　　　　　　진주어
influenced by the environment [in which the members got their start].

» [ ]는 선행사인 the environment를 수식하는 관계사절이다.

1-3　decade 10년　critique 비평하다　hold back 저지[억제]하다　tone down (어조·견해 등을) 좀 더 누그러뜨리다　mean 인색한; *못된　account for …을 설명하다　eventual 궁극[최종]적인　achievement 업적　fuel 연료를 공급하다; *부추기다　self-doubt 자기 회의　foster 조성하다, 발전시키다　literary 문학의, 문학적인　circle 원; *…계[사회]　counterpart 상대, 대응 관계에 있는 사람[것]　criticism 비판, 비난　supportive 지원하는, 힘을 주는　fellow 동료의　alumnus 졸업생　relevant 관련 있는; *유의미한　contribution 기부(금); *공헌, 기여

· MEMO ·

· MEMO ·

· MEMO ·

· MEMO ·

지은이

이상엽
서울대 영어영문과 졸업
前 NE능률 연구개발부

박세광
서울대 독어독문과 졸업
前 영어신문 Teenstreet 편집장

권은숙
경북대 영어영문과 졸업
前 NE능률 연구개발부

권혜영
서울대 영어영문과 졸업
前 NE능률 연구개발부

류혜원
서울대 영어영문과 졸업
前 NE능률 연구개발부

NE능률 영어교육연구소
NE능률 영어교육연구소는 혁신적이며 효율적인 영어 교재를 개발하고
영어 학습의 질을 한 단계 높이고자 노력하는 NE능률의 연구 조직입니다.

빠른독해 바른독해 〈기초세우기〉

펴 낸 이	주민홍
펴 낸 곳	서울특별시 마포구 월드컵북로 396(상암동) 누리꿈스퀘어 비즈니스타워 10층 ㈜ NE능률 (우편번호 03925)
펴 낸 날	2024년 10월 5일 개정판 제1쇄 발행
전 화	02 2014 7114
팩 스	02 3142 0356
홈페이지	www.neungyule.com
등록번호	제1-68호
I S B N	979-11-253-4763-7 53740
정 가	18,000원

NE 능률

고객센터

교재 내용 문의 : contact.nebooks.co.kr (별도의 가입 절차 없이 작성 가능)

제품 구매, 교환, 불량, 반품 문의 : 02-2014-7114

☎ 전화문의는 본사 업무시간 중에만 가능합니다.

필요충분한 수학유형서로
등급 상승각을 잡다!

'22개정
교육과정

시리즈 구성

공통수학1
공통수학2

1 Goodness 빼어난 문제
'22 개정 교육과정에 맞춰 빼어난 문제를 필요한 만큼
충분하게 담아 완전 학습을 할 수 있습니다.

2 Analysis 철저한 분석
수학 시험지를 철저하게 분석하여 적확한 유형으로 구성,
가로로 익히고, 세로로 반복하는 학습을 할 수 있습니다.

3 Kindness 친절한 해설
선생님의 강의 노트 같은 깔끔한 해설로 알찬 학습,
정확하고 꼼꼼한 해설로 꽉 찬 학습을 할 수 있습니다.

BOOK LIST

고등

도/서/목/록

어휘 · 문법 · 구문

능률VOCA

대한민국 어휘서의 표준

어원편 Lite | 어원편 | 고교기본 | 고교필수 2000 |
수능완성 2200 | 숙어 | 고난도

GRAMMAR ZONE

대한민국 영문법 교재의 표준

입문 | 기초 | 기본 1 | 기본 2 | 종합 (각 Workbook 별매)

필히 통하는

시리즈

시험에 필히 통하는 고등 영문법과 서술형

필히 통하는 고등 영문법 기본편 | 실력편
필히 통하는 고등 서술형 기본편 | 실전편

문제로 마스터하는 고등영문법

고등학생을 위한 문법 연습의 길잡이

천문장

구문이 독해로 연결되는 해석 공식

입문 | 기본 | 완성

능률 기본 영어

최신 수능과 내신을 위한 고등 영어 입문서

빠른독해 바른독해

기초세우기

빠른독해 바른독해

기초
세우기

정답 및 해설

01 영문의 기본 구조

GRAMMAR BUILD UP pp. 12~14

❶ S+V+M

1 My friends / walked (noisily into the classroom). / 내 친구들은 교실로 요란하게 걸어 들어왔다.
2 A fire / broke out (at the factory near my house last night). / 어젯밤에 우리 집 근처의 공장에서 화재가 발생했다.
3 Snow / fell (heavily all evening), and it / stopped (at midnight). / 저녁 내내 눈이 많이 내리다가 한밤중에 멈췄다.

❷ S+V+SC+M

1 V: smells, SC: good / 이 비누는 좋은 냄새가 난다.
2 V: must keep, SC: quiet / 도서관에서는 조용히 해야 한다.
3 V: were, SC: roommates / 우리는 6개월 동안 룸메이트였다.
4 V: looked, SC: nicer / 그 집은 주인이 그것을 페인트칠한 후에 더 멋져 보였다.
5 V: became, SC: friends / 그들은 서로를 만난 후 곧 친구가 되었다.

❸ S+V+O+M

1 a lot of time / 나는 이 프로젝트에 많은 시간을 들였다.
2 the matter / Mindy는 자신의 상사와 그 문제를 논의했다.
3 this disease / 우리가 어떻게 이 질병이 퍼지는 것을 막을 수 있을까?
4 a good education / 그 학생들은 이 학교에서 훌륭한 교육을 받게 될 것이다.
5 its customers / 그 회사는 고객들에게 최신 바이러스 퇴치 프로그램을 제공한다.

❹ S+V+O₁+O₂+M

1 O₁: me, O₂: a question / Kevin이 나에게 질문을 하나 했다.
2 O₁: us, O₂: art history / Garfield 교수님은 우리에게 미술사를 가르치셨다.
3 O₁: the workers, O₂: a raise / 그 회사는 근로자들에게 임금 인상을 약속했다.
4 O₁: me, O₂: the sweater in the wrong color / 그 온라인 쇼핑몰은 나에게 엉뚱한 색상의 스웨터를 발송했다.

빠바PLUS

1 그의 아버지는 그에게 많은 재산을 남겨 줄 것이다.
2 그녀의 충고는 내가 많은 문제를 덜게 할 것이다.
3 부주의한 운전은 당신의 목숨을 잃게 할지도 모른다.
4 그 결정은 그에게 문제를 초래할 수 있다.

❺ S+V+O+OC+M (1)

1 O: your teeth, OC: clean / 너는 치아를 청결하게 유지해야 한다.
2 O: the problem, OC: very complicated / 나는 그 문제가 매우 복잡하다고 생각한다.
3 O: the machine, OC: ready / 그 기계를 즉시 사용할 수 있게 준비시켜 주세요.
4 O: him, OC: chairman / 그들은 지난 회의에서 그를 의장으로 선출했다.
5 O: her, OC: our aunt / 그녀는 우리 어머니의 친한 친구라서, 우리는 그녀를 이모라고 부른다.

❻ S+V+O+OC+M (2)

1 pick up / 그녀는 그에게 피자를 좀 사 오라고 시킬 것이다.
2 to rest / 의사는 나에게 당분간 휴식을 취하라고 권고했다.
3 carried[being carried] / 나는 그가 불타는 건물 밖으로 실려 나오는[실려 나오고 있는] 것을 보았다.
4 to make / 우리는 그녀에게 디저트로 치즈케이크를 만들어 달라고 부탁했다.
5 to go out / 부모들은 아이들이 밤늦게 외출하도록 허락해서는 안 된다.

GRAMMAR CHECK UP p. 15

A 1 He fell asleep on the sofa.
    S V   SC   M
    / 그는 소파 위에서 잠들었다.

2 I find her voice very attractive.
  S V   O   OC
  / 나는 그녀의 목소리가 매우 매력적이라고 생각한다.

3 We ran to school this morning.
  S V   M
  / 우리는 오늘 아침에 학교로 달려갔다.

4 She bought new shoes yesterday.
  S   V   O   M
  / 그녀는 어제 새 구두를 샀다.

5 Jason teaches me English on Mondays.
  S   V   O₁ O₂   M
  / Jason은 월요일마다 나에게 영어를 가르쳐 준다.

6 They persuaded him to adopt their ideas.
  S   V   O   OC
  / 그들은 그가 자신들의 의견을 채택하도록 설득했다.

B 1 of → for
2 to smile → smile
3 calmly → calm
4 to cry → cry[crying]
5 visit → to visit
6 perfectly → perfect

2

C **1** give him a second chance

2 Food goes bad quickly in hot weather.
(quickly는 goes 앞이나 문장 맨 뒤에도 위치할 수 있다.)

3 He kept me from eating too much.

4 ask you to come to the party

B

1 그들은 그 위기에 대해 그를 탓했다. ▶ '(…에 대해) ~을 탓하다'를 의미하는 동사 blame은 목적어 뒤에 전치사 for를 쓰므로, of를 for로 고쳐야 한다.

2 너는 언제나 나를 미소 짓게 만든다. ▶ 사역동사 make의 목적어와 목적격보어가 능동 관계이므로, to smile을 동사원형 smile로 고쳐야 한다.

3 그녀는 압박감 속에서도 침착함을 유지했다. ▶ remained의 주격보어로 상태를 나타내는 형용사가 쓰여야 하므로, calmly를 calm으로 고쳐야 한다.

4 나는 정원에서 누군가가 우는[울고 있는] 소리를 들었다. ▶ 지각동사 hear의 목적어와 목적격보어가 능동 관계이므로, to cry를 동사원형 cry나 현재분사 crying으로 고쳐야 한다.

5 그 사고는 그가 의사를 방문하도록 만들었다. ▶ force는 목적격보어로 to부정사를 쓰므로, visit을 to visit으로 고쳐야 한다.

6 어떤 사람들은 완벽해 보일지도 모르지만, 그들은 그렇지 않다. ▶ seem의 주격보어로 상태를 나타내는 형용사가 쓰여야 하므로, perfectly를 perfect로 고쳐야 한다.

적용독해

pp. 16~19

1 ③ **2** ② **3** ③ **4** ④ **5** ④

1 ③

Ⓐ 사무직 근로자는 많은 편견에 직면할지도 모른다. 이것들 중 일부는 성별이나 인종에 기반을 둔다. Ⓑ 이런 종류의 편견이 직원이 승진되는 것을 막을 때, 우리는 이를 유리천장이라 부른다. 유사하게, '대나무 천장'이라는 용어는 서구 회사에서 일하는 아시아인들에게 영향을 미치는 특정 편견을 일컫는다. 한 가지 문제는 단순한 고정 관념 형성이다. 어떤 사람들은 아시아인들이 훌륭한 지도자가 될 만큼 충분히 적극적이지 않다고 생각한다. 또 다른 문제는, (직원의 인종 면에서) 더 다양해지려고 노력하는 기업들이 흔히 아시아계 미국인들은 고려하지 않고 아프리카계 미국인이나 라틴계 직원을 찾는다는 것이다. 그러나 기업들이 대나무 천장을 점점 더 인식하게 되면서 이 편견을 없앨 교육 프로그램을 개발하고 있다. 잘 되면, 이는 더 많은 아시아계 미국인들이 서구 회사에서 중요한 직위를 맡게 해 줄 것이다.

구문해설

1행 **Some** of these **are** based on gender or race. ▶ 부분
     S   V
을 나타내는 대명사 some이 주어일 때 of 뒤에 있는 명사의 수에 동사를 일치시키므로, 복수동사 are가 쓰였다.

2행 When this kind of bias **prevents** a worker **from being promoted**, we *call it a glass ceiling*. ▶「prevent A from v-ing」는 'A가 …하는 것을 막다'의 의미이다. call이 동사, it이 목적어, a glass ceiling이 목적격보어로 쓰였다.

5행 Another is [that businesses {trying to become more diverse} often seek ...]. ▶ [ ]는 접속사 that이 이끄는 명사절로 주격보어이다. { }는 businesses를 수식하는 현재분사구이다.

문제해설

③「형용사+enough to-v」는 '…할 만큼 충분히 ~한'의 의미로, aggressively를 형용사 aggressive로 고쳐야 한다.

서술형

Asians [Asian Americans] ▶ '대나무 천장'은 서구 국가에서 일하는 아시아인들[아시아계 미국인들]에 대한 편견을 일컫는다.

2 ②

Victoria 박물관의 회원 프로그램

우리나라의 국립 박물관은 매우 중요합니다. Ⓒ 그것들은 우리에게 역사, 문화, 그리고 과학을 가르쳐 줍니다. 하지만, 국립 박물관의 가장 중요한 역할 중 하나는 이 나라의 청소년들에게 영감을 주는 것입니다. 그것이 저희 새로운 회원 프로그램이 18세 미만의 누구에게나 큰 할인 혜택을 제공하는 이유입니다. 게다가, 여러분의 회비는 새로운 전시 개발에 쓰입니다. 그것은 또한 저희가 현재 소장하고 있는 3백만 점이 넘는 역사적 물건과 예술 작품을 관리할 수 있게 해줍니다.

회원 전용 혜택

• 모든 국립 박물관 무료입장
• 회원 특별 행사

가격

성인	$80
18세 미만 청소년	$40
7세 미만 어린이	$20

가입 방법: 웹 사이트를 방문하세요

더 자세한 정보를 원하시면 Victoria 박물관 안내 창구 1-800-229-9202로 연락 주세요.

구문해설

3행 However, **one of their most important roles is**
                                    S   V
[to inspire our nation's youth]. ▶「one of+최상급+복수명사」는 '가장 …한 것 중 하나'의 의미로, one이 핵심 주어이므로 단수 취급한다. [ ]는 주격보어로 쓰인 명사적 용법의 to부정사구이다.

4행 **That's why** our new membership program offers large discounts for anyone [under the age of 18]. ▶「That's why …」는 '그것이 …하는 이유이다'의 의미로, 뒤에 결과에 해당하는 내용이 온다. [ ]는 anyone을 수식하는 전치사구이다.

회비는 새로운 전시 개발과 소장품 관리에 쓰인다고 했다.

⊛ **서술형**

your membership fees

3 ③

최근 몇 년 동안 많은 사업체가 소셜 미디어 사이트를 활용하는 데 집중하기 시작했다. ⑩ 이는 소셜 미디어 사이트가 사업체에 더 많은 소비자들에게 다가갈 수 있는 기회를 제공하기 때문이다. 이러한 사이트의 다수는 사용자의 개인적인 관심사와 쇼핑 습관 같은, 검색 엔진에서는 찾을 수 없는 소비자 정보를 수집한다. 이런 종류의 정보는 사업체가 그들의 광고를 좀 더 구체적인 소비자 그룹을 목표로 삼을 수 있게 도와줄 수 있다. 당신이 소셜 미디어를 사용한다면 아마 이것을 알아챘을 것이다. 당신이 보는 광고는 당신의 관심사나 인터넷 검색 기록과 일치하도록 선별되었다는 것을 말이다. 또한 사업체는 후원 게시글을 이용하고 있는데, 이는 소셜 미디어 인플루언서(SNS 상에서 영향력이 있는 사람)가 그 사업체의 제품이나 서비스를 언급하도록 그들에게 대가를 지불하는 것을 포함한다. 궁극적으로, 이런 유형의 광고는 전통적인 마케팅 활동보다 더 효율적인 경향이 있다.

구문해설

2행 **This is because** social media sites provide businesses with the opportunity *to reach* more consumers. ▸ 「This is because ...」는 '이것은 …이기 때문이다'의 의미로, 뒤에 이유에 해당하는 내용이 온다. to reach는 the opportunity를 수식하는 형용사적 용법의 to부정사이다.

6행 ... the ads [(which/that) you see] have been selected **to match** your interests or browsing history. ▸ [ ]는 선행사인 the ads를 수식하는 목적격 관계대명사절로, 관계대명사가 생략되었다. to match는 목적을 나타내는 부사적 용법의 to부정사이다.

문제해설

최근 사업체들이 소셜 미디어 사이트를 활용하여 목표로 하는 소비자에게 효율적으로 접근하고 있다는 내용이므로, 주제로는 ③ '왜 소셜 미디어 광고가 효과적인가'가 가장 적절하다.
① 사업체가 소셜 미디어에서 직면하는 문제들
② 어떻게 소셜 미디어 사이트가 정보를 수집하는가
④ 어떤 종류의 광고가 소셜 미디어에서 가장 효과가 있는가
⑤ 소셜 미디어 광고를 피하는 가장 좋은 방법들

4 ④

교통 신호에서 녹색이 왜 '출발'을 의미하는지 궁금한 적이 있는가? 그것이 항상 이런 방식이었던 것은 아니었다. 적색등은 항상 멈추라는 신호로 사용되었지만, 과거에는 녹색이 '주의'를, 흰색이 '출발'을 의미했다. 이는 1914년에 흰색등이 심각한 열차 사고로 이어진 혼란을 야기한 이후 변경되었다. ⑥ 열차 신호등의 빨간색 렌즈가 떨어져 나가면서 그것이 흰색으로 보이게 된 것이다. 그래서 기차가 멈춰야 했지만 계속 주행하여 충돌하고 말았다. 얼마 지나지 않아 흰색등은 녹색등으로 대체되었는데,

녹색등은 파장이 짧기 때문에 사람들을 진정시키는 효과가 있었다. 반면에, 빨간색은 파장이 길고 눈에 잘 띄는데 이는 운전자에게 정지하라고 경고하는 데 적합하게 한다. (빨간색과 녹색을 구분하기 어려운 운전자를 위해 대체 신호등이 개발되었다.) 오늘날, 누구나 녹색을 보면 '출발'을 생각한다.

구문해설

1행 It **wasn't always** this way. ▸ 「not always ...」는 '항상 …인 것은 아니다'의 의미로 부분부정을 나타낸다.

3행 This changed in 1914 after a white light caused a confusion [which led to a serious train accident]. ▸ [ ]는 선행사인 a confusion을 수식하는 주격 관계대명사절이다.

4행 A train signal's red lens fell out, [**causing** it **to appear** white]. ▸ [ ]는 결과를 나타내는 분사구문이다. 「cause A to-v」는 'A가 …하게 하다'의 의미이다.

8행 Red, on the other hand, has a long wavelength and is easy to see, [which makes **it** the perfect choice for {warning drivers to stop}]. ▸ [ ]는 앞 절 전체를 선행사로 하는 계속적 용법의 주격 관계대명사절이다. it은 앞서 나온 Red를 가리키는 대명사이다. { }는 전치사 for의 목적어로 쓰인 동명사구이다.

문제해설

적색 신호등은 멈추라는 신호로 사용되어 왔던 반면 과거에는 녹색 신호등이 '주의'를, 흰색 신호등이 '출발'을 의미했으나, 흰색 신호로 오인하여 열차 사고가 난 후 출발 신호가 녹색으로 바뀌게 되었음을 설명하는 글이다. 따라서, 적녹을 구분하기 어려운 운전자들을 위한 대체 신호등이 개발되었다는 내용의 ④는 글의 흐름과 무관하다.

5 ④

회색가지나방은 영국에서 흔한 곤충이다. 그러나, 이것의 진화 이야기는 놀랍다. 다윈의 자연선택설의 명백한 사례를 제공하기 때문에, 그것은 때때로 '다윈의 나방'으로 불린다. 과거에는, 영국에 있는 거의 모든 회색가지나방이 밝은색을 띠었다. ⑥ 이는 그것들이 나무에서 자라는 이끼와 조화를 이루도록 했다. 하지만 19세기 중반에, 도시의 사람들이 석탄을 태우기 시작했다. 이는 이끼를 죽이고 나무를 검게 변하게 한 대기 오염을 야기했다. 갑자기 더 어두운색이 회색가지나방에게 생존의 이점이 되었다(= 회색가지나방의 생존에 유리해졌다). ⑥ 어두운색의 나방이 점점 더 흔해져서 영국 도시의 회색가지나방 대부분이 어두운색이 되었다. 회색가지나방은 수명이 짧기 때문에, 자연선택이 상당히 빠르게 일어났다.
→ 회색가지나방의 사례는 자연선택에 의한 진화를 입증하는데, 자연선택은 자신의 환경에서 살아남기 위해 적응할 수 있는 개체에 유리하다.

구문해설

6행 This caused air pollution [that killed the lichen and **turned the trees black**]. ▸ [ ]는 선행사인 air pollution을 수식하는 주격 관계대명사절이다. 「turn+목적어+형용사」는 '…을 ~하게 변하게 하다'의 의미이다.

문제해설

자신이 처한 환경에 적응하여 생존에 유리하게 된 개체가 살아남는다는 다윈의 자연선택설의 사례로 회색가지나방을 설명하는 내용이다.

Ⓐ

ⓐ Office workers may face many biases.
  s   v   o

ⓑ we call it a glass ceiling
  s   v   o   oc

ⓒ They teach us history, culture, and science.
  s   v   O₁   O₂

ⓓ social media sites provide businesses with the
  s   v   o   M
  opportunity

ⓔ A train signal's red lens fell out
  s   v

ⓕ This allowed them to blend in
  s   v   o   oc

ⓖ Dark moths became more and more common
  s   v   sc

Ⓑ

1 specific **2** discounts **3** personal **4** confusion
5 warning **6** insect **7** pollution

Ⓑ

1 generous 일반적인 **2** account 계좌; 설명
3 official 공식적인, 공적인 **4** understanding 이해
5 prevent 막다, 방지[예방]하다 **6** mammal 포유류
7 destruction 파괴

O2 주어·동사 바로 찾기

GRAMMAR BUILD UP pp. 22~24

❶ 주어로 쓰인 명사구

1 S: To fail to plan, V: is / 계획을 세우지 않는 것은 실패를 계획하는 것이다.

2 S: To become a doctor, V: is / 의사가 되는 것이 나의 목표이다.

3 S: Eating too much between meals, V: will make / 식사 사이에 너무 많이 먹는 것은 당신을 살찌게 할 것이다.

4 S: Talking loudly on your cell phone on the subway, V: is / 지하철에서 휴대 전화로 큰 소리로 통화하는 것은 실례이다.

❷ 주어로 쓰인 명사절

1 S: What he said, V: proved / 그가 말한 것은 사실로 드러났다.

2 S: When they will finish the team project, V: is / 그들이 팀 프로젝트를 언제 끝낼지는 불확실하다.

3 S: Whether he believes it or not, V: isn't / 그가 그것을 믿는지 안 믿는지는 우리에게 중요하지 않다.

4 S: That he did such a thing, V: was / 그가 그런 일을 했다는 것은 나에게 엄청난 충격이었다.

1 그녀가 결백하다는 것은 꽤 확실하다.
2 그가 이 그림들을 왜 모으는지는 알려져 있지 않다.

❸ 긴 주어를 대신하는 it

1 to find a well-paying job / 보수가 좋은 직업을 구하는 것은 어렵다.

2 meeting a celebrity / 유명 인사를 만난 것이 그에게는 처음 있는 일이었다.

3 that we got tickets for the concert / 우리가 그 연주회의 표를 구한 것은 행운이었다.

4 whether humankind can survive a nuclear war / 인류가 핵 전쟁에서 살아남을 수 있을지는 불확실하다.

❹ 무생물 주어

1 The sad news brought tears to my eyes. / =그 슬픈 소식 때문에 나는 눈물을 흘렸다.

2 Fear of people made the cat run away. / =사람이 무서워서 그 고양이는 도망갔다.

3 Good weather enabled him to take great pictures. / =날씨가 좋아서 그는 멋진 사진을 찍을 수 있었다.

4 A little consideration will make you realize how dangerous the task is. / =조금만 생각하면 네가 그 일이 얼마나 위험한지 깨닫게 될 것이다.

❺ 주어로 시작하지 않는 문장

1 S: I, V: have, experienced / 나는 그런 고통을 경험한 적이 한 번도 없다.

2 S: the path that leads to greatness, V: is / 위대함으로 이어지는 길은 힘들다.

3 S: my mother, V: stood / 방 한가운데에 나의 어머니가 서 계셨다.

4 S: I, V: take / 매일 아침, 나는 운동 후에 찬물로 샤워한다.

5 S: the sky, V: became / 우리가 집으로 가는 길에, 하늘이 갑자기 흐려졌다.

6 S: they, V: could, meet / 그들 사이의 거리 때문에 그들은 좀처럼 만날 수 없었다.

7 S: the meeting, V: was / 그 회의는 매우 중요해서 심지어 의장까지 그곳에 있었다.

⑥ 자동사와 타동사

1 listen to / Tom은 내 말을 전혀 듣지 않는다.
2 looking at / 모두가 서로를 바라보고 있었다.
3 entered / 그 학생은 조용히 교실로 들어갔다.
4 discuss / 너는 그 문제를 너희 부모님과 상의해야 한다.

GRAMMAR CHECK UP   p. 25

A 1 Traveling back to the past / is impossible.
  2 To finish this project on time / is very important.
  3 Whether you succeed or not / depends on your effort.
  4 What the research results showed / was very interesting.
  5 That he repeats what he has just said / is really annoying.
  6 How he survived in the wild / is yet unknown to the world.
  7 Trying to do my best / seems to be the only thing I can do.

B 1 to be on a TV show
  2 to travel alone at night
  3 that this tree is about 1,000 years old
  4 that he knew so much about the accident
  5 showing you the sights of Seoul

C 1 takes   **2** What
  3 is   **4** Swimming
  5 has   **6** was
  7 can she

A

1 과거로 여행하는 것은 불가능하다.
2 이 프로젝트를 제시간에 끝내는 것은 매우 중요하다.
3 당신이 성공하는지 아닌지는 당신의 노력에 달려 있다.
4 그 연구 결과가 보여 준 것은 매우 흥미로웠다.
5 그가 자신이 방금 한 말을 되풀이하는 것은 정말로 짜증스럽다.
6 그가 야생에서 어떻게 생존했는지는 아직 세상에 알려지지 않았다.
7 최선을 다하려고 노력하는 것이 내가 할 수 있는 유일한 것처럼 보인다.

B

1 텔레비전 쇼에 나오는 것은 어떤가요?(=텔레비전 쇼에 출연한 소감이 어떤가요?)
2 밤에 혼자 돌아다니는 것은 안전하지 않다.
3 이 나무는 약 1,000년이 되었다고 한다.
4 그가 그 사고에 대해 그렇게 많이 알고 있었다는 것이 이상하다.
5 당신에게 서울의 명소들을 보여 준 것은 큰 즐거움이었다.

C

1 커다란 방들을 데우는 데는 오랜 시간이 걸린다. ▶ 동명사구가 주어이므로 단수동사를 쓴다.
2 어제 일어난 일은 나의 잘못이었다. ▶ 주어로 쓰인 명사절에서 괄호를 제외한 나머지 부분이 불완전한 절이므로 관계대명사 What이 와야 한다.
3 그가 저 책들을 읽었는지는 확실하지 않다. ▶ 접속사 Whether가 이끄는 명사절이 주어이므로 단수동사를 쓴다.
4 그 깊은 강에서 수영하는 것은 위험하다. ▶ 주어 자리에 동명사는 올 수 있으나 동사원형은 불가능하다.
5 최근에서야 그 배우는 인기가 많아졌다. ▶ Only가 이끄는 부정적 의미의 부사구가 문두에 와서 주어와 조동사가 도치되었으며, 문장의 주어가 단수명사인 the actor이므로 단수동사를 써야 한다.
6 그가 그렇게 많은 실수를 했다는 것이 나에게는 충격이었다. ▶ 접속사 That이 이끄는 명사절이 주어이므로 단수동사를 쓴다.
7 그녀는 노래할 수 있을 뿐만 아니라, 자신의 노래를 작곡할 수도 있다. ▶ 부정어구인 Not only가 문두에 왔으므로 주어와 조동사가 도치되어야 한다.

적용독해   pp. 26~29

1 ②   **2** ⑤   **3** ④   **4** ②   **5** ⑤

1 ②

ⓐ 어떤 나이에든 체중에 관해 이야기하는 것은 어렵다. 하지만 아동기 비만이 세계적으로 심각한 문제가 되면서, 부모는 그 화제를 어떻게 꺼낼지 궁금해한다. 다행히도, 전문가들은 체중에 대해 일절 말하지 않는 것이 사실상 가장 좋다고 말한다. ⓑ 우선, 가족 전체가 다 같이 건강해져야 함을 부모가 깨닫는 것이 도움이 된다. 아이들은 부모가 하는 것을 따라 한다. 집이 정크푸드로 가득하다면, 아이들은 건강하지 못할 것이다. 둘째로, 아이들에게 긍정적인 신체 이미지를 고취하는 것이 필수적이다. 부모는 외모가 아닌 건강에 초점을 맞춰야 한다. 아이에게 "부디 체중을 줄이기 위해 노력하렴."이라고 말하는 대신, 부모는 아이들이 건강에 좋지 않은 습관을 이겨내고 건강한 습관을 형성하도록 도와야 한다. 건강에 관한 진솔한 대화가 변화를 가져올 것이다.

→ 아동기 비만을 막는 것은 가족 전체의 책임이며, 논의는 체중이 아니라 건강한 습관에 초점을 맞춰야 한다.

구문해설

1행 [Talking about weight at any age] **is** difficult. ▶ [ ]는 문장의 주어인 동명사구이며, 동명사구는 단수 취급하므로 단수동사 is를 썼다.

1행 But [**with childhood obesity becoming** a serious global problem], parents are wondering [*how to bring up* the subject]. ▶ 첫 번째 [ ]는 '…가 ~한 채로'의 의미인 분사구문 「with+(대)명사+v-ing」로, 명사구와 분사가 능동 관계이므로 현재분사가 쓰였다. 두 번째 [ ]는 wonder의 목적어로 쓰인 명사구로, 「의문사+to-v」의 형태이며 '어떻게 …할지, …하는 방법'의 의미이다.

3행 Thankfully, experts say [that **it's** actually best {*not to talk* about weight at all}]. ▸ [ ]는 say의 목적어인 명사절로, it은 가주어이고 { }가 진주어이다. to부정사의 부정은 to 앞에 not을 붙인다.

7행 **Rather than** telling a child, "Please try to lose weight," parents should *help* children *overcome* unhealthy habits and *form* healthy **ones**. ▸ rather than은 '…보다는[대신에]'의 의미이다. help의 목적격보어로 쓰인 동사원형 overcome과 form이 등위접속사 and로 병렬 연결되었다. ones는 앞서 나온 habits를 가리킨다.

11행 ..., and discussions should focus **not** on weight **but** on healthy habits. ▸「not A but B」는 'A가 아니라 B'의 의미이다.

문제해설

아동기 비만 문제를 해결하기 위해서는 가족 전체가 건강해져야 하며, 이에 대해 이야기할 때 체중보다는 건강한 습관에 초점을 맞춰야 한다는 내용의 글이다.

★ **서술형**

what their parents do ▸ what은 '…하는 것'의 의미로 선행사를 포함하는 관계대명사이며, 관계사절 내에 주어와 동사가 위치하도록 what their parents do의 어순으로 쓰는 것이 알맞다.

2 ⑤

우유는 영양분이 풍부하고, 아이들에게 단백질, 칼슘, 그리고 비타민 D를 제공할 수 있다. ⓖ 이러한 이유로 인해, 많은 사람은 아이들이 우유를 많이 마시는 것이 언제나 좋다고 생각한다. 하지만 좋은 것도 과도하면 문제를 일으킬 수 있다. 토론토의 St. Michael 병원의 연구원들은 2세에서 5세 사이의 1,300명이 넘는 아이들의 혈액 표본을 연구했다. 그들은 더 많은 양의 우유를 마신 아이들은 더 높은 비타민 D 수치를 보이지만 더 낮은 철분 수치를 보인다는 것을 발견했다. 추가 연구는 만약 아이들이 하루에 두 컵의 우유를 마시면, 그들은 적정한 수준의 비타민 D와 철분을 가지게 될 것을 보여 주었다. 일단 그들이 두 컵 이상을 섭취하면, 그들의 철분 수치는 낮아질 것이다. 그러므로 우유가 좋긴 하지만, 그것이 얼마나 좋은지에는 한계가 있다.

구문해설

1행 Milk is nutrient-rich and can **provide** children **with** protein, calcium, and vitamin D. ▸「provide A with B」는 'A에게 B를 제공하다'의 의미이다.

2행 For those reasons, many people believe [that **it's** always good *for kids* {to drink plenty of milk}]. ▸ [ ]는 believe의 목적어로 쓰인 명사절이다. it은 가주어이고 { }가 진주어이며, for kids는 to drink의 의미상 주어이다.

8행 **Once** they *have* more than two cups, their iron levels will go down. ▸ Once는 '일단 …하면'의 의미로 쓰인 접속사이다. 시간이나 조건의 부사절에서는 현재시제로 미래를 나타내므로 Once가 이끄는 부사절에서 현재시제인 have가 쓰였다.

8행 So, while milk is good, there is a limit to [how good it is]. ▸ [ ]는 전치사 to의 목적어로 쓰인 간접의문문으로, 「의문사+형용사+주어+동사」의 어순을 따른다.

문제해설

적당한 양의 우유를 마셔야만 비타민 D와 철분의 수치가 균형을 이룰 수 있다고 했으므로, 요지로는 ⑤가 가장 적절하다.

★ **서술형**

iron levels will go down

3 ④

나비고기는 열대 바다의 산호초 근처에서 발견된다. 나비고기는 밝은색을 띠고 있으며, 몸에 독특한 무늬가 있다. ⓓ 나비고기의 외양은 매우 독특해서 즉시 알아볼 수 있다. 이 물고기에 관한 많은 흥미로운 것들이 두드러진다. 첫째로, 100종이 넘는 각기 다른 나비고기가 있다. 둘째로, 그것은 대서양, 인도양, 그리고 태평양을 포함하여 많은 장소에서 발견되긴 하지만, 생존하기 위해서 매우 특정한 조건들이 필요하다. 게다가, 나비고기는 인간이 그러는 것처럼 낮 동안 먹이를 찾고 밤에 쉬며, 주로 플랑크톤과 작은 새우를 먹는다. 그러나 아마도 나비고기에 관한 가장 흥미로운 것은 나비고기 쌍이 짝짓기를 한 후에 평생을 함께한다는 점일 것이다. ⓔ 애석하게도, 수질 오염과 서식지 소실이 현재 나비고기를 위태롭게 하고 있어서 그것은 멸종 위기종으로 간주되고 있다.

구문해설

2행 **So unique** is *the appearance of the butterfly fish* **that** it is instantly recognizable. ▸「so+형용사/부사+that ~」은 '너무 …해서 ~한/하게'의 의미이며, 보어 So unique가 문두에 와서 주어(the appearance of the butterfly fish)와 동사(is)가 도치되었다.

6행 ..., it needs very specific conditions **to survive**. ▸ to survive는 목적을 나타내는 부사적 용법의 to부정사이다.

6행 In addition, the butterfly fish **searches** for food during the day and **rests** at night, like humans *do*, ... ▸ searches와 rests는 등위접속사 and로 병렬 연결되었다. do는 앞서 나온 searches ... night의 내용을 가리킨다.

8행 Perhaps the most interesting thing about the (s) butterfly fish, however, is that pairs stay together for (v) (sc) life [after they mate]. ▸ [ ]는 시간을 나타내는 부사절이다.

10행 ..., so **it is considered an endangered species**. ▸「consider A B」는 'A를 B라고 간주하다[여기다]'의 의미이며, 수동태로 자주 쓰인다.

문제해설

④ 뒤에 완전한 절이 왔으므로 what을 명사절을 이끄는 접속사 that으로 고쳐야 한다.

4 ②

연구에 따르면 일부 매운 음식은 우리의 체온을 높임으로써 신진대사 속도를 증가시킬 수 있다고 한다. 이는 우리가 섭취하는 칼로리를 더 많이 태우는 데 도움이 될 수 있다. ⓕ 그러나 그것들이 얼마나 큰 효과를 나타내는지는 명확하지 않다. 캡사이신은 가장 강력한 효과를 가진 것으로 보인다. 이것은 고추를 아주 맵게 만드는 화합물이다. 매운 식사는 신체의 신진대사를 평균적으로 약 8퍼센트까지 끌어올린다고 여겨진다. 이 증가와 함께 매운 음식은 포만감 또한 형성할 수도 있다. 어느 캐나다 연구 중에 성인 남성들에게 식사 전에 애피타이저가 제공되었다. 이 애피타이저 중 일부는 매운 소스를 포함했다. 매운 애피타이저를 먹은 남성들은 일반 애피타이저를 먹은 남성들보다 200칼로리 덜 섭취했다. 이를 바탕으로 연구자들은 캡사이신이 식욕을 감소시킬 수 있다고 여긴다.

구문해설

4행 **It** is not clear, however, [how much of an effect they have]. ▶ It은 가주어이고 [ ]가 진주어이다.

5행 It's the compound [that **makes** chili peppers **so spicy**]. ▶ [ ]는 선행사인 the compound를 수식하는 주격 관계대명사절이다. makes의 목적격보어로 형용사구인 so spicy가 쓰였다.

6행 **It** is believed [that a spicy meal raises the body's metabolism by about 8% on average]. ▶ It은 가주어이고 [ ]가 진주어이다.

문제해설

주어진 문장에서 this increase는 ① 뒤의 문장의 that a spicy meal raises the body's metabolism by about 8% on average를 가리키고 매운 음식이 포만감을 준다고 했으므로, 주어진 문장은 이를 뒷받침하는 실험에 관해 설명하는 문장 앞인 ②에 들어가는 것이 적절하다.

5 ⑤

The 4 Deserts Race Series는 세계의 서로 다른 지역에서 열리는 네 개의 장거리 경주로 구성되는데, 세상에서 가장 힘든 도보 경주 중 하나이다. 남극 마라톤 대회는 그 마지막 경기이며, 그 경기에 출전하기 위해서 주자들은 앞선 세 개의 경주 중에서 최소 두 개를 완주해야 한다. ⓖ 그것을 그토록 어렵게 만드는 것은 그것이 남극 대륙에서 개최된다는 것이다! 그 경주는 2년에 한 번 개최되어, 경기들 사이에 인간의 영향으로부터 자연환경이 회복할 시간을 준다. (경주를) 완주하기 위해, 참가자들은 7일 안에 250km를 달려야 한다. 그들은 소량의 안전 장비를 휴대하며, 물, 식량, 대피소와 의료 지원을 제공받는다. 그들은 눈보라와 영하 20도만큼 낮은 기온에 직면하지도 모른다. 하지만 경주의 극한 조건에도 불구하고, 경주가 개최될 때마다 점점 더 많은 주자가 참가한다. 몇몇 과거의 참가자들은 자신에게 다시 도전하기 위해 돌아오기까지 한다.

구문해설

1행 The 4 Deserts Race Series, [which consists of four long races in different parts of the world], is **one of the most difficult footraces** in the world. ▶ [ ]는 선행사인 The 4 Deserts Race Series를 부연 설명하는 계속적 용법의 주격 관계대명사절로, 문장의 주어와 동사 사이에 삽입되었다. 「one of the+최상급+복수명사」는 '가장 …한 것 중 하나'의 의미이다.

4행 [What **makes** it so **difficult**] is [that it takes place in Antarctica]! ▶ 첫 번째 [ ]는 선행사를 포함하는 관계대명사 What이 이끄는 명사절로, 문장의 주어이다. makes의 목적격보어로 형용사 difficult가 쓰였다. 두 번째 [ ]는 주격보어로 쓰인 명사절이다.

5행 The race is held once every two years, [giving the environment time {to recover from human impact in between events}]. ▶ [ ]는 결과를 나타내는 분사구문이다. { }는 time을 수식하는 형용사적 용법의 to부정사구이다.

9행 But despite the extreme conditions of the race, **more and more** runners participate *each time* it is held. ▶ 「비교급+and+비교급」은 '점점 더 …한'의 의미이다. each time은 '…할 때마다'의 의미인 접속사 대용어구로 절이 뒤따른다.

문제해설

마지막 문장에서 몇몇 이전 참가자들이 재참가한다고 했다.

REVIEW TEST   p. 30

ⓐ

Ⓐ Talking about weight at any age is difficult.
　　　　s 　　　　　　　　　　　　 v

Ⓑ First, it's helpful for parents to realize that
　　　　가주어 V　　　　　의미상 주어　　　　진주어
the whole family needs to get healthy together.
　　　　s'　　　　　　 v'

Ⓒ For those reasons, many people believe that
　　　　　　　　　　　　　 s　　　　 v
it's always good for kids to drink plenty of milk.
가주어 V'　　　　　 의미상 주어　　　　진주어

Ⓓ So unique is the appearance of the butterfly fish
　　　　　 v　　　　　　 s
that it is instantly recognizable.
　　 s' v'

Ⓔ Unfortunately, water pollution and habitat loss
　　　　　　　　　　　　 s
are currently threatening the butterfly fish, ...
　 v

Ⓕ It is not clear, however, how much of an effect
가주어 V　　　　　　　　　　　　 진주어
they have.
　 s' v'

Ⓖ What makes it so difficult is that it takes place
　 s　　　 v　　 s'　　　 v'
in Antarctica!

ⓑ

1 wondering **2** positive **3** samples **4** found
5 raising **6** served **7** recover

ⓑ

1 wander 돌아다니다
2 negative 부정적인
3 example 예, 사례, 본보기
4 found 설립하다, 세우다 (founded-founded)
5 rise (자동사) 오르다, 올라가다
6 deserve …을 받을 만하다
7 cover 씌우다, 가리다, 덮다

O3 목적어 바로 찾기

GRAMMAR BUILD UP — pp. 32~34

① 목적어로 쓰이는 명사구

1 staying / 나는 저렴한 호텔에 묵어도 상관없다.
2 to impress / 그는 청중에게 감동을 주고 싶었다.
3 to take / 그녀는 그 실수에 대해 책임지기를 거부했다.
4 moving / 그들은 내년에 런던으로 이사 가는 것을 고려하고 있다.
5 what to get / 나는 그녀에게 크리스마스 선물로 무엇을 줄지 정말 모르겠다.
6 making / 나는 새해 결심을 하는 것을 오래전에 그만두었다.

빠바PLUS

1 뉴욕에 도착하면 나에게 편지 쓸 것을 기억해 줘.
2 나는 지난해에 그에게 편지를 썼던 것을 기억한다.
3 그는 자신을 위해 비싼 것들을 사는 것을 그만두었다.
4 그들은 그 빵집에서 쿠키를 조금 사기 위해 멈췄다.

② 목적어로 쓰이는 명사절

1 [she will accept my proposal] / 나는 그녀가 나의 제안을 받아들이기를 바란다.
2 [when he left for Paris] / 너는 그가 언제 파리로 떠났는지 내게 말해 줄 수 있니?
3 [if John will be our coach again this season] / 너는 John이 이번 시즌에 다시 우리의 코치가 될 것인지 알고 있니?
4 [that he would be there for me whenever I needed him] / 그는 내가 그를 필요로 할 때는 언제든지 나를 위해 곁에 있어 주겠다고 내게 약속했다.
5 [whether she had bought the book or borrowed it from the library] / 나는 그녀가 그 책을 샀는지, 도서관에서 빌렸는지 물어보았다.

③ 긴 목적어를 대신하는 it

1 to tell him the truth / 나는 그에게 진실을 말하는 것이 더 낫다고 생각했다.
2 remembering the accident / 그녀는 그 사고를 상기하는 것을 고통스럽게 여긴다.
3 spending time with you / 나는 너와 시간을 보내는 것을 기쁨으로 여긴다.
4 that kids learn about ethics / 우리는 아이들이 윤리에 대해 배우는 것이 중요하다고 생각한다.
5 never to lend or borrow money / 우리는 돈을 절대로 빌려주지도 빌리지도 않는 것을 원칙으로 해 왔다.
6 that nobody can sleep during class / 그 교사는 수업 중에 누구도 자면 안 된다는 것을 명확히 했다.

7 managing both work and childcare / 많은 사람들이 일과 육아를 둘 다 감당하는 것이 어렵다고 생각한다.

④ 목적어로 쓰이는 재귀대명사

1 그녀는 침대에서 일어나려고 애를 썼다.
2 그는 면도하다가 베였다.
3 내가 나를 돌보지 않는다면, 누가 그러겠는가?
4 그 쌍둥이 아기들은 거울에 비친 자신들을 보았다.
5 아령을 가지고 운동할 때, 다치지 않도록 조심해라.
6 우리는 우리가 새로운 것들을 시도해 볼 용기를 가진 것에 대해 자랑스러워했다.

빠바PLUS

1 그녀는 새로운 종류의 음악을 만들어 내는 데 전념했다.
2 우리는 모두 어젯밤 파티에서 즐거운 시간을 보냈다.
3 저 쿠키들을 마음껏 드세요.
4 나는 정원을 가꾸다가 다쳤다.
5 편하게 쉬세요.
6 너는 일본어로 의사소통할 수 있니?

GRAMMAR CHECK UP — p. 35

Ⓐ
1 making a big mistake
2 what his wife had in mind
3 to tell you everything
4 where to stay
5 trying to do what you really want to do
6 themselves

Ⓑ
1 to stay up late at night
2 to teach my own children
3 (for me) to learn how to swim
4 to use smartphones all day long
5 (for robots) to replace human workers
6 that we would always have dinner together on Sundays

Ⓒ
1 yourself   2 it
3 calling   4 to be
5 to wake   6 shaking

A
1 그는 큰 실수를 저지른 것을 인정했다.
2 그는 아내가 무슨 생각을 하고 있는지 알지 못했다.
3 나는 내 여행에 관한 모든 것을 너에게 말해 주겠다고 약속한다.
4 우리는 다음 주에 부산에서 어디에 머무를지 못 정하겠다.
5 네가 정말 하고 싶은 것을 하려고 노력하는 것을 포기하지 마라!
6 그 아이들은 롤러코스터를 타며 즐거운 시간을 보냈다.

B

1 Danny는 밤늦게까지 깨어 있는 것이 건강에 해롭다고 생각한다.

2 나는 내 아이들을 가르치는 것을 커다란 즐거움으로 여겼다.

3 엄마는 내가 수영하는 법을 배우는 것이 좋은 계획이라고 생각하셨다.

4 나는 온종일 스마트폰을 사용하는 것은 시간 낭비라는 것을 알게 되었다.

5 너는 로봇이 인간 노동자를 대체하는 것이 가능하다고 생각하니?

6 우리 가족은 우리가 일요일마다 저녁 식사를 항상 함께 하는 것을 전통으로 만들었다.

C

1 나는 네가 로마에서 즐거운 시간을 보내길 바란다. ▶「enjoy oneself」는 '즐기다, 즐거운 시간을 보내다'의 의미이다.

2 나는 흡혈귀처럼 변장하는 것이 재미있다고 생각했다. ▶ 진목적어인 to dress up like a vampire를 대신하는 가목적어 it이 필요하다.

3 너는 주말에 그녀에게 전화하는 것을 삼가야 한다. ▶ avoid는 동명사를 목적어로 쓴다.

4 그는 자전거를 훔쳤는데도 결백한 척했다. ▶ pretend는 to부정사를 목적어로 쓴다.

5 내일 아침 여섯 시에 나를 깨울 것을 기억해 주세요. ▶ 미래에 할 일을 '기억하는' 것이므로 remember의 목적어로 to부정사가 와야 한다.

6 나는 어제 내가 매우 좋아하는 배우와 악수했던 것을 절대 잊지 않을 것이다. ▶ 과거에 한 일을 언급하고 있으므로 forget의 목적어로 동명사가 와야 한다.

적용독해
pp. 36~39

1 ④ **2** ① **3** ④ **4** ④ **5** ⑤

1 ④

대부분의 증후군은 오로지 부정적인 효능만 지닌다. 하지만, 스탕달 증후군은 나쁜 것으로 이어지는 좋은 것에서 시작한다. 이것은 당신이 미술관에서 즐거운 시간을 보내고 있을 때 발생할 가능성이 가장 크다. Ⓐ 당신은 놀라운 걸작을 응시하고 있는 자신을 발견할지도 모른다. 그리고 그때가 스탕달 증후군이 일어나는 때이다. 당신은 감정이 너무 강렬해져서 어지러움을 느끼기 시작하고, 공황 상태에 빠지기 시작한다. 당신은 이런 일이 일어난다는 것을 믿기 어렵다고 생각할지도 모르지만, 이는 일부 관광객들에게 심각한 문제이다. 따라서, 전문가들은 여행자들에게 그들의 일정상의 활동들을 다양하게 하라고 조언한다. 예술 작품을 감상하는 것과 다른 활동들을 즐기는 것 사이에서 일정의 균형을 잡음으로써, 그들은 스탕달 증후군을 얻을(→ 피할) 수 있다. 이것은 만약 당신이 스스로를 아름다움에 압도당하게 두지 않으면 그것이 생길 가능성이 줄어들기 때문이다.

구문해설

1행 However, Stendhal syndrome starts with something good [that leads to something bad]. ▶ -thing으로 끝나는 대명사는 형용사가 뒤에서 수식한다. [ ]는 선행사인 something good을 수식하는 주격 관계대명사절이다.

4행 And that's [when it happens]. ▶ [ ]는 시간을 나타내는 관계부사절로, 앞에 선행사 the time 등이 생략되었다.

5행 You may find **it** hard [to believe that this happens], ... ▶ it은 가목적어이고 [ ]가 진목적어이다.

9행 **This is because** your odds of developing it are reduced if you don't *allow* yourself *to be overwhelmed* by beauty. ▶ 「This is because ...」는 '이것은 …이기 때문이다'의 의미로, 뒤에 이유에 해당하는 내용이 온다. 「allow A to-v」는 'A가 …하게 해주다'의 의미이다.

문제해설

전문가들이 여행 일정 안에서 다양한 활동을 하라고 조언한다고 했으므로, 예술 작품의 아름다움에 매몰되지 않도록 여행 중에 다른 활동을 다양하게 함으로써 스탕달 신드롬을 '피할' 수 있음을 알 수 있다. 따라서 ④의 seek을 avoid 등으로 고쳐야 한다.

☆ 서술형

feel dizzy, panic

2 ①

Ⓑ 수십 년 동안의 불확실성 끝에, 과학자들은 이제 티라노사우루스의 새끼가 어떻게 생겼었는지 안다. 이 사나운 공룡의 잘 보존된 화석은 많지만, 티라노사우루스의 알은 발견된 적이 한 번도 없다. 이는 아마 그것들이 비교적 작고, 흐르는 물에 쉽게 유실될 수 있기 때문일 것이다. 하지만 티라노사우루스의 것과 닮은, 작은 발톱과 턱뼈의 화석이 발견되었다. 그것들을 삼차원 스캐너로 면밀하게 측정하고 조사함으로써, 연구원들은 그것들이 태어나지 않은 티라노사우루스에서 나온 것임을 증명했다. 이는 그들(=연구원들)이 티라노사우루스가 아직 알 속에 있는 동안에 얼마나 컸는지를 추정할 수 있게 해 주었다. 그 답은 그것들은 현재의 닭 크기쯤 되었다는 것이다. 연구원들은 이제 가까운 미래에 실제 티라노사우루스의 알이 발견되는 게 가능하다고 생각한다.

구문해설

1행 After decades of uncertainty, scientists now know [what the babies of tyrannosaurs looked like]. ▶ [ ]는 know의 목적어로 쓰인 간접의문문으로 「의문사+주어+동사」의 어순을 따른다.

4행 However, fossils of a tiny claw and jawbone [that resemble **those** of a tyrannosaur] have been found. ▶ [ ]는 선행사인 a tiny claw and jawbone을 수식하는 주격 관계대명사절이다. those는 앞서 나온 a tiny claw and jawbone을 가리킨다.

7행 This **allowed** them **to estimate** [how big tyrannosaurs were] [while they were still inside their eggs]. ▶ 「allow A to-v」는 'A가 …하게 해주다'의 의미이다. 첫 번째 [ ]는 estimate의 목적어로 쓰인 간접의문문이다. 두 번째 [ ]는 시간을 나타내는 부사절이다.

9행 The researchers now believe **it** possible [that an actual tyrannosaur egg will be found in the near future]. ▶ it은 가목적어이고 [ ]가 진목적어이다.

문제해설
연구원들이 티라노사우루스의 것과 닮은 작은 발톱과 턱뼈의 화석을 발견함으로써, 티라노사우루스 새끼의 모습과 그것이 알 속에 있을 때의 크기를 추정할 수 있게 되었다는 내용이므로, 주제로는 ① '한 공룡 종에 관한 정보를 밝혀낸 발견'이 가장 적절하다.
② 공룡 알을 연구하는 일부 과학자가 저지른 실수
③ 알 화석이 어느 종에서 나온 것인지 밝혀내는 방법
④ 대형 공룡의 알이 매우 작은 이유
⑤ 연구원들이 어떻게 완전한 공룡의 최초의 화석을 발견했는가

서술형

how big tyrannosaurs were ▶ 빈칸은 estimate의 목적어 역할을 하는 간접의문문으로 「의문사+형용사+주어+동사」의 어순이 되어야 한다.

3 ④

당신은 행사 광고를 우연히 발견했을 때 날짜가 이미 지난 것을 알게 되면 몹시 싫지 않은가? 지금 뉴욕 현대 미술관(MoMA)은 이런 짜증을 겪는 미술 애호가들에게 도움이 되는 도구를 제공한다. MoMA의 지난 전시는 모두 온라인에 저장되어 있다. ⓒ 이는 당신이 컴퓨터로 전시를 볼 수 있다는 것을 의미한다. ⓓ MoMA의 웹 사이트 덕분에, 누구도 그들의 일정이나 위치 때문에 훌륭한 미술 전시회(를 볼 수 있는) 경험을 포기할 필요가 없다. 전시회 날짜를 놓쳤거나 뉴욕이 너무 멀다면, 당신은 미술 작품의 온라인 사진을 무료로 볼 수 있다. (이는 몇몇 미술관이 전통 미술보다 현대 미술에 정말로 더 많은 관심이 있다는 것을 입증한다.) 오늘 확인해 보고, 완전히 현대적인 방식으로 현대 미술을 경험하는 것은 어떤가?

구문해설
1행 Don't you hate **it** when you come across an ad for an event, *only to find* [that the dates have already passed]? ▶ it은 막연한 상황을 나타낸다. 「only to-v」는 결과를 나타내는 부사적 용법의 to부정사이다. [ ]는 find의 목적어로 쓰인 명사절이다.
8행 This demonstrates [that some museums really do care **more** *about modern art* **than** *about traditional art*]. ▶ [ ]는 demonstrates의 목적어로 쓰인 명사절이다. 「비교급+than」은 '…보다 더 ~한'의 의미로 두 개의 전치사구 about modern art와 about traditional art를 비교하고 있다.
9행 **Why not** *check* it out today, and *experience* modern art in a completely modern way? ▶ 「why not+동사원형」은 '…하는 게 어때?'의 의미로, check와 experience는 등위접속사 and에 의해 병렬 연결되었다.

문제해설
지난 전시를 온라인으로 감상할 수 있는 뉴욕 현대 미술관의 웹사이트를 소개하는 글이므로, 몇몇 미술관의 현대 미술과 전통 미술에 대한 관심

차이를 언급한 ④는 글의 흐름과 무관하다.

4 ④

ⓔ 오랫동안, 과학자들은 목성에 관한 수수께끼를 풀려고 노력해 오고 있다. (C) 그것의 상층 대기는 그것이 실제 그런 것만큼 뜨거워서는 안 된다. 현재, 그들은 자신들이 이 예상 밖의 열의 근원, 바로 목성의 대적점(Great Red Spot)을 발견한 것일지도 모른다고 생각한다. (A) 이 지점(=대적점)은 실제로 최소한 300년 동안 이 행성의 표면에 존재해 온 거대한 폭풍이다. 지구보다 더 큰 대적점은, 중력파와 음파를 둘 다 만들어내며 끊임없이 팽창하고 수축한다. (B) 이제 과학자들은 목성의 상층 대기의 열이 이 두 가지 종류의 파장의 결합에 기인한다고 생각한다. 그것들은 해변에 부딪히는 파랑처럼 충돌해서, 이 행성의 대기가 뜨거워지게 한다.

구문해설
4행 Bigger than Earth, **it** constantly expands and contracts, [creating both gravity waves and sound waves]. ▶ it은 앞 문장의 This spot(Great Red Spot)을 가리킨다. [ ]는 결과를 나타내는 분사구문이다.
7행 They collide like ocean waves [crashing on a beach], **causing** the planet's atmosphere **to heat up**. ▶ [ ]는 ocean waves를 수식하는 현재분사구이다. 「cause A to-v」는 'A가 …하게 하다'의 의미이다.
9행 Now, they think [(that) they **may have found** the source of this unexpected heat—Jupiter's Great Red Spot]. ▶ [ ]는 think의 목적어로 쓰인 명사절이다. 「may have p.p.」는 '…했을지도 모른다'의 의미로, 과거 사실에 대한 추측을 나타낸다.

문제해설
목성에 관한 수수께끼를 언급한 주어진 글에 이어서, 이 수수께끼의 내용인 상층 대기의 열과 그 원인으로 추정되는 대적점을 언급한 (C)가 오고, 대적점의 정의에 대해 서술한 (A)가 이어진 후, 대적점이 목성에 미치는 영향, 즉 상층 대기의 열의 원인을 밝히는 내용인 (B)로 이어지는 것이 가장 자연스럽다.

5 ⑤

우리는 종종 폭력적인 비디오 게임이 어린이에게 미치는 영향에 대해 듣는다. 하지만, 뉴스의 부정적인 영향에 대한 논의는 거의 이루어지지 않는다. ⓕ 연구에 따르면 참사, 범죄, 사고에 관한 이야기들에 노출된 어린이들은 세상을 더 무서운 곳으로 여기기 시작한다고 한다. 그들은 악몽에 시달리고 학업에 집중하지 못한다. 아이들을 뉴스로부터 완전히 보호하는 것은 불가능하지만, 부모는 자녀가 어떤 뉴스에 노출되는지, 언제 노출되는지 통제하려고 노력해야 한다. 7세 미만의 어린이는 보통 뉴스 기사의 세부 사항을 이해하지 못하며, 이로 인한 혼란이 불안감을 유발할 수 있다. 반면에, 나이가 더 많은 어린이는 일반적으로 자신이 보고 있는 내용을 이해할 수 있는 능력이 있다. 하지만, 그들은 아직 성인이 아니다. 아이들에게 새로운 세상을 열어줄 마법의 시간은 없다. 자녀의 성숙도와 복잡한 문제를 이해하는 능력에 따라 결정하는 것은 각 부모의 몫이다.

1행 We often hear about the impact [that violent video games have on children]. ▶ [ ]는 선행사인 the impact를 수식하는 목적격 관계대명사절이다.

2행 Research has shown [that young children {who are exposed to stories about disasters, crimes, and accidents} begin to **view** the world **as** a scarier place].
▶ [ ]는 has shown의 목적어 역할을 하는 명사절이다. { }는 선행사인 young children을 수식하는 주격 관계대명사절이다. 「view A as B」는 'A를 B로 여기다'의 의미이다.

5행 Although **it** is impossible [to completely shield kids from the news], parents should try to control [what their children are exposed to] and [when they are exposed to it]. ▶ it은 가주어이고 첫 번째 [ ]가 진주어이다. 두 번째와 세 번째 [ ]는 control의 목적어로 쓰인 간접의문문으로, 접속사 and로 병렬 연결되어 있다.

구문해설

어린이들이 부정적인 뉴스에 노출되면 악몽에 시달리고 학업에 집중하지 못하는 등 좋지 않은 영향을 받으므로, 부모가 아이들이 어떤 뉴스에 언제 노출되는지 통제해야 한다는 내용의 글이다. 7세 미만의 어린이는 뉴스의 세부 사항을 이해하지 못하고, 그보다 나이가 많아 이해할 수 있다 해도 아직 성인이 아니기 때문에 부모가 자녀의 성숙도와 이해력에 따라 뉴스 시청을 허용할 시기를 정해야 한다고 했으므로, 밑줄 친 부분이 의미하는 바로 가장 적절한 것은 ⑤ '아이들이 뉴스를 시청해도 좋은 구체적인 연령대'이다.
① 두려움과 불안감을 극복할 정해진 시간대
② 교실 밖에서 상식을 배우는 과정
③ 아이들이 실패와 좌절을 경험할 수 있는 기회
④ 아이들을 온라인 뉴스에 대비시키는 효과적인 교육 방법

REVIEW TEST p. 40

Ⓐ
Ⓐ yourself
Ⓑ what the babies of tyrannosaurs looked like
Ⓒ you can see the exhibits from your computer
Ⓓ experiencing great art exhibits
Ⓔ to solve a mystery about the planet Jupiter
Ⓕ to view the world as a scarier place

Ⓑ
1 advise **2** fierce **3** relatively **4** offers
5 existed **6** atmosphere **7** rarely **8** control

1 advertise 광고하다 **2** gentle 온화한, 온순한
3 actively 활동적으로 **4** suffer 시달리다, 고통받다

---

5 expire 만기가 되다, 만료되다 **6** circumstance 상황, 정황
7 regularly 규칙[정기]적으로 **8** obey 따르다, 순종하다

04 보어의 이해

GRAMMAR BUILD UP pp. 42~44

① 주격보어로 쓰인 명사구

1 to beat him / 나에게 가장 어려운 일은 경주에서 그를 이기는 것이다.

2 to live a quiet life / 나의 꿈은 전원에서 조용한 삶을 사는 것이다.

3 doing what one likes to do, doing what one has to do / 놀이는 하고 싶은 것을 하는 것인데, 일은 해야 하는 것을 하는 것이다.

빠바PLUS

1 그녀는 내일 아침에 여기 도착할 예정이다.
2 모든 수영객은 수영장에 들어가기 전에 준비운동을 해야 한다.
3 그는 다시는 자신의 가족을 보지 못할 운명이었다.
4 그녀의 방에서는 아무것도 찾을 수 없었다.
5 체중을 줄이려고 한다면, 너는 음식 선택을 고려할 필요가 있다.

② 주격보어로 쓰인 명사절

1 whether he did it on purpose or not / 주요 쟁점은 그가 그것을 고의로 했는지 아닌지이다.

2 what the best plan for the country is / 문제는 국가를 위한 최선책이 무엇이냐는 것이다.

3 what parents have for their kids / 조건 없는 사랑은 부모가 자녀들에게 가지는 것이다.

4 that it never runs out / 태양 에너지의 이점은 그것이 절대로 고갈되지 않는다는 것이다.

③ 주격보어로 쓰인 분사

1 satisfied / 나의 상사는 내가 한 일에 만족하는 것처럼 보인다.

2 standing / 그 조각상은 지진 중에도 계속 서 있었다.

3 surrounded / 그 강도는 열 명의 경찰관들에게 포위되어 있었다.

4 frustrated / 그녀가 모두에게 내 비밀을 말했을 때 나는 좌절감을 느꼈다.

④ 목적격보어로 쓰인 to부정사

1 나는 그가 담배를 끊도록 설득했다.

2 그녀는 우리에게 회의에 늦지 말아 달라고 부탁했다.

3 그 관리자는 직원들이 일찍 퇴근하는 것을 허락했다.

4 궂은 날씨는 버스가 지연되게 했다.

5 그 장교는 군인들에게 적을 향해 발포할 것을 명령했다.

⑤ 목적격보어로 쓰인 원형부정사

1 come in / 너는 누군가 들어오는 것을 알아챘니?

2 play / 아이들이 길에서 놀지 못하게 해라.

3 pick up some coffee / 그녀는 Martin에게 회의에 커피를 좀 사 오게 했다.

4 open the door, enter the room / 그는 누군가 문을 여는 소리를 들었고, 그림자 하나가 방으로 들어오는 것을 보았다.

⑥ 목적격보어로 쓰인 분사

1 pulled / 그녀는 충치를 뽑았다.

2 washing / 나는 어제 네가 세차하고 있는 것을 보았다.

3 done / 너는 내일까지 그 일을 끝내야 한다.

4 waiting / Paul은 나를 빗속에서 40분 동안 기다리게 했다.

 GRAMMAR CHECK UP   p. 45

Ⓐ 1 surprised (at the news) / 그는 그 소식에 놀란 것처럼 보였다.

2 talking (to her brother) / 어린 소녀가 앉아서 그녀의 오빠와 이야기하고 있었다.

3 what makes the world a better place / 자유는 세상을 더 나은 곳으로 만드는 것이다.

4 to jump (into the water) / 수영을 배우는 한 가지 방법은 물속으로 뛰어드는 것이다.

5 that this project will motivate everybody / 나의 소망은 이 프로젝트가 모두에게 동기를 부여하는 것이다.

6 to meet (at the park at 3 p.m.) / 우리 사진 동아리는 오후 3시에 공원에서 만날 예정이다.

7 overcoming my fear (of heights) / 인생에서 나의 가장 큰 도전은 고소 공포증을 극복하는 것이었다.

Ⓑ 1 stolen   **2** talking
3 find   **4** put
5 to change   **6** covered
7 understood   **8** to wake up

Ⓒ 1 carried   **2** reading
3 covered   **4** prepared
5 wear[wearing] **6** believe
7 to use   **8** closed

Ⓑ

1 나는 내 가방이 도난당한 것을 알고 충격받았다. ▶ 목적어 my bag과 목적격보어가 수동 관계이므로 목적격보어로는 과거분사인 stolen이 와야 한다.

2 나는 며칠 전에 그가 Janet과 이야기하고 있는 것을 들었다. ▶ 목적어 him과 목적격보어가 능동 관계이므로 목적격보어로는 현재분사인 talking이 와야 한다.

3 소셜 네트워크는 사람들이 일자리를 더 쉽게 찾도록 도와준다. ▶ help는 원형부정사 또는 to부정사를 목적격보어로 쓴다.

4 그 아이가 차창 밖으로 머리를 내밀지 못하게 해라. ▶ 사역동사 let은 원형부정사를 목적격보어로 쓴다.

5 그녀는 그가 그의 직업을 되도록 빨리 바꾸기를 바란다. ▶ want는 to부정사를 목적격보어로 쓴다.

6 너는 눈으로 덮인 산을 본 적이 있니? ▶ 목적어 the mountains와 목적격보어가 수동 관계이므로 목적격보어로는 과거분사인 covered가 와야 한다.

7 나는 프랑스어로 내 말을 충분히 이해시킬 수 없었다. ▶ 목적어 myself와 목적격보어가 수동 관계이므로 목적격보어로는 과거분사인 understood가 와야 한다.

8 짖는 개가 그를 예상보다 더 일찍 일어나게 했다. ▶ cause는 to부정사를 목적격보어로 쓴다.

Ⓒ

1 우리는 짐꾼에 의해 우리의 짐이 운반되게 했다. ▶ 목적어 our baggage와 목적격보어가 수동 관계이므로 목적격보어로 과거분사인 carried를 써야 한다.

2 그녀는 거실에서 신문을 읽으며 앉아 있었다. ▶ 주어 She와 주격보어가 능동 관계이므로 주격보어로 reading을 써야 한다.

3 나는 벽이 아이들의 그림으로 뒤덮인 것을 보았다. ▶ 목적어 a wall과 목적격보어가 수동 관계이므로 목적격보어로 과거분사인 covered를 써야 한다.

4 그 나라의 군대는 항상 전쟁에 나갈 준비가 돼 있었다. ▶ 주어 The country's army와 주격보어가 수동 관계이므로 주격보어로 prepared를 써야 한다.

5 나는 그녀가 매일 같은 옷을 입는다는[입고 있다는] 것을 알아차렸다. ▶ 지각동사 notice의 목적어 her와 목적격보어가 능동 관계이므로 목적격보어로 원형부정사인 wear나 현재분사인 wearing을 써야 한다.

6 그녀는 내가 모든 일이 잘될 것이라고 믿게 했다. ▶ 사역동사로 쓰인 make의 목적어 me와 목적격보어가 능동 관계이므로 목적격보어로 원형부정사인 believe를 써야 한다.

7 대부분의 학교는 학생들이 교실에서 휴대 전화를 사용하는 것을 허용하지 않는다. ▶ permit은 to부정사를 목적격보어로 쓴다.

8 에어컨이 켜져 있을 때는 창문을 닫아 놓아야 한다. ▶ 목적어 the windows와 목적격보어가 수동 관계이므로 목적격보어로 과거분사인 closed를 써야 한다.

 적용독해   pp. 46~49

1 ⑤   **2** ④   **3** ②   **4** ③   **5** ③

1 ⑤

사람들의 이상적인 직업은 그들의 성격 유형에 의해 결정될 수 있다는 것이 때때로 시사되기도 한다. 이것은 사실일 것 같지 않다. 성격 유형이 직업을 고르는 것에 있어 정말로 한몫을 하긴 하지만, 인생 경험, 문화적 배경, 그리고 개인적인 신념 또한 그러하다. 그러므로 같은 성격 유형을 가진 두 사람이 직장에 대한 매우 다른 시각을 가질 수 있으며, 이는 그들이 똑같은 이상적인 직업을 갖는 것은 이치에 맞지 않는다는 것을 시사한다. 물론 예를 들어, 특정 성격을 지닌 사람들의 90퍼센트가 지식을 공유하는 것을 즐긴다면, 교사가 되는 것이 그 성격 유형에 맞을 수도 있다는 것은 타당하다. 그러나 직업 상담가는 "당신은 교사가 되어야 합니다."라고 말해선 안 된다. ④ 이런 조언이 만족스럽게 들린다고 생각하는 사람은 거의 없을 것이다. ⑧ 적절한 조언은 "교육 쪽의 직업을 고려해 보세요."라고 말하는 것일 것이다. 다시 말해, 성격 유형을 가장 잘 이용하는 것은 고정된 목적지가 아닌, 대략적인 직업의 방향을 제안하는 것이다.

구문해설

2행 Although personality type **does** play a role in choosing a career, *so do* life experiences, cultural background, and personal beliefs. ▶ does는 동사 play를 강조하는 조동사로 쓰였다. so do는 앞서 나온 play a role을 가리키며, 부사 so가 문두에 와서 주어와 동사가 도치되었다.

7행 ..., for example, **it** makes sense [that being a teacher may suit that personality type]. ▶ it은 가주어이고 [ ]가 진주어이다.

9행 Few would think [that this advice sounds **satisfying**]. ▶ [ ]는 think의 목적어로 쓰인 명사절이다. satisfying은 that절의 주격보어로 쓰인 분사이다.

문제해설

성격 유형에 의해서만 직업이 결정될 수 있는 것은 아니며, 직업 상담가는 성격 유형에 따라 대략적인 직업의 방향만 제안하는 것이 바람직하다는 내용이므로, 요지로는 ⑤가 가장 적절하다.

ⓐ 서술형

a general career direction

2 ④

치약이나 얼굴용 스크럽을 사용한다면, 당신은 바다를 오염시키고 있을지도 모른다. 이는 이 두 가지 제품에 흔히 미세플라스틱이 들어 있기 때문이다. 미세플라스틱은 5밀리미터 미만의 아주 작은 플라스틱 조각이다. 그것의 크기 때문에, 그것들은 쉽게 배수구로 씻겨 내려간다. 미세플라스틱은 하수 처리 시설이 제거하기 어렵기 때문에, 그것들 중 많은 것이 바다로 직행한다. 따라서, 단지 샤워 한 번 하는 것이 약 10만 개의 아주 작은 플라스틱 조각으로 바다를 오염시킬 수 있다. 물고기가 자주 미세플라스틱을 먹기 때문에 이는 심각한 문제이다. 이는 물고기를 병들게 만들 수 있다. ⓒ 문제를 더 악화시키는 것은 때때로 인간이 이런 물고기를 먹는다는 것이다. 미세플라스틱은 독소를 함유하는데, 이는 우리에게 큰 해를 입힐 수 있다. 이러한 이유로, 많은 국가가 미세플라스틱 사용을 금지하기 시작했다.

→ 미세플라스틱은 여과기를 지나 바다로 이동할 만큼 충분히 <u>작을</u> 뿐만 아니라, 그것들은 사람과 환경에 <u>위험하기</u>도 하다.

구문해설

2행 Microbeads are tiny pieces of plastic [that are **smaller than** five millimeters]. ▶ [ ]는 선행사인 tiny pieces of plastic을 수식하는 주격 관계대명사절이다. 「형용사의 비교급 +than ...」은 '···보다 더 ~한'의 의미이다.

7행 **This** can *make* them *sick*. ▶ This는 앞 문장의 fish often eat microbeads의 내용을 가리킨다. make의 목적격보어로 형용사 sick이 쓰였다.

11행 **Not only** are microbeads **small enough to slip** through filters and **(to)** **travel** to the ocean, **but** they are **also** dangerous to people and the environment. ▶ 「not only A but also B」는 'A뿐만 아니라 B도'의 의미로, 부정어구가 문두에 와서 주어(microbeads)와 동사(are)가 도치되었다. 「형용사+enough to-v」는 '···할 만큼 충분히 ~한'의 의미로, to slip과 (to) travel은 등위접속사 and로 병렬 연결되었다.

문제해설

미세플라스틱은 매우 작아서 걸러지거나 제거되지 않고 바다로 가며, 이로 인해 사람과 환경이 해를 입을 수 있다는 내용의 글이다.

ⓐ 서술형

ⓔ ban → banning[to ban] ▶ begin은 목적어로 동명사와 to부정사를 둘 다 쓸 수 있으므로 원형부정사인 ban을 banning 또는 to ban으로 고쳐야 한다.

3 ②

어떤 사람들은 수족관이 방문객들을 즐겁게 하는 단지 하나의 목적만 있다고 생각합니다. ⓓ 하지만 수족관은 우리가 해양 생물에 대해 배우고 그것을 보호하도록 돕는 중요한 역할도 합니다. 이런 이유로, 시립 수족관은 새로운 바다거북관을 소개하게 되어 자랑스럽습니다. 이곳에서, 저희는 병들거나 다친 야생 바다거북을 돌볼 것입니다. 일단 그들이 다시 건강해지면, 그들은 방생될 것입니다. 바다거북관의 개장과 함께, 시립 수족관은 바다거북 보호에 있어 선두 주자가 되기 위해 자리를 잡았습니다. ⓔ 바다거북관은 또한 방문객들이 이 아름다운 동물들을 돕는 기쁨을 공유할 수 있도록 할 것입니다. 이것은 가족 모두가 즐길 수 있는 경험입니다.

구문해설

1행 But aquariums also play the important **role** of [helping us *learn* about and *protect* sea creatures]. ▶ role과 [ ]는 동격이다. helping의 목적격보어인 learn과 protect가 등위접속사 and로 병렬 연결되었다.

3행 For this reason, the City Aquarium is proud **to introduce** its new sea turtle center. ▶ to introduce는 감정의 원인을 나타내는 부사적 용법의 to부정사이다.

4행 Here, we will take care of wild sea turtles [that are sick or **have been injured**]. ▶ [ ]는 선행사인 wild sea turtles를 수식하는 주격 관계대명사절이다. have been injured는 상태를 나타내는 현재완료형 수동태이다.

8행 It is an experience [(which/that) the whole family can enjoy]. ▶ [ ]는 선행사인 an experience를 수식하는 목적격 관계대명사절로, 관계대명사가 생략되었다.

문제해설
시립 수족관의 새로운 전시관인 바다거북관의 개장을 알리는 글이다.

4 ③

전자책은 이제 한동안 우리 주변에 있어 왔고, 그것은 꽤 인기가 많아졌다. 하지만 그것이 우리를 더 나은 독서가로 만들고 있는가? 연구들은 인쇄된 활자가 실제로 이해하기 더 쉽다는 것을 보여 준다. 이는 인쇄된 책을 읽는 것이 명상하는 것과 비슷하기 때문일지도 모른다. 반면에, 디지털 활자를 읽는 것은 같은 수준의 정신 집중을 촉진하지 않는다. 우리는 화면을 바라볼 때, 다수의 일을 서둘러 처리하기를 기대한다. 글을 부분적으로 읽지 않은 채 (한) 페이지에서 (다른) 페이지로 건너뛰는 것은 흔한 일이다. 게다가 디지털 기기는 우리가 스크롤하고, 클릭하고, 링크를 따라가게 만드는데, 이 모든 것은 우리의 주의를 글로부터 빼앗아 가버린다. ⑤ 이것은 우리가 읽으려고 하지 않았던 것의 한가운데에 우리를 꼼짝 못 하게 할 수 있다. 이는 당신이 인터넷 서핑을 하고 있다면 괜찮지만, 책을 읽으려고 하고 있는 거라면 괜찮지 않다.

구문해설
2행 Studies show [that printed text is actually easier **to comprehend**]. ▶ [ ]는 show의 목적어로 쓰인 명사절이다. to comprehend는 형용사를 수식하는 부사적 용법의 to부정사이다.

6행 **It** is common [to jump from page to page], [*leaving* articles partially *unread*]. ▶ It은 가주어이고 첫 번째 [ ]가 진주어이다. 두 번째 [ ]는 동시동작을 나타내는 분사구문이다. leaving의 목적격보어로 형용사 unread가 쓰였다.

6행 What's more, digital devices **make** us **scroll**, **click**, and **follow** links, [all of which take our attention away from the text]. ▶ 사역동사 make의 목적격보어로 동사원형 scroll, click, follow가 등위접속사 and로 병렬 연결되었다. [ ]는 계속적 용법의 관계사절로, 앞절의 일부(scroll, click, and follow links)를 선행사로 한다.

8행 This can **get** us **stuck** in the middle of something [(that) we didn't intend to read]. ▶ get의 목적격보어로 과거분사 stuck이 쓰였다. [ ]는 something을 수식하는 목적격 관계대명사절로, 관계대명사가 생략되었다.

9행 It is fine if you're surfing the internet, but (it is) **not** (fine) if you're trying to read a book. ▶ 반복을 피하기 위해 not 앞뒤에 중복되는 내용은 생략되었다.

문제해설
인쇄된 활자와 다르게 디지털 활자는 읽는 것 한 가지에 집중하기 어렵게 하고, 페이지를 건너뛰거나 의도하지 않은 것을 읽느라 꼼짝 못 하게 할 수 있다고 하는 것으로 보아, 인쇄된 활자를 읽을 때는 독서에만 집중할 수 있다는 것을 알 수 있다. 따라서 밑줄 친 부분이 의미하는 바로 가장 적절한 것은 ③ '우리는 인쇄된 활자를 읽을 때 한 가지 일에 집중한다.' 이다.
① 인쇄된 활자를 읽는 것은 우리의 정신 건강에 좋다.

② 명상하는 것은 좋은 독서가가 되는 최고의 방법이다.
④ 디지털 자료는 우리에게 여러 가지 일을 하는 방법을 가르쳐 준다.
⑤ 인쇄된 활자를 읽음으로써, 우리는 내면의 평온을 찾는 방법을 배울 수 있다.

5 ③

현대 사회에서 개인주의의 장려가 일반적으로 좋은 것으로 여겨지지만, 그것은 타인의 안녕에 거의 관심을 갖지 않는 이기적인 십 대들이 생겨나게 할 수도 있다. 이것은 사회에만 좋지 않은 게 아니라 십 대들에게도 좋지 않다. 이타주의가 십 대들에게 미치는 영향을 연구하는 연구원들은 최근 몇 가지 흥미로운 발견을 했다. ⑥ 선행을 베푸는 십 대들이 일반적으로 심장이 더 건강하고 자존감도 더 높으며 덜 우울해하고, 심지어 장래에 훨씬 더 성공하는 것으로 드러났다. 최근의 다른 연구도 이러한 결과를 뒷받침해 주었다. 그 연구에 의하면 건강한 정신 상태는 도움을 받는 것보다 주는 것에 더 밀접하게 관련되어 있다고 한다. 타인을 돕는 것은 그들(= 십 대들)의 삶도 개선할 수 있으므로, 우리가 십 대들이 타인을 돕도록 장려해야 한다는 점은 분명하다.

구문해설
1행 While modern society's promotion of individualism is generally considered to be a good thing, **it** can also result in self-centered teenagers [who have little regard for the well-being of others]. ▶ it은 앞서 나온 modern society's promotion of individualism을 가리킨다. [ ]는 선행사인 self-centered teenagers를 수식하는 주격 관계대명사절이다.

4행 Researchers [studying the effects of altruism in teenagers] have recently made some interesting discoveries. ▶ [ ]는 Researchers를 수식하는 현재분사구이다.

5행 **It** turns out [that teenagers {who do good acts} generally have healthier hearts and higher self-esteem, are less depressed, and are even more successful later in life]. ▶ It은 가주어이고 [ ]가 진주어이다. { }는 선행사인 teenagers를 수식하는 주격 관계대명사절이다.

9행 **It** is clear [that we should *encourage* teenagers *to help* others], **as** it can also improve their own lives. ▶ It은 가주어이고 [ ]가 진주어이다. 「encourage A to-v」는 'A가 …하도록 권장[장려]하다'의 의미이다. as는 이유를 나타내는 접속사이다.

문제해설
필자는 선행을 베푸는 십 대들이 신체적·정신적으로 더 건강할 뿐만 아니라 사회적으로도 더 성공한다는 연구 결과를 언급하며 그들이 타인을 돕도록 장려해야 한다고 주장하고 있다.

 REVIEW TEST p. 50

Ⓐ
Ⓐ satisfying
Ⓑ to say, "Consider a career in education."

Ⓒ that humans sometimes eat these fish
Ⓓ learn about and protect sea creatures
Ⓔ to share the joy of helping these beautiful
   animals
Ⓕ stuck
Ⓖ less depressed, even more successful

Ⓑ

1 determined **2** perspectives **3** tiny **4** purpose
5 injured **6** comprehend **7** encourage

Ⓑ

1 postpone 연기하다, 미루다
2 disturbance 방해　　　**3** giant 거대한
4 proposal 제안　　　　**5** respect 존경하다
6 distract 집중이 안 되게 하다
7 discourage 막다[말리다]; 의욕을 꺾다, 좌절시키다

O5 시제의 이해

GRAMMAR BUILD UP　　pp. 52~54

❶ 현재완료 have+p·p·

1 그는 오늘 아무것도 먹지 않았다.
2 누군가가 창문을 깨뜨렸다.
3 그녀는 그 오페라를 여러 번 관람했다.
4 나는 이 책 읽는 것을 막 마쳤다.
5 그들은 2년 동안 연극 동아리에 있어 왔다.

빠바PLUS➕

1 우리는 좋은 친구였다.
　　우리는 오랫동안 좋은 친구이다.
2 그는 새 아파트로 이사 가는 것에 대해 생각했다.
　　그는 새 아파트로 이사 가는 것에 대해 (과거부터 지금까지) 생각
　　해 오고 있다.

빠바PLUS➕

1 나는 어젯밤에 일곱 시간 동안 잤다.
2 그는 집에 언제 돌아왔니?
　　cf. 네가 대체 언제 그곳에 가보았니?

❷ 과거완료 had+p·p·

1 had finished / 내가 그 소설을 Neil에게서 빌렸을 때, 그는 그것
　　을 다 읽었었다.
2 had talked / Jerry는 내가 그전 주에 말했었던 장소를 방문했다.
3 had come / 어제 그는 Jack을 만났는데, 그는 휴가에서 돌아왔
　　었다.
4 had moved / 그녀는 몇 년 전에 독일로 이사했었지만 나는 몰랐
　　다.

❸ 미래완료 will have+p·p·

1 그가 돌아올 때쯤이면 나는 그 일을 끝마쳤을 것이다.
2 우리는 이번 달 말에 이곳에서 6년째 살아온 것이 될 것이다.
3 Ted가 다음 주에 그곳에 가면 그는 L.A.에 다섯 번 가보는 것이 될
　　것이다.
4 그녀는 내년 6월쯤에는 석사 학위를 수료할 것이다.

❹ 진행형 be v-ing

1 그는 아내와 함께 저녁 식사를 준비하고 있다.
2 그녀는 내가 전화할 때 항상 공부하고 있다.
3 나의 아버지는 다음 달에 새로운 일을 시작하실 예정이다.
4 나는 다음 주말에 그가 무엇을 하고 있을지 궁금하다.
5 우리는 이번 달 14일에 회의를 개최할 예정이다.
6 내가 목욕을 하고 있던 동안에 내 친구가 초인종을 눌렀다.

❺ 완료진행형 have[had] been v-ing

1 우리는 더 큰 아파트를 3주 동안 찾고 있는 중이다.
2 내가 그곳에 도착했을 때, 그들은 한 시간 동안 그 사안에 대해 이야
　　기하던 중이었다.
3 그녀가 도착했을 때쯤에, 그는 세 시간 동안 그곳에 서 있던 중이었
　　다.
4 나는 두 시간째 공부해 오는 중인데 아마 자정까지 끝내지 못할 것이
　　다.

❻ 주의해야 할 시제

1 was / 최초의 월드컵은 언제 개최되었습니까?
2 took / 그는 그 사진을 3년 전에 찍었다.
3 bought / Julia는 지난달에 자신의 차를 팔고 새 차를 구매했다.
4 is / 내가 아주 어렸을 때, 나는 지구가 둥글다는 것을 이해하지 못했
　　다.

GRAMMAR CHECK UP　　p. 55

Ⓐ **1** have read　　　　　**2** have been
　　3 broke out　　　　　**4** will have known
　　5 has lived　　　　　**6** was talking
　　7 had heard

16

B 1 had finished　　　2 is leaving
　　3 have been doing　4 will have worked

C 1 have found　　　　2 will have studied
　　3 catches　　　　　4 was playing
　　5 visited

A

1 나는 이미 그의 책을 모두 읽었다. ▶ '이미, 벌써'라는 의미로 완료를 나타내는 부사 already와 함께 쓰였으므로 현재완료시제인 have read가 적절하다.

2 우리는 2009년부터 우리의 사업을 전 세계로 확장해 가고 있다. ▶ 과거부터 현재까지 계속 진행되고 있는 일을 나타내므로 현재완료진행형 have been (expanding)이 적절하다.

3 제1차 세계 대전이 1914년에 발발했다는 것을 알고 있었니? ▶ 역사적 사실은 과거시제를 사용하므로 broke out이 적절하다.

4 그들은 내년에 서로 알고 지낸 지 10년이 될 것이다. ▶ 과거부터 미래의 어느 시점까지 계속될 일을 나타내므로 미래완료시제인 will have known이 적절하다.

5 Tim은 지금 제주에 산다. 그는 지난 6개월간 그곳에서 지내 오고 있다. ▶ 과거부터 현재까지 계속되는 일을 나타내는 부사구 for the last six months와 함께 쓰였으므로 현재완료시제인 has lived가 적절하다.

6 내가 들어왔을 때 Frank는 자신의 아버지와 통화하고 있었다. ▶ 과거를 나타내는 부사절 when I came in과 함께 쓰였으므로 과거진행형인 was talking이 적절하다.

7 나는 창밖에서 나는 소리를 들어서 잠이 깼다. ▶ 잠이 깬 시점인 과거보다 더 이전(대과거)에 들었던 것이므로 과거완료시제인 had heard가 적절하다.

B

1 그는 숙제를 끝냈다. 그러고 나서 내가 그에게 전화했다.
= 내가 그에게 전화했을 때 그는 숙제를 끝냈었다.
▶ 내가 전화한 과거의 시점보다 더 이전에 그가 숙제를 끝냈으므로 과거완료시제인 had finished를 써야 한다.

2 그 버스는 내일 오후에 시애틀로 떠날 것이다.
= 그 버스는 내일 오후에 시애틀로 떠날 예정이다.
▶ 현재진행형으로 가까운 미래를 나타낼 수 있으므로 is leaving을 써야 한다.

3 나는 4년 전에 발레를 하기 시작했다. 나는 아직 그것을 하고 있다.
= 나는 4년 동안 발레를 해 오고 있다.
▶ 과거에 시작된 일이 현재까지 계속 진행되고 있으므로 현재완료진행형인 have been doing을 써야 한다.

4 그녀는 그 회사에서 10년 넘게 일해 왔다. 다음 달은 그곳에서 11년째가 될 것이다.
= 그녀는 다음 달에 그 회사에서 11년간 일하는 것이 될 것이다.
▶ 과거부터 미래의 어느 시점까지 계속되는 일을 나타내므로 미래완료시제인 will have worked를 써야 한다.

C

1 그들이 지금까지 발견해 온 것은 알려지지 않았다. ▶ '지금까지'의 의미인 부사구 so far가 쓰였고 주절의 동사가 현재시제이므로, 현재완료시제인 have found로 고쳐야 한다.

2 나는 내년에 중국어를 3년간 배우는 것이 될 것이다. ▶ 과거부터 미래의 어느 시점까지 계속되는 일을 나타내므로 미래완료시제인 will have studied로 고쳐야 한다.

3 어머니께서는 일찍 일어나는 새가 벌레를 잡는다고 말씀하셨다. ▶ 속담이나 격언은 주절의 시제와 관계없이 현재시제를 사용하므로 현재시제인 catches로 고쳐야 한다.

4 아버지가 들어오셨을 때 나는 컴퓨터 게임을 하던 중이었다. ▶ 과거를 나타내는 부사절 when my father came in과 함께 쓰였으므로 과거진행형인 was playing으로 고쳐야 한다.

5 2016년에 그는 올림픽 경기에 참가하기 위해 브라질을 방문했다. ▶ 과거를 나타내는 부사구 In 2016과 함께 쓰였으므로 과거시제인 visited로 고쳐야 한다.

적용독해　　　　　　　　　　pp. 56~59

1 ③　**2** ②　**3** ⑤　**4** ③　**5** ②

1 ③

현대 페루의 한 도시인 Cuzco는 한때 고대 세계의 중요한 지역이었다. 아메리카 대륙에서 가장 오래된 도시 중 하나로, 그것은 잉카 제국의 수도였다. 15세기에, 이 제국은 남아메리카 서해안 대부분에 뻗어 있어 세계에서 가장 넓었다. 잉카인들은 약 4만 명밖에 되지 않았지만, 그들은 약 1천만 명의 사람들을 지배했다. 오늘날, 잉카 제국의 유적은 아직도 Cuzco에서 발견된다. 예를 들어, Sacsayhuaman은 건설하는 데 80년이 걸린 고대 요새이며, 무게가 300톤이나 되는 돌들을 포함한다. ④ 도시 가장자리에 위치한, 그 요새를 보존하기 위한 계획이 2005년에 수립되었으며 현재 실행되고 있는 중이다.

구문해설

7행 A plan to preserve the fort, [which is located on the edge of the city], **was developed** in 2005 and *is currently being carried out.* ▶ [ ]는 선행사인 the fort를 부연 설명하는 계속적 용법의 주격 관계대명사절로, 문장의 주어와 동사 사이에 삽입되었다. 명확한 과거를 나타내는 전치사구 in 2005가 있으므로 수동태 과거시제(was developed)가 쓰였고, 현재를 나타내는 부사 currently가 있으므로 is being carried out은 진행의 의미를 강조하여 현재진행형 수동태 「be being+p.p.」로 썼다.

문제해설

잉카 제국의 수도 Cuzco의 규모 및 과거 영향력과 현재 남아 있는 유적 등을 설명한 글이므로, 주제로는 ③ '잉카 제국의 고대 수도'가 가장 적절하다.
① 잉카 제국이 그토록 거대했던 이유
② 고대 세계에서 가장 큰 요새

④ 현대 국가 페루가 형성된 방식
⑤ 페루의 수도가 직면한 문제들

contains ▶ Sacsayhuaman은 현재에도 존재하는 요새로, contain은 지속적인 특성(일반적 사실)을 나타내므로 contain을 3인칭 단수 현재시제 contains로 고쳐야 한다.

2 ②

나무에게 이메일을 보내본 적이 있는가? 당신은 아마 해본 적이 없겠지만, 호주 멜버른의 많은 사람들은 해봤다. 그 모든 일은 도시 수목의 건강을 증진하기 위한 정부 프로젝트와 함께 시작되었다. 공무원들은 그 도시의 공원과 숲에 있는 각각의 나무에 식별 번호와 이메일 주소를 부여했다. 그들은 병들거나 손상을 입은 나무를 발견한 시민들이 시에 알리는 이메일을 보내기를 바랐다. ⑧ 아니나 다를까 이메일은 곧 오기 시작했으나, 그것들은 예상되었던 종류의 이메일이 아니었다. 피해 보고를 보내기보다, 사람들은 나무들에게 이메일로 팬레터를 보내고 있었다. ⓒ 어떤 이메일은 특정 나무들의 겉모습을 칭찬했고, 다른 이메일들은 나무가 어떻게 그들의 이웃인 사람들의 삶을 개선시켜 왔는지에 관한 이야기를 담고 있었다. 즐거워하던 공무원들은 그것을 그들 프로젝트의 '의도치 않았으나 긍정적인 결과'라고 불렀다.

구문해설

1행 You probably haven't (sent an email to a tree), but many people [in Melbourne, Australia], have (sent an email to a tree). ▶ 반복을 피하기 위해 haven't와 have 뒤에 각각 중복되는 내용이 생략되었다. [ ]는 many people을 수식하는 전치사구이다.

4행 They hoped [that citizens {who spotted sick or damaged trees} would send an email {alerting the city}]. ▶ [ ]는 hoped의 목적어로 쓰인 명사절이다. 첫 번째 { }는 선행사인 citizens를 수식하는 주격 관계대명사절이다. 두 번째 { }는 an email을 수식하는 현재분사구이다.

5행 Sure enough, emails soon began **to arrive**, but they were not the kind of emails [that *had been expected*]. ▶ to arrive는 began의 목적어로 쓰인 명사적 용법의 to부정사이다. [ ]는 선행사인 emails를 수식하는 주격 관계대명사절이다. had been expected는 이메일이 도착한 것보다 예상되었던 것이 더 이전의 일임을 나타내는 과거완료시제이다.

문제해설

공무원들은 각각의 나무에 식별 번호와 이메일 주소를 부여하면서 시민들이 나무의 손상을 보고하기를 바랐지만, 그들의 예상과 달리 사람들이 나무에 팬레터를 보냈다는 것으로 보아, 밑줄 친 부분이 의미하는 바로 가장 적절한 것은 ② '그 편지들은 사람들의 나무에 대한 숨은 애정을 보여 주었다.'이다.
① 모두가 공무원들의 행동에 아주 기뻐했다.
③ 차질에도 불구하고, 그 프로젝트는 성공할 것으로 예상된다.
④ 기술이 올바르게 사용되면 나무를 도울 수 있다.
⑤ 그 이메일들은 도시의 손상된 나무의 수를 줄이는 데 도움이 되었다.

you ever sent an email to a tree ▶ 현재완료시제의 의문문으로, Have가 문두에 있으므로 「(Have)+주어+p.p. ...」의 어순이 알맞다. 경험을 물을 때 현재완료와 함께 쓰는 부사 ever를 주어와 p.p. 사이에 써서 (Have) you ever sent an email to a tree와 같이 배열한다.

3 ⑤

'조용한 퇴사'는 누가 아무에게도 말하지 않고 직장을 그만두는 것처럼 들릴 수 있지만, 이는 매우 다른 의미이다. 이는 필요 이상으로 열심히 일하기를 거부하는 사람들을 포함한다. (C) ⑧ 조용히 그만두기로 결심한 직원은 너무 오랫동안 너무 열심히 일해 왔다. 이제 그들은 명확한 경계를 설정했다. 그들은 요구되는 최소한의 업무만 할 것이다. 업무는 계속 수행하지만 일과 삶의 건강한 균형을 이루는 데 집중한다. (B) 조용한 퇴사의 이런 행동들은 직원이 불만족스럽거나 업무가 너무 많다는 신호일 수도 있다. 그것은 스트레스 수준을 낮추고 번아웃을 피하는 그들의 방법일 수 있다. 또 다른 가능성은 그들이 다른 일자리로 옮길 준비가 되었다는 것이다. (A) 직장 내 관계의 반대편에는 조용한 해고가 있다. ⓓ 이것은 오랫동안 행해져 왔다. 이는 관리자가 직원이 퇴사하기를 원하지만 해고하는 것을 꺼려할 때 발생한다. 대신, 관리자는 직원을 너무 심하게 대우하여 결국 직원이 그만두게 된다.

구문해설

2행 It involves people [refusing to work any harder **than** is necessary]. ▶ [ ]는 people을 수식하는 현재분사구이다. than은 비교급 문장에서 관계대명사 역할을 할 수 있으며, 여기서는 is의 주어 역할을 한다.

4행 This **has been done** for a long time. ▶ has been done은 계속을 나타내는 현재완료형 수동태이다.

6행 Instead, they treat the workers **so** badly **that** they eventually quit. ▶ 「so+형용사/부사+that ~」은 '너무 …해서 ~한/하게'의 의미이다.

12행 Employees [who decide to quiet quit] **have worked** too hard for too long. ▶ [ ]는 선행사인 Employees를 수식하는 주격 관계대명사절이다. have worked는 과거부터 시작해 현재까지 계속해 온 일을 나타내는 현재완료시제이다.

문제해설

'조용한 퇴사'란 필요 이상으로 열심히 일하는 것을 거부하는 사람들을 포함한다는 주어진 글에 뒤이어, 직원들이 조용한 퇴사를 결정하게 된 과정과 그들의 일에 대한 태도의 변화를 설명하는 (C)가 가장 먼저 나오고, 조용한 퇴사의 이런 행동들이 의미하는 또 다른 신호에 대해 설명하는 (B)가 이어진 후, 조용한 퇴사와는 반대로 '조용한 해고'에 대해 서술하는 (A)의 순서로 이어지는 것이 가장 자연스럽다.

4 ③

프랑스의 경제학자인 Thomas Piketty에 따르면, 오늘날 사회에서는 다시금 돈을 상속받는 것이 열심히 일하는 것보다 부로 가는 더 흔한 길이 되었다. 이는 소수의 사람들이 돈의 대부분을 가지고 있고 그들이 이런 부로 벌어들이는 이자가 경제가 성장하는 것보다 더 빠르게 늘어나고 있기 때문이다. 이는 19세기 초반과 비슷한 상황인데, 그때는 가난한 사람이 부유해지는 유일한 방법이 부유한 사람과 결혼하는 것이었다. 오늘날, 부유한 사람들은 보통의 노동자가 평생 벌어들이는 돈보다 더 많은 돈을 상속받는다. ⑥ 그들은 한 세대에서 다른 세대로 수년간 자신의 돈을 넘겨주고 있다. 이런 관행은 소수 집단 안에서 부를 유지시킨다. 결과적으로, 사회적 불평등이 늘고 있으며 사람들은 더 이상 열심히 일할 동기가 생기지 않는다.

구문해설

4행 It is a situation similar to **that** of the early 19th century, [when the only way *for a poor person to become wealthy* was to marry a rich person]. ▶ that은 앞서 나온 a situation을 가리키는 대명사이다. [ ]는 선행사인 the early 19th century를 부연 설명하는 계속적 용법의 관계부사절이다. to become wealthy는 the only way를 수식하는 형용사적 용법의 to부정사구이며, for a poor person은 to become wealthy의 의미상 주어이다.

6행 Today, rich people inherit more money than the average worker earns in a lifetime. ▶ than은 비교급 문장에서 관계대명사 역할을 할 수 있으며, 여기서는 earns의 목적어 역할을 한다.

문제해설

현대 사회에서 많은 돈을 상속받는 관행(부의 세습)으로 인해 소수의 사람들만 부를 유지하는 사회 불평등이 커지고 있다는 내용이므로, 요지로는 ③이 가장 적절하다.

5 ②

아프리카계 미국인 육상선수인 Jesse Owens는 소작인의 아들이자 노예의 손자였다. Owens는 학생일 때 91.4미터를 9.4초에 달리면서 고등학교 세계 기록을 세웠는데, 이는 전체 세계 기록에도 필적한 것이었다. 그는 201.2미터를 20.7초에 달려 또 다른 고등학교 세계 기록을 세웠고, 멀리뛰기에서 7.6미터를 점프하여 세계 기록을 세웠다. ⑥ 수많은 대학들이 Owens를 본교 육상부에 영입하려 했지만, 그는 오하이오 주립 대학을 선택했다. (대학) 재학 중에 그는 자신과 아내를 부양하기 위해 여러 가지 일을 했다. 이후 Owens는 1936년 베를린 올림픽에 출전했다. 독일의 지도자 아돌프 히틀러는 올림픽 경기가 독일인들이 다른 인종보다 우수하다는 것을 증명하리라 기대했다. 하지만 Owens는 이 일이 일어나는 것을 막았다. 그는 100미터와 200미터, 400미터 계주, 멀리뛰기에서 금메달을 땄다.

구문해설

2행 As a student, Owens set the high school world record **by running** 91.4 meters in 9.4 seconds, [which also tied the overall world record]. ▶ 「by v-ing」는 '…함으로써'의 의미이다. [ ]는 선행사인 running 91.4 meters in 9.4 seconds를 부연 설명하는 계속적 용법의 주격 관계대명사절이다.

8행 The German leader, Adolf Hitler **had hoped** [the games would prove {that Germans were superior to other races}]. ▶ had hoped는 Owens가 베를린 올림픽에 출전한 것보다 히틀러가 바랐던 것이 더 이전의 일임을 나타내는 과거완료시제이다. [ ]는 had hoped의 목적어로 쓰인 명사절이며, { }는 prove의 목적어로 쓰인 명사절이다.

9행 But Owens **stopped** this **from** happening. ▶ 「stop A from v-ing」는 'A가 …하는 것을 막다'의 의미이다.

문제해설

고등학교 시절 91.4미터를 9.4초에 달린 기록은 세계 기록에 필적했다고 했다.

REVIEW TEST p. 60

Ⓐ is located(현재), was developed(과거), is being carried out(현재진행)

Ⓑ began(과거), were(과거), had been expected(과거완료-대과거)

Ⓒ contained(과거), had been improving(과거완료진행)

Ⓓ has been done (현재완료-계속)

Ⓔ decide(현재), have worked(현재완료-계속)

Ⓕ have been transferring(현재완료진행)

Ⓖ had recruited(과거완료-대과거), chose (과거)

Ⓑ

1 stretching **2** assigned **3** alerting **4** refusing
5 switch **6** majority **7** superior

Ⓑ

1 shorten 짧게 하다		**2** design 설계하다	
3 attack 공격하다		**4** confuse 혼란시키다	
5 attach 붙이다, 첨부하다		**6** minority 소수	
7 advanced 선진의, 고급[상급]의			

06 수동태의 이해

GRAMMAR BUILD UP pp. 62~64

❶ 수동태의 기본형 be+p.p.

1 be broken / 나는 그 주자의 기록이 결코 깨질 것이라고 생각하지 않는다.

2 was offered / 나는 지난주에 한 기업으로부터 일자리를 제안받았다.

3 was left / 중요한 문제가 어제 그에 의해 해결되지 않은 채로 남겨졌다.

4 was given / Susan은 관리자가 되었고 그녀의 상사에 의해 더 많은 업무들을 받았다.

빠바PLUS

1 Wood 씨는 Mary에 의해 감사 편지를 받았다.
2 그 선원들은 과일과 채소의 부족에 의해 건강하지 못하게 되었다.

② 완료형·진행형의 수동태

1 그 집은 그것의 주인에 의해 페인트칠 되고 있었다.
2 다친 사람들이 병원으로 이송되고 있었다.
3 올해의 캠페인 구호는 아직 결정되지 않았다.
4 사형은 많은 나라에서 금지되었다.
5 그 문제에 대해 많은 것들이 언급되었지만, 그것을 해결하기 위해 행해지고 있는 것은 거의 없다.

③ 형태에 주의해야 할 수동태

1 called / 그 회의는 취소되었다.
2 to stay / Sally는 방 안에 머무르게 되었다.
3 to enter / 그 아이들이 서점에 들어가는 것이 목격되었다.
4 brought up by / 그들은 조부모님에 의해 양육되었다.
5 anybody / 아무도 그 수수께끼를 풀 수 없다.
= 그 수수께끼는 누구에 의해서도 풀릴 수 없다.
6 anything / 그가 자고 있으면 아무것도 그를 깨울 수 없다.
= 그가 자고 있으면 그는 어떤 것에 의해서도 깰 수 없다.

빠바PLUS

1 그들은 사랑의 맛이 달콤하다고 말한다.
→ 사랑의 맛은 달콤하다고 말해진다.
2 그들은 그가 세상에서 가장 부유한 사람 중 한 명이라고 말한다.
→ 그는 세상에서 가장 부유한 사람 중 한 명이라고 말해진다.
3 그들은 그녀가 대학에 다녔을 때 편집장이었다고 말한다.
→ 그녀는 대학에 다녔을 때 편집장이었다고 말해진다.

GRAMMAR CHECK UP
p. 65

A 1 to go **2** to come
3 was taken care of **4** is being prepared
5 has discovered **6** to have been rebuilt
B 1 is being constructed **2** was made to
3 has been delayed **4** is looked up to
5 was given to
C 1 It is said, is said to
2 was made fun of

---

3 have been invented
4 not be prevented by anyone

A

1 Harry가 위층으로 올라가는 소리가 들렸다. ▶ 지각동사 hear가 쓰인 수동태 문장이므로, 「be+p.p.+to-v」형태인 (was heard) to go가 적절하다.

2 '청바지(jeans)'라는 단어는 제노바에서 비롯되었다고 여겨진다. ▶ 「they believe that+주어+동사」 구문에서 that절의 주어가 문장의 주어로 쓰인 수동태 구문이므로, 「be believed to-v」 형태인 (is believed) to come이 적절하다.

3 그 아기는 그녀에 의해 보살핌을 받았다. ▶ 한 덩어리로 움직이는 군동사 take care of가 쓰인 수동태 문장이므로, was taken care of가 적절하다.

4 그 보고서는 그 학생에 의해 준비되고 있다. ▶ That report가 행위의 주체인 the student에 의해 행위를 당하는 수동태 문장이며 현재진행시제이므로, 현재진행형 수동태인 is being prepared가 적절하다.

5 그 과학자가 새로운 행성을 발견했다. ▶ The scientist가 새로운 행성을 발견한 행위의 주체인 능동태 문장이므로, has discovered가 적절하다.

6 그 도서관은 20년 전에 재건되었다고 말해진다. ▶ 도서관이 재건된 시점이 말해지는 시점인 현재보다 더 이전이므로, 완료부정사 to have been rebuilt가 적절하다.

B

1 ▶ 현재진행형 수동태를 써야 하므로 「be being+p.p.」의 형태인 is being constructed가 와야 한다.

2 ▶ 사역동사로 쓰인 make의 수동태이고 과거시제이므로 「be+p.p.+to-v」의 형태인 was made to가 와야 한다.

3 ▶ 현재완료형 수동태를 써야 하므로 「have been+p.p.」의 형태인 has been delayed가 와야 한다.

4 ▶ 군동사 look up to의 수동태이므로 is looked up to가 와야 한다.

5 ▶ 두 개의 목적어를 쓰는 수여동사인 give의 직접목적어가 주어로 쓰인 과거시제의 수동태이므로 was given to가 와야 한다.

C

1 그들은 펜이 칼보다 더 강하다고 말한다.
= 펜이 칼보다 더 강하다고 말해진다.
▶ 「they say that+주어+동사」 구문의 수동태에는 「it is said that+주어+동사」와 「주어+be said to-v」의 두 가지 형태가 있으므로 각각 It is said, is said to가 와야 한다.

2 나의 반 친구들은 나의 실수 때문에 나를 놀렸다.
= 나는 나의 실수 때문에 반 친구들에게 놀림을 당했다.
▶ 군동사 make fun of는 하나의 덩어리로 움직여 수동태를 만들므로 was made fun of가 와야 한다.

3 야구는 1839년에 뉴욕에서 만들어졌다고 말해진다.
= 야구는 1839년에 뉴욕에서 만들어졌다고 말해진다.

▶ that절의 시제가 주절의 시제보다 앞서므로 완료부정사를 써야 하며, 수동의 의미이므로 (to) have been invented가 와야 한다.

4 그 재난은 갑자기 발생해서 아무도 그 상황을 예방할 수 없었다.
= 그 재난은 갑자기 발생해서 그 상황은 누구에 의해서도 예방될 수 없었다.
▶ 능동태 문장의 부사절 주어가 부정어인 no one이므로 수동태 문장에서는 「not ... by anyone」의 형태로 쓸 수 있다.

적용독해

pp. 66~69

1 ⑤ 2 ③ 3 ⑤ 4 ② 5 ④

1 ⑤

goliath grouper는 약 40년 동안 살 수 있고, 몸무게가 거의 1,500 킬로그램에 이를 수 있는 큰 해양 어류이다. 그것은 해안과 가까운 얕은 지역에 사는 것을 선호하며, 바위가 많은 암초 주변에서 흔히 찾아 볼 수 있다. 그것의 먹이는 주로 바닷가재, 바다거북, 그리고 작은 물고기로 구성되어 있다. ④ 그것은 먹이를 씹기보다는 거대한 입으로 통째로 삼키는 것으로 알려져 있다. goliath grouper의 또 다른 놀라운 특징은 그것이 깜짝 놀라거나 궁지에 몰릴 때, 공격하는 상대에게 겁을 주어 쫓아 버리기 위해 꽝 하고 울리는 큰 소리를 낼 것이라는 점이다. 개체 수에 관해서라면, 오락 목적의 작살 낚시가 1960년대에 goliath grouper 개체 수의 급격한 감소로 이어졌다. 그러나 1990년대에 goliath grouper를 잡는 것을 금지하기 위해 비상법이 제정되었다.

구문해설
5행 Another striking feature of the goliath grouper is [that it will emit a loud booming sound **to scare away** its attackers {when it is startled or cornered}]. ▶ [ ]는 주격보어로 쓰인 명사절이다. to scare away는 목적을 나타내는 부사적 용법의 to부정사구이다. { }는 시간을 나타내는 부사절이다.
8행 In the 1990s, however, an emergency law was enacted **to *ban*** *harvesting* of the goliath grouper. ▶ to ban은 목적을 나타내는 부사적 용법의 to부정사이다. ban은 동명사를 목적어로 쓰는 동사이다.

문제해설
1990년대에 goliath grouper 낚시를 금지하기 위한 법이 제정되었다고 했다.

☆ 서술형
ⓓ what → that ▶ 뒤에 완전한 절이 왔으므로 what을 접속사 that으로 고쳐야 한다.

2 ③

사람들에게 병에 든 생수와 수돗물 사이에서 선택권이 주어지면, 병에 든 생수가 더 깨끗하다고 흔히 여겨지기 때문에 그들은 보통 그것을 고른다. 그러나 이것이 항상 사실인 것은 아니다. 병에 든 생수를 고르기 전에 물

이 어디에서 온 것인지 보기 위해 라벨을 확인하는 것이 중요하다. 샘물은 천연 수원으로부터 나오므로 인공적인 생산물에 의해 오염되었을 가능성이 더 적기 때문에 대개 가장 좋다. 용기도 고려되어야 한다. 플라스틱으로 만들어진 용기는 일반적으로 물을 정말로 깨끗하게 유지해 주기는 하지만, 플라스틱에서 나온 화학물질이 물에 들어가는 것이 가능하다. 이는 용기가 일정하지 않은 기온의 장소에 보관되어 있을 때 발생할 가능성이 더 높다. ⑧ 이것을 방지하기 위해서, 당신의 병에 든 생수가 서늘하고 건조한 곳에 보관되어 있는지 확인하라.

구문해설
3행 It is important [to check the label *to see* {where the water comes from}] before choosing bottled water. ▶ It은 가주어이고 [ ]가 진주어이다. to see는 목적을 나타내는 부사적 용법의 to부정사이다. { }는 to see의 목적어로 쓰인 간접의문문으로, 「의문사+주어+동사」의 어순을 따른다.
4행 Spring water is usually best because **it** comes from a natural source, so **it** is less likely *to have been polluted* by artificial products. ▶ 두 개의 it은 앞에 나온 spring water를 가리킨다. 샘물이 인공 생산물에 의해 오염되는 것이 천연 수원으로부터 나오는 것보다 앞서므로 완료부정사 「to have+ p.p.」를 썼다.
6행 While containers [that are made out of plastic] **do** generally *keep* water *clean*, **it** is possible *for chemicals* [from the plastic] [to get into the water]. ▶ 첫 번째 [ ]는 선행사인 containers를 수식하는 주격 관계대명사절이다. do는 동사 keep을 강조하는 조동사로 쓰였다. keep의 목적격보어로 형용사 clean이 쓰였다. it은 가주어이고 세 번째 [ ]가 진주어이며, for chemicals는 to get의 의미상 주어이다. 두 번째 [ ]는 chemicals를 수식하는 전치사구이다.

문제해설
일반적으로 수돗물보다 병에 든 생수가 더 깨끗할 것이라고 생각하지만 항상 그러한 것은 아니며, 병에 든 생수의 수원지를 확인하고 그 물이 오염되었을 가능성이 있음을 알아야 한다는 내용의 글이다. 따라서, 제목으로는 ③ '병에 든 생수: 당신이 무엇을 마시고 있는지 알라'가 가장 적절하다.
① 수돗물이 과연 안전할 수 있는가?
② 병에 든 생수의 건강상의 이점
④ 수돗물이 병에 든 생수보다 더 나은 점
⑤ 천연 수원에 관한 놀라운 사실

☆ 서술형
(A) be considered ▶ 용기도 '고려되어야 한다'는 수동의 의미가 자연스러우므로, 수동태 be considered로 고쳐야 한다.
(B) to get ▶ 가주어 it에 대한 진주어 역할을 하는 to부정사 to get으로 고쳐야 한다.

3 ⑤

러시아의 Big Stone 강은 그 이름이 시사하는 것과 다르다. 그것은 사실 산기슭을 따라 길게 뻗어 늘어선 거대한 바위들이다. ⓒ 그것은 약 만 년 전에 낙석으로 인해 생긴 것으로 여겨진다. 그 당시, 그 지역의 산꼭대

기에 빙하가 있었다. ⒟ 산꼭대기는 이 무거운 무게의 얼음 때문에 거대한 바위들로 부서졌다. 빙하가 녹은 후에, 그 바위들은 미끄러져 내려오기 시작해서 Big Stone 강을 만들어 냈다. 그것은 그것이 실제로 (강처럼) 흘러서가 아니라, 강처럼 보이기 때문에 그 이름이 주어졌다. 그 '강'은 최초의 낙석 이후로 움직임이 없는 상태이다. 이에도 불구하고, Big Stone 강에서는 흐르는 물소리를 들을 수 있다. 하지만 그 소리는 바위 밑의 작은 개울로 인해 나는 것이다.

구문해설

1행 Russia's Big Stone River is not [what its name suggests]. ▶ [ ]는 선행사를 포함하는 관계대명사 what이 이끄는 명사절이다.

2행 *It is believed **to have been caused*** by a rock slide about 10,000 years ago. ▶ It은 앞서 나온 Big Stone River를 가리킨다. 「they believe that+주어+동사」 구문에서 that절의 주어가 문장의 주어로 쓰인 수동태 구문으로, 「주어+be believed to-v」의 형태이다. Big Stone 강이 생겨난 것이 어떻게 생겨난 것인지에 관해 여겨지는 것보다 앞서 일어난 일이므로 완료부정사 「to have+p.p.」를 썼다.

문제해설

Big Stone 강은, 그것이 실제 강이어서가 아니라 강처럼 보여서 그 이름이 붙여졌다는 내용이므로, 빈칸에는 ⑤ '그것이 실제로 흐른다'가 들어가는 것이 가장 적절하다.
① 그것이 돌을 포함한다　　② 그것이 매우 길다
③ 그것이 산 위에 있다　　④ 그것이 항상 얼어 있다

4 ②

자연재해가 발생하면, 많은 사람이 옷, 음식, 또는 장난감을 기부함으로써 반응을 보인다. ⒠ 하지만 만약 이러한 물품들이 특별히 요청되지 않았다면, 그것들은 아마 실제로 사태를 악화시키고 있을지도 모른다. 예를 들어 아이티는 엄청난 손상을 가한 지진의 타격을 받은 후에, 선의를 가진 회사로부터 수백 대의 냉장고를 받았다. 유감스럽게도, 그 냉장고들은 아이티에서 작동하도록 설계되지 않았고, 지진에 의해 영향을 받은 사람들 대부분이 텐트에서 살고 있었다. 이 열대 국가는 겨울옷 기부품도 받았다. 결국, 기부품의 절반 이상이 필요하지 않다는 것이 밝혀졌고, 그것들은 지역의 쓰레기 매립지에 버려졌다. 이는 그 나라의 환경에 부정적인 영향을 미쳤다. 어려움에 처한 사람들에게 기부하는 것은 사려 깊은 일이지만, 자선 단체나 정부 기관이 그 물품들을 요청했을 경우에 한해서이다.

구문해설

4행 Unfortunately, the refrigerators were not designed **to work** in Haiti, and most of the people [who were affected by the earthquake] were living in tents. ▶ to work는 목적을 나타내는 부사적 용법의 to부정사이다. [ ]는 선행사인 most of the people을 수식하는 주격 관계대명사절이다.

7행 In the end, **it** was discovered [that more than half of the donations were not needed], and *they* were dumped into local landfills. ▶ it은 가주어이고, [ ]가 진주어이다. they는 앞서 나온 more than half of the donations를 가리

킨다.

9행 [Donating to people in need] **is** a thoughtful thing *to do*, but **only if** a charity or government agency has asked for the items. ▶ [ ]는 주어로 쓰인 동명사구로 단수 취급하므로 단수동사 is가 쓰였다. to do는 a thoughtful thing을 수식하는 형용사적 용법의 to부정사이다. 「only if」는 '…해야만, …할 경우에 한해'의 의미이다.

문제해설

어려움에 처한 사람들에게 필요하지 않은 물품을 기부하면 오히려 악영향을 미칠 수 있다는 내용의 글이므로, 요지로는 ②가 가장 적절하다.

5 ④

흔히 CT 정밀 검사라고 불리는 컴퓨터 단층 촬영 정밀 검사는 1970년대에 최초로 실시되었고, 그 후 매우 효과적인 의료 도구가 되었다. 그것은 전형적인 엑스레이 촬영보다 더 상세한 신체의 단면 이미지를 만들어 내기 위해 컴퓨터와 엑스레이 기기를 활용한다. ⒡ 예를 들어, 그것은 뼈뿐만 아니라 혈관과 연조직의 포괄적인 이미지도 만들어 내는 데 사용될 수 있다. ⒢ CT 정밀 검사는 환자의 신체 주위를 회전하면서 엑스레이 이미지를 찍는, 터널같이 생긴 기계 안에 환자를 눕게 하여 실시된다. ((CT 정밀 검사에) 수반되는 많은 양의 방사선 노출 때문에, 환자들이 이 정밀 검사를 자주 받는 것은 위험하다.) 일단 정밀 검사가 완료되면 엑스레이 사진이 컴퓨터에 의해 조합되어 신체의 단면 같은 이미지들을 만드는데, 그런 다음 그것은 3차원 이미지를 만들어 내는 데 사용될 수도 있다.

구문해설

1행 Computerized tomography scans, [commonly called CT scans], were first performed in the 1970s and have **since** become a powerful medical tool. ▶ [ ]는 Computerized tomography scans를 부연 설명하는 삽입구이다. since는 '그 후'라는 의미의 부사로 쓰였다.

4행 For example, they can be used **to produce** comprehensive images *not only* of bones *but also* of blood vessels and soft tissues. ▶ to produce는 목적을 나타내는 부사적 용법의 to부정사이다. 「not only A but also B」는 'A뿐만 아니라 B도'의 의미이다.

6행 A CT scan is performed **by *having*** a patient *lie* down in a tunnel-like machine [that takes X-ray images {while rotating around the patient's body}]. ▶ 「by v-ing」는 '…함으로써'의 의미이다. 사역동사로 쓰인 having의 목적격보어로 동사원형 lie가 쓰였다. [ ]는 선행사인 a tunnel-like machine을 수식하는 주격 관계대명사절이고, { }는 시간을 나타내는 분사구문으로, 의미를 명확하게 하기 위해 접속사 while을 생략하지 않은 형태이다.

7행 Due to the high amount of radiation exposure **involved**, *it* is risky **for patients** [to undergo this scan frequently]. ▶ involved는 the high amount of radiation exposure를 수식하는 과거분사이다. it은 가주어이고 [ ]가 진주어이며 for patients는 to부정사구의 의미상 주어이다.

컴퓨터 단층 촬영 정밀 검사의 특징과 절차를 설명하는 내용의 글이므로, 잦은 CT 정밀 검사의 위험성을 언급한 ④는 글의 흐름과 무관하다.

REVIEW TEST

p. 70

Ⓐ

ⓐ is known
ⓑ has been stored
ⓒ is believed to have been caused
ⓓ were crushed
ⓔ weren't requested
ⓕ can be used
ⓖ is performed

Ⓑ

1 shallow **2** decline **3** artificial **4** melted
5 thoughtful **6** risky

Ⓑ

1 swallow (음식 등을) 삼키다
2 rise 증가, 상승   3 artistic 예술의, 예술적인
4 form 형성하다
5 awful 끔찍한, 지독한   6 safe 안전한

07 조동사의 이해

GRAMMAR BUILD UP

pp. 72~74

❶ 자주 쓰이는 조동사 (1)

1 너는 네가 좋아하는 어떤 옷이든지 입어도 된다.
2 그는 내일 그의 할머니를 방문할 것이다.
3 그 계좌의 비밀번호가 그렇게 단순할 리가 없다.
4 우리는 이번 토요일에 해변으로 여행을 갈지도 모른다.
5 드라이아이스는 장갑을 끼지 않고 만지면 위험할 수 있다.

❷ 자주 쓰이는 조동사 (2)

1 ought to / 우리는 도서관에서 조용히 해야 한다.
2 should / 너는 네가 한 일에 대해 책임을 져야 한다.
3 had better / 너는 내일 우산을 가져가는 것이 좋겠다.
4 must / 당신은 안전을 위해 승무원의 지시를 따라야 한다.
5 used to / 3년 전에는 모퉁이에 꽃집이 하나 있었다.

빠바PLUS⊕

1 이 기계는 바닥을 청소하는 데 사용된다.
2 나는 음악을 들으면서 책을 읽는 데 익숙하다.

❸ 조동사+have+p.p.

1 must / 나의 어머니는 내가 잠들었다고 생각하셨음이 틀림없다.
  = 나의 어머니는 내가 잠들었다고 생각하셨던 것이 분명하다.
2 can't / 그녀가 그런 짧은 시간에 그렇게 멀리 갔을 리가 없다.
  = 그녀가 그런 짧은 시간에 그렇게 멀리 갔다는 것은 불가능하다.
3 should / 너는 그런 불공평한 제의를 거절했어야 했다.
  = 네가 그런 불공평한 제의를 거절하지 않은 것은 실수였다.
4 may / 그는 바빴기 때문에 그 약속을 잊어버렸을지도 모른다.
  = 그는 바빴기 때문에 그 약속을 잊어버렸을 수 있다.
5 need / 네가 나에게 그렇게 비싼 선물을 줄 필요가 없었는데.
  = 네가 나에게 그렇게 비싼 선물을 줄 필요가 없었다.

❹ 조동사를 포함하는 주요 구문

1 cannot[can't] but
2 may well
3 would rather, than
4 would like to
5 cannot[can't] help
6 may[might] as well
7 cannot[can't], too

GRAMMAR CHECK UP

p. 75

Ⓐ 1 ought to   2 had better
  3 should   4 used to
  5 must   6 can't
  7 should   8 can't

Ⓑ 1 may[might] have left
  2 had better not
  3 used to live   4 may (well)

Ⓒ 1 help   2 would rather
  3 as well   4 cannot[can't]
  5 may well   6 would like to

A

1 우리 모두가 그 규칙들을 만들었으므로, 우리는 그것들을 따라야 한다. ▶ '…해야 한다'라는 의무를 나타내는 ought to가 적절하다.
2 너는 지금 출발하는 게 좋겠어. 그렇지 않으면 버스를 놓칠 거야.
  ▶ '…하는 것이 좋다'라는 강한 권고를 나타내는 had better가 적절하다.
3 너는 일방통행로에서 유턴을 하지 말았어야 했다. ▶ '…하지 말

23

앴어야 했는데'라는 과거 사실에 대한 유감을 나타내고 있으므로 should가 적절하다.

4 그녀는 어렸을 때, 교회 성가대에서 노래를 부르곤 했다. ▶ 과거의 습관적 행동을 나타내고 있으므로 used to가 적절하다.

5 그녀는 부자임에 틀림없다. 그녀는 저 가게에서 가장 비싼 가방을 샀다. ▶ '…임에 틀림없다'라는 강한 추측을 나타내고 있으므로 must가 적절하다.

6 그는 그 소식에 대해 모르기 때문에 그가 말한 것이 사실일 리가 없다. ▶ '…일 리가 없다'라는 과거 사실에 대한 강한 추측을 나타내고 있으므로 can't가 적절하다.

7 너는 열심히 공부했어야 했지만, 대신에 컴퓨터 게임을 했다. ▶ '…했어야 했는데'라는 과거 사실에 대한 유감을 나타내고 있으므로 should가 적절하다.

8 Stacy는 내가 지금까지 알았던 사람 중 가장 정직한 소녀이므로, 그녀가 거짓말을 했을 리가 없다. ▶ '…했을 리가 없다'라는 과거 사실에 대한 강한 추측을 나타내고 있으므로 can't가 적절하다.

B

1 나는 내 지갑을 찾을 수 없다. 내가 그걸 집에 두고 왔을지도 모른다. ▶ '…했을지도 모른다'라는 과거 사실에 대한 추측을 나타내야 하므로 may[might] have left로 고쳐야 한다.

2 비가 억수같이 쏟아지고 있어. 너는 외출하지 않는 게 좋겠어. ▶ had better의 부정은 had better not으로 쓴다.

3 나는 샌프란시스코에 살았었지만, 지금은 디트로이트에 산다. ▶ 과거의 상태를 나타내야 하므로 used to live로 고쳐야 한다.

4 Andy는 땅콩을 절대로 안 먹는다. 그는 아마 그것에 알레르기가 있을 것이다. ▶ 추측을 나타내야 하므로 may나 may well로 고쳐야 한다.

C

1 ▶ '…하지 않을 수 없었다'의 의미인 「couldn't help v-ing」를 사용해야 한다.

2 ▶ '~하느니 차라리 …하겠다'의 의미인 「would rather ... than ~」을 사용해야 한다.

3 ▶ '…하는 편이 낫다'의 의미인 「might as well ...」을 사용해야 한다.

4 ▶ '아무리 ~하게 …해도 지나치지 않다'의 의미인 「cannot [can't] ... too+형용사/부사」를 사용해야 한다.

5 ▶ '아마 …일 것이다'의 의미인 「may well ...」을 사용해야 한다.

6 ▶ '…하고 싶다'의 의미인 「would like to-v」를 사용해야 한다.

적용독해

pp. 76~79

1 ③ **2** ④ **3** ④ **4** ④ **5** ⑤

1 ③

한 무리의 자전거 타는 사람들이 모두 똑같은 자전거를 타고 있다. 하지만 그들은 자전거 동호회의 회원이 아니고, 지역 자전거 공유 프로그램을 이용하고 있는 것이다. ⓐ 당신은 자전거 공유 프로그램을 보았거나 그

것에 대해 들어 보았을지도 모른다. 모바일 앱을 이용하여, 사람들은 근처에 이용 가능한 자전거의 정확한 위치를 찾아낼 수 있다. 그리고 그들이 자전거를 다 타면, 그 앱이 그들에게 자전거를 어디에 반납하면 되는지 알려줄 것이다. 이러한 프로그램들 대부분은 품질이 좋은 자전거를 사용한다. 잠금장치 및 편안한 안장과 함께, 자전거에는 바구니와 조명도 있을지 모른다. 또한 비용도 다른 종류의 대중교통수단과 비교하여 꽤 적정하다. 무엇보다도 이용자들은 운동을 하고 신선한 공기를 즐길 기회를 얻는다. 도시의 관점에서 볼 때는, 자전거 공유 프로그램을 이용하는 것은 교통 상황을 개선하고 대기 오염을 줄여준다. 이는 관련된 모두가 득을 보는 상황이다.

구문해설

2행 You **may have seen** or **heard** about bike share programs. ▶ 「may[might] have+p.p.」는 '…했을지도 모른다'의 의미로 과거 사실에 대한 추측을 나타낸다.

4행 ..., the app will tell them [where they can return it]. ▶ [ ]는 tell의 직접목적어로 쓰인 간접의문문으로 「의문사+주어+동사」의 어순을 따른다.

7행 Best of all, users get a chance **to work out** and **(to) enjoy** some fresh air. ▶ to work out과 (to) enjoy는 a chance를 수식하는 형용사적 용법의 to부정사(구)로, 등위접속사 and로 병렬 연결되었다.

8행 From the city's point of view, [using bike sharing programs] **improves** traffic conditions and **reduces** air pollution. ▶ [ ]는 주어로 쓰인 동명사구이다. improves와 reduces는 등위접속사 and로 병렬 연결되었다.

문제해설

자전거 공유 프로그램은 이용료가 적정한 데다, 운동 기회를 제공하고 교통 상황을 개선하는 등의 이점이 있다고 설명하는 글이므로, 제목으로는 ③ '버스와 택시의 건강한 대안'이 가장 적절하다.

① 건강을 유지하기 위한 최고의 모바일 앱들

② 왜 더 많은 사람들이 자전거를 구매하고 있는가

④ 대중교통수단: 지구에 이로운

⑤ 그룹과 함께 운동하는 것의 이점

서술형

(high-quality) bikes

2 ④

관계자님께,

저는 지역 주민이며, 마을의 공중파 라디오 방송국인 KDFG의 직원이기도 합니다. 저희 방송국은 이 지역에서 중요한 역할을 하고 있습니다. 음악 및 오락과 함께, 저희는 청취자들에게 비상경보 시스템을 제공합니다. 이에도 불구하고, 시의회가 저희 예산을 거의 30% 삭감하기로 결정했습니다. 저는 이 말을 들었을 때, 제가 뭔가를 해야 한다는 것을 알았습니다. 만약 방송국의 자금이 삭감되면, 많은 직원이 그들의 일자리를 잃을 것입니다. 이는 지역 경제에 해를 끼칠 것입니다. 게다가, 이런 소식과 정보의 공급원을 잃는 것

은 많은 사람을 속상하게 할 것입니다. ⑤ 따라서, 저는 당신이 결정을 재고해 주시기를 바랍니다. 그것이 옳은 일일 것입니다.
Benjamin O'Connor 올림

구문해설

3행 Along with music and entertainment, we **provide** listeners **with** an emergency alert system. ▶ 「provide A with B」는 'A에게 B를 제공하다'의 의미이다.

7행 What's more, [losing this source of news and information] will be upsetting to many people. ▶ [ ]는 주어로 쓰인 동명사구이다.

문제해설

지역 방송국의 예산 삭감이 가져올 부정적 영향을 언급하며 예산 삭감 결정을 재고해달라고 요청하는 글이다.

⭐ **서술형**

(A) to cut ▶ decide는 to부정사를 목적어로 쓰는 동사이므로 cutting을 to cut으로 고쳐야 한다.

(B) is cut ▶ 방송국의 자금은 삭감되는 대상이므로 수동태를 써야 하며, 조건의 부사절에서는 현재시제로 미래를 나타내므로 cut을 is cut으로 고쳐야 한다.

3 ④

사람은 반려동물에게 집을 주고, 반려동물은 사람에게 우정을 준다. 이것은 즐겁고 상호 간에 이로운 관계일 수 있다. 그러나 모든 사람이 반려동물 주인이 되기에 적합한 것은 아니다. 반려동물을 기르는 것에는 책임이 따른다. ⑥ 반려동물을 기르기로 결정하기 전에, 당신은 아마 당신의 집과 생활 방식을 고려해야 할 것이다. 당신은 당신이 충분한 공간과 안전한 환경을 제공해 줄 수 있는 반려동물만 입양해야 한다. 또한 당신이 다른 사람들과 집을 공유한다면, 당신의 반려동물이 그들에게 부정적인 영향을 미치는 것을 어떻게 막을지 고려해 보는 게 좋을 것이다. 이것에는 당신의 반려동물의 냄새를 통제하는 것, 그것이 소음을 너무 많이 내지 않게 하는 것, 그것이 떠돌아다니는 것을 허용하지 않는 것을 포함한다. 마지막으로, 당신은 반려동물 소유권이 평생의 약속이라는 것을 이해해야 한다. ⑥ 이것의 중요성은 아무리 강조해도 지나치지 않다.

구문해설

3행 [Before deciding to get a pet], you may well need to take your home and lifestyle into consideration. ▶ [ ]는 시간을 나타내는 분사구문으로, 의미를 명확하게 하기 위해 접속사 Before를 생략하지 않은 형태이다.

6행 Also, if you share a home with others, you had better consider [how you will **keep** your pet **from** negatively **impacting** them]. ▶ [ ]는 consider의 목적어로 쓰인 간접의문문으로 「의문사+주어+동사」의 어순을 따른다. 「keep A from v-ing」는 'A가 …하지 못하게 하다, …하는 것을 막다'의 의미이다.

7행 This includes [controlling your pet's odors], [keeping it from making too much noise], and [not allowing it to stray]. ▶ 세 개의 [ ]는 includes의 목적어로 쓰인 동명사구로, 등위접속사 and로 병렬 연결되었다.

문제해설

④ 「allow A to-v」는 'A가 …하는 것을 허용하다'의 의미로, allow는 to부정사를 목적격보어로 쓰므로 strayed를 to stray로 고쳐야 한다.

4 ④

철새의 일종인 제비는 매년 5월에 한국으로 돌아온다. ⑥ 제비는 매우 흔했었다. 하지만, 그 새의 수는 매년 감소하고 있다. 그 주된 원인은 벌레 개체 수의 감소이다. 농부들은 벌레를 죽이기 위해서 화학 약품을 사용하는데, 벌레는 제비의 주된 식량 공급원이다. 더 적은 수의 벌레는 더 적은 수의 제비를 의미한다. 게다가, 제비가 둥지를 틀 장소가 사라지고 있다. 제비는 전통적인 오두막집의 지붕에 둥지를 트는 것을 선호한다. 그러나, 한국의 시골 지역에서 그러한 오두막집의 수가 계속해서 감소하고 있다. 많은 사람들은 한때 많은 수가 찾아오곤 했던 제비들이 희귀해지고 있는 것을 안타깝게 여긴다. 일부는 심지어 그 새가 보호받을 수 있도록 천연기념물로 지정되어야 한다고 생각한다.

구문해설

3행 **Swallows**, [a type of migratory bird], come back to Korea every May. ▶ Swallows와 [ ]는 동격이다.

4행 However, **the number of birds** *has been decreasing* each year. ▶ 「the number of+복수명사」는 '…의 수'의 의미로 단수 취급하므로 단수동사 has가 쓰였다. has been decreasing은 과거에 시작되어 현재까지 진행 중인 일을 나타내는 현재완료진행형이다.

5행 Farmers use chemicals to kill insects, [which are the main food source for swallows]. ▶ [ ]는 선행사인 insects를 부연 설명하는 계속적 용법의 주격 관계대명사절이다.

문제해설

주어진 문장의 such cottages는 ③ 뒤의 문장의 traditional cottages를 가리키며, 역접을 나타내는 However로 시작하여 이것이 계속해서 감소하고 있다고 서술하고 있다. 따라서, 주어진 문장은 제비가 전통적인 오두막집에 둥지 트는 것을 선호한다는 문장 다음인 ④에 들어가는 것이 가장 적절하다.

5 ⑤

1950년대에 인스턴트 케이크 믹스(혼합 가루)가 미국 슈퍼마켓 진열대에 등장했다. 소비자들은 처음에 의혹을 가졌다. 단순히 가루와 물을 함께 섞는 것이 너무 쉬워 보였던 것이다. ⑥ 케이크 믹스 제조사들은 이내 그 과정에 추가적인 단계를 더하는 것이 사람들을 더 편안함을 느끼게 할 것이라는 것을 알게 되었다. 그들이 단순히 믹스에 달걀을 깨 넣었다 할지라도, 그것은 그 과정을 더욱 진짜 빵을 굽는 것처럼 느끼게 했다. 다른 요인도 있었을지도 모른다. 달걀로 만들어진 인스턴트 케이크가 아마 더 보기 좋고 더 맛있었을 것이다. 하지만 이 케이크를 그렇게 인기 있게 만든 것은 바로 공을 들였다는 느낌이었다. 소비자들은 일반적으로 인스턴트 식품에 많은 시간과 노력을 들이는 것을 꺼린다. 하지만 사람들에게 과정에 더 많이 참여할 기회를 주는 것이 그들의 자부심과, 자급자족할 수 있다고 느끼고 싶은 욕구에 와닿는 것 같다.

구문해설

3행 Cake-mix manufacturers soon learned [that {adding an additional step to the process} would **make** people **feel** more comfortable]. ▶ [ ]는 learned의 목적어로 쓰인 명사절이다. { }는 명사절의 주어로 쓰인 동명사구이다. 사역동사로 쓰인 make의 목적격보어로 동사원형 feel이 쓰였다.

6행 There **may have been** other factors as well; instant cakes [made with an egg] *may well have looked* and *tasted* better. ▶「may have+p.p.」는 '…했을지도 모른다'의 의미로 과거 사실에 대한 추측을 나타낸다. [ ]는 instant cakes를 수식하는 과거분사구이다.「may well have+p.p.」는 '아마 …이었을 것이다'의 의미이다.

7행 But **it was** the sense of effort **that** *made* these cakes so *popular*. ▶「it was ... that ~」강조구문으로 '~한 것은 바로 …였다'의 의미이다. made의 목적격보어로 형용사 popular가 쓰였다.

문제해설

케이크 믹스가 막 출시되었을 때는 소비자들이 케이크가 너무 쉽게 만들어진다는 생각에 의혹을 가졌지만, 제조사가 소비자 스스로의 노력을 들이는 과정을 추가하자 소비자들이 그 결과물에 대한 보람과 자부심을 느끼게 되었다는 내용이다. 빈칸이 포함된 마지막 문장은 중심 내용을 재진술하는 문장이므로, 빈칸에는 ⑤ '사람들에게 과정에 더 많이 참여할 기회를 주는 것'이 들어가는 것이 가장 적절하다.
① 쇼핑객들이 정보에 근거한 결정을 하도록 돕는 것
② 복잡한 요리 과정을 간소화하는 방법을 찾아내는 것
③ 건강에 좋은 재료를, 만약 첨가하지 않으면 건강에 해로울 음식에 첨가하는 것
④ 미국인들이 집에서 직접 음식을 요리하도록 권장하는 것

REVIEW TEST

p. 80

Ⓐ

Ⓐ 「may have+p.p.」: …했을지도 모른다
Ⓑ 「would like ... to-v」: …가 ~하기를 바라다
Ⓒ 「may well ...」: 아마 …일 것이다
Ⓓ 「cannot[can't] ... too+형용사/부사」: 아무리 ~하게 …해도 지나치지 않다
Ⓔ 「used to ...」: (상태가) …이었다
Ⓕ 「would ...」: …할 것이다

Ⓑ

1 locate **2** reasonable **3** upsetting **4** adopt
5 rare **6** suspicious

Ⓑ

1 displace 대신[대체]하다
2 responsible (…에) 책임이 있는, 책임을 지는
3 caring 배려하는, 보살피는
4 adapt 맞추다[조정하다]; 적응하다
5 common 흔한; 공동[공통]의
6 conscious 의식하는, 의식이 있는

08 가정법의 이해

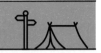

GRAMMAR BUILD UP
pp. 82~84

① **가정법의 기본 형태와 의미**

1 were / 만약 내가 너라면, 나는 내 시간을 낭비하지 않을 것이다.
2 have gone / 만약 네가 나에게 전화했더라면, 나는 영화를 보러 갔었을 것이다.
3 were / 만약 산이 그렇게 얼음으로 뒤덮여 있지 않다면, 나는 하이킹을 갈 것이다.
4 be / 만약 내가 그녀에게 거짓말을 하지 않았더라면, 우리는 여전히 좋은 친구일 것이다.
5 had / 만약 나에게 많은 돈이 있다면, 나는 세계 일주를 할 것이다.
6 have avoided / 만약 그들이 더 일찍 떠났더라면, 그들은 교통 혼잡을 피할 수 있었을 것이다.
7 had accepted / 만약 내가 그때 그 일자리를 수락했더라면, 나는 지금 너와 함께 일하고 있을 것이다.
8 knew / 만약 너희 어머니께서 네가 학교를 빼먹은 걸 아신다면, 그녀는 화를 내실 것이다.
9 have / 만약 그가 그 비싼 차를 사지 않았더라면, 그는 지금 많은 돈을 가지고 있을 것이다.

빠바PLUS

1 만약 내가 나의 직업을 다시 선택한다면, 나는 기자가 될 것이다.
2 만약 경제 성장이 멈춘다면, 사람들은 일자리를 잃게 될 것이다.

② **주어+wish+가정법 / as if[though]+가정법**

1 Ryan은 마치 자신이 전문가인 것처럼 말한다.
2 내가 옛 친구들과 계속 연락하고 지냈더라면 좋을 텐데.
3 마치 내가 이전에 본 적이 없었던 것처럼, 모든 것이 내게 낯설어 보인다.
4 그녀는 부모님께서 자신의 유학 계획에 찬성해 주시기를 바란다.

1 그 남자는 마치 자신이 부자인 것처럼 행동한다.
2 그 남자는 마치 자신이 부자인 것처럼 행동한다.
3 내 아내는 마치 이 허름한 집에 만족하는 것처럼 말한다.
4 내 아내는 마치 이 허름한 집에 만족하는 것처럼 말한다.

❸ if의 생략

1 Were I / 만약 내가 여자라면 머리를 길게 기를 것이다.
2 Had I known / 만약 내가 그녀의 전화번호를 알았더라면, 나는 그녀에게 전화했을 것이다.
3 Were you / 만약 네가 교사라면, 너는 가르치는 것이 얼마나 어려운지 이해할 것이다.
4 Had our team practiced / 만약 우리 팀이 더 열심히 연습했더라면, 우리는 그 경기를 이겼을지도 모른다.

❹ 가정·조건의 의미가 함축된 어구

1 너에게 도움이 된다면 나는 기쁠 것이다.
2 시골에 산다면, 너는 더 여유롭다고 느낄 것이다.
3 교통 체증이 없었다면, 우리는 제시간에 도착할 수 있었을 것이다.
4 정직한 사람이었다면 자신의 친구들을 속이지 않았을 것이다.
5 내가 너라면, 그들의 실수에 대해 항의할 것이다.
6 나는 이번 주에 매우 바빠. 그렇지 않다면 네 파티에 갈 텐데.

1 보다 능숙한 교사라면 그런 학생을 다르게 대할 것이다.
2 그는 정말 최선을 다했다. 그렇지 않았더라면 그것을 해내지 못했을 것이다.

GRAMMAR CHECK UP   p. 85

Ⓐ 1 could   **2** were
  3 Were   **4** Had I known
  5 have passed   **6** Without
  7 Had we taken **8** have seen
  9 be   **10** had lived
Ⓑ 1 have turned   **2** attended
  3 had brought   **4** jump
Ⓒ 1 were   **2** had been
  3 had not looked it up **4** had not been for

A

1 내가 3개 언어를 구사할 수 있다면 좋을 텐데. ▶ I wish가 있는 것으로 보아 가정법이므로 조동사 can의 과거형인 could가 와야 한다.

2 나의 삼촌은 내가 마치 자신의 딸인 것처럼 대한다. ▶ 실제 딸이 아닌데 딸인 것처럼 대한다는 가정법 과거의 의미이므로 were가 와야 한다.

3 그가 힘이 더 세다면, 그 무거운 상자들을 들 수 있을 것이다. ▶ if가 생략되어 주어와 동사가 도치된 가정법 과거이므로 Were가 와야 한다.

4 내가 답을 알았더라면, 너에게 말해 줄 수 있었을 것이다. ▶ 주절의 동사가 「조동사의 과거형+have+p.p.」이므로 가정법 과거완료이다. if절의 if가 생략된 형태이므로 주어와 조동사 had가 도치된 Had I known이 와야 한다.

5 만약 내가 더 열심히 공부했더라면 시험에 합격할 수 있었을 것이다. ▶ if절에 「had+p.p.」가 있고 문맥상 과거 사실과 반대되는 일을 가정하고 있으므로 가정법 과거완료이다. 따라서, 주절에서 조동사의 과거형 다음에 have passed가 와야 한다.

6 네 지지가 없었더라면, 나는 내 프로젝트를 끝낼 수 없었을 것이다. ▶ 뒤에 명사구가 이어지고 있으므로 전치사인 Without이 와야 한다. 여기서 Without이 이끄는 부사구는 if절을 대신한다.

7 우리가 택시를 탔더라면 더 일찍 도착할 수 있었을 것이다. ▶ 주절의 동사가 「조동사의 과거형+have+p.p.」이므로 가정법 과거완료이다. if절의 if가 생략된 형태이므로 주어와 조동사 had가 도치된 Had we taken이 와야 한다.

8 만약 우리가 같은 도시에 살았더라면, 우리는 서로를 더 많이 볼 수 있었을 것이다. ▶ if절에 「had+p.p.」가 있고 문맥상 과거 사실과 반대되는 일을 가정하고 있으므로 가정법 과거완료이다. 따라서, 주절에서 조동사의 과거형 다음에 have seen이 와야 한다.

9 만약 내가 어제 마라톤을 뛰었더라면, 나는 지금 피곤할 것이다. ▶ if절은 가정법 과거완료의 형태이지만 주절에 현재를 나타내는 부사 now가 있으므로 혼합 가정법임을 알 수 있다. 따라서 주절에서 조동사의 과거형 다음에 동사원형인 be가 와야 한다.

10 그는 파리에 가봤던 적이 전혀 없었지만, 마치 전에 거기에서 살았던 것처럼 말했다. ▶ 과거 사실과 반대되는 상상을 나타내는 가정법 과거완료이므로 had lived가 와야 한다.

B

1 만약 내가 더 현명했더라면 그의 제안을 거절하지 않았을 것이다. ▶ if절에 「had+p.p.」가 있고, 문맥상 과거 사실과 반대되는 일을 가정하고 있으므로 가정법 과거완료이다. 따라서, 주절에서 조동사의 과거형 다음에 「have+p.p.」 형태인 have turned가 와야 한다.

2 만약 우리가 같은 학교에 다닌다면, 우리는 더 많은 시간을 함께 보낼 수 있을 것이다. ▶ 주절의 동사가 「조동사의 과거형+동사원형」이고 문맥상 현재 사실과 반대되는 일을 가정하는 가정법 과거이므로, if절의 동사로는 과거형인 attended가 와야 한다.

3 만약 Karen이 우산을 가져왔더라면, 그녀는 산책을 더 즐겼을 것이다. ▶ 주절의 동사가 「조동사의 과거형+have+p.p.」이고 문맥상 과거 사실과 반대되는 일을 가정하는 가정법 과거완료이므로, if절의 동사로는 「had+p.p.」 형태인 had brought가 와야 한다.

4 그녀가 만약 자신이 매우 좋아하는 가수를 직접 볼 수 있다면, 그녀는 기뻐서 뛸 것이다. ▶ if절에 조동사 can의 과거형인 could가 있고 문맥상 실현 가능성이 희박한 일을 가정하는 가정법 과거이므로,

주절에서 조동사의 과거형 다음에 동사원형인 jump가 와야 한다.

C

1 믿을 만한 직원이라면 매일 지각하지 않을 것이다. ▶ 주절의 동사가 「조동사의 과거형＋동사원형」이고 문맥상 가정법 과거가 적절하므로, if절의 동사로는 과거형인 were가 와야 한다.

2 다른 상황이었더라면, 나는 그렇게 속상하지 않았을 것이다. ▶ 주절의 동사가 「조동사의 과거형＋have＋p.p.」이고 문맥상 가정법 과거완료가 적절하므로, if절의 동사로는 「had＋p.p.」 형태인 had been이 와야 한다.

3 나는 그것을 인터넷에서 찾아보았다. 그렇지 않았더라면, 나는 답을 알지 못했을 것이다. ▶ 주절의 동사가 「조동사의 과거형＋have＋p.p.」이고 문맥상 가정법 과거완료가 적절하므로 if절의 동사로는 「had＋p.p.」 형태인 had not looked it up이 와야 한다.

4 할머니의 격려가 없었더라면, 그는 그 소설을 쓰지 않았을 것이다. ▶ 주절의 동사가 「조동사의 과거형＋have＋p.p.」이고, 문맥상 가정법 과거완료가 적절하다. 가정법 과거완료의 의미로 쓰인 「without ...」은 「if it had not been for ...」로 바꿔 쓸 수 있다.

적용독해

pp. 86~89

1 ⑤   2 ③   3 ④   4 ②   5 ⑤

1 ⑤

Ⓐ 만약 당신이 시간을 거슬러 여행할 수 있다면 무엇을 할지 생각해 본 적이 있는가? 내가 지금 아는 것을 과거에도 알았더라면, 나는 내 개인적 발전에 속도를 높일 수 있었을 것이다. 물론 시간 여행은 불가능하지만, 나는 당신과 일부 중요한 지식을 공유할 수 있다. (그것은) 바로, 잘못되는 모든 일이 누군가의 잘못이 아니라는 점이다. 문제가 있을 때, 우리의 첫 반응은 보통 누가 그 문제를 일으켰는지 알아내려고 애쓰는 것이다. 그리고 일단 그러고 나면, 우리는 대개 마치 그 문제를 해결한 것처럼 만족스러워한다. 하지만 그 문제는 여전히 존재할 뿐만 아니라, 비난할 누군가가 없을지도 모른다. 그러므로, 당신은 문제의 원인 대신 문제의 해결책에 초점을 맞춰야 한다.

구문해설

【1행】 Have you ever thought about [what you **would do** if you **could travel** back in time]? ▶ [ ]는 about의 목적어로 쓰인 간접의문문으로 '의문사＋주어＋동사'의 어순을 따르며, '만약 …하면 ~할 것이다'의 의미인 가정법 과거가 쓰였다.

【2행】 If I **had known** in the past [what I know now], I **could have sped up** my personal development. ▶ 과거 사실의 반대를 가정하는 가정법 과거완료 문장이다. [ ]는 선행사를 포함하는 관계대명사 what이 이끄는 명사절로, had known의 목적어이다.

【4행】 ... **not everything** [that goes wrong] is somebody's fault. ▶ not everything은 '모두 …한 것은 아닌'의 의미인 부분부정이다. [ ]는 선행사인 everything을 수식하는 주격 관계대명사절로,

-thing으로 끝나는 대명사가 선행사일 때 관계대명사는 주로 that을 사용한다.

【4행】 When there is a problem, <u>our first reaction</u> <u>is</u>
　　　　　　　　　　　　　　　　　　　　S　　　　　　V
usually to **try to figure out** [who caused it]. ▶ 「try to-v」
　　　　　　SC
는 '…하려고 애쓰다'의 의미이다. [ ]는 to figure out의 목적어로 쓰인 간접의문문이다.

【6행】 And **once** we do, we are generally satisfied, [as if we have solved the problem]. ▶ once는 '일단 …하면'의 의미인 접속사이다. [ ]는 「as if＋직설법」으로, as if 다음에 나오는 내용이 사실일 가능성이 있는 경우에 쓴다.

문제해설

필자는 모든 문제가 누군가의 잘못은 아니므로 비난할 사람이 아닌 해결책을 찾는 데 초점을 두어야 한다고 주장하고 있다.

서술형

ⓔ do → does ▶ 부정어구 not only가 문두에 오면 주어와 (조)동사가 도치된다. 이때 일반동사가 있는 문장은 「do[does/did]＋주어＋동사원형」의 형태로 도치되는데, 주어인 the problem이 3인칭 단수이므로 do를 does로 고쳐야 한다.

2 ③

인종에 대한 아이들의 생각은 대체로 부모에 의해 형성된다. 이러한 생각은 이르면 6개월 시기에 형성되기 시작한다고 여겨진다. 이는 인종에 관련된 주제가 조기에 다루어질 필요가 있다는 것을 의미한다. 많은 부모가 그렇게 하지 않은 것을 후회한다. Ⓑ 그 부모들은 그들의 자녀가 인종에 대해 더 일찍 교육을 받았더라면 인종 간 편견을 형성하지 않았을 것이라고 생각한다. 자녀에게 단순히 '인종차별주의자가 되지 말라'라고 하기보다는 '반인종차별주의자'가 되라고 가르치는 것이 중요하다. 큰 차이가 있다. 어떤 부모는 자녀에게 인종 간의 차이와 인종 간의 편견에 관한 곤란한 대화를 피하면서 '인종차별주의자가 되지 말라'고 가르친다. 그들의 자녀는 결국 또래로부터 인종차별에 대해 배우게 되는데, 이는 문제가 될 수 있다. 반면에, 자녀에게 '반인종차별주의자'가 되라고 가르치는 부모는 그들의 자녀가 자신과 다른 사람들을 더 잘 이해할 수 있게 돕는다.

구문해설

【1행】 **It** is believed [that these beliefs begin to form as early as the age of six months]. ▶ It은 가주어이고 [ ]가 진주어이다.

【4행】 The parents believe [that **if** their children **had been educated** about race earlier, they **wouldn't have formed** racial biases]. ▶ [ ]는 believe의 목적어로 쓰인 명사절이며, '만약 …했더라면 ~했을 것이다'의 의미인 가정법 과거완료가 쓰였다.

【9행】 Parents [who teach their kids to be "anti-racist,"] on the other hand, **help** them better **understand** people [who are different from them]. ▶ 첫 번째 [ ]는 선행사인 Parents를 수식하는 주격 관계대명사절이며, 두 번째 [ ]는 선행사인 people을 수식하는 주격 관계대명사절이다. 「help A (to-)v」는 'A가 …하는 것을 돕다'의 의미이다.

문제해설
부모는 자녀가 인종에 대한 편견을 형성하지 않도록 조기에 교육해야 하며, 인종차별에 관한 대화를 피하는 것은 문제가 될 수 있다는 내용의 글이므로 요지로는 ③이 가장 적절하다.

☆ **서술형**

parents regret not doing so ▶ '…한 것을 후회하다'의 의미인 「regret v-ing」를 사용한다. '하지 않은 것'은 동명사 앞에 not을 붙여 not doing과 같이 나타내고, doing 다음에 so를 써서 앞 문장에 언급된 addressing issues related to race early on의 내용을 대신한다.

3 ④

'비용을 나눠 내는 것(더치페이)'은 외식 비용 증가 때문에 최근 몇 년간 인기 있는 추세가 되었다. 친구들과 외식을 할 때 당신의 식사 비용을 지불함으로써, 당신은 주최자에게서 모두를 위해 돈을 지불할 책임을 덜어 주고 다음번에 당신이 똑같이 할 의무를 피할 수 있다. 더치페이가 대부분의 상황에서 합리적으로 보일지도 모르지만, 그것이 항상 문화적으로 용인되는 것은 아니다. 예를 들어, 터키에서 누군가가 사람들을 식사에 초대할 때는, 주최자가 비용을 지불할 것으로 기대된다. ⓒ 당신은 이 상황에서 더치페이를 함으로써 당신이 정중하게 행동하고 있다고 생각할지도 모르지만, 그건 사실 당신이 주최자와 다른 손님들로부터 거리를 두려고 하는 것처럼 보일 것이다. 대신에, 주최자가 지불하도록 한 다음 당신이 후일에 신세를 갚는 것이 관례이다.

구문해설
2행 **By paying** for your own meal when eating out with friends, you *relieve* the host *of* the responsibility of paying for everyone and **avoid** the obligation doing the same next time. ▶ 「by v-ing」는 '…함으로써'의 의미이다. 「relieve ... of ~」는 '…에게서 ~을 덜어주다'의 의미이다. relieve와 avoid는 등위접속사 and로 병렬 연결되었다.
5행 For example, when someone invites people out for a meal in Turkey, **it** is expected [that the host will pay the bill]. ▶ it은 가주어이고 [ ]가 진주어이다.
7행 You might think [(that) you **are being** polite by going Dutch in this situation], but **it** will actually seem [**as if** you **were** trying to distance yourself from the host and the other guests]. ▶ 첫 번째 [ ]는 think의 목적어로 쓰인 명사절이다. be는 일시적인 상태를 나타낼 경우 진행형으로 쓸 수 있다. it은 앞서 나온 going Dutch in this situation을 가리킨다. 두 번째 [ ]는 '마치 …인 것처럼'의 의미인 「as if+가정법 과거」로, 주절의 시제와 일치하는 시점의 반대 사실을 가정한다.
9행 Instead, **it's** customary [*to allow* the host to pay and then (*to*) *return* the favor at a later date]. ▶ it은 가주어이고 [ ]가 진주어이다. to allow와 (to) return은 등위접속사 and로 병렬 연결되었다.

문제해설
더치페이는 모임 주최자의 부담을 덜어준다는 점에서는 합리적으로 보일 수도 있지만, 문화적으로 항상 용인되는 것은 아니므로 상황에 맞게 행동

해야 한다는 내용이다. 따라서, 제목으로는 ④ '더치페이: 언제 적절한지 알라'가 가장 적절하다.
① 더치페이의 재정적 이익
② 유럽 국가에서의 식사 예절
③ 훌륭한 주최자의 필요조건
⑤ 문화적으로 용인되는 동향을 확인하는 법

4 ②

만약 달이 존재하지 않는다면 지구에서의 삶은 어떨까? 만약 그것이 갑자기 사라진다면 끔찍한 어떤 일이 발생할까? ⓓ 달이 없다면, 지구의 축은 안정적이지 않을 것이다. 때때로 지구는 측면으로 (완전히) 기울 것이다. 이는 겨울과 여름 간의 기온 차이가 더 큰 것뿐만 아니라 더욱 극단적인 날씨가 있을 것임을 의미할 것이다. 다른 때에는 지구가 똑바로 서 있을 것인데, 이는 계절을 없애고 일 년 내내 낮과 밤의 길이를 똑같게 만들 것이다. 이런 영향은 모두 화성에서 발견될 수 있는데, 화성은 자신을 안정적으로 유지해 줄 큰 위성이 없다. 이 때문에, 화성의 기후는 시간이 흐르면서 큰 변화를 겪어 왔다. ⓔ 만약 지구가 달을 잃게 된다면, 비슷한 일이 일어날 것이다.

구문해설
2행 **Without** the Moon, the Earth's axis **would not be** stable. ▶ 「without+명사, 주어+조동사의 과거형+동사원형」은 '…가 없다면, ~할 것이다'의 의미인 가정법 과거 구문이다. 여기서 without은 「if it were not for」로 바꿔 쓸 수 있다.
5행 At other times, the Earth would be standing straight up, [which **would eliminate** seasons and *make* night and day equally *long* all year]. ▶ [ ]는 앞 절 전체를 선행사로 하는 계속적 용법의 주격 관계대명사절이다. 관계사절 내에서 두 개의 동사구 would eliminate와 (would) make가 등위접속사 and로 병렬 연결되었고, make의 목적격보어로 형용사 long이 쓰였다.

문제해설
달(위성)이 없다면 지구는 축이 불안정해져 극단적인 날씨 및 심한 계절 차가 생기거나, 계절이나 밤낮의 길이 차가 없어지는 등 많은 변화를 겪을 수 있는데, 이러한 결과는 위성이 없는 화성에서도 발견할 수 있다는 내용의 글이므로, 빈칸에는 ② '변화'가 들어가는 것이 가장 적절하다.

5 ⑤

Maria Cunitz는 17세기 초반에 오늘날의 폴란드 지역에 위치한 마을인 Wolow에서 태어났다. 그녀의 아버지는 의사였으며, 그는 직접 자신의 자녀들에게 다양한 과목을 교육시켰다. Cunitz는 스무 살 때 자신에게 그 분야에 대해 더 많은 것을 배우도록 격려하는 아마추어 천문학자와 결혼했다. 그녀는 곧 자신만의 천체 관측을 하기 시작했지만, 필요한 비싼 장비들을 살 형편이 되지 않았다. 그래서 그녀는 수학적 계산에 집중했다. 특히, 그녀는 Johannes Kepler의 별과 행성에 대한 천문표의 더 간단한 버전을 만들고 싶어 했다. Kepler는 당대 가장 뛰어난 천문학자 중 하나였지만, 그의 표를 이용해 계산하기는 매우 어려웠다. 1650년, Cunitz는 마침내 *Urania Propitia*라고 불리는, 간소화된 표를 실은 자신의 책을 출판해 냈다. ⓕ 천문학에 대한 그녀의 헌신이 없었다

면, 그녀는 그런 대단한 업적을 세울 수 없었을 것이다.

구문해설

1행 Maria Cunitz was born in **Wolow**, [a town located in {what is now Poland}], in the early 17th century. ▶ Wolow와 [ ]는 동격이다. { }는 선행사를 포함하는 관계대명사 what이 이끄는 명사절로, 전치사 in의 목적어로 쓰였다.

3행 When she was 20, Cunitz married an amateur astronomer [who **encouraged** her **to learn** more about the field]. ▶ [ ]는 선행사인 an amateur astronomer를 수식하는 주격 관계대명사절이다. 「encouraged A to-v」는 'A가 … 하도록 장려[격려]하다'의 의미이다.

5행 ..., but she could not afford the expensive instruments [(which/that) she required]. ▶ [ ]는 선행사인 the expensive instruments를 수식하는 목적격 관계대명사절로, 관계대명사가 생략되어 있다.

문제해설

Cunitz는 1650년에 자신의 저서인 *Urania Propitia*를 출판해 냈다고 했으나, 동료들의 도움에 대한 언급은 없었다.

REVIEW TEST

p. 90

A

Ⓐ 「if+주어+동사의 과거형, 주어+조동사의 과거형+동사원형」: 만약 …하면, ~할 것이다
Ⓑ 「if+주어+had+p.p., 주어+조동사의 과거형+have+ p.p.」: 만약 …했더라면, ~했을 것이다
Ⓒ 「as if+가정법 과거」: 마치 …인 것처럼
Ⓓ 「without ...」: …이 없었다면
Ⓔ 「if+주어+were to-v, 주어+조동사의 과거형+동사원형」: 만약 …하면, ~할 것이다
Ⓕ 「but for ...」: …이 없었다면

B

1 solution **2** addressed **3** acceptable **4** eliminate
5 subjects **6** observations **7** managed to

1 evolution 진화
2 regret 후회하다
3 deniable 거부할 수 없는
4 establish 설립[설정]하다
5 object 물건, 물체; 대상
6 requirement 필요조건, 요건
7 fail to-v …하는 데 실패하다

09 형용사적 수식어

GRAMMAR BUILD UP
pp. 92~94

① 형용사(구)의 수식

1 [little] / 그 노인은 한 어린 소녀에 의해 안내되었다.
2 [wrong with the engine] / 엔진에 잘못된 뭔가가 있다.
3 [full of apples] / 사과로 가득한 바구니가 저쪽 탁자 위에 있다.
4 [new to our school] / 우리 학교에 새로 온 사람에게 너를 소개하고 싶다.
5 [irrelevant to the given topic] / 그는 주어진 주제와 무관한 과제물을 제출했다.

② 전치사구의 수식

1 [from parents] / 부모님으로부터의 조언은 매우 유익할 수 있다.
2 [in this factory] / 이 공장에 있는 상품의 대부분이 수출된다.
3 [from the top of N Seoul Tower] / N서울타워의 정상에서 보는 경치는 멋지다.
4 [about environmental issues] / 나는 오늘 아침에 환경 문제에 관한 뉴스 기사를 읽었다.
5 [on endangered animals] / 멸종 위기에 처한 동물들에 관한 그 다큐멘터리는 매우 교육적이었다.
6 [in the middle of the day] / 한낮에 (자는) 한 시간의 잠은 건강에 좋다.

③ 분사(구)의 수식 (1)

1 hidden / 그들은 숨겨진 보물을 찾았다.
2 shining / 도시의 빛나는 저 불빛들을 보라.
3 lost / 그는 자신의 잃어버린 기억들을 되찾고 싶어 한다.
4 trembling / 그녀는 떨리는 손으로 그 편지를 뜯었다.
5 singing / 노래하는 새들이 아침에 나를 깨웠다.
6 interesting / 그 미술관에 흥미로운 멕시코 미술 전시회가 있다.
7 misspelled / 네가 과제물을 제출하기 전에 철자가 틀린 단어를 고치는 것을 잊지 마라.

④ 분사(구)의 수식 (2)

1 [advertised in the magazine] / 잡지에 광고가 된 그 책은 잘 팔렸다.
2 [covered with syrup] / 그 종업원은 나에게 시럽으로 덮인 와플을 가져다주었다.
3 [ordered last month] / 지난달에 주문된 상품들이 아직 도착하지 않았다.
4 [coming through the window] / 오늘 창문을 통해 들어오는 공기가 너무 차다.
5 [living in cities] / 도시에 사는 사람들은 시골 생활의 즐거움을 알지 못한다.

6 [required to open a new bank account] / 새 은행 계좌를 개설하는 데 필요한 서류들은 무엇입니까?

1 앞줄에 앉아 있는 소녀는 내 조카이다.

2 그 소녀는 앞줄에 앉아 있다.

3 이것은 아이들에 의해 선호되는 종류의 영화이다.

4 과거에는 아이들이 이런 종류의 영화를 선호했다.

⑤ to부정사(구)의 수식

1 그는 의지할 친구가 없다.

2 너는 나에게 할 말 없니?

3 이것은 영원히 기억할 경험이다.

4 요즘은 살 집을 찾기가 어렵다.

5 나는 그런 사소한 일들에 대해 걱정할 시간이 없다.

6 방을 마지막으로 나가는 사람이 불을 꺼야 한다.

GRAMMAR CHECK UP   p. 95

Ⓐ 1 [qualified for the job]
  2 [running next to its owner]
  3 [by the front door]
  4 [opposite our school]
  5 [worth $2,000]
  6 [arriving late]
  7 [given to me by my friend]
  8 [to finish this assignment]
  9 [to prepare dinner with]

Ⓑ 1 named   **2** taken
  3 nothing wrong   **4** carrying
  5 participate in   **6** making
  7 planted

Ⓒ 1 a house covered with snow
  2 someone to talk to[with]
  3 The waitress wearing the yellow shirt
  4 The wounded soldiers
  5 The results of the survey

A

1 그 일에 적임인 단 한 사람이 있다. ▶ 형용사가 다른 어구와 함께 쓰여 길어진 경우로, 명사의 뒤에서 명사를 수식한다.

2 주인 옆에서 달리고 있는 그 개는 매우 귀엽다. ▶ 현재분사가 다른 어구와 함께 쓰여 길어진 경우로, 명사의 뒤에서 명사를 수식한다.

3 현관문 옆에 있는 자전거는 James의 것이다. ▶ 전치사구가 명사의 뒤에서 명사를 수식하는 형용사구의 역할을 한다.

4 우리 학교 맞은편에 있는 그 오래된 건물은 허물어질 것이다. ▶ 전치

사구가 명사의 뒤에서 명사를 수식하는 형용사구의 역할을 한다.

5 나의 할아버지께서는 내게 2천 달러의 가치가 있는 골동품 시계를 주셨다. ▶ 형용사가 다른 어구와 함께 쓰여 길어진 경우로, 명사의 뒤에서 명사를 수식한다.

6 늦게 도착하는 사람들은 극장에 입장하는 것이 허용되지 않을 것이다. ▶ 현재분사가 다른 어구와 함께 쓰여 길어진 경우로, 명사의 뒤에서 명사를 수식한다.

7 내 친구에 의해 나에게 주어진 명함은 금속으로 만들어졌다. ▶ 과거분사가 다른 어구와 함께 쓰여 길어진 경우로, 명사의 뒤에서 명사를 수식한다.

8 이 과제를 제일 먼저 끝내는 사람은 상을 받을 것이다. ▶ to부정사구가 명사의 뒤에서 명사를 수식하는 형용사적 용법이다.

9 그들은 내게 저녁 식사를 준비하는 데 쓸 약간의 고기와 채소를 주었다. ▶ to부정사구가 명사의 뒤에서 명사를 수식하는 형용사적 용법으로, 이때 명사는 전치사 with의 목적어이다.

B

1 Bruce라는 이름의 소년이 저 창문을 깼다. ▶ A boy는 이름이 '지어진' 대상이므로 과거분사 named가 와야 한다.

2 나의 아들에 의해 찍힌 사진은 선명하지 않았다. ▶ The picture는 '찍힌' 대상이므로 과거분사 taken이 와야 한다.

3 나는 내 컴퓨터에 아무 이상이 없다는 것을 알게 되었다. ▶ -thing으로 끝나는 대명사는 형용사(구)가 뒤에서 수식하므로 nothing wrong이 와야 한다.

4 몇 개의 상자를 옮기고 있는 그 남자는 수상해 보인다. ▶ The guy는 상자를 '옮기고 있는' 주체이므로 현재분사 carrying이 와야 한다.

5 이것은 참가하기에 매우 보람 있는 프로그램이다. ▶ to부정사구의 동사 participate는 전치사 in과 함께 '…에 참가하다'의 의미로 쓰이므로, participate in이 와야 한다.

6 부엌에서 파이를 만들고 있는 그 남자는 온통 흰색 옷을 입었다. ▶ The man이 파이를 '만들고 있는' 주체이므로 현재분사 making이 와야 한다.

7 5년 전에 심어진 사과나무들이 올해 열매를 맺을 것이다. ▶ The apple trees는 '심어진' 대상이므로 과거분사 planted가 와야 한다.

C

1 나는 눈으로 뒤덮인 집 한 채를 발견했다. ▶ a house는 눈으로 '뒤덮인' 대상이므로 covering을 과거분사 covered로 고쳐야 한다.

2 나는 외로워서 대화할 사람이 필요하다. ▶ to부정사구에 쓰인 동사 talk가 자동사로 쓰여 someone을 수식하려면 전치사가 필요하므로, talk를 talk to나 talk with로 고쳐야 한다.

3 노란색 셔츠를 입고 있는 여종업원은 무례했다. ▶ The waitress가 셔츠를 '입고 있는' 주체이므로 worn을 현재분사 wearing으로 고쳐야 한다.

4 다친 군인들이 병원으로 이송되었다. ▶ The soldiers는 '다친' 대상이므로 wounding을 과거분사 wounded로 고쳐야 한다.

5 그 조사의 결과는 연구원들을 놀라게 했다. ▶ 전치사구가 명사의 뒤에서 명사를 수식하는 형용사구의 역할을 하므로 The results of the survey로 고쳐야 한다.

1 ⑤ **2** ③ **3** ③ **4** ③ **5** ⑤

1 ⑤

사람들은 일반적으로 독성 화학 성분을 포함하는 물질을 피한다. 유감스럽게도, 이런 물질 중 하나는 피하는 것이 거의 불가능하다. 바로 집먼지이다. ⒜ 한 연구에 따르면, 대부분의 집먼지는 인간의 건강에 해를 끼치는 것으로 의심되거나 (그렇다고) 알려진 약 열 가지의 각기 다른 화학 물질을 포함한다. 이 화학 물질들은 보통 집 안에서 발견되는 여러 출처에서 온다. 예를 들어, 암을 유발하는 프탈레이트는 식품 포장재와 같은비닐로 만들어진 것들에서 발견된다. 해로운 화학 물질을 함유하는 다른 것들에는 화장품, 유아용품, 그리고 가구가 있다. 당신의 가정에서 모든 먼지를 제거하는 것이 불가능하긴 하지만, 당신이 할 수 있는 일이 몇 가지있다. 연구원들은 가능한 한 자주 손을 씻고, 진공청소기로 바닥을 청소하고, 젖은 천으로 먼지를 닦으라고 제안한다.

구문해설

1행 Unfortunately, **one of these materials is** almost impossible *to avoid*—household dust. ▶ 주어가 전치사구 of these materials의 수식을 받는 one이므로 단수동사 is를 썼다. to avoid는 형용사를 수식하는 부사적 용법의 to부정사이다.

2행 According to a study, most household dust contains about ten different chemicals [**suspected** or **known** to harm human health]. ▶ [ ]는 about ten different chemicals를 수식하는 과거분사구로, 과거분사 suspected와 known이 등위접속사 or에 의해 병렬 연결되어 목적어 to harm 이하를 공유한다.

7행 Although **it** is impossible [to remove all of the dust from your home], there are some things [(that) you can do]. ▶ it은 가주어이고 첫 번째 [ ]가 진주어이다. 두 번째 [ ]는 some things를 수식하는 목적격 관계대명사절로 관계대명사 that이 생략되었고, -thing으로 끝나는 대명사가 선행사일 때, 관계대명사는 주로 that을 사용한다.

8행 The researchers suggest [washing your hands], [vacuuming the floors], and [dusting with a damp cloth] **as often as possible.** ▶ suggest의 목적어로 세 개의 동명사구 [ ]가 등위접속사 and에 의해 병렬 연결되었다. 「as+부사의 원급+as possible」은 '가능한 한 …하게'의 의미이다.

문제해설

가정에서 일상적으로 사용하는 생활용품 전반에 독성 화학 물질이 포함되어 있으며, 이러한 해로운 화학 물질을 함유한 집먼지를 완벽히 피하는 것이 어렵다는 내용의 글이므로, 요지로는 ⑤가 가장 적절하다.

ⓦ 서술형

contains → contain, includes → include ▶ 주격 관계대명사 that은 복수명사인 Other items를 선행사로 하므로 contains를 contain으로 고쳐야 하며, 문장의 주어 역시 복수명사인 Other items이므로 본동사도 복수동사인 include로 고쳐야 한다.

2 ③

블랙프라이데이와 사이버먼데이는 인기 있는 할인 행사이지만, 그것들의 물질주의적인 본질은 우려의 원인이 되었다. 그런 우려들이 세계적인 나눔 운동인 기빙튜즈데이를 낳았다. 이 행사는 사이버먼데이 다음날인 화요일에 열리는데, 자선 단체를 위한 기부금을 모으는 데 있어 매우 성공적이게 되었다. 그것은 또한 할인 행사가 기부 행위에 미치는 영향에 대한 연구를 촉발했다. 최근의 한 연구는 할인 행사가 소비자들이 기꺼이 기부하고자 하는 마음에 긍정적으로 영향을 미친다는 것을 보여 준다. ⒝ 그 연구에 따르면, 소비자들은 그들이 할인 판매 동안 아낀 돈 때문에 쓸 더 많은 자산을 갖고 있다고 생각한다. 이 연구는 기빙튜즈데이의 성공을 설명하는 데 도움이 되며, 자선 캠페인을 계획하는 최적의 시기에 대한 통찰을 준다. 게다가, 그것은 할인 행사가 기업들에게 자선 단체와 협력할 수 있는 굉장한 기회라는 점을 시사한다.

→ 자선 단체는 할인 행사 후에 소비자들로부터 기부금을 더 많이 받는데, 이는 소비자들이 자신들이 이용할 수 있는 더 많은 자산을 갖고 있다고 생각하기 때문이다.

구문해설

3행 This event, [which takes place on the Tuesday following Cyber Monday], has become highly successful in [raising money for charities]. ▶ 첫 번째 [ ]는 This event를 선행사로 하는 계속적 용법의 주격 관계대명사절로, 문장의 주어와 동사 사이에 삽입되었다. 두 번째 [ ]는 전치사 in의 목적어로 쓰인 동명사구이다.

7행 According to the study, consumers believe [(that) they have more resources **to use** due to the money {(which/that) they saved during the sales}]. ▶ [ ]는 believe의 목적어로 쓰인 명사절이다. to use는 more resources를 수식하는 형용사적 용법의 to부정사이다. { }는 선행사인 the money를 수식하는 목적격 관계대명사절로, 관계대명사가 생략되었다.

문제해설

할인 행사 후에 많은 기부금이 모이는 이유는 소비자들이 행사에서 돈을 아껴서 자신이 쓸 수 있는 더 많은 자산을 갖고 있다고 생각하기 때문이라는 내용의 글이다.

ⓦ 서술형

helps explain the success of Giving Tuesday

3 ③

지구에서 가장 유독한 몇몇 생물은 호주에서 발견된다. 최근에, 그곳의 한 과학자팀이 거미 독을 이용해서 진통제를 개선하는 데 도움을 줄 수 있을 중요한 발견을 했다. 물론, 거미는 사냥감을 마비시키기 위해 독을 이용한다. 그 과학자들은 이 독이 작용하는 방식을 알아냈다. ⒞ 그것은 두뇌로 통증 신호를 보내는 역할을 하는 경로를 차단한다. 예를 들어, 한 특정 거미, 즉 주황색 장식이 있는 보르네오 타란툴라의 독은 의사들에 의해 진통제로 사용되기에 적합한 특징을 지니고 있다. 무엇보다 가장 중요하게, 과학자들은 거미 독으로 만들어진 진통제는 중독성이 없을 것이라고 생각한다. ⒟ 이는 만성적인 통증에 시달리고 있는 환자들에게 그 진통제를 사용하는 것을 훨씬 더 안전하게 할 것이다.

구문해설

2행 ... has used spider venom **to make** an important discovery [that could *help improve* painkillers]. ▶ to make는 결과를 나타내는 부사적 용법의 to부정사이다. [ ]는 선행사인 an important discovery를 수식하는 주격 관계대명사절이다. help는 to부정사와 동사원형을 둘 다 목적어로 쓸 수 있다.

5행 For example, the venom of **one particular spider**, [the Borneo orange-fringed tarantula], has the right characteristics *to be used* **as** a painkiller by doctors. ▶ one particular spider와 [ ]는 동격이다. to be used는 the right characteristics를 수식하는 형용사적 용법의 to부정사구이다. as는 '…로(서)'의 의미를 나타내는 전치사로 쓰였다.

8행 **This** will make them *much* safer to use on patients [suffering from constant pain]. ▶ This는 앞 문장의 종속절을 가리킨다. much, far, even, still, a lot 등은 비교급 앞에 쓰여 비교급을 강조한다. [ ]는 patients를 수식하는 현재분사구이다.

문제해설

지속적인 통증에 시달리는 환자들에게 안전하게 사용할 수 있는 진통제를 만드는 데 거미 독을 이용할 수 있을 것이라는 내용의 글이므로, 제목으로는 ③ '아픈 사람들을 돕기 위해 독을 사용하는 것'이 가장 적절하다.
① 거미에게 물린 상처에 대한 놀라운 치료법
② 해로운 독을 제거하는 방법
④ 독: 가장 치명적인 물질
⑤ 인체 내에서 진통제가 작용하는 방식

4 ③

과거에는 여행 문서가 일반적인 필수품이 아니었다. 일반적으로, 그것은 항구에서 항구로 이동하는 선원들에 의해서만 사용되었다. 하지만 19세기에 철도 시설이 유럽 일주를 훨씬 더 쉽게 만들었다. ⒠ 그래서 대부분의 국가들이 다른 국가로의 여행에 요구되었던 문서를 없앴다. 결과적으로, 20세기가 시작될 무렵에 유럽의 국경은 거의 폐쇄되었(→ 개방되었)다. 하지만, 이는 제1차 세계대전에 의해 바뀌었다. 전쟁이 발발하자, 정부는 국경을 넘는 사람들을 더욱 주시했다. 영국이 오늘날 우리가 알고 있는 것과 같은 여권 체계를 수립한 최초의 국가였다. 사람들은 자신의 사진과 다른 정보를 포함한 한 장의 문서를 받았다. 1920년대에 행해진 몇 가지 작은 변화 후에, 이 여권은 모든 국제 여행의 표준 디자인이 되었다.

구문해설

3행 So most countries got rid of the papers [that **had been required** for travel {to other nations}]. ▶ [ ]는 선행사인 the papers를 수식하는 주격 관계대명사절이다. had been required는 문서를 없앤 것보다 그것이 요구되었던 것이 더 이전의 일임을 나타내는 과거완료시제이다. { }는 travel을 수식하는 전치사구이다.

7행 The UK was the first nation **to set up** a passport system like the *one* [(which/that) we recognize today]. ▶ to set up은 the first nation을 수식하는 형용사적 용법의 to부정사구이다. [ ]는 선행사인 the one을 수식하는 목적격 관계대명사절로, 관계대명사가 생략되었다. one은 passport system을 가리키는 대명사이다.

문제해설

대부분의 국가가 여행 문서를 폐지하여 유럽의 국경이 거의 개방되었다는 내용이 되어야 자연스러우므로, ③의 closed를 opened 등으로 고쳐야 한다.

5 ⑤

당신은 맑은 밤이 구름이 잔뜩 낀 밤보다 보통 더 쌀쌀하다는 것을 알아차렸을지도 모른다. 구름양이 이런 현상의 원인이다. ⒡ 구름에 덮인 하늘의 양은 밤에 지구의 표면이 얼마나 빨리 따뜻해지는지에 영향을 미친다. 구름은 실제로 밤에 지구 표면이 따뜻해지게 할 수 있다. 이것은 구름이, 특히 상층부 구름이, 열로 하여금 우주로 빠져나가지 못하게 막기 때문이다. 그러나 하늘에 구름이 한 점도 없으면, 열은 지구의 대기를 빠져나갈 수 있다. 그러므로 맑은 밤이 구름으로 가득한 하늘의 밤보다 현저히 더 춥다. 그러나 낮에는 구름이 더 낮은 기온을 만들어 내는데, 그것이 태양 광선을 막기 때문이다. 실제로, 구름이 없다면 지구는 20퍼센트 더 많은 열을 흡수할 것이다. 그러므로 당신이 하늘을 올려다볼 때, 구름이 날씨에 어떻게 영향을 주었을지에 대해 생각해 보라.

구문해설

3행 The amount of the sky [covered by clouds] affects [how quickly the Earth's surface heats up at night]. ▶ 첫 번째 [ ]는 the sky를 수식하는 과거분사구이다. 두 번째 [ ]는 affects의 목적어로 쓰인 간접의문문으로, 「의문사(+부사)+주어+동사」의 어순을 따른다.

4행 Clouds can actually **cause** the Earth's surface **to heat up** at night. ▶ 「cause A to-v」는 'A가 …하게 하다'의 의미이다.

5행 This is because clouds **keep** heat **from escaping** into space, especially upper-level clouds. ▶ 「keep A from v-ing」는 'A가 …하지 못하게 막다'의 의미이다.

문제해설

구름이 밤에는 지표면의 열이 대기 중으로 빠져나가는 것을 막고, 낮에는 지표면이 열을 흡수하는 것을 어느 정도 막아 준다는 내용의 글이다. 주어진 문장은 구름이 없다면 지구는 더 많은 열을 흡수할 것이라고 설명하고 있으므로, 구름이 낮 기온에 미치는 영향을 나타내는 문장 다음인 ⑤에 들어가는 것이 가장 적절하다.

REVIEW TEST

p. 100

Ⓐ

Ⓐ [suspected or known to harm human health]

33

ⓑ [to use]
ⓒ [responsible for sending pain signals to the brain]
ⓓ [suffering from constant pain]
ⓔ [to other nations]
ⓕ [covered by clouds]

 B

1 avoid 2 impossible 3 concern 4 collaborate
5 paralyze 6 broke out 7 recognize 8 absorb

B

1 pursue 추구하다　　2 possible 가능한
3 consent 동의　　　4 elaborate 자세히 말하다
5 analyze 분석하다　　6 break down 고장나다
7 organize 준비하다　　8 abstract 추출하다

10 to부정사의 이해

GRAMMAR BUILD UP　　pp. 102~104

❶ to부정사의 의미상 주어

1 [of you] / 네가 경찰을 부른 것은 현명했다.
2 [for him] / 그가 이렇게 늦게 잠자리에 드는 것은 드물다.
3 [for me] / 그 교수의 강의는 내가 이해하기 쉽다.
4 [for me] / 내가 보기에 좋은 영화를 추천해 줄 수 있니?

❷ 형태에 주의해야 할 to부정사

1 나의 아버지는 오늘 기분이 좋으신 것 같다.
2 그녀에게 무언가 나쁜 일이 일어났던 것 같다.
3 그는 그 대학에 대학원생으로 받아들여지길 원한다.

❸ to부정사의 의미 (1) - 목적, 원인

1 우리는 그들이 결혼했다는 소식을 듣게 되어 기뻤다.
2 그 사람들은 퍼레이드를 더 잘 보기 위해 일어섰다.
3 그녀는 신문에서 그 기사를 보고서 놀랐다.
4 당신에게 그 공연이 취소되었음을 알리게 되어 유감입니다.
5 그녀는 그가 정신이 들게 하기 위해 그의 얼굴에 물을 끼얹었다.
6 그 경찰관은 아이들이 길을 안전하게 건너게 하기 위해 차량 통행을 막았다.

❹ to부정사의 의미 (2) - 결과

1 나는 어머니를 설득하려고 노력했으나 결국 실패하고 말았다.
2 그녀는 깨어나서 자신이 낯선 방에 있다는 것을 알았다.
3 그 좋았던 옛 시절은 가버려서 절대 돌아오지 않는다.
4 그는 한국에 돌아와서 자신이 국가의 영웅임을 알게 되었다.
5 어떤 사람들은 단기간에 체중을 감량하나 결국 빠르게 체중이 다시 늘어나고 만다.

❺ to부정사의 의미 (3) - 정도

1 very convenient to use / 이 소프트웨어는 사용하기 매우 편리하다.
2 so foolish as to believe / 그녀가 그런 터무니없는 말을 믿을 만큼 어리석을까?
3 so bright as to light up / 달이 숲을 밝힐 만큼 밝았다.
4 too high for the boy to jump / 그 울타리는 그 소년이 뛰어넘기에 너무 높았다.
5 too sleepy to finish / 나는 어젯밤에 너무 졸려서 숙제를 끝내지 못했다.
6 easy enough for a six-year-old child to read / 이 책은 여섯 살짜리 아이가 읽을 만큼 충분히 쉽다.

❻ to부정사의 의미 (4) - 판단의 근거, 조건, 문장 전체 수식

1 사실대로 말하면, 나는 그가 말하는 방식을 좋아하지 않는다.
2 그들이 말하는 것을 듣는다면, 너는 그들이 야구를 잘한다고 생각할 것이다.
3 그 자동차는 현대적인 디자인은 말할 것도 없고 가격도 적정하다.
4 밸런타인데이에 그렇게 많은 초콜릿을 받다니 그는 인기 있는 것이 틀림없다.

GRAMMAR CHECK UP　　p. 105

A 1 Tony는 너무 수줍어서 그 소녀에게 말을 걸 수 없었다.
　2 나는 그 도시의 역사에 대해 배우기 위해서 그 박물관을 방문했다.
　3 그가 고생한 이야기는 듣기에 괴로웠다.
　4 그녀는 그가 아직 살아 있다는 것을 안다면 기뻐할 것이다.
　5 우리 교수님은 말하자면 걸어 다니는 백과사전이다.
　6 폭풍우가 몰아치는 이런 날씨에 캠핑을 하러 가다니 그는 제정신이 아닌 것이 틀림없다.
　7 Jane의 아버지는 Jane이 입원해 있다는 소식을 듣고 충격을 받았다.
　8 놀랍게도, 그 병약한 여자는 90세가 넘어서까지 살았다.

B 1 to be broken
　2 to have played
　3 to have made
　4 to have been sentenced

C 1 for us to play with
2 of you not to accept
3 so hard as to make
4 enough for us to see
5 in order not to get stuck on the road
6 too nervous to answer

A
1 ▶ 정도를 나타내는 to부정사로, 「too+형용사/부사+to-v」는 '~하기에 너무 …한/하게', '너무 …해서 ~할 수 없는'의 의미이다.
2 ▶ 목적을 나타내는 to부정사이다.
3 ▶ 형용사를 수식하여 정도를 나타내는 to부정사이다.
4 ▶ 조건을 나타내는 to부정사이다.
5 ▶ 문장 전체를 수식하여 부사적 의미를 나타내는 to부정사이다.
6 ▶ 판단의 근거를 나타내는 to부정사이다.
7 ▶ 원인을 나타내는 to부정사이다.
8 ▶ 결과를 나타내는 to부정사이다.

B
1 너의 노트북 컴퓨터가 고장 난 것 같다. ▶ 종속절의 동사 is의 시제가 본동사 seems의 시제와 같으므로 단순부정사인 to be broken을 써야 한다.
2 그녀는 기타를 매우 잘 쳤다고 말해진다. ▶ 종속절의 동사 played의 시제가 본동사 is said의 시제보다 앞서므로 완료부정사인 to have played를 써야 한다.
3 그는 자신의 목표를 달성하기 위해 온갖 노력을 했던 것 같다. ▶ 종속절의 동사 made의 시제가 본동사 seems의 시제보다 앞서므로 완료부정사인 to have made를 써야 한다.
4 그 죄수는 종신형을 선고받았다고 말해진다. ▶ 종속절의 동사 was sentenced의 시제가 본동사 is said의 시제보다 앞서므로 완료부정사인 to have been sentenced를 써야 한다.

C
1 그 장난감은 우리가 가지고 놀기에 너무 유치했다. ▶ '~하기에 너무 …한/하게'의 의미를 나타내는 「too+형용사/부사+to-v」를 이용한다. 이때 to부정사의 의미상 주어인 「for+목적격」은 to부정사 앞에 위치하며, to부정사가 수식하는 명사 the toy는 with의 목적어이다.
2 네가 그의 사과를 받아들이지 않은 것은 무례했다. ▶ to부정사의 의미상 주어인 「of+목적격」은 to부정사 앞에 위치하며, to부정사의 부정은 to부정사 바로 앞에 not을 붙여 만든다.
3 Jerry는 눈에서 눈물이 날 만큼 머리를 세게 부딪쳤다. ▶ '~할 만큼 …한/하게'의 의미를 나타내는 「so+형용사/부사+as to-v」를 이용한다.
4 그 호수는 우리가 물고기가 헤엄치는 것을 볼 만큼 충분히 맑았다. ▶ '~할 만큼 충분히 …한/하게'의 의미를 나타내는 「형용사/부사+enough to-v」를 이용한다. 이때 to부정사의 의미상 주어를 나타내는 「for+목적격」은 to부정사 앞에 위치한다.
5 너는 도로 위에서 꼼짝 못 하게 되지 않기 위해 지금 멈추고 주유

하는 것이 좋겠다. ▶ '…하지 않기 위해서'의 의미를 나타내는 「in order not to-v」를 이용한다.
6 그 지원자는 너무 긴장해서 면접관의 질문에 대답할 수 없었다. ▶ '너무 …해서 ~할 수 없는'의 의미를 나타내는 「too+형용사/부사+to-v」를 이용한다.

🌲🚐 적용독해   pp. 106~109

1 ③   **2** ④   **3** ①   **4** ③   **5** ⑤

1 ③

ⓐ 과거에, 사람들은 진지한 뉴스 진행자가 뉴스를 진행하는 것을 보기 위해서 텔레비전을 켰다. 그러나 요즘 점점 더 많은 뉴스가 코미디처럼 전달되고 있다. 어떤 사람들은 이것이 젊은 시청자들에게 (소식을) 알리는 더 효과적인 방법일지도 모른다고 생각한다. 이것이 사실인지 알아내기 위해서, 연구원들은 청년들이 재미있고 진지한 뉴스 클립 영상이 섞인 것을 보게 했다. 그 후에, 그들은 참가자들이 얼마나 많은 정보를 간직하고 있었는지 알아내기 위해 기억력 검사를 하고, 그들이 각 클립을 공유할 것 같은지 물었다. (사람들은 흔히 소셜 네트워크에서 사람들과의 관계를 강화하기 위해 온라인으로 클립 영상을 공유한다.) 그 연구는 참가자들이 재미있는 클립 영상을 더 잘 기억하고 그것들을 온라인으로 공유할 가능성이 더 크다는 것을 보여 주었다. 이것은 유머가 사람들이 정치 및 시사와 관계를 맺도록 동기를 부여할 수 있다는 것을 보여 준다.

구문해설

1행 In the past, people turned on their televisions **to watch** solemn news anchors *present* the news. ▶ to watch는 목적을 나타내는 부사적 용법의 to부정사이다. 지각동사 watch의 목적격보어로 동사원형 present가 쓰였다.

4행 To find out [whether this is true], researchers **had** young adults **watch** a mix of funny and serious news clips. ▶ [ ]는 find out의 목적어로 쓰인 명사절이다. 사역동사 had의 목적격보어로 동사원형 watch가 쓰였다.

5행 Afterward, they **conducted** a memory test [to determine how much information the participants had retained] and **asked** [whether they were likely to share each clip]. ▶ conducted와 asked는 등위접속사 and로 병렬 연결되었다. 첫 번째 [ ]는 목적을 나타내는 부사적 용법의 to부정사구이다. 두 번째 [ ]는 asked의 목적어로 쓰인 명사절이다.

문제해설

사람들이 진지한 뉴스보다 유머가 가미된 뉴스를 더 잘 기억하고 공유하는 경향이 있다는 내용의 글이므로, 사람들이 소셜 네트워크에서 인간관계를 강화하기 위해 클립 영상을 공유한다는 ③은 글의 흐름과 무관하다.

☆ **서술형**

how much information the participants had retained

2 ④

어린이를 위한 하계 수학 캠프

이 하계 캠프는 수학을 아주 좋아하는 아이들을 위해 특별히 고안되었습니다. 어떤 학생이든 몰두하고 흥미를 느끼게 할 수학과 관련된 활동이 충분히 있습니다. 캠프 참가자들은 도전 의식을 북돋우는 문제를 해결하기 위해 협력할 것인데, 이는 그들이 수학 능력과 사회성 모두를 향상시키도록 돕습니다. 프로그램에 (참가하도록) 받아들여지기 위해, 모든 지원자들은 입학시험을 봐야 합니다. ⓑ 이것의 목적은 그들이 그 도전적인 교육 과정을 감당할 만큼 충분히 숙련되어 있는지는 말할 것도 없고, 그들이 진정으로 수학에 관심이 있는지 확인하는 것입니다.

예시 일정

어린이를 위한 하계 수학 캠프는 14일 동안 계속됩니다. 날마다 다르지만, 일반적인 일과는 아래에 포함되어 있습니다.

시간	활동
오전 9시부터 11시까지	오전 수학 수업
오후 2시부터 5시까지	모둠별 문제 해결 시간
오후 7시부터 10시까지	오락 활동

* 2주간의 상세한 일정을 보시려면, 저희 웹 사이트 www.mathcamp.net을 방문해 주세요.

구문해설

2행 There are enough math-related activities to **keep** any student **engaged** and **interested**. ▶ 「keep+목적어+목적격보어」는 '…가 ~하게 유지하다'의 의미로, 목적격보어로 쓰인 engaged와 interested가 등위접속사 and로 병렬 연결되었다.

3행 The campers will work together **to solve** challenging problems, [which helps them to improve *both* their math skills *and* their social skills]. ▶ to solve는 목적을 나타내는 부사적 용법의 to부정사이다. [ ]는 앞 절 전체를 선행사로 하는 계속적 용법의 주격 관계대명사절이다. 「both A and B」는 'A와 B 모두[둘 다]'의 의미이다.

6행 The purpose of this is to confirm [(that) they are truly interested in math, **not to mention** skilled enough to handle the challenging curriculum]. ▶ [ ]는 confirm의 목적어로 쓰인 명사절이다. 「not to mention …」은 '…은 말할 것도 없고'의 의미로 문장 전체를 수식하는 to부정사구이다.

문제해설

오후 7시부터 10시까지는 오락 활동이 예정되어 있다.

☆ 서술형

be accepted ▶ 문장의 주어인 all applicants가 to부정사의 의미상 주어로 '받아들여지는' 대상이므로, accept를 수동태인 be accepted로 고쳐야 한다.

3 ①

디트로이트 출신의 한 환경 운동가는 기증품으로 여러 가지의 빈 감자 칩 봉지들을 받았다. 그녀의 목적은 단순했다. 그녀는 지역의 노숙자를 돕고 환경을 지키는 것을 돕고 싶었던 것이다. 영국에 사는 한 여성의 영상을 본 후, 그녀는 고무되어 버려진 것으로부터 유용한 것을 만들어 냈다. 그 영상에서, 그 여성은 호일로 된 감자 칩 봉지들을 함께 다림질함으로써 어떻게 침낭이 만들어질 수 있는지 보여 주었다. 감자 칩 봉지는 가볍고, 내구성이 있으며, 열을 잘 유지하므로, 그것은 침낭에 꼭 맞는 재료이다. 하나의 침낭을 만드는 데 약 네 시간이 걸리고 150개의 감자 칩 봉지가 필요하기 때문에, 그녀는 약간의 도움이 필요했다. ⓒ 디트로이트 사람들은 쓰레기를 줄이고 지역 노숙자들이 혹독한 겨울을 견디는 것을 돕게 되어 아주 기뻐했다. 입소문이 난 후, 그 프로젝트는 전국적인 관심을 받았다.

구문해설

3행 She got inspired **to create** *something useful* out of something [that was thrown away] after watching a video of a woman in England. ▶ to create는 결과를 나타내는 부사적 용법의 to부정사이다. -thing으로 끝나는 대명사는 형용사가 뒤에서 수식한다. [ ]는 선행사인 something을 수식하는 주격 관계대명사절로, -thing으로 끝나는 대명사가 선행사일 때 관계대명사는 주로 that을 사용한다.

5행 In it, the woman showed [how sleeping bags could be made] **by ironing** foil-lined chip bags together. ▶ [ ]는 showed의 목적어로 쓰인 간접의문문으로, 「의문사+주어+동사」의 어순을 따른다. 「by v-ing」는 '…함으로써'의 의미이다.

7행 Because a single sleeping bag *takes* about four hours **to make** and *calls* for 150 chip bags, she needed some help. ▶ 「take+시간+to-v」는 '…하는 데 (시간)이 걸리다'의 의미이다. takes와 calls는 등위접속사 and로 병렬 연결되었다.

9행 The people of Detroit were delighted **to *help* reduce** waste and **to *help*** the local homeless population **endure** the harsh winters. ▶ 두 개의 to help는 원인을 나타내는 부사적 용법의 to부정사로, 등위접속사 and로 병렬 연결되었다. help는 원형부정사와 to부정사를 모두 목적어로 쓸 수 있다. 「help A (to-)v」는 'A가 …하는 것을 돕다'의 의미이다.

문제해설

한 환경 운동가가 감자 칩 봉지로 침낭을 만듦으로써 지역의 노숙자를 돕고 환경을 지키는 데 도움을 주었다는 내용의 글이므로, 제목으로는 ① '쓰레기로부터 희망을 만들어 내는 것'이 가장 적절하다.

② 노숙자를 안전하게 지키는 방법
③ 노숙자를 돕는 것의 어려움
④ 감자 칩 봉지: 겨울을 견뎌내는 것을 위한 창의적인 해결책
⑤ 국제 협력: 환경에 좋은 점

4 ③

파리협정은 세계의 정부들이 기후 변화에 맞서 싸우는 것에 대해 진지하다는 것을 보여 주기 위해 2016년에 조인되었다. ⓓ 이는 또한 화석 연료의 시대가 끝났음을 시사하기 위해 고안되었다. 참여국들은 지구의 기온이 크게 상승하지 못하게 막는 것을 목표로 할 것이다. 또한 이 협정은 지구에 일어난 변화에 적응하는 데 쓰일 많은 돈을 요한다. 이는 농경지

의 척박한 토양을 처리할 전략을 생각해 내는 것과 재생 가능한 에너지원의 사용을 촉진하는 것을 포함할지도 모른다. 선진국과 개발도상국 모두이 협정에 조인했다는 사실은 높은 수준의 국제 협력을 입증한다. 이런이유로, 파리협정은 기후 변화에 맞서 대응하는 데 있어 중요한 한 걸음이었다.

구문해설

3행 Participating nations will aim to **keep** the planet's temperatures **from rising** significantly. ▶ 「keep A from v-ing」는 'A가 …하지 못하게 막다'의 의미이다.

4행 The agreement also calls for large amounts of **money** [to be **spent on adapting** to the changes {caused to the Earth}]. ▶ [ ]는 money를 수식하는 to부정사구이다. 「spend money on v-ing」는 '…하는 데 돈을 쓰다'의 의미이다. { }는 the changes를 수식하는 과거분사구이다.

5행 This might include [coming up with strategies **to deal with** poor soil in farming areas] and [promoting the use of renewable energy sources]. ▶ include의 목적어로 두 개의 동명사구 [ ]가 등위접속사 and로 병렬 연결되었다. to deal with는 strategies를 수식하는 형용사적 용법의 to부정사구이다.

7행 **The fact** [that both developed (countries) and developing countries signed the agreement] demonstrates .... ▶ The fact와 [ ]는 동격이다.

문제해설

③ 문맥상 to부정사는 수동태와 미래를 나타내므로, to have been spent를 to be spent로 고쳐야 한다.

5 ⑤

E 우리는 모두 설탕을 피하는 것이 건강에 좋다는 것을 알고 있지만, 우리가 그렇게 하는 것은 매우 어려울 수 있다. 우리 삶에서 설탕의 양을 줄이기 위해서는, 정제당을 없애는 것에서 시작해야 한다. 유감스럽게도, 정제당은 많은 제품에서 발견된다. **F** 설상가상으로, 제품들의 라벨은 흔히 우리가 이해하기에 너무 혼란스럽다. **G** 우리는 정제당 섭취를 중단했다고 생각할지 모르나 결국 실제로는 그렇지 않았다는 것을 알게 되고 만다. 따라서 더 확실히 하기 위해서, 우리는 다음 제품들이 정제당을 함유할 가능성이 있다는 것을 깨달아야 한다. 바로, 향이 가미된 커피, 주스, 피클, 그리고 소스이다. 우선, 이런 제품들을 사는 것을 그만두면 된다. 비록 이것이 우리 삶에서 설탕을 완전히 없애진 않을지라도, 우리가 섭취하는 양을 최소화하는 것을 더 쉽게 해줄 것이다.

→ 식습관 면에서, 설탕을 없애는 것은 거의 불가능하지만, 일반적으로 정제당을 포함한 식품을 피하는 것으로 시작할 수 있다.

구문해설

1행 We all know [that avoiding sugar is good for our health], but **it** can be really hard *for us* **to** *do so*. ▶ [ ]는 know의 목적어로 쓰인 명사절이다. it은 가주어이고 to do so가 진주어이며, for us는 to do so의 의미상 주어이다. do so는 앞서 나온 avoid sugar를 가리킨다.

4행 **To make matters worse**, the products' labels are

often *too confusing* **for us** *to understand*. ▶ to make matters worse는 '설상가상으로'라는 의미로 문장 전체를 수식하는 to부정사구이다. 「too+형용사/부사+to-v」는 '너무 …해서 ~할 수 없는', '~하기에 너무 …한/하게'의 의미이며, for us는 to understand의 의미상 주어이다.

5행 We may think [(that) we've **stopped eating** refined sugars], *only to find* [that we actually haven't (stopped eating refined sugars)]. ▶ 첫 번째 [ ]는 think의 목적어로 쓰인 명사절이다. 「stop v-ing」는 '…하는 것을 멈추다'의 의미이다. 「only to-v」는 '결국 …하고 말다'의 의미로 결과를 나타내는 to부정사이다. 두 번째 [ ]는 find의 목적어로 쓰인 명사절이다. 반복을 피하기 위해 haven't 뒤에 중복되는 내용은 생략되었다.

8행 **Although** *this* won't completely remove sugar from our lives, it will make **it** easier [to minimize the amount {(which/that) we consume}]. ▶ although는 '비록 … 일지라도'의 의미인 접속사이다. this는 앞 문장을 가리킨다. 「make+목적어+목적격보어」의 목적어 자리에 가목적어 it이 쓰였고, [ ]가 진목적어이다. { }는 선행사인 the amount를 수식하는 목적격 관계대명사절로 관계대명사가 생략되었다.

문제해설

식습관 면에서 건강에 좋지 않은 설탕을 완전히 없애는 것은 쉽지 않으나, 정제당을 함유한 제품의 구매를 중단해 볼 수 있다는 내용의 글이다.

 REVIEW TEST p. 110

A

Ⓐ to watch (목적)
Ⓑ to confirm (주격보어: 명사적 용법),
not to mention ('…은 말할 것도 없고'),
skilled enough to handle (정도)
Ⓒ delighted to help (원인)
Ⓓ to signal (목적)
Ⓔ for us (의미상 주어), to do (진주어: 명사적 용법)
Ⓕ To make matters worse (문장 전체 수식),
too confusing for us to understand (정도)
Ⓖ only to find (결과)

B

1 engage **2** improve **3** inspired **4** attention
5 promoting **6** refined **7** consume

B

1 collide 충돌하다   **2** approve 찬성하다
3 expired 만료된   **4** intention 의도
5 protest 항의[반대]하다   **5** organic 유기농의
7 presume 추정하다

GRAMMAR BUILD UP   pp. 112~114

❶ 분사구문의 의미 (1) – 시간, 이유

1 O / 라디오를 들으며, 나는 집으로 운전해서 갔다.
2 O / 머리가 아파서, 나는 어젯밤에 일찍 잠자리에 들었다.
3 X (→ While I was waiting) / 버스를 기다리는 동안, 나는 벤치에서 잠이 들었다.
4 O / 그에게서 어떤 소식도 듣지 못해서, 나는 그에게 전화하기로 결심했다.

❷ 분사구문의 의미 (2) – 동시동작, 연속상황 [결과]

1 폭풍우가 그 도시를 강타하여 엄청난 피해를 끼쳤다.
2 그 소년은 어젯밤에 아무것도 가져가지 않은 채로 집을 떠났다.
3 아빠는 혼자 콧노래를 부르면서 음악에 맞춰 춤을 추기 시작했다.
4 낯선 사람이 나에게 다가와서 도서관으로 가는 길을 물었다.

❸ 분사구문의 의미 (3) – 조건, 양보

1 이 약을 먹으면, 너는 곧 괜찮아질 거야.
2 가능한 한 빨리 달렸지만, 그녀는 버스를 타지 못했다.
3 이 산 정상에 오르면, 너는 그 호수를 보게 될 것이다.

❹ 형태에 주의해야 할 **분사구문 (1)**

1 Having seen / 전에 그를 본 적이 있었기 때문에, 나는 그를 즉시 알아보았다.
2 Tired / 긴 여행에 지쳐서, 그는 그 회의에 참석할 수 없었다.
3 having read / 아직 그 책을 읽지 않았기 때문에, Andrew는 그것을 비평할 수 없었다.
4 Disappointed / 자신의 성적에 실망해서, 그녀는 더 열심히 공부하기로 결심했다.

빠바PLUS

1 달에서 보이면, 지구는 공처럼 보인다.
2 그 소식에 충격을 받아서, 그녀는 말을 할 수 없었다.

❺ 형태에 주의해야 할 **분사구문 (2)**

1 There being no objections / 반대가 없었기 때문에, 의회는 그 법안을 통과시켰다.
2 (While) Staying in Rome / 로마에 머무르는 동안, 나는 좋은 식당을 몇 군데 방문했다.
3 The last bus having gone / 막차가 떠나 버려서, 내 여동생과 나는 집에 걸어가야 했다.

❻ 형태에 주의해야 할 **분사구문 (3)**

1 following / 그녀는 자신의 개가 자기를 따라오는 가운데 천천히 걸었다.
2 done / 나의 모든 일이 완료되어서, 나는 하루의 남은 시간 동안 쉬었다.
3 staring / 그 신부는 모든 사람이 그녀를 응시하는 가운데 방 안으로 들어왔다.

빠바PLUS

1 그는 입 안에 음식이 가득한 채로 계속 말을 했다.
2 그녀는 얼굴에 미소를 띤 채로 자신의 아기를 들어 올렸다.

GRAMMAR CHECK UP   p. 115

A 1 X (→ Sitting in the sun)
   2 X (→ looking around)
   3 O   4 O   5 O
   6 X (→ Reading the news article)
   7 X (→ with his dog running alongside)
   8 X (→ With the years passing by)

B 1 folded   2 Seeing
   3 talking   4 Having failed
   5 hesitating

C 1 closing   2 Not knowing
   3 Having mowed[After mowing]
   4 invited   5 Checking in
   6 Jane having finished

A

1 양지에 앉아 있지만, 나는 여전히 춥다. ▶ 분사구문의 생략된 주어와 동사가 능동 관계이므로 현재분사 Sitting을 써야 한다.
2 James는 주위를 둘러보면서 신문을 집어 들었다. ▶ 분사구문의 생략된 주어와 동사가 능동 관계이므로 현재분사 looking을 써야 한다.
3 그 결과에 실망해서, 그 아이는 울기 시작했다. ▶ 분사구문의 생략된 주어와 동사가 수동 관계이므로 과거분사 Disappointed는 적절하다.
4 함께 일을 한다면, 너는 훨씬 더 빨리 (일을) 마칠 수 있을 것이다. ▶ 분사구문의 생략된 주어와 동사가 능동 관계이므로 현재분사 Working은 적절하다.
5 국경일이었기 때문에, 모든 상점이 문을 닫았다. ▶ 부사절의 주어와 주절의 주어가 다르기 때문에 부사절의 주어를 분사 앞에 남겨둔 형태로, It being은 적절하다.
6 뉴스 기사를 읽다가, 나는 우연히 그의 이름을 발견했다. ▶ 분사구문의 생략된 주어와 동사가 능동 관계이므로 현재분사 Reading을 써야 한다.

7 매일 아침, 그는 자신의 개가 나란히 달리는 가운데 자전거를 타고 공원으로 간다. ▶ 「with+(대)명사+v-ing/p.p.」 구문에서 명사 his dog과 분사가 능동 관계이므로 현재분사 running을 써야 한다.

8 여러 해가 지나면서, 그 사고는 모두의 기억에서 사라지고 있었다. ▶ 「with+(대)명사+v-ing/p.p.」 구문에서 명사 the years와 분사가 능동 관계이므로 현재분사 passing을 써야 한다.

B

1 나의 삼촌은 팔짱을 낀 채 TV를 보고 계셨다. ▶ 「with+(대)명사+v-ing/p.p.」 구문에서 명사 his arms와 분사가 수동 관계이므로 과거분사 folded를 써야 한다.

2 커튼이 올라가는 것을 보고, 그 여배우는 무대 위에 올랐다. ▶ 분사구문의 생략된 주어와 동사가 능동 관계이므로 현재분사 Seeing을 써야 한다.

3 다른 사람들이 너무 큰 소리로 말하고 있어서 나는 그의 말을 제대로 들을 수가 없다. ▶ 「with+(대)명사+v-ing/p.p.」 구문에서 명사 the others와 분사가 능동 관계이므로 현재분사 talking을 써야 한다.

4 세 번 실패한 뒤, 우리는 에베레스트산 등정을 포기했다. ▶ 부사절의 시제가 주절의 시제보다 앞서므로, 완료형 분사구문 Having failed를 써야 한다.

5 Lena가 대답하기를 망설여서, 그녀의 어머니가 대신 선택을 했다. ▶ 「with+(대)명사+v-ing/p.p.」 구문에서 명사 Lena와 분사가 능동 관계이므로 현재분사 hesitating을 써야 한다.

C

1 그는 방에 들어가고 나서 문을 닫았다. ▶ 분사구문의 생략된 주어와 동사가 능동 관계이므로 현재분사 closing을 쓴다.

2 누구를 믿어야 할지 몰라서, 나는 아무 말도 하지 않았다. ▶ 분사구문의 생략된 주어와 동사가 능동 관계이므로 현재분사 knowing을 쓴다. 분사구문의 부정은 분사 바로 앞에 부정어구를 써서 나타낸다.

3 잔디를 깎고 나서, Andy는 정원에 물을 주었다. ▶ 부사절의 시제가 주절의 시제보다 앞서므로 완료형 분사구문인 「having+p.p.」를 써야 한다. 분사구문의 의미를 명확히 나타내기 위해 접속사 After를 생략하지 않을 수 있는데, 이때는 사건 발생의 전후 관계가 분명하므로 완료형 분사구문을 쓰지 않아도 된다.

4 그는 Lucy의 생일 파티에 초대받긴 했지만 오지 않았다. ▶ 분사구문의 생략된 주어와 동사가 수동 관계이므로 과거분사 invited를 쓴다.

5 그녀는 공항에서 탑승 수속을 밟다가, 자신이 집에 여권을 두고 왔다는 것을 알게 되었다. ▶ 분사구문의 생략된 주어와 동사가 능동 관계이므로 현재분사구 Checking in을 쓴다.

6 Jane이 그녀의 프로젝트를 끝냈기 때문에, Tom은 그녀에게 영화를 보러 가자고 요청했다. ▶ 부사절의 주어와 주절의 주어가 다르기 때문에 부사절의 주어를 생략하지 않고 분사 앞에 남겨둔다. 또한 부사절의 시제가 주절의 시제보다 앞서므로 완료형 분사구문인 「having+p.p.」를 써야 한다.

1 ③ **2** ② **3** ④ **4** ⑤ **5** ③

1 ③

대부분의 사람들이 교실을 생각할 때, 그들은 가지런히 줄지어 늘어선 책상과 교실 앞쪽에 서 있는 교사를 상상한다. 이것은 전통적인 교실 배치이지만, 근래의 학습 환경은 보통 더 유연하다. 학생들은 책상을 자유롭게 바꾸거나 옮길 수도 있다. 이런 것들은 방해 요소처럼 보일지도 모르지만, 실제로는 학습을 촉진할 수 있다. 자리를 자주 바꾸면, 학생들이 지루해질 가능성이 더 적다. 그리고 책상을 재배치하는 것은 학생들이 그룹이나 단독으로 더 효과적으로 활동할 수 있게 해준다. 교실의 유연성은 교사에게도 도움이 된다. ⓐ 교실 앞쪽에 서 있을 때, 교사는 하나의 그룹으로서의 학급에게 말할 가능성이 더 높다. 반면에, 교실을 돌아다닐 때, 그들은 (학생) 개개인에게 그들이 필요로 하는 도움과 관심을 줄 수 있다.

구문해설

1행 When most people think of classrooms, they imagine neat rows of desks and a teacher [standing at the front of the room]. ▶ [ ]는 a teacher를 수식하는 현재분사구이다.

6행 And [rearranging the desks] can **allow** them **to work** more effectively in groups or alone. ▶ [ ]는 문장의 주어로 쓰인 동명사구이다. 「allow A to-v」는 'A가 …하게 해주다'의 의미이다.

9행 [Moving around the room], on the other hand, they can give individuals the help and attention [(which/that) they need]. ▶ 첫 번째 [ ]는 시간을 나타내는 분사구문이다. 두 번째 [ ]는 the help and attention을 선행사로 하는 목적격 관계대명사절로, 관계대명사가 생략되었다.
(they = s, can give = v, individuals = o₁, the help and attention = o₂)

문제해설

교실 내 유연한 학습 환경이 학습을 촉진한다는 내용의 글이므로, 요지로는 ③이 가장 적절하다.

☆ 서술형

ⓓ work → to work ▶ allow는 목적격보어로 to부정사를 쓰므로 work를 to work로 고쳐야 한다.

2 ②

인간은 그들이 사회적 상호 작용을 하는 사람들의 진심을 끊임없이 평가한다. 연구원들은 이러한 평가를 하는 데 무엇이 수반되는지 살펴보기 위해 한 실험을 했다. 그 실험에서 7,500명이 넘는 참가자가 짧은 대화로 된 설명을 보거나, 듣거나, 읽었다. 각각의 대화는 간단한 질문과 응답을 포함하고 있었으며, 참가자들은 그들이 느끼기에 응답이 얼마나 진실된지 말해야 했다. 응답이 사회적으로 바람직하지 않았던 경우를 제외하고, 지연된 응답이 즉각적인 응답보다 일관되게 덜 진실되다고 여겨졌다. 예를 들어, 사람들이 어떤 사람의 새로운 헤어스타일이 마음에 들었는지 아니었는지 질문받은 대화에서 '아니오'라는 응답은 지연이 되었든 안 되었든 진실되다고 여겨졌다. ❺ 이것은 예외였기 때문에, 연구원들은 위선에 대한 인식은 분명 더 더딘 응답 시간과 관련이 있다는 결론을 내렸다.
→ 한 연구는 주저하는 것은 부정직하다는 인상을 불러일으키며, 질문이 얼마나 빨리 응답되는지가 진심에 관한 인식에 영향을 미친다는 것을 보여 주었다.

구문해설

1행 Humans are constantly evaluating the sincerity of the people [with whom they have social interactions].
▶ [ ]는 선행사인 the people을 수식하는 관계사절로, 관계대명사 whom은 전치사 with의 목적어로 쓰였다.

2행 Researchers conducted an experiment **to look at** [what is involved in making these evaluations]. ▶ to look at은 목적을 나타내는 부사적 용법의 to부정사구이다. [ ]는 look at의 목적어로 쓰인 간접의문문으로, 「의문사(주어)+동사」의 어순을 따른다.

5행 Each conversation contained a simple question and a response, and the participants had to report [how sincere {they felt} the response was]. ▶ [ ]는 report의 목적어로 쓰인 간접의문문이며, { }는 삽입절이다.

6행 Delayed responses were consistently rated less sincere than immediate **ones**, except in cases [where the answer was socially undesirable]. ▶ ones는 앞서 나온 responses를 가리킨다. [ ]는 선행사인 cases를 수식하는 관계부사절이다.

문제해설
응답 시간과 응답의 진실성 간의 상관관계를 알아보는 실험에서, 참가자들은 주어진 질문에 대한 즉각적인 응답보다 지연된 응답이 덜 진실되다고 평가했다는 내용의 글이다.

☆ **서술형**

sincere ▶ how가 이끄는 간접의문문에서 be동사 was의 보어 자리이므로, 부사 sincerely를 형용사 sincere로 고쳐야 한다.

3 ④

개는 분명히 인간의 언어에 주의를 기울인다. 그런데 개는 정말로 말을 이해할까, 아니면 단지 목소리의 어조만 이해할까? 최근 한 연구에서, 연구원들은 반려견들을 뇌주사 장치 안에서 움직이지 않고 누워 있도록 훈련했다. 그 안에 침착하게 누워 있으면서, 개들은 의미를 갖는 단어들을 들었는데, 때로는 기분 좋은 어조이고, 때로는 감정을 드러내지 않는 어조였다. 개들은 또한 (그러한 어조로) 의미가 들어있지 않은 단어도 들었다. 그 단어들을 들으면서, 어조에 상관없이 개들은 뇌의 좌반구에서 의미를 갖는 단어를 처리했다. 이는 개들이 단어가 발화된 어조뿐만 아니라 개별적인 단어들도 인지했다는 것을 의미한다. ❻ 이 연구의 결과를 알았으므로, 아마 우리는 우리의 개에게 동물 병원에 갈 거라고 말할 때 활기찬 목소리를 사용하지 말아야 할 것이다.

구문해설

5행 [While listening to the words], the dogs processed meaningful ones in their brain's left hemisphere,

regardless of tone. ▶ [ ]는 시간을 나타내는 분사구문으로, 의미를 명확하게 하기 위해 접속사 While을 생략하지 않은 형태이다.

6행 **This** means [(that) they recognized individual words and not just the tone {in which they were said}]. ▶ This는 앞 문장을 가리킨다. [ ]는 means의 목적어로 쓰인 명사절이다. { }는 선행사인 the tone을 수식하는 관계사절로, 관계대명사 which는 전치사 in의 목적어로 쓰였다.

8행 [(Being) Informed of the results of this study], perhaps we shouldn't use a cheerful voice when we
s
tell our dogs (that) they are going to the vet. ▶ [ ]는 수동
v   o₁   o₂
형 분사구문으로, 문두에 Being이 생략되었다.

문제해설
④는 개별적인 단어들(individual words)을 가리키고, 나머지는 모두 개들(dogs)을 가리킨다.

4 ⑤

공단집짓기새는 주로 호주의 해안 지역에서 발견되는 중간 크기의 새이다. 암컷과 어린 수컷은 녹갈색인 반면, 다 자란 수컷은 눈에 띄는 검푸른색이다. 그들은 주로 과일을 먹으며 습한 숲에서 대부분의 시간을 보낸다. 여름 동안 그것의 먹이는 곤충으로 보충되고, 겨울에 그들은 흔히 나뭇잎을 먹는다. 공단집짓기새의 가장 특이한 면은 짝짓기 행동이다. 수컷은 정자(bower)로 알려진 구조물을 짓고 꾸민다. 그들은 밝은 파란색 물체를 선호해서 흔히 병뚜껑이나 플라스틱 빨대를 장식품으로 사용한다. 암컷이 이런 정자 중 하나에 도착하면, 수컷은 기묘한 의식을 시작한다. ❶ 윙윙거리는 소리를 내며, 수컷은 날개를 떨며 고개를 숙이고 춤을 춘다. 춤추는 수컷을 보고 수컷의 정자를 살펴보면서, 암컷은 그것과 짝짓기를 하고 싶은지 아닌지를 결정한다.

구문해설

1행 Satin bowerbirds are medium-sized birds [found mostly in coastal regions of Australia]. ▶ [ ]는 medium-sized birds를 수식하는 과거분사구이다.

8행 [Making buzzing sounds], the male bows and dances **with** its wings **trembling**. ▶ [ ]는 동시동작을 나타내는 분사구문이다. 「with+(대)명사+v-ing」는 '…가 ~한 채로'의 의미로, 명사와 분사가 능동 관계이므로 현재분사가 쓰였다.

9행 [Watching the dancing male and examining his bower], the female decides [whether or not she wishes to mate with him]. ▶ 첫 번째 [ ]는 동시동작을 나타내는 분사구문이다. 두 번째 [ ]는 decides의 목적어로 쓰인 명사절이다.

문제해설
수컷은 구애 행위의 일환으로 춤을 추고, 암컷은 그의 구애를 받아들일지 결정한다고 했다.

5 ③

Antikythera 섬의 난파선은 세계에서 가장 유명한 난파선들 중 하나이다. (B) ❺ 약 2,000년 전에 가라앉은 후, 그 선박은 1900년에 그리스의 Antikythera 섬 근처에서 발견되었다. 수면 아래 150피트 정도에

위치한 그 난파선은 고대 도자기와 조각상, 그리고 동전을 포함하여 많은 발견물이 있던 장소였다. (C) 그런데 2016년 8월 31일, 조사관들이 정말로 놀라운 것을 발견했다. 바로 인간의 해골에서 나온 뼈 몇 점이다. 젊은 남성의 것으로 여겨지는 그것들은, 과학자들이 고대의 DNA를 연구하는 방법을 개발한 이래로 난파선에서 발견된 최초의 뼈이다. (A) 2,000년 동안 보존되었기 때문에 이 뼈의 DNA는 과학자들에게 많은 것을 말해 줄 수 있을 것이다. 그들은 그 남성이 어디 출신인지와 어떻게 생겼었는지와 같은 정보를 알게 되길 기대한다. 이 정보가 있다면, 과학자들은 이 고대 선박의 승무원들에 대해 그전 어느 때보다 더 잘 이해할 수 있을 것이다.

구문해설

2행 [(Having been) Preserved for 2,000 years], DNA from these bones **could** tell scientists a lot. ▶ [ ]는 이유를 나타내는 분사구문이다. 조동사 could는 현재나 미래에 대한 불확실한 가능성을 나타낸다.

3행 They hope to learn information such as [where the man came from] and [what he looked like]. ▶ 두 개의 [ ]는 such as의 목적어인 간접의문문으로, 「의문사+주어+동사」의 어순을 따른다.

6행 [After sinking about 2,000 years ago], the ship was discovered in 1900 .... ▶ [ ]는 시간을 나타내는 분사구문으로, 의미를 명확하게 하기 위해 접속사 After를 생략하지 않은 형태이다.

11행 [Thought to have belonged to a young man], **they** are the first bones [discovered from a shipwreck] since .... ▶ 첫 번째 [ ]는 주절의 주어를 부연 설명하는 과거분사구이다. they는 앞 문장의 several bones (from a human skeleton)를 가리킨다. 두 번째 [ ]는 the first bones를 수식하는 과거분사구이다.

문제해설

Antikythera 섬의 난파선을 언급한 주어진 글에 이어서, 이 난파선의 최초 발견에 관한 내용인 (B)가 오고, 2016년에 그곳에서 인간의 뼈가 발견되었다는 내용의 (C)로 이어진 후, 이것의 발견이 앞으로 가져올 변화를 설명한 (A)로 이어지는 것이 가장 자연스럽다.

REVIEW TEST
p. 120

A

ⓐ Standing   ⓑ being
ⓒ Informed   ⓓ trembling
ⓔ sinking

B

1 promote **2** immediate **3** processed
4 supplemented **5** aspect **6** Preserved **7** developed

B

1 discourage 막다   2 intermediate 중간의

3 proceed 진행하다
4 implement (약속·계획 등을) 시행하다
5 suspect 의심하다; 혐의자, 용의자
6 deserve …을 받을 만하다
7 abandon 버리다, 떠나다

12 접속사의 이해

GRAMMAR BUILD UP
pp. 122~124

❶ 등위접속사와 종속접속사

1 that / 나는 미국인들이 매운 음식을 싫어한다고 생각했다.
2 Once / 일단 네가 마음을 먹었으면 너의 결정을 고수해라.
3 if / 경찰은 운전자들이 안전띠를 착용했는지를 점검하고 있다.
4 but / 두리안은 냄새가 정말 고약하지만 맛은 훌륭한 열대 과일이다.
5 If / 피자가 30분 이내에 배달되지 않으면, 그것은 무료입니다.
6 After / 그가 머리를 말리는 것을 마친 후에, 그는 헤어드라이어를 다시 서랍 속에 넣었다.

❷ 짝을 이루는 상관접속사

1 either, or / 당신은 지금 또는 나중에 지불해도 됩니다.
2 Neither, nor / 그와 그녀 중 누구도 이 문제에 책임이 없다.
3 Hardly, when / 내가 버스에서 내리자마자 눈이 오기 시작했다.
4 scarcely, before / 내가 안으로 들어오자마자 전화벨이 울리기 시작했다.
5 so, that / 나의 딸이 너무 조용해서 나는 그 애가 자고 있다고 생각했다.
6 such, that / 그녀가 매우 재치 있는 답변을 해서 모두가 웃음을 터뜨렸다.
7 Not only, but also / 나의 부모님뿐만 아니라 언니도 내 의견에 동의하지 않는다.

❸ 의미가 여러 가지인 접속사

1 그는 나이가 듦에 따라 더 겸손해졌다.
2 그 가게가 일요일마다 여는지 아시나요?
3 네가 나를 도와주지 않았기 때문에, 나는 그 일을 혼자 해야 했다.
4 나는 어젯밤에 일찍 잠자리에 들었기 때문에 푹 잤다.
5 나는 길을 걸어가다가 옛 친구와 마주쳤다.
6 그가 가족들과 보내는 시간은 줄어든 반면에, 그의 명성은 높아졌다.

❹ 접속사 대용어구

1 in case / 네가 그것이 필요할 경우에 대비해서 여분의 돈을 가져가라.

2 by the time / 우리는 네가 이곳에 도착할 때까지는 모든 것이 준비되도록 하겠다.

3 Now that / 숙제를 끝냈으니까, 나는 낮잠을 잘 것이다.

4 Every time / 새로운 단어를 발견할 때마다 인터넷에 그것을 검색해 보아라.

5 The moment / 그 영화배우가 차에서 내리자마자, 많은 팬이 그의 주위에 모여들었다.

⑤ 접속사와 전치사

1 during / 수업 시간 동안 내 뱃속에서 크게 꼬르륵 소리가 나고 있었다.

2 In case of / 정전에 대비해서, 나의 어머니는 양초를 몇 개 샀다.

3 Although / 그들은 쌍둥이긴 하지만 다른 성격을 지녔다.

4 Even though / 그것이 불법인 걸 알았지만, 그 관리자는 외국인 노동자들을 몰래 고용했다.

5 because / 그들은 비상계단을 이용했기 때문에 그 건물을 탈출 할 수 있었다.

GRAMMAR CHECK UP p. 125

Ⓐ **1** if **2** but
3 as **4** Now that
5 both **6** The moment
7 In case **8** Every time

Ⓑ **1** and **2** so that
3 During **4** Because[Since/As]
5 not only

Ⓒ **1** No sooner had I said it than I realized I had made a mistake.
2 He worked hard so that he could pay off his debt within a year.
3 He worries so much about money matters that he can't sleep at night.
4 I got such an unexpected result that I conducted the experiment again.

A

1 그는 급여가 너무 적지 않다면 그 일자리를 받아들일 것이다. ▶ 부사절에 이미 부정어 not이 있으므로 '…하지 않다면'의 의미를 나타내기 위해서는 if를 쓰는 것이 적절하다.

2 나는 너의 문제가 지능이 아니라 게으름이라고 생각한다. ▶ 'A가 아니라 B'의 의미인 「not A but B」를 쓰는 것이 적절하다.

3 면접이 오전 8시에 시작될 예정이었기 때문에, 그는 일찍 일어났다. ▶ '… 때문에'의 의미인 as를 쓰는 것이 적절하다.

4 날씨가 좋으니까, 우리는 하이킹을 하러 가기로 했다. ▶ '…이니까'의 의미인 Now that을 쓰는 것이 적절하다.

5 그녀는 그녀의 친절함과 이해심 둘 다로 잘 알려져 있다. ▶ 'A와 B

둘 다'의 의미인 「both A and B」를 쓰는 것이 적절하다.

6 그 광고를 보자마자, 나는 그 일이 나에게 알맞다는 것을 알았다. ▶ '…하자마자'의 의미인 The moment를 쓰는 것이 적절하다.

7 네가 그 가게를 찾지 못할 경우에 대비해서, 네 전화기에 그곳의 전화번호를 저장하라. ▶ '…의 경우에 대비해서'의 의미인 In case를 쓰는 것이 적절하다.

8 그 선수가 득점할 때마다, 보육원에 10만 원의 기부가 이루어진다. ▶ '…할 때마다'의 의미인 Every time을 쓰는 것이 적절하다.

B

1 손님과 직원 모두 화재 경보에 놀랐다. ▶ 'A와 B 둘 다'의 의미인 「both A and B」를 쓰는 것이 적절하다.

2 반죽이 너무 끈적거리지 않도록 밀가루를 더 넣어라. ▶ '…하기 위해', '…하도록'의 의미인 「so that+주어+동사」를 쓰는 것이 적절하다.

3 방학 동안, 나는 자전거로 전국을 여행했다. ▶ 명사구가 이어지고 있으므로 전치사 During을 쓰는 것이 적절하다.

4 도로 공사가 있었기 때문에, 운전자들은 다른 도로를 이용해야 했다. ▶ 주어와 동사를 포함한 절이 이어지고 있으므로 이유를 나타내는 접속사 Because[Since/As]를 쓰는 것이 적절하다.

5 이 책은 흥미로운 이야기뿐만 아니라 아름다운 삽화도 제공한다. ▶ 'A뿐만 아니라 B도'의 의미인 「not only A but also B」를 쓰는 것이 적절하다.

적용독해 pp. 126~129

1 ⑤ **2** ⑤ **3** ⑤ **4** ④ **5** ④

1 ⑤

Ⓐ 당신은 슈퍼마켓에서 당신이 필요했던 것을 모두 찾았으니까, 계산대로 향할 때이다. 하지만 당신이 비닐봉지를 달라고 하자마자, 계산원이 고개를 저으며 한 표시를 가리킨다. 알고 보니 당신은 제로 웨이스트 상점에서 쇼핑을 하고 있었던 것이다. 이런 곳들은 소비자들이 만들어 내는 플라스틱 폐기물의 양을 그들이 줄이는 것을 돕는 곳이다. Ⓑ 이 상점들은 플라스틱으로 포장된 상품을 팔지도, 고객에게 비닐봉지를 제공하지도 않는다. 일부 판매 품목은 재사용할 수 있고, 다른 것들은 유리병과 같은 재사용할 수 있는 포장재로 나온다. 많은 제로 웨이스트 상점은 그들의 수익 일부를 환경 단체에 기부하기도 한다. 당신 지역에 이런 상점이 있다면, 가서 살펴보라.

구문해설

1행 **Now that** you've found everything [that you needed] in the supermarket, *it is time to head* to the checkout counter. ▶ 「Now that …」은 '…이니까'의 의미인 접속사 대용어구이다. [ ]는 선행사인 everything을 수식하는 목적격 관계대명사절로, -thing으로 끝나는 대명사가 선행사일 때 관계대명사는 주로 that을 사용한다. 「it is time to-v」는 '…할 때이다'라는 의미로, to head는 time을 수식하는 형용사적 용법의 to부정사이다.

4행 These are places [that **help** consumers **reduce**

the amount of plastic waste {(which/that) they generate}]. ▶ [ ]는 선행사인 places를 수식하는 주격 관계대명사절이다. 「help A (to-)v」는 'A가 …하는 것을 돕다'의 의미이다. { }는 선행사인 plastic waste를 수식하는 목적격 관계대명사절로, 관계대명사가 생략되었다.

5행 The stores **neither** sell products [that are packaged in plastic] **nor** offer their customers plastic bags. ▶ 「neither A nor B」는 'A도 B도 아닌'의 의미인 상관접속사이다. [ ]는 선행사인 products를 수식하는 주격 관계대명사절이다.

환경을 위해 비닐봉지를 제공하지 않고, 플라스틱으로 포장된 상품을 판매하지도 않는 제로 웨이스트 상점을 소개하는 내용의 글이므로, 제목으로는 ⑤ '플라스틱이 없는 가게는 무엇이 특별한가?'가 가장 적절하다.
① 상점들이 플라스틱을 재활용하도록 권장하라
② 왜 우리는 재사용할 수 있는 가방을 사용해야 하는가
③ 더 자주 쇼핑함으로써 덜 낭비하라
④ 종이봉투가 비닐봉지보다 더 나은가?

☆ 서술형

ⓓ offered → offer ▶ 「neither A nor B」에서 A와 B 뒤에 문법적으로 대등한 어구가 와야 하므로 offered를 현재시제 복수동사 offer로 고쳐야 한다.

2 ⑤

다른 사람이 하품하는 것을 보면 우리도 종종 하품을 하기 때문에 하품이 전염성이 있다는 것은 확실하다. 하품을 할 때 우리는 얼굴, 가슴, 팔다리, 복부의 근육도 늘이기 때문에 하품은 일반적으로 기분 좋은 경험이다. 이것은 쾌감과 관련된 뇌 부위를 활성화하는 신호를 보낸다. ⓒ 그럼에도 불구하고 하품은 때때로 하다 만 실망스러운 느낌이 들게 하면서 불안감을 만들어 낸다. 그렇다면 무엇이 이를 유발하는 것일까? 한 가설에 따르면 우리가 하품을 할 때, 스트레스에 중요한 역할을 하는 호르몬인 코르티솔 수치가 잠시 높아진다고 한다. 우리는 스트레스를 받거나 불안하면 몸이 완전히 이완되지 않아 근육을 완전히 늘일 수 없게 되는데, 이는 우리가 그 경험을 불만족스럽게 느끼게 만든다. 따라서, 완전한(→ 불완전한) 하품의 진짜 문제는 하품 자체가 아니라 우리가 느끼고 있는 스트레스와 불안이라는 점에 주목하는 것이 중요하다.

1행 **It** is obvious [that yawning is contagious] because we often yawn [when we see someone else yawn]. ▶ It은 가주어이고 첫 번째 [ ]가 진주어이다. 두 번째 [ ]는 접속사 when이 이끄는 부사절이다.
6행 One hypothesis suggests [that our levels of **cortisol**, {a hormone 〈that plays a significant role in stress〉}, are briefly elevated when we yawn]. ▶ [ ]는 suggests의 목적어 역할을 하는 명사절이다. cortisol과 { }는 동격이다. 〈 〉는 선행사인 a hormone을 수식하는 주격 관계대명사절이다.
8행 If we are stressed or anxious, our body will not fully relax and we will be unable to achieve a complete muscle stretch, [leaving us dissatisfied with the

experience]. ▶ [ ]는 결과를 나타내는 분사구문이다.
10행 Therefore, **it** is important [to note {that the real problem with a complete yawn is *not* the yawn itself *but* the stress and anxiety we are feeling}]. ▶ it은 가주어이고 [ ]가 진주어이다. { }는 note의 목적어로 쓰인 명사절이다. 「not A but B」는 'A가 아니라 B'의 의미이다.
의미이다.

하품을 할 때 스트레스와 관련된 호르몬인 코르티솔이 잠시 높아지는데, 이로 인해 하품이 종종 하다 만 실망스러운 느낌이 든다고 했으므로, ⑤ complete를 incomplete 등으로 고쳐야 한다.

☆ 서술형

stretch our[the] muscles ▶ 사역동사 let은 목적격보어로 동사원형을 쓴다. our[the] muscles는 stretch의 목적어이다.

3 ⑤

베네치아 시는 원래 공격으로부터 안전을 얻으려는 사람들에 의해 석호 섬 위에 지어졌다. ⓓ 석호 섬은 부드럽고 모래로 뒤덮여 있긴 했지만, 그 사람들은 땅에 나무 말뚝을 박아 넣어 단단한 토대를 만들었다. 이것이 끝났을 때, 그들은 말뚝 위에 단을 놓았다. 베네치아의 건물들은 이런 단위에 건설되었다. 대개 돌과 금속 둘 다 (나무보다) 더 오래가기 때문에 그들이 나무를 토대로 사용했다는 것이 이상해 보일지도 모른다. 하지만 나무의 부패는 박테리아와 곰팡이류 같은 미생물에 의해 발생한다. 베네치아의 나무 토대는 물속에 있기 때문에 이런 미생물들에 노출되지 않는다. 게다가, 소금물은 시간이 흐르면서 나무가 돌처럼 단단해지게 했다. 이런 이유로, 이 도시는 수 세기 동안 건재해왔다.

1행 In addition, the salt water has **caused** the wood to *become* as *hard as* stone over time. ▶ 「cause A to-v」는 'A가 …하게 하다'의 의미이다. 「as+형용사의 원급+as …」는 '…만큼 ~한'의 의미로, hard는 become의 보어로 쓰였다.
5행 **Once** *this* was done, they placed platforms on top of the stakes. ▶ Once는 '…하자마자', '…할 때'의 의미인 접속사이다. this는 앞 문장의 주절을 가리킨다.
7행 **It** may seem strange [that they used wood for the foundations], ... ▶ It은 가주어이고 [ ]가 진주어이다.
11행 For these reasons, the city **has stood** for centuries. ▶ has stood는 계속을 나타내는 현재완료시제이다.

주어진 문장은 베네치아의 건물을 떠받치고 있는 나무 토대의 내구성이 좋은 이유를 추가적으로 설명하고 있으므로, 나무 토대의 내구성이 좋은 첫 번째 이유를 설명하는 문장과, 이 둘로 인한 결과를 나타내는 문장 사이인 ⑤에 들어가는 것이 가장 적절하다.

4 ④

과거에 광부들은 탄광에 카나리아를 데려가곤 했다. 이 새는 반려동물이 아니었다. 그들은 일산화탄소의 위험으로부터의 보호책으로 이용되었다.

ⓔ 광부들은 이 치명적인 가스를 두려워했는데, 그것은 무색무취였기 때문이다. 광부들이 자신들이 그것을 들이마시고 있다는 것을 알아챘을 때쯤엔 너무 늦곤 했다. 하지만 카나리아는 인간보다 더 빨리 숨을 쉰다. 공기 중에 일산화탄소가 있다면, 카나리아는 그것을 두 배만큼 빨리 들이마시곤 했고, 이는 카나리아가 광부보다 먼저 병의 징후를 보이게 했다. 카나리아가 이상하게 행동하기 시작하면, 광부는 최대한 빨리 빠져나가곤 했다. 요즘에는, 카나리아가 더는 탄광에서 필요하지 않은데, 그것들이 디지털 탐지기로 대체되었기 때문이다. 하지만 '탄광 속의 카나리아'라는 어구는 <u>임박한 위험에 대한 경고 표시</u>가 될지도 모르는 무언가를 나타내기 위해 오늘날 여전히 사용된다.

구문해설

4행 **By the time** miners realized [(that) they were breathing it in], it would be too late. ▶ 「By the time ...」은 '…할 때까지(는), …할 때쯤에(는)'의 의미이다. [ ]는 realized의 목적어로 쓰인 명사절이다.

5행 ..., canaries would breathe it in **twice as fast**, [which would cause *them* to show signs of illness before the miners]. ▶ 「배수사+as+부사의 원급+as ...」는 '…보다 몇 배만큼 ~하게'의 의미로, 비교 대상이 명확하므로 fast 뒤에 as humans가 생략되었다. [ ]는 앞 절 전체를 선행사로 하는 계속적 용법의 주격 관계대명사절이다. them은 앞서 나온 canaries를 가리킨다.

9행 However, the phrase "canary in a coal mine" is still used today [to refer to something {that may be a warning sign of impending danger}]. ▶ [ ]는 목적을 나타내는 부사적 용법의 to부정사구이다. { }는 선행사인 something을 수식하는 주격 관계대명사절이다.

문제해설

과거에 카나리아가 탄광 내 일산화탄소의 위험으로부터의 보호책으로 사용되었다는 내용의 글이므로, 빈칸에는 ④ '임박한 위험에 대한 경고 표시'가 들어가는 것이 가장 적절하다.
① 막을 수 있는 위험
② 좋지 못한 결정의 결과
③ 지친 직원들에게 격려가 되는 것
⑤ 기술로 바로잡아야 하는 문제

5 ④

목성은 태양계에서 가장 큰 행성이나, 당신은 그것의 질량이 지구의 질량보다 300배 넘게 더 크다는 것을 알고 있었는가? 사실 당신이 태양계의 다른 모든 행성의 질량을 더해도, 목성이 여전히 2.5배 더 크다. ⓕ 하지만 목성의 질량은 실제로 줄어들고 있는데, 이는 부분적으로, 그것의 대기가 너무 따뜻해서 기체 분자가 그 행성의 중력을 빠져나갈 만큼 충분히 빠르게 움직일 수 있기 때문이다. 또한 태양풍이 목성의 대기 속 원자를 이온화하고 있어서, 원자들이 그 행성의 자기장을 빠져나갈 수 있게 해준다. (목성은 태양계의 모든 행성 중 가장 강력한 자기장을 가지고 있는데, 그것은 지구의 것보다 거의 20,000배 더 강력하기 때문이다.) 이런 현상들의 결과로, 목성은 느린, 하지만 끊임없는 질량의 손실을 겪고 있다.

구문해설

1행 ..., but did you know [that its mass is more than 300 times greater than *that* of Earth]? ▶ [ ]는 know의 목적어로 쓰인 명사절이다. 「배수사+비교급+than ...」은 '…보다 몇 배 더 ~한'의 의미이다. that은 the mass를 가리킨다.

4행 ..., partly because its atmosphere is **so** warm **that** gas molecules can move *fast enough to escape* the planet's gravitational pull. ▶ 「so+형용사/부사+that ~」은 '너무 …해서 ~한/하게'의 의미이다. 「부사+enough to-v」는 '…할 만큼 충분히 ~하게'의 의미이다.

6행 Also, solar winds are ionizing atoms in Jupiter's atmosphere, [**allowing** them **to escape** the planet's magnetic field]. ▶ [ ]는 결과를 나타내는 분사구문이다. 「allow A to-v」는 'A가 …하도록 해주다'의 의미이다.

문제해설

목성의 질량이 줄어들고 있는 이유를 설명하는 글이므로, 목성의 자기장 세기를 언급한 ④는 글의 흐름과 무관하다.

REVIEW TEST   p. 130

ⓐ
Ⓐ Now that   Ⓑ nor
Ⓒ Despite   Ⓓ Although
Ⓔ as   Ⓕ so

ⓑ
1 profits **2** contagious **3** constructed **4** exposed
5 replaced **6** massive **7** constant

Ⓑ
1 loss 손실   2 conditional 조건부의
3 obstruct 막다   4 close 문을 닫다, 폐업하다
5 place 두다, 배치[설치]하다
6 passive 수동적인, 소극적인   7 rapid 빠른

13 관계사의 이해 I

GRAMMAR BUILD UP   pp. 132~134

❶ 절의 주어를 대신하는 주격 관계대명사

1 [that flows through our town] / 우리 마을을 관통하여 흐르는 강이 오염되었다.
2 [who just came in] / 방금 들어온 키 큰 남자의 이름이 뭐니?
3 [that leads to the school] / 그 학교로 통하는 그 길은 매우 좁

다.

4 [who wants to go abroad] / 외국에 가고 싶은 사람은 누구든지 여권이 있어야 한다.

5 [that is famous for its beautiful landscape] / 뉴질랜드는 아름다운 경치로 유명한 나라이다.

❷ 절의 목적어를 대신하는 목적격 관계대명사

1 [that I took] / 내가 먹은 감기약이 나를 졸리게 만든다.

2 [that I wanted to buy] / 내가 사고 싶었던 그 컴퓨터는 너무 비쌌다.

3 [that we have had in 30 years] / 이번은 우리가 30년 만에 경험하는 가장 추운 겨울이다.

4 [that he knew very well] / 그는 자신이 아주 잘 알던 그 아이들만 초대했다.

5 [who we met on vacation] / 우리가 휴가 중에 만났던 그 부부가 우리에게 카드를 보냈다.

❸ 소유격을 대신하는 소유격 관계대명사

1 [the name of which I forgot] / 나는 내가 이름을 잊어버린 한 호텔에서 묵고 있다.

2 [whose humps contain fat] / 낙타는 혹에 지방이 들어 있는 사막 동물이다.

3 [whose dog had won a pet contest] / 자신의 개가 반려동물 대회에서 우승했던 남자의 사진이 있었다.

빠바PLUS ➕

1 내 차를 수리했던 그 남자는 일을 잘한다.
2 경찰이 체포했던 그 남자는 석방되었다.
3 그는 자신의 아들에 의해 부서진 의자를 수리하고 있다.
4 내가 잡은 이 물고기의 크기를 봐라.

❹ 선행사를 포함하는 관계대명사 what

1 그는 소위 천재이다.
2 우리가 학교에서 배우는 것은 단지 지식의 시작일 뿐이다.
3 나는 내 잃어버린 지갑을 찾았는데, 더욱 좋은 것은 여전히 돈이 전부 그 안에 있었다는 것이다.

❺ 절의 부사를 대신하는 관계부사

1 [why he wants to move to Canada] / 그것이 그가 캐나다로 이주하고 싶어 하는 이유이다.

2 [when I took the picture] / 내가 그 사진을 찍은 날은 어둡고 흐렸다.

3 [where there is no freedom] / 아무도 자유가 없는 사회에서 살고 싶어 하지 않는다.

4 [how people lived in Alaska at that time] / 그 영화는 너에게 그 당시에 사람들이 알래스카에서 어떻게 살았는지를 보여 줄 것이다.

❻ 쓰임이 다양한 관계사 that

1 O / 바닥에 있는 그 옷들은 지저분하다.
2 X (→ when) / 나는 네가 나와 함께 지낸 지난겨울이 그립다.
3 O / 이것이 네가 나에게 동의하지 않은 이유니?
4 X (→ which) / 우리는 네 개의 가스 화구가 있는 새 오븐을 샀다.
5 O / 그는 그를 기다리고 있던 팬들에 의해 사진이 찍혔다.

🏔 GRAMMAR CHECK UP   p. 135

A
1	whose	**2**	who(m)
3	what	**4**	where
5	how	**6**	who
7	when	**8**	why

B
1	how	**2**	that
3	whose	**4**	when
5	who		

C
1 Cars that have their engines in the back are very noisy.
2 The skirt that David bought for you suits you perfectly.
3 The flowers that grow in my mother's garden are her pride and joy.
4 Some places where I used to go with friends no longer interest me.

A

1 너는 머리를 파란색으로 염색한 그 남자를 아니? ▶ 선행사를 수식하는 소유격 관계대명사가 필요하므로 whose가 적절하다.

2 내가 학회에서 만난 그 교수님은 매우 친절하셨다. ▶ 선행사가 사람이고 관계사절에서 동사 met의 목적어가 필요하므로 목적격 관계대명사 who(m)가 적절하다.

3 그들은 이미 우리가 여름 방학 동안 한 것을 알고 있다. ▶ 선행사를 포함하며, '(… 하는) 것'이라는 의미로 명사절을 이끄는 관계대명사 what이 적절하다.

4 나는 그 작가가 자신의 가장 훌륭한 소설을 썼던 그 카페를 방문했다. ▶ 선행사가 장소를 나타내고 관계사절의 문장 성분이 완전하므로 관계부사 where가 적절하다.

5 Anna는 내가 그 문제를 그렇게 빨리 푼 방법을 무척 알고 싶어 한다. ▶ 방법이나 방식을 나타내는 관계부사 how가 적절하다.

6 나는 초콜릿 케이크를 만드는 방법을 아는 시간제 근무 직원을 찾고 있다. ▶ 선행사가 사람이고 관계사절에서 주어가 필요하므로 주격 관계대명사 who가 적절하다.

7 그가 강의를 이해하는 것이 어렵다고 생각한 순간들이 있었다. ▶ 선행사가 시간을 나타내고 관계사절의 문장 성분이 완전하므로 관계부사 when이 적절하다.

8 네가 이 캠페인에 참여하지 않은 이유를 내게 말해 줄래? ▶ 선행사가 이유를 나타내고 관계사절의 문장 성분이 완전하므로 관계부사

why가 적절하다.

B

1 나는 그가 파티에서 나를 대한 방식이 마음에 들었다. ▶ 관계사절의 문장 성분이 완전하므로 관계부사 how가 알맞다.

2 그는 지켜질 수 없는 약속을 했다. ▶ 주격 관계대명사의 선행사가 사람이 아닌 a promise이므로 that이 알맞다.

3 나는 주머니가 넓은 재킷을 찾고 있다. ▶ 선행사인 a jacket을 수식하는 소유격 관계대명사가 필요하므로 whose가 알맞다.

4 나는 나의 첫 책이 출간된 그날을 결코 잊지 못할 것이다. ▶ 시간을 나타내는 선행사 the day가 있으므로 when이 알맞다.

5 우리 학급에는 영어를 이해하는 데 어려움이 있는 학생이 있다. ▶ 주격 관계대명사의 선행사가 a student이므로 who가 알맞다.

적용독해 pp. 136~139

1 ⑤   2 ③   3 ②   4 ③   5 ③

1 ⑤

전 세계의 사람들이 매운 음식을 즐겨 먹는다. 그러나 당신이 좀 너무 매운 무언가를 먹고 난 뒤에, 입안이 얼얼해지는 것처럼 느껴질지도 모른다. 이 문제에 대처할 가장 좋은 방법은 무엇일까? 그저 가장 가까이에 있는 물잔을 잡아들지 마라. ❹ 당신 입 속의 그 얼얼한 느낌을 야기하는 것은 캡사이신이라고 불리는 것이다. 캡사이신은 유성이므로, 물을 마시는 것은 그저 그것(= 캡사이신)을 당신 입 안 곳곳에 퍼뜨릴 것이다. 우유로 만든 음료나 신 음료가 훨씬 더 나은 선택이다. ❸ 우유에는 카제인이라고 불리는 단백질이 들어 있는데, 이는 비누가 기름기를 없애는 것과 같은 방식으로 캡사이신을 분해한다. 그리고 레모네이드 같은 음료는 그것의 산(성분)이 캡사이신을 중화시키기 때문에 도움이 된다. 마지막으로, 빵이나 밥은 단순히 캡사이신과 당신의 얼얼한 입 사이에 음식 장벽을 만들어줌으로써 도움이 될 수 있다.

구문해설

2행 But after you've eaten **something a little too spicy**, your mouth might feel like it is on fire. ▶ -thing, -body, -one 등으로 끝나는 대명사는 형용사가 대명사를 뒤에서 수식한다.

5행 [What causes that burning feeling in your mouth] is something [called capsaicin]. ▶ 첫 번째 [ ]는 선행사를 포함하는 관계대명사 what이 이끄는 명사절로 문장의 주어이다. 두 번째 [ ]는 something을 수식하는 과거분사구이다.

7행 Milk contains a protein [called casein], [which breaks down capsaicin in the same way {that soap gets rid of grease}]. ▶ 첫 번째 [ ]는 a protein을 수식하는 과거분사구이다. 두 번째 [ ]는 선행사 casein을 부연 설명하는 계속적 용법의 주격 관계대명사절이다. { }는 the same way를 수식하는 관계부사절이다.

문제해설

주어진 문장은 캡사이신을 중화시키는 음료의 다른 예시인 레모네이드에 대해 설명하고 있으므로, 먼저 예로 제시된 우유가 어떻게 캡사이신 성분을 분해하는지 설명하는 문장 이후인 ⑤에 들어가는 것이 가장 적절하다.

서술형

the best way to deal with ▶ to deal with는 형용사적 용법의 to부정사구로 the best way를 수식한다.

2 ③

파인 레이크 캠프 공동체분들께

여러분도 아시다시피, 저희는 세계적 유행병 때문에 여름 캠프 활동을 전면 취소해야 했습니다. 여름은 호수에서의 일 년 중 가장 좋은 시기입니다. 여름은 날씨가 가장 좋고 경치가 가장 아름다운 계절이지요. ❻ 저희는 부모님들께서 파인 레이크를 자녀들이 즐거움으로 가득한 여름을 안전하게 보낼 수 있는 곳으로 오랫동안 생각해 오셨다는 것을 알고 있습니다. 유감스럽게도, 그건 올해에는 도저히 불가능합니다. 세계적 유행병이 저희 단체에 재정적으로 심각한 피해를 입혔습니다. 그래서 저희는 여러분의 도움이 필요합니다. 파인 레이크는 언제나 캠프 후원자분들이 주시는 기부금을 필요로 해 왔습니다. 올해는 그런 기부금이 저희에게 훨씬 더 중요합니다. 여러분께서 저희를 도와주신다면, 저희는 내년 여름에 어느 때보다도 더 성대하고 멋진 모습으로 재개장할 수 있을 것입니다.

파인 레이크 직원 일동

구문해설

3행 It is the season [when {the weather is the nicest} and {the scenery is the most beautiful}]. ▶ [ ]는 선행사 the season을 수식하는 관계부사절이며, 두 개의 { }는 등위접속사 and로 병렬 연결되었다.

4행 We know [that parents have long **considered** Pine Lake **to be** a place {where their kids could safely spend a fun-filled summer}]. ▶ [ ]은 know의 목적어로 쓰인 명사절이다. 「consider A to-v」는 'A를 …하다고 여기다[생각하다]'의 의미이다. { }는 선행사인 a place를 수식하는 관계부사절이다.

문제해설

세계적 유행병으로 인해 캠프장의 재정이 악화되어 후원자들의 기부를 요청하는 글이다.

서술형

to be ▶ 'A를 …하다고 여기다[생각하다]'라는 의미의 「consider A to-v」가 되어야 하므로, be를 to be로 고쳐야 한다.

3 ②

요즘 극지방으로 여행하는 사람들의 수가 증가하고 있다. 유감스럽게도, 이는 지역 생태계를 위협한다. 관광업은 그 지역의 배와 비행기의 수를 증가시키고 석유 유출의 위험을 가중시킨다. 또한, 야생 생물이 접근 가능한 그런 곳(= 야생 생물을 만날 수 있는 곳)들은 제한되어 있기 때문에 관광은 주로 좁은 지역에 주력해서, 초목을 위험에 처하게 한다. 긍정적인 측면에서는, 극지방 관광은 사람들이 세계의 보기 드문 지역들과 친밀한 관계를 형성하게 해준다. ⓓ 게다가, 이런 지역으로 여행하는 사람들은 흔히 결국에는 자연환경 보호 노력에 직접 관여하게 된다. 마지막으로, 관광업은 지역 경제에 도움이 된다. 북극에서, 이런 부가적인 수입원은 주민들이 재정적으로 훨씬 더 자립하도록 만들었다. 그래서, 극지방 관광이 좋은 것인지 나쁜 것인지는 여전히 논란의 여지가 있다.

구문해설

1행 These days, **the number of people** [traveling to the polar regions] **is** increasing. ▶ 「the number of+복수명사」는 '…의 수'의 의미로 단수 취급하므로 단수동사 is가 쓰였다. [ ]는 people을 수식하는 현재분사구이다.

3행 Also, because those places [where wildlife is accessible] are limited, tourism mainly focuses on small areas, [putting vegetation at risk]. ▶ 첫 번째 [ ]는 선행사인 those places를 수식하는 관계부사절이다. 두 번째 [ ]는 결과를 나타내는 분사구문이다.

8행 In the Arctic, this **added source of income** has made residents *much* more financially independent. ▶ 과거분사 added가 뒤에 오는 명사구 source of income을 수식한다. much, far, even, still, a lot 등은 비교급 앞에 쓰여 비교급을 강조한다.

문제해설

② 주어는 단수명사인 Tourism이고 increases와 함께 등위접속사 and로 병렬 연결된 동사가 와야 하므로, add to를 단수동사인 adds to로 고쳐야 한다.

4 ③

레프 쿨레쇼프는 편집이 영화 제작의 가장 중요한 측면이라고 생각한 러시아의 감독이었다. ⓔ 1921년에 그는 쿨레쇼프 효과로 알려지게 된 것을 입증하는 발표를 했다. 그는 일련의 이미지를 스크린에 비추었다. 첫 번째로, 유명 배우에 뒤이어 수프 한 그릇을, 그다음엔 같은 배우에 뒤이어 관 안에 있는 소녀를, 그리고 마지막으로 다시 그 배우에 뒤이어 매력적인 여성의 이미지를 (비추었다). 관객들이 자신이 본 것에 대해 질문을 받았을 때, 그들은 첫 번째 일련의 이미지에서는 그 배우가 배고파 보이고, 두 번째에서는 슬퍼 보이고, 세 번째에서는 낭만적으로 보인다고 말했다. 그러나 그 배우의 세 개의 이미지는 모두 같았다. 쿨레쇼프는 편집을 통해 그것이 어떻게 해석되는지에 영향을 미쳤던 것이다. 그는 또한 두 개의 서로 다른 장소가 하나의 장소인 것처럼 보이게 했다. 이는 창의적인 편집을 통해 인식을 조작하는 것이 가능하다는 것을 보여 주었다.

구문해설

1행 Lev Kuleshov was a Russian director [who believed {(that) editing is the most important aspect of filmmaking}]. ▶ [ ]는 선행사인 a Russian director를 수식하는 주격 관계대명사절이다. { }는 believed의 목적어로 쓰인 명사절이다.

2행 ..., he gave a presentation [which demonstrated {what became known as the Kuleshov effect}]. ▶ [ ]는 선행사인 a presentation을 수식하는 주격 관계대명사절이다. { }는 선행사를 포함하는 관계대명사 what이 이끄는 명사절로, demonstrated의 목적어이다.

6행 [When (they were) asked about {what they **had seen**}], viewers said [(that) the actor looked hungry in the first series of images, (the actor looked) sad in the second, and (the actor looked) romantic in the third]. ▶ 첫 번째 [ ]에서 「주절의 주어와 동일한 주어+be동사」가 생략되었다. { }는 선행사를 포함하는 관계대명사 what이 이끄는 명사절로, 전치사 about의 목적어이다. had seen은 관객들이 질문을 받은 것보다 이미지들을 본 것이 더 이전의 일임을 나타내는 과거완료시제이다. 두 번째 [ ]는 said의 목적어로 쓰인 명사절로, 반복을 피하기 위해 각각 sad와 romantic 앞에 중복되는 내용이 생략되었다.

문제해설

장면을 어떻게 연결하고 편집하는지에 따라 다른 정서적 효과를 가져온다는 쿨레쇼프 효과를 설명하는 내용의 글이므로, 빈칸에는 ③ '인식을 조작하는 것'이 들어가는 것이 가장 적절하다.
① 독창성을 만들어 내는 것
② 독특한 영화를 만드는 것
④ 관객의 흥미를 유지시키는 것
⑤ 여러 개의 다른 주제를 섞는 것

5 ③

좋은 소식은 인간이 그 어느 때보다도 더 장수하고 있다는 것이다. ⓕ 나쁜 소식은 노인들은 여전히 정신적으로나 신체적으로 그들에게 영향을 줄 수 있는 건강상의 위험에 직면한다는 것이다. 그래서 운동 게임이 만들어졌다. 그것은 컴퓨터 게임을 하는 것을 전신 운동과 결합하는 프로그램이다. 대부분의 운동 게임은 빠른 속도로 걷는 것에 상응하는 적당한 운동을 제공한다. (걷기는 노인들에게 최적의 운동 중 하나로 여겨지는데, 무릎과 발목에 손상을 거의 주지 않기 때문이다.) 그러나 운동 게임은 이용자들이 보폭, 방향, 속도의 변화를 포함하는 복잡한 동작을 하도록 권하기도 한다. 매일, 단지 짧은 시간 동안만 운동 게임을 이용하는 노인들이 그들의 전반적인 건강과 행복에 있어 상당한 개선을 경험했다.

구문해설

1행 The bad news is [that the elderly still face health risks {that can affect them **both** mentally **and** physically}]. ▶ [ ]는 주격보어로 쓰인 명사절이다. { }는 선행사인 health risks를 수식하는 주격 관계대명사절이다. 「both A and B」는 'A와 B 둘 다'의 의미이다.

4행 Most exergames provide a moderate workout [that is the equivalent of {taking a walk at a fast speed}]. ▶ [ ]은 선행사인 a moderate workout을 수식하는 주격 관계대명사절이다. { }는 전치사 of의 목적어로 쓰인 동명사구이다.

문제해설

운동 게임이 노인들에게 주는 건강상의 이점에 대해 설명하는 글이므로, 걷기 운동의 이점을 언급한 ③은 글의 흐름과 무관하다.

REVIEW TEST p. 140

A

ⓐ What ⓑ that ⓒ where
ⓓ who ⓔ which, what ⓕ that

B

1 spread 2 helpful 3 cancel 4 debatable
5 projected 6 separate 7 combine 8 moderate

B

1 gather 모으다 2 harmful 해로운
3 create 창조[창작/창출]하다
4 detectable 감지할 수 있는
5 reject 거부하다 6 united 통합된
7 divide 나누다, 분리하다
8 ordinary 보통의, 평범한

14 관계사의 이해 II

GRAMMAR BUILD UP pp. 142~144

❶ 전치사를 동반하는 관계대명사

1 여기에 네가 두려워해야 하는 사람은 아무도 없다.
2 사람들이 결혼하는 평균 연령이 높아져 왔다.
3 내가 기다리고 있는 기차가 지금 30분 연착되고 있다.
4 호수 옆에 우리의 새 집이 지어질 땅이 있다.

1 이것이 내가 어제 찾고 있었던 책이다.
2 이곳이 우리가 지난여름에 묵었던 호텔이다.

❷ 목적격 관계대명사의 생략

1 anything ∧ you / 너는 내가 했으면 하는 게 있니?
2 the man ∧ John / Mary는 John이 함께 일했던 남자의 옆집에 산다.
3 The garage ∧ I keep / 내가 차를 넣어두는 차고는 바로 모퉁이를 돌면 있다.
4 The book ∧ the teacher / 그 교사가 선택한 책은 학생들에게 너무 어려웠다.

❸ 관계사의 계속적 용법

1 선생님께서 나를 칭찬하셨는데, 그것이 나를 기분 좋게 만들었다.
2 내일 나는 Nancy를 방문할 것인데, 나는 그녀와 약속이 있다.
3 우리는 오후 한 시에 일하는 것을 중단했는데, 그때 점심을 먹으러 나가기로 결정했다.
4 그는 그의 형과 미술관에 가길 좋아하는데, 그의 형은 대학에서 미술을 전공했다.
5 그녀는 남자친구로부터 장문의 사과 편지를 받았지만, 아직 그것을 뜯어보지 않았다.

❹ 선행사 찾기

1 Students admire Mr. Brown / 학생들은 Brown 선생님을 존경하는데, 나는 그것이 당연하다고 생각한다.
2 The time / 우리가 우주여행을 즐길 수 있을 때가 곧 올 것이다.
3 Hundreds of people came to the party / 수백 명의 사람들이 그 파티에 왔는데, 이는 그 주최자에게 거금이 들게 했다.
4 someone / Jerry만큼 재능 있는, 당신이 아는 사람을 추천해 주세요.

❺ 복합관계대명사 who/which/what+ -ever

1 Whatever you do / 네가 무엇을 하더라도, 전력을 다해라.
2 Whoever breaks the law / 법을 위반하는 사람은 누구든지 처벌받아야 한다.
3 Whatever she wears in the drama / 그녀가 드라마에서 착용하는 것은 무엇이든지 인기를 얻는다.
4 whichever you want / 이 셔츠 중에서, 너는 네가 원하는 어느 것이든지 고를 수 있다.

❻ 복합관계부사 when/where/how+-ever

1 However / 네가 아무리 늦더라도, 나는 너를 기다릴 것이다.
2 whenever / 네가 오고 싶을 때는 언제든지 내 사무실에 들러도 된다.
3 Wherever / 우리가 어디에 있더라도, 우리는 항상 친구일 것이다.
4 However / 네가 어떻게 요리하더라도, 닭고기는 항상 맛있다.

GRAMMAR CHECK UP p. 145

A 1 a city ∧ I want / (which[that])
2 the race ∧ he's entering / (which[that])
3 no one ∧ he can tell the truth to / (who(m)[that])
4 All ∧ you have to do / (that)
5 The doctor ∧ he went to see / (who(m)[that])
6 anything ∧ they see / (that)
7 the only building ∧ I've ever seen / (that)

B 1 Whatever 2 in which
 3 which   4 which
 5 who
C 1 Anyone who 2 No matter how
 3 anything that 4 at any time
 5 at any place

A

1 프라하는 내가 방문하고 싶은 도시이다. ▶ 사람이 아닌 선행사 a city 뒤에 이어지는 절에서 visit의 목적어가 없으므로 목적격 관계대명사 which[that]가 생략되었음을 알 수 있다.

2 나는 그가 참가할 경기에서 이기기를 바란다. ▶ 사람이 아닌 선행사 the race 뒤에 이어지는 절에서 entering의 목적어가 없으므로 목적격 관계대명사 which[that]가 생략되었음을 알 수 있다.

3 그가 사실을 말할 수 있는 사람이 아무도 없다. ▶ 사람을 나타내는 선행사 no one 뒤에 이어지는 절에서 전치사 to의 목적어가 없으므로 목적격 관계대명사 who(m)[that]가 생략되었음을 알 수 있다.

4 너는 너 자신을 믿기만 하면 된다. ▶ 사물을 나타내는 선행사 All 뒤에 이어지는 절에서 do의 목적어가 없으므로 목적격 관계대명사 that이 생략되었음을 알 수 있다. 선행사가 all일 경우 관계대명사 that을 사용하는 것이 선호된다.

5 그가 진료를 받으러 간 의사는 그에게 집에 있으라고 말했다. ▶ 사람을 나타내는 선행사 the doctor 뒤에 이어지는 절에서 see의 목적어가 없으므로 목적격 관계대명사 who(m)[that]가 생략되었음을 알 수 있다.

6 어떤 사람들은 인터넷에서 보는 어느 것이든지 다 믿는다. ▶ 사물을 나타내는 선행사 anything 뒤에 이어지는 절에서 see의 목적어가 없으므로 목적격 관계대명사 that이 생략되었음을 알 수 있다. 선행사가 anything일 경우 that을 사용하는 것이 선호된다.

7 그것은 전체가 유리로 만들어진, 내가 본 유일한 건물이다. ▶ 사물을 나타내는 선행사 building 뒤에 이어지는 절에서 have seen의 목적어가 없으므로 목적격 관계대명사 that이 생략되었음을 알 수 있다. 선행사가 the only의 수식을 받을 경우 that을 사용하는 것이 선호된다.

B

1 무슨 일이 일어나더라도, 나는 계속해서 앞으로 나아갈 것이다. ▶ 부사절의 동사인 happens의 주어가 필요하므로 복합관계대명사인 Whatever가 적절하다.

2 그녀가 사는 그 낡은 집은 보수되어야 한다. ▶ 관계사절의 동사인 lives가 자동사로 쓰였으므로 목적격 관계대명사 which는 전치사의 목적어가 되어야 한다. 따라서 in which가 적절하다.

3 그 콘서트는 내가 아주 좋아하는 노래로 시작했는데, 그것이 나를 기쁘게 만들었다. ▶ 관계대명사 that은 계속적 용법으로 쓰일 수 없으므로 which가 적절하다.

4 예술과 과학은 둘 다 우리가 세상을 보는 렌즈이다. ▶ 관계대명사 that은 전치사 뒤에 쓸 수 없으므로 which가 적절하다.

5 Robert는 자동차에 대해 많이 아는 고등학교 때부터의 오래된 친

구이다. ▶ 선행사가 사람인 an old friend이므로 who가 적절하다.

C

1 이 축제에 방문하는 사람은 누구든지 티셔츠를 받을 것이다. ▶ 명사절을 이끌어 '…하는 사람은 누구든지'의 의미를 가지는 복합관계대명사 Whoever는 Anyone who로 바꿔 쓸 수 있다.

2 시험이 아무리 어려워도, 그저 최선을 다해라. ▶ 양보의 부사절을 이끌어 '아무리 …하더라도'의 의미를 가지는 복합관계부사 However는 No matter how로 바꿔 쓸 수 있다.

3 나는 너의 프로젝트에 필요한 것은 무엇이든지 제공할 것이다. ▶ 명사절을 이끌어 '…하는 것은 무엇이든지'의 의미를 가지는 복합관계대명사 whatever는 anything that으로 바꿔 쓸 수 있다.

4 그녀는 심하게 운동할 때마다 허리에 통증을 느낀다. ▶ 시간의 부사절을 이끌어 '…할 때는 언제든지'의 의미를 가지는 복합관계부사 whenever는 at any time (that)으로 바꿔 쓸 수 있다.

5 모든 좌석이 비어 있으니 네가 원하는 곳은 어디에서든지 점심을 먹어도 된다. ▶ 장소의 부사절을 이끌어 '…하는 곳은 어디든지'의 의미를 가지는 복합관계부사 wherever는 at any place (that)로 바꿔 쓸 수 있다.

적용독해 pp. 146~149

1 ③ **2** ③ **3** ③ **4** ① **5** ④

1 ③

Ⓐ 크리스마스와 새해 첫날이 지난 뒤에도 당신이 어디를 보더라도 휴일 축제 기간을 즐기고 있는 프랑스인들을 발견할 수 있을 것이다. 이는 그들이 1월에 아직 하루 더 휴일이 있기 때문이다. 바로 공현 대축일이다. '삼왕 축일'이라고도 불리는 공현 대축일은 매년 열리는 기독교 축일이다. 그날이 기념되는 한 가지 방식은 주로 아몬드나 아몬드맛 소가 든 부푼 페이스트리 케이크인 *galette des rois*(갈레트 데 루아)'와 함께하는 것이다. *fève*(페브)로 알려진 아주 작은 장식품이 케이크 안에 숨겨져 있다. 그것은 여러 가지 형태로 나올 수 있고 플라스틱이나 자기 같은 재료로 만들어진다. 그 장식품을 찾아내는 사람은 누구든지 그날 밤 동안 왕이나 왕비로 임명되고, 독특한 특권을 부여받으며, 특별한 선물을 받는다.

구문해설

1행 ..., **wherever** you look, you'll find the French enjoying holiday feasts. ▶ 복합관계부사 wherever는 '어디서 …하더라도'의 의미로 양보의 부사절을 이끌며, no matter where로 바꿔 쓸 수 있다.

4행 One way [it's celebrated] is with **a galette des rois**, [a puffed pastry cake {that usually contains almonds or an almond-flavored filling}]. 첫 번째 [ ]는 선행사인 One way를 수식하는 관계부사절이다. a *galette des rois* 와 두 번째 [ ]는 동격이다. { }는 선행사인 a puffed pastry cake를 수식하는 주격 관계대명사절이다.

7행 **Whoever** locates the ornament *is named* king or queen for the night, (*is*) *granted* unique privileges, and (*is*) *given* special gifts. ▶ 복합관계대명사 Whoever는 '…하는 사람은 누구든지'의 의미로 명사절을 이끌며, Anyone who로 바꿔 쓸 수 있다. is named, (is) granted, (is) given은 등위접속사 and로 병렬 연결되었다.

문제해설
기독교 명절인 공현 대축일의 의미와 그것을 기념하는 방식을 설명하는 내용의 글이므로, 제목으로는 ③ '공현 대축일은 무엇이며 어떻게 기념되는가'가 가장 적절하다.
① 프랑스인이 갈레트 데 루아를 만드는 방법
② 두 기독교 축일의 유사점
④ 프랑스의 페이스트리는 여러 가지 형태로 나온다
⑤ 오래된 프랑스 전통의 변화

☆ **서술형**

Anyone who ▶ 명사절을 이끄는 복합관계대명사 whoever는 '…하는 사람은 누구든지'의 의미로, anyone who로 바꿔 쓸 수 있다.

2 ③

ⓑ 인공와우는 심각한 청각 장애를 지닌 사람들을 위한, 그들이 소리를 경험하도록 돕는 전자 장치이다. 그것은 보청기와 같지 않은데, 보청기는 소리를 잘 듣지 못하는 사람들을 위해 단순히 소리를 증폭시킨다. 이 이식물은 손상된 귀 부위를 우회하여 소리를 청신경으로 바로 보냄으로써 작동한다. 인공와우는 다섯 가지 부분으로 구성되어 있다. 첫 번째는 마이크인데, 이는 외부의 소리를 감지한다. 그러고 나서 이 소리는 어음 처리기라고 불리는 것에 의해 조정된다. 그다음, 송신기와 자극기가 어음처리기로부터 신호를 받아 그것을 전기 자극으로 바꾼다. 마지막으로 이 자극은 전극 배열에 의해 수집되어 청신경의 여러 부위로 전송된다. 비록 인공와우가 청력을 완전히 회복시키지는 않지만, 그것은 청각장애인들이 말을 이해하는 데 도움이 될 수 있다.

구문해설
2행 A cochlear implant is an electronic device for people [with serious hearing disabilities] [that **helps** them **experience** sound]. ▶ 첫 번째 [ ]는 people을 수식하는 전치사구이다. 두 번째 [ ]는 선행사인 an electronic device를 수식하는 주격 관계대명사절이다. help의 목적격보어로 동사원형 experience가 쓰였다.

3행 It is not the same as a hearing aid, [which simply amplifies sounds for people {who are unable to hear well}]. ▶ [ ]는 선행사인 a hearing aid를 부연 설명하는 계속적 용법의 주격 관계대명사절이고, { }는 선행사인 people을 수식하는 주격 관계대명사절이다.

4행 The implants work **by sending** sounds directly to the auditory nerve, [bypassing any parts of the ear {that have been damaged}]. ▶ 「by v-ing」은 '…함으로써'의 의미이다. [ ]는 동시동작을 나타내는 분사구문이다. { }는 선행사인 any parts of the ear를 수식하는 주격 관계대명사절이다.

문제해설
주어진 문장의 These sounds는 ③ 앞 문장의 external sounds를 가리키고, 주어진 문장에서 speech processor가 처음 언급된 후 ③ 뒤의 문장에서 그것에 관한 설명이 이어지므로, 주어진 문장은 ③에 들어가는 것이 가장 적절하다.

☆ **서술형**

signals

3 ③

이모지는 1990년대 후반에 Shigetaka Kurita에 의해 만들어진 작은 그림들이다. 이모지는 세계적으로 이메일, 문자 메시지, 그리고 채팅방에서 사용된다. 그 인기의 이유 중 하나는 모든 사람이 그것을 이해할 수 있다는 점이다. **ⓒ** 우리가 아무리 다르더라도, 여전히 우리는 이모지를 사용하여 서로와 의사소통할 수 있는데, 그것은 기본적인 감정을 명확하게 표현하기 때문이다. 이에도 불구하고, 각 이모지가 사용되는 빈도는 놀랄 만큼 낮다. 3,000개가 넘는 이모지의 종류가 있지만, 그것들 중 단지 소수만 자주 사용된다. **ⓓ** 한 전문가에 따르면, 이것은 주로 이모지가 일반적으로 이용되는 방식 때문이라고 한다. 메시지 전반에 걸쳐 단어를 대신해서 이모지를 쓰는 대신, 사람들은 보통 추가적인 정보를 포함하는 방법으로서 끝에 이모지를 덧붙인다.

구문해설
2행 One [of the reasons for their popularity] **is** [that everyone can understand them]. ▶ 주어가 전치사구인 첫 번째 [ ]의 수식을 받는 One이므로 단수동사 is가 쓰였다. 두 번째 [ ]는 주격보어로 쓰인 명사절이다.

3행 **However** different we may be, we can still communicate with one another using emoji, [which clearly express basic emotions]. ▶ 복합관계부사 however는 '아무리 …하더라도'의 의미로 양보의 부사절을 이끌며, no matter how로 바꿔 쓸 수 있다. [ ]는 선행사인 emoji를 부연 설명하는 계속적 용법의 주격 관계대명사절이다.

5행 Despite **this**, the frequency [with which each emoji is used] is surprisingly low. ▶ this는 앞 문장을 가리킨다. [ ]는 선행사인 the frequency를 수식하는 관계사절이다.

6행 …, but only **a small number of** them **are** frequently used. ▶ 「a small number of+복수명사」는 '소수의 …'의 의미로, 복수 취급하므로 복수동사 are가 쓰였다.

문제해설
이모지가 의사소통에 유용하여 전 세계적으로 쓰이지만 보통 추가적인 정보로서 문장 끝에 사용되기 때문에 사용 빈도는 낮다는 내용의 글이므로, 주제로는 ③ '이모지가 우리가 생각하는 것만큼 자주 사용되지 않는 이유'가 가장 적절하다.
① 새로 고안된 이모지 사용 방법
② 이모지가 특정 지역에서만 사용되는 이유
④ 이모지 사용의 장단점
⑤ 휴대 전화 산업에 있어서 이모지의 중요성

4 ①

고생물학자는 과학자이지만 수사관처럼 일한다. 멸종된 동물들에 의해 남겨진 흔적을 조사하는 것이 그들의 일이다. 공룡의 모습에 관한 단서들을 제공하는 이 흔적은 화석의 형태로 발견된다. 이 화석들은 뼈, 치아, 껍질, 또는 발자국도 될 수 있다. 고생물학자가 되기 위해서는 인내심과, 사물을 주의 깊게 관찰하는 능력이 요구된다. 하지만 그 일에는 단순히 화석을 찾는 것 이상의 것이 있다. Ⓔ 고생물학자는 그들이 찾은 표본을 조사하며 연구실에서 일하기도 한다. 그들은 이 화석들을 분류하고, 그것의 특징에 주목하고 서로의 관계를 밝혀내면서 주의 깊게 분석해야 한다. 오늘날, 고생물학자는 공룡에 관해 답이 나오지 않은 질문을 해결하기 위해 컴퓨터 단층 촬영 정밀 검사와 같은 첨단 기술 절차를 이용하고 있기도 한다.

구문해설

1행 **It** is their job [to examine evidence {left behind by extinct animals}]. ▸ It은 가주어이고 [ ]가 진주어이다. { }는 evidence를 수식하는 과거분사구이다.

2행 This evidence, [which gives them clues about the appearance of dinosaurs], is found in the form of fossils. ▸ [ ]는 선행사인 This evidence를 부연 설명하는 계속적 용법의 주격 관계대명사절로, 문장의 주어와 동사 사이에 삽입되었다.

7행 They must analyze these fossils carefully, [{classifying them}, {noting their characteristics}, and {determining their relationship to one another}]. ▸ [ ]는 동시동작을 나타내는 분사구문으로, 세 개의 동명사구 { }가 등위접속사 and로 병렬 연결되었다.

문제해설

① 문장의 주어가 This evidence로 단수이므로 are를 단수동사 is로 고쳐야 한다.

5 ④

수년간 과학자들은 항생제의 남용이 새롭고 위험한 종류의 미생물을 야기할 수 있다고 사람들에게 경고해 오고 있다. 흔히 슈퍼버그라 불리는 이런 미생물은 항생제의 영향을 받지 않는다. 다시 말해서, 항생제를 너무 자주 사용하는 것이 항생제의 작용을 멈추게 할지도 모른다. 오늘날, 이는 우리가 대비해야 하는 두려운, 있음 직한 일이 더는 아니다. 이는 실제로 일어나고 있다. 일부 전통적인 항생제는 더 이상 효과가 없고, 점점 더 많은 슈퍼버그가 발견되고 있다. 미국만 하더라도, 이런 미생물이 매년 3백만 명이 넘는 사람들을 병들게 하여 매년 약 35,000건의 사망을 초래한다. 지금이 행동해야 할 때이다. 우리는 환자들이 치료받을 수 있는 새로운 방법을 찾아야 한다. Ⓕ 이것은 항생제 사용을 감소시킬 것이고, 이는 결과적으로 더 적은 수의 슈퍼버그로 이어질 수 있을 것이다.

구문해설

1행 For many years, scientists (S) **have been warning** (V) people (O₁) that the overuse of antibiotics could bring about .... (O₂) ▸ have been warning은 과거에 시작되어 현재까지 진행 중인 일을 나타내는 현재완료진행형이다.

3행 In other words, [using antibiotics too often] might **cause** them **to stop** working. ▸ [ ]는 주어로 쓰인 동명사구이다. 「cause A to-v」는 'A가 …하게 하다'의 의미이다.

6행 ..., and **more and more** superbugs *are being discovered*. ▸ 「비교급+and+비교급」은 '점점 더 …한'의 의미이다. 「be being+p.p.」는 '…되고 있다'의 의미를 나타내는 현재진행형 수동태이다.

문제해설

항생제 남용으로 인해 항생제가 듣지 않는 슈퍼버그가 출현하고 있으며 이에 즉각 대응할 방법이 필요하다는 내용의 글이므로, 요지로는 ④가 가장 적절하다.

REVIEW TEST p. 150

A

Ⓐ wherever　Ⓑ that　Ⓒ However
Ⓓ in which　Ⓔ that　Ⓕ which

B

1 concealed **2** granted **3** amplifies **4** restore
5 frequency **6** extinct **7** observe **8** affected

B

1 reveal 드러내다　2 plant (나무 등을) 심다
3 diminish 줄어들다　4 replay 재생하다
5 density 밀도　6 imaginary 상상에만 존재하는
7 reserve 예약하다　8 reflect 비추다; 반영하다

15 비교 구문

GRAMMAR BUILD UP pp. 152~154

1 비교 구문의 기본 형태

1 우리 마을은 대도시의 중심지만큼 시끄러워졌다.
2 선물을 만드는 것이 사는 것보다 훨씬 더 의미 있다.
3 사진 편집 소프트웨어를 사용하는 것은 보이는 것만큼 어렵지 않다.
4 고춧가루는 세계에서 가장 널리 사용되는 양념 중 하나이다.

2 주의해야 할 비교 용법

1 those / 남성의 발은 여성의 그것들보다 더 큰 경향이 있다.
2 to / 이 새 컴퓨터는 우리가 사용했던 것보다 더 우수하다.
3 that / 새로운 비행기의 성능은 오래된 비행기의 그것보다 더 좋다.

4 that / 과학의 언어는 일상생활의 그것보다 훨씬 더 어려워 보인다.

❸ 원급·비교급을 포함하는 주요 구문

1 어떤 팝스타들은 가수라기보다는 댄서이다.
2 그가 컴퓨터를 고치는 데 겨우 한 시간밖에 안 걸렸다.
3 너는 그녀에게 가능한 한 진심으로 사과해야 한다.
4 자그마치 1,000명이나 되는 관객이 있었다.
5 나는 나이가 들면 들수록 다른 사람들이 어떻게 생각하는지에 대해 덜 걱정한다.
6 나는 시를 읽는 것을 좋아하지 않는데, 하물며 그것을 외우는 것은 더욱 좋아하지 않는다.
7 지구의 온도가 점점 더 높아지고 있다.
8 그 아기는 음식을 먹고 있다기보다는 그것을 가지고 놀고 있다.
9 내가 학생이었을 때, 나는 가능한 한 자주 도서관에 갔다.
10 Henry는 날마다 자신의 직업에 대해 점점 덜 만족하고 있다.

❹ 원급·비교급을 이용한 최상급의 표현

1 아프리카에는 다른 어떤 대륙보다 더 많은 국가가 있다.
2 그 학교에서 어떤 학생도 Amy만큼 테니스를 잘 치지 못한다.
3 어떤 것도 자식을 향한 부모의 사랑보다 더 강하지 않다.
4 어떤 사람도 영국 사람들만큼 날씨에 대해 많이 이야기하지 않는다.
5 'The'는 영어에서 다른 모든 단어보다 더 자주 사용된다.

❺ 배수의 표현

1 twice as expensive as a single room / 2인실은 1인실보다 두 배만큼 비싸다.
2 ten times higher than that of mine / 네 시계의 가격은 내 것의 그것보다 열 배 더 비싸다.
3 three times more sugar than their parents did / 오늘날의 어린이들은 그들의 부모들이 그랬던 것보다 세 배 더 많은 설탕을 섭취한다.
4 twice as long as my old one did / 나의 새로운 휴대전화 배터리는 나의 예전 것보다 두 배만큼 오래간다.
5 two-fifths as large as that of Korea / 호주의 인구는 한국의 그것의 약 5분의 2이다.

GRAMMAR CHECK UP p. 155

ⓐ **1** O
   2 X (→ inferior to that one)
   3 X (→ that of food in Seoul)
   4 O
   5 O
   6 X (→ the cleaner the Earth will become)
ⓑ **1** only   **2** more, than
   3 faster, all the other   **4** twice as, as
   5 we can   **6** at least

ⓒ **1** No movie was as boring as
   2 more quickly than I had expected
   3 not so much in what he has as[not in what he has so much as]
   4 the fewer mistakes you will make
   5 twice as much as mine

A

1 타인의 입장에서 생각하는 것은 보이는 것만큼 어렵지 않다. ▶ '…만큼 ~한'의 의미이며 is의 보어가 필요하므로, 「as+형용사의 원급+as …」는 적절하다.
2 이 기계는 기능성 면에서 저것보다 질이 더 낮다. ▶ inferior는 「to+목적격」으로 비교 대상을 나타내므로, than을 to로 고쳐야 한다.
3 도쿄의 식품 비용은 서울의 식품의 그것보다 더 높다. ▶ 비교하는 대상이 단수명사인 cost이므로, those를 that으로 고쳐야 한다.
4 그는 일요일마다 양치하지 않는데, 하물며 세수는 더욱 안 한다. ▶ '하물며[더구나] …은 아니다'의 의미를 나타내므로, 「much less …」는 적절하다.
5 그녀는 자신의 반의 다른 어떤 학생보다 한국 역사에 대해서 훨씬 더 많이 알았다. ▶ '다른 어떤 누구보다 더 …하게'의 의미를 나타내므로, 「비교급+than any other+단수명사」는 적절하다. much는 비교급 앞에 쓰여 비교급을 강조한다.
6 이 캠페인에 참가자가 많으면 많을수록 지구는 더 깨끗해질 것이다. ▶ '…하면 할수록 더 ~하다'의 의미는 「the+비교급 …, the+비교급 ~」으로 나타내므로, cleaner를 the cleaner로 고쳐야 한다.

B

1 이 지역에는 겨우 세 개의 도서관밖에 없다. ▶ 「no more than …」은 '겨우 …만[밖에]'의 의미로, only로 바꿔 쓸 수 있다.
2 어떤 것도 건강한 것만큼 중요하지 않다. ▶ '어떤 것도 ~만큼 …하지 않다'의 의미인 「부정주어+as[so]+원급+as ~」는 '다른 어떤 무엇보다 더 …한'의 의미를 나타내는 「비교급+than any other+단수명사」로 바꿔 쓸 수 있으므로, 빈칸에는 각각 more와 than이 들어가야 한다.
3 세상의 어떤 자동차도 이 자동차만큼 빠르지 않다. ▶ 「부정주어+as[so]+원급+as ~」는 '다른 모든 무엇보다 더 …한'의 의미를 나타내는 「비교급+than all the other+복수명사」로 바꿔 쓸 수 있으므로, 빈칸에는 각각 faster와 all the other가 들어가야 한다.
4 그녀는 자기의 언니가 그런 것보다 두 배 더 많은 돈을 썼다. ▶ '…보다 몇 배 더 ~한'의 의미를 나타내는 「배수사+비교급+than …」은 「배수사+as+형용사의 원급+as …」로 바꿔 쓸 수 있으므로, 빈칸에는 각각 twice as와 as가 들어가야 한다.
5 우리는 고객의 기대를 가능한 한 많이 충족시킨다. ▶ '가능한 한 …하게'의 의미를 나타내는 「as+부사의 원급+as possible」은 「as+부사의 원급+as+주어+can」으로 바꿔 쓸 수 있으므로, 빈칸에는 we can이 들어가야 한다.
6 당신의 과거 업무 경력에 대해 적어도 1,000자로 된 이력서를 제출

하시오. ▶「not less than ...」은 '적어도 …'의 의미로, at least
로 바꿔 쓸 수 있다.

C

1 어떤 영화도 내가 오늘 본 것만큼 지루하지 않았다. ▶ '어떤 누구[것]
도 ~만큼 …하지 않다'의 의미를 나타내는 「부정어+as[so]+형
용사의 원급+as ~」를 써야 한다.

2 그녀는 내가 예상했던 것보다 더 빨리 중국어를 배웠다. ▶ '…보다
더 ~하게'의 의미를 나타내는 「비교급+than ...」을 써야 한다.

3 인간의 가치는 그가 가진 재산이라기보다는 그의 인격에 있다. ▶ 'A
라기보다는 B'의 의미를 나타내는 「not so much A as B」 혹
은 「not A so much as B」를 써야 한다.

4 네가 더 많은 것들을 경험하면 할수록 더 적은 실수를 할 것이다.
▶ '…하면 할수록 더 ~하다'의 의미를 나타내는 「the+비교급 ...,
the+비교급 ~」을 써야 한다.

5 그의 자동차는 내 것보다 두 배만큼 비싸고, 세 배만큼 많은 연료
를 소비한다. ▶ '…보다 몇 배만큼 ~한'의 의미를 나타내는 「배수사
+as+형용사의 원급+as ...」를 써야 한다. 반복을 피하기 위해
much fuel 뒤에 중복되는 as mine이 생략되었다.

적용독해
pp. 156~159

1 ⑤ **2** ⑤ **3** ③ **4** ① **5** ⑤

1 ⑤

미국의 주별 최저 임금

위의 표는 2023년과 2024년에 미국에서 최저 임금이 가장 높은 5개
주를 보여준다. 2023년에 캘리포니아와 뉴욕의 최저 임금은 둘 다 뉴저
지의 최저 임금보다 높았다. ⓐ 표에 있는 5개 주 중 워싱턴의 최저 임금
이 가장 높았으며, 이는 두 해 모두 시간당 15.50달러 이상이었다. 메릴
랜드는 2023년과 2024년 사이에 1.75달러의 가장 큰 상승폭을 경험
했다. 이러한 상승에도 불구하고 그곳의 최저 임금은 표의 다른 어떤 주
보다도 낮았다. 마지막으로 뉴저지와 뉴욕의 2023년과 2024년 사이
의 최저 임금 격차는 캘리포니아의 절반 수준이었다.

구문해설

2행 In 2023 the minimum wage in both California and
New York was higher than **that** of New Jersey. ▶ that은
앞서 나온 the minimum wage를 가리킨다.

3행 Of the five states in the table, **no other state** had
a minimum wage **as high as** *that* of Washington, [which
was more than $15.50 per hour in both years]. ▶「부정주
어+as[so]+형용사의 원급+as ~」는 '다른 누구[것]도 ~만큼 …하지
않다'의 의미이다. that은 앞서 나온 a minimum wage를 가리킨다.
[ ]는 선행사인 that of Washington을 부연 설명하는 계속적 용법의
주격 관계대명사절이다.

6행 Despite this rise, its minimum wage remained
lower than that of any other state in the table. ▶「비교
급+than any other+단수명사」는 '다른 어떤 누구[무엇]보다도 더

…한/하게'라는 뜻으로 최상급의 의미를 나타낸다.

7행 Finally, the gap in the minimum wage between
2023 and 2024 in New Jersey and New York was **half
as large as** that of California. ▶「배수사+as+형용사의 원급
+as ...」는 '…보다 몇 배만큼 ~한'의 의미이다.

문제해설

뉴저지와 뉴욕의 2023년과 2024년 사이 최저 임금 격차($1.00)는 캘
리포니아의 최저 임금 격차($0.50)의 절반이 아닌 두 배이다.

서술형

the gap in the minimum wage between 2023 and 2024

2 ⑤

한 심리학자는 유아가 무엇을 보는지를 알아내고 싶어서 안에 두 장의 그
림이 있는 상자를 만들었다. 하나는 과녁의 중심이었고, 나머지 하나는
사람 얼굴이었다. 상자 안에 누워 있는 아기들은 두 그림 모두를 쉽게 볼
수 있었다. 그림들 사이에는 작은 구멍도 있었다. 구멍을 통해 봄으로써,
그 심리학자는 아기들이 어느 그림을 보고 있는지 알 수 있었다. 그는 얼
굴 (그림)이 과녁의 중심만큼 복잡하지 않기 때문에 아기들이 얼굴을 보
는 데 더 적은 시간을 보낼 것이라고 생각했다. ⓑ 그러나 아기들이 과녁
의 중심을 보는 데 보낸 시간의 양은 얼굴을 보는 데 보낸 시간의 겨우 절
반밖에 되지 않았다. 이것은 아기들이 사람의 얼굴을 알아보고 자신을 돌
봐줄 것이 바로 사람들이라는 것을 이해하는 능력을 가지고 태어난다는
것을 시사한다.

→ 한 심리학자는 실험에서 유아가 기하학적인 형태보다는 사람의 얼굴
을 보는 것을 선호한다는 것을 알아냈으며, 이는 다른 사람을 알아보는
그들의 능력이 타고난 것임을 시사한다.

구문해설

2행 Babies [lying inside the box] could easily see both
pictures. ▶ [ ]는 Babies를 수식하는 현재분사구이다.

4행 **By looking** through the hole, the psychologist
could see [which picture the babies were looking at].
▶「By v-ing」는 '…함으로써'의 의미이다. [ ]는 could see의 목적
어로 쓰인 간접의문문으로, 「의문사+주어+동사」의 어순을 따른다.

5행 ... they would **spend less time looking** at the
face, since it was not *as complex as* the bull's eye.
▶「spend+시간+v-ing」는 '…하는 데 (시간을) 보내다'의 의미이다.
「as+형용사의 원급+as ...」는 '…만큼 ~한'의 의미이다.

8행 ... babies are born with the ability [to **recognize**
human faces and (**to**) **understand** {that *it is* people
who will take care of them}]. ▶ [ ]는 the ability를 수
식하는 형용사적 용법의 to부정사구이다. to recognize와 (to)
understand는 등위접속사 and로 병렬 연결되었다. { }는
understand의 목적어로 쓰인 명사절이다. that절 안은 「it is ...
that[who] ~」 강조구문으로, '~하는 것[사람]은 바로 …이다'의 의미이
며, 강조되는 어구가 사람인 경우 that 대신 who를 쓸 수 있다.

문제해설

과녁의 중심과 사람의 얼굴 그림을 보여주는 실험에서 아기들이 얼굴 그림을 더 오래 보았다는 결과를 통해, 그들이 다른 사람을 알아보는 능력을 가지고 태어났다는 것을 알 수 있다는 내용의 글이다.

☆ 서술형

it is people who will take care of them

3 ③

비누는 우리 중 많은 이들이 당연시하는 아주 흔한 물품이다. 그러나 비누의 기원을 아는 사람은 거의 없다. 고대 메소포타미아인들에 의해 만들어진 최초의 비누는 농경용 가축의 지방산을 물과 잿물과 함께 혼합함으로써 만들어졌다. 이 혼합물은 때를 효과적으로 제거하긴 했지만, 그것은 목욕보다는 면직물이나 모직을 세탁하는 데 사용될 가능성이 더 높았다. (그 당시에, 사람들은 향료가 든 비누의 성분으로 인해 알레르기 반응이나 피부 염증이 발생할 수 있다는 것을 깨닫지 못했다.) ⓒ 비누가 오늘날 우리가 사용하는 것처럼 기분 좋은 것이 되기 시작한 것은 바로 중세에 들어서인데, 그때 식물성 기름이 기본 재료로 처음 사용되었다. 시리아에서 만들어진 Aleppo 비누는 유럽에서 사치품으로 인기를 얻게 된 최초의 막대 모양의 비누이지만, 머지않아 유럽인들이 그들만의 고급 비누를 만들기 시작했다.

구문해설

7행 **It was** in the Middle Ages, [when vegetable oils were first used as a base], **that** soaps started to become *as pleasant as* the **ones** [(which/that) we use today]. ▶「It was … that ~」 강조구문으로 '~한 것은 바로 …였다'의 의미이다. 첫 번째 [ ]는 선행사인 the Middle Ages를 부연 설명하는 계속적 용법의 관계부사절이다. 「as+형용사의 원급+as …」는 '…만큼 ~한'의 의미이다. ones는 앞서 나온 soaps를 가리킨다. 두 번째 [ ]는 선행사인 the ones를 수식하는 목적격 관계대명사절로, 관계대명사가 생략되었다.

8행 [Produced in Syria], Aleppo soap was the first bar soap [to become popular as a luxury item in Europe], but **it wasn't long before** Europeans started creating their own luxury soap. ▶ 첫 번째 [ ]는 주절의 주어를 부연 설명하는 과거분사구이다. 두 번째 [ ]는 the first bar soap을 수식하는 형용사적 용법의 to부정사구이다. 「it is not long before …」는 '머지않아 …', '곧 …'의 의미이다.

문제해설

비누의 기원에 대해 설명하는 글이므로, 향료가 든 비누의 성분이 일으키는 이상 반응을 언급한 ③은 글의 흐름과 무관하다.

4 ①

ⓓ 최근 몇 해 동안 식품 마케팅에서 '슈퍼푸드'라는 용어가 점점 더 흔해지고 있다. '슈퍼푸드'의 정확한 정의가 없어서 그 용어는 건강에 좋아 보이는 거의 모든 것에 사용될 수 있다. 그 단어는 그 상품이 다른 식품보다 우수하다는 것을 암시하기 때문에, 소비자들은 그 식품에 있을 수 있는 어떤 단점도 생각하지 않는다. ⓔ 따라서, 많은 소비자들이 슈퍼푸드를 많이 먹으면 먹을수록 그들이 더 건강해질 거라고 생각한다. 하지만, 이는 사실이 아니다. 슈퍼푸드는 균형 잡힌 식단의 중요한 일부분이 될 수 있다. 하지만 영양 전문가들은 소비자들에게 슈퍼푸드는 약이라기보다는 도구임을 기억하라고 조언한다. 모든 도구와 마찬가지로, 슈퍼푸드는 도움이 될 수 있지만, 현명하게 소비되는 경우에 한해서이다.

구문해설

1행 The term "superfood" **has become** *more and more common* in food marketing in recent years. ▶ has become은 계속을 나타내는 현재완료시제이다. 「비교급+and+비교급」은 '점점 더 …한/하게'의 의미이다.

5행 Therefore, many consumers think [that **the more superfoods** they eat, **the healthier** they will become]. ▶ [ ]는 think의 목적어로 쓰인 명사절이다. 「the+비교급 …, the+비교급 ~」은 '…하면 할수록 더 ~하다'의 의미이다.

8행 Like all tools, they can be useful, but **only if** (they are) used wisely. ▶「only if」는 '…해야만, …할 경우에 한해'의 의미이며, 반복을 피하기 위해 「주절의 주어와 동일한 주어+be동사」가 생략되었다.

문제해설

슈퍼푸드의 정확한 정의가 없기 때문에 소비자들이 흔히 슈퍼푸드를 많이 먹으면 먹을수록 더 건강해질 거라고 오해한다는 내용의 글이므로, 주제로는 ① '슈퍼푸드에 관한 흔한 오해'가 가장 적절하다.
② 슈퍼푸드를 많이 섭취하는 것의 이점
③ 슈퍼푸드가 일반 식품을 대체할 수 있는 방법
④ 슈퍼푸드를 이롭게 만드는 특징들
⑤ 슈퍼푸드를 포함하는 제품들의 예시

5 ⑤

사람들은 어떤 종류의 뉴스 기사에 관심을 기울이는가?

위의 표는 5개국에서 다양한 유형의 뉴스 기사에 관심을 기울이는 사람들의 비율을 보여 준다. 페루는 5개국 중 정치에 가장 높은 관심을 보였는데, 이는 이 주제에 관심을 갖는 사람들의 비율이 기후와 가벼운 뉴스에 관심을 갖는 사람들의 비율을 합친 것보다 더 높았기 때문이다. 브라질 사람들은 어떠한 다른 주제보다 정치에 더 많은 관심을 보였으며, 기후 뉴스는 가장 적은 관심을 불러일으켰다. ⓕ 싱가포르는 표에 있는 다른 어떤 국가보다 가벼운 뉴스에 더 많은 관심을 보였는데, 기후 뉴스보다 가벼운 뉴스에 주목하는 싱가포르인의 비율이 두 배 이상 높았다. ⓖ 미국에서는 가벼운 뉴스에 관심을 보인 사람들의 비율이 페루보다 두 배나 높았다. 마지막으로 케냐에서는 기후 관련 뉴스가 관심도 측면에서 두 번째로 높은 순위를 차지했다.

구문해설

1행 The table above shows the percentages of people in five countries [who pay attention to different types of news stories]. ▶ [ ]는 선행사인 people을 수식하는 주격 관계대명사절이다.

3행 … the percentage of people interested in the topic was higher than **those** of people interested in climate and lighthearted news combined. ▶ those는 명사의 반복을

피하기 위해 쓰인 대명사로 percentages를 가리킨다.

9행 ..., the percentage of people interested in lighthearted news was **twice as high as** that of Peru.
▶ 「배수사＋as＋형용사의 원급＋as ...」는 '…보다 몇 배만큼 ~한'의 의미이다.

문제해설
케냐에서 관심도 측면에서 두 번째로 높은 순위를 차지한 것은 정치 관련 뉴스로, 44퍼센트의 비율이다.

REVIEW TEST

p. 160

Ⓐ
ⓐ no other state, as high as
Ⓑ no more than
ⓒ as pleasant as
ⓓ more and more common
ⓔ the more, the healthier
ⓕ more interest, than any other
ⓖ twice as high as

Ⓑ
1 remained **2** recognize **3** commonplace
4 reactions **5** exact **6** disadvantages **7** ranked

Ⓑ
1 relate 관련이 있다; 관련시키다
2 ignore 무시하다   3 advanced 선진의
4 interaction 상호 작용   5 ambiguous 모호한, 애매한
6 advantage 장점   7 enter 들어가다[오다]

16 특수 구문

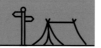

GRAMMAR BUILD UP

pp. 162~164

① 도치

1 O / 그의 미소 뒤에는 많은 고통이 있다.
2 X (→ was the food) / 그 음식은 너무 오래돼서 맛이 좋지 않았다.
3 O / 오직 연습을 통해서만 우리는 기술을 발전시킬 수 있다.
4 X (→ do I want) / 나는 절대 그런 끔찍한 경험을 다시 겪고 싶지 않다.
5 X (→ did he know) / 그는 그것이 자신의 어머니를 본 마지막이

될 거라는 것을 전혀 알지 못했다.

② 강조

1 know / 나는 그들이 염두에 두고 있는 것을 정말 안다.
2 a heart attack / 그의 돌연사를 야기한 것은 바로 심장 마비였다.
3 the child / 그의 부모님이 싸우는 것을 말린 사람은 바로 그 아이였다.
4 try / 나는 그를 설득해 보려고 정말 노력했지만, 그는 결국 일을 그만두기로 했다.
5 not until she grew older / 그녀는 나이가 들어서야 비로소 자신의 어머니의 고생을 이해했다.

③ 생략

1 if ∧ exposed / 피부는 햇빛에 노출되면 비타민 D를 만들어 낸다.
2 last year's ∧. / 올해 우리 매출은 지난해보다 훨씬 더 좋다.
3 ask me to ∧. / 그가 내게 그러자고 청하지 않았기 때문에 나는 그와 춤을 추지 않았다.
4 while ∧ waiting / 그녀는 버스를 기다리는 동안 버스의 도착 시간을 확인했다.
5 promising ∧ than / 말하기가 행동하기보다 더 쉽고, 약속하기가 실행하기보다 더 쉽다.
6 When ∧ asked / 왜 어제 학교를 결석했냐는 질문을 받았을 때, 그는 아무 말도 하지 않았다.

④ 삽입

1 [so to speak] / 너는, 말하자면, 그에게 잡힌 물고기이다.
2 [it is often said] / 노력은, 흔히 말하기를, 성공의 열쇠라고 한다.
3 [he believes] / John은 언제나 자신이 생각하기에 옳은 것을 해 왔다.
4 [I thought] / 내가 생각하기에 정직했던 그 소년이 나를 속였다.
5 [if ever] / 요즘 그 여배우는, 설사 목격되는 일이 있다 해도, 좀처럼 대중에게 목격되지 않는다.
6 [though not cheap] / 비록 돈이 적게 들지는 않겠지만, 우리가 필요한 모든 것을 사는 것은 쉽다.
7 [to be sure] / 그는 확실히 박식한 학자이지만, 상식이 부족하다.

⑤ 동격

1 his death / 그들은 그의 사망 소식을 이제 막 들었다.
2 the longest river in the world / 나는 드디어 세계에서 가장 긴 강인 나일강을 따라 내려갔다.
3 the science of stars and the universe / 그는 천문학, 즉 별과 우주에 관한 학문을 전공한다.
4 that using a blog as a diary is dangerous / 나는 블로그를 일기장으로 사용하는 것이 위험하다는 너의 의견에 동의한다.

⑥ 부정

1 모든 뱀에 독이 있는 것은 아니다.
2 남은 시간이 거의 없었다.

3 그들의 계산에는 실수가 없었다.

4 그의 계획은 전혀 완벽하지 않았지만 효과가 있었다.

5 높은 가격이 반드시 높은 품질을 의미하는 것은 아니다.

6 그녀는 자신의 수학 시험에서 만점을 받지 못한 적이 없다.

7 이러한 과학 기술의 시대에, 자율 주행 자동차는 믿기 힘든 것이 아니다.

GRAMMAR CHECK UP   p. 165

Ⓐ 1 did I   **2** that   **3** Few
4 who   **5** that   **6** did I
7 impossible

Ⓑ 1 It was Yuna that found a ring on her desk last night.
2 It was a ring that Yuna found on her desk last night.
3 It was on her desk that Yuna found a ring last night.
4 It was last night that Yuna found a ring on her desk.

Ⓒ 1 when ∧ young. / (they were)
2 I had to ∧. / (sing in public)
3 either for ∧ or / (the plan)
4 told him not to ∧. / (open the door)
5 if ∧ not treated / (it is)
6 others ∧ in relationships / (find happiness)
7 but Susan didn't ∧. / (renew her membership at the fitness club)

A

1 나는 절대 그녀가 나에게 거짓말을 할 거라고 생각하지 않았다. ▶ 부정어 Never가 문두에 왔고, 일반동사 think가 사용되었으므로 주어와 조동사가 도치된 did I가 알맞다.

2 내가 그 지갑을 발견한 곳은 바로 바닥 위였다. ▶ 「it is[was] ... that ~」 강조구문으로 on the floor를 강조한 문장이므로 that이 알맞다.

3 대피소를 제공받은 난민이 거의 없었다. ▶ the refugees는 셀 수 있는 명사이므로 부정의 의미를 나타내는 어구로 Few가 알맞다.

4 그에게는 내 생각에 내 딸 정도의 나이인 아들이 있다. ▶ I think는 삽입어구이고 관계사절에 주어가 빠져있으므로 주격 관계대명사 who가 알맞다.

5 고대 사람들은 지구가 자전한다는 사실을 믿지 않았다. ▶ the fact 뒤에 동격을 나타내는 명사절이 이어지므로 접속사 that이 알맞다.

6 나는 Paul이 그렇게 훌륭한 가수가 될 거라는 것을 전혀 알지 못했다. ▶ 준부정어 Little이 문두에 왔고, 일반동사 know가 사용되었으므로 주어와 조동사가 도치된 did I가 알맞다.

7 나는 열심히 공부했기 때문에, 그 시험에 합격하지 못하는 것은 불가능할 것이다. ▶ 문맥상 강한 긍정의 의미를 나타내기 위해서는 부정

어 not과 부정의 의미를 가지는 어구가 와야 하므로 impossible이 알맞다.

B

보기 Yuna는 어젯밤 그녀의 책상 위에서 반지 하나를 발견했다.
▶ 「it is[was] ... that ~」 강조구문에서 it is[was]와 that 사이에 강조하고자 하는 어구를 둔다.

1 어젯밤에 그녀의 책상 위에서 반지 하나를 발견한 사람은 바로 Yuna였다.

2 Yuna가 어젯밤에 그녀의 책상 위에서 발견한 것은 바로 반지 하나였다.

3 Yuna가 어젯밤에 반지 하나를 발견한 곳은 바로 그녀의 책상 위였다.

4 Yuna가 그녀의 책상 위에서 반지 하나를 발견한 때는 바로 어젯밤이었다.

C

1 그들은 어렸을 때 좋은 친구였다. ▶ 접속사 when이 이끄는 부사 절에서 「주절의 주어와 동일한 주어＋be동사」가 생략되었다.

2 나는 사람들 앞에서 노래 부르는 것을 싫어하지만 불러야만 했다. ▶ 반복되는 어구가 생략되었다.

3 너는 그 계획에 찬성하거나 반대해야 한다. ▶ 반복되는 어구가 생략되었다.

4 내가 그러지 말라고 말했는데도 그는 문을 열었다. ▶ 반복되는 어구가 생략되었다.

5 당뇨는 지속적으로 치료받지 않으면 위협적일 수 있다. ▶ 접속사 if가 이끄는 부사절에서 「주절의 주어와 동일한 주어＋be동사」가 생략되었다.

6 어떤 사람들은 돈에서 행복을 찾고, 다른 사람들은 인간관계에서 그렇게 한다. ▶ 반복되는 어구가 생략되었다.

7 Tim은 그의 헬스장 회원권을 갱신했지만, Susan은 하지 않았다. ▶ 반복되는 어구가 생략되었다.

적용독해   pp. 166~169

1 ③   **2** ②   **3** ④   **4** ②   **5** ③

1 ③

Klein 씨께

ⓐ 저는 여기 저희 매장인 Healthy Foods에서 당신의 일자리에 관해 쓰려 합니다. 우리는 당신이 일주일에 3일을 오후 5시부터 9시까지 우리를 위해 일을 하는 것에 동의했습니다. 그러나 당신이 마지막으로 일하러 나타난 지 이제 2주가 되었습니다. 당신은 어떠한 휴가 기간도 주어지지 않았고, 전화와 이메일로 당신에게 연락하려는 저희의 어떤 시도에도 응답하지 않았습니다. 그러므로 저희는 당신이 이곳에서 일한 마지막 날인 2월 22일자로 직위를 사직했다

고 추정할 것입니다. 사물함에 있는 내용물은 이번 주 후반에 당신에게 발송될 것입니다. 이 상황에 관한 질문이 있으시다면, 지점장인 Carl Black에게 연락하시면 됩니다.

Alicia O'Reilly 드림

구문해설

4행 However, it **has** now **been** two weeks since you last showed up for work. ▸ has been은 계속을 나타내는 현재완료시제이다.

5행 ..., and you have **failed to respond** to any of our attempts [to contact you by phone and email]. ▸ fail은 to부정사를 목적어로 쓰는 동사이다. [ ]는 our attempts를 수식하는 형용사적 용법의 to부정사구이다.

6행 Therefore, we are going to assume [that you have resigned from your position as of **February 22**, {the last day that you worked for us}]. ▸ [ ]는 assume의 목적어로 쓰인 명사절이다. February 22와 { }는 동격이다.

문제해설

2주 동안 무단 결근한 매장 직원에게, 자진 사직한 것으로 간주하여 고용계약을 해지하겠다고 알리는 내용의 글이다.

☆ **서술형**

you have failed to respond to any of our attempts

2 ②

아보카도는 최근 몇 년간 매우 유행을 타게 되었다. 그것은 흔히 채소로 여겨지지만 사실은 핵과이다. 아보카도는 크림 같은 질감과, 비타민 및 미네랄이 많이 들어있다는 사실 때문에 귀하게 여겨진다. 아보카도 한 개는 약 250 칼로리를 함유하며, 이 칼로리의 대부분이 지방에서 온다. 그러나 이 지방은 주로 건강에 좋고 이로운 종류이다. ❸ 하지만, 아보카도를 좋아하는 사람들에게 유감스럽게도, 이 인기 많은 식품에 어두운 면이 있다. 멕시코에서 범죄 조직과 부패한 정치인들이 아보카도 산업의 많은 부분을 통제하는데, 그곳(= 멕시코)에서 아보카도가 많이 재배된다. ❺ 농부들은 위협을 받고, 노동자들은 박봉을 받으며, 수익은 빼앗긴다. 우리가 지역 식품점에서 물건을 살 때 아보카도 생산의 가혹한 현실을 간과하기 쉬울지도 모르지만, 이 상황에 더 많은 관심이 기울여져야 한다.

구문해설

2행 Avocados are prized for their creamy texture and **the fact** [that they contain lots of vitamins and minerals]. ▸ the fact와 [ ]는 동격이다.

8행 Farmers are threatened, workers (are) poorly paid, and profits (are) stolen. ▸ 반복을 피하기 위해 workers와 profits 다음에 각각 중복되는 어구가 생략되었다.

9행 **It** may be easy [to overlook the harsh realities of avocado production] when we're shopping at our local grocery store, ... ▸ It은 가주어이고 [ ]가 진주어이다.

문제해설

아보카도는 특유의 질감과 풍부한 영양으로 최근 유행하고 있지만, 생산지와 관련하여 주의를 기울여야 할 문제가 있다는 내용의 글이다. 따라서 주제로는 ② '아보카도의 높아지는 인기에 따른 문제'가 가장 적절하다.

① 아보카도 가격 상승에 대응하는 방법
③ 아보카도를 섭취함으로써 발생할 수 있는 건강상의 문제
④ 최근에 아보카도의 인기가 떨어진 이유
⑤ 멕시코에서 아보카도가 유해하다고 여겨지는 이유에 관한 사연

☆ **서술형**

ⓑ considering → considered ▸ Although가 이끄는 부사절에서 접속사 Although 다음에 「주절의 주어와 동일한 주어＋be동사」가 생략되었다. 그것들(= 아보카도)이 흔히 채소로 '여겨지는'이라는 수동의 의미가 적절하므로 ⓑ의 considering을 과거분사인 considered로 고쳐야 한다.

3 ④

당신이 온라인에서 한 상품을 보고 있다고 상상해 보라. 평가가 한 개뿐이고, 그것은 부정적이다. 당신이 그 상품을 사지 않을 가능성이 높다. (C) 이는 첫 상품평이 대단히 큰 영향을 미치기 때문이다. 연구원들은 상품의 첫 평가가 3년까지도 그것의 전반적인 평가에 영향을 미치면서, 이런 영향이 오랜 시간 동안 지속된다는 것을 알아냈다. (A) 이 영향은 두 가지 방식으로 작용한다. 한 상품의 첫 평가가 긍정적이면, 그 상품은 많은 사람에 의해 구매될 것이고 긍정적인 평가를 많이 받을 것이다. 그러나 그것이 부정적이면, 그 상품을 살 사람이 거의 없어서 더 적은 긍정적인 평가들로 이어질 것이다. (B) 이 모든 것은 온라인 판매자들에게 귀중한 정보이다. ⓓ 이러한 사업체들이 전반적인 평가에 항상 집중할 필요는 없다. 그러나 그들은 첫 평가에 정말 세심한 주의를 기울여야 한다.

구문해설

5행 But if **it** is negative, fewer people will buy the product, [leading to fewer positive reviews]. ▸ it은 앞 문장의 a product's first review를 가리킨다. [ ]는 결과를 나타내는 분사구문이다.

7행 **It** is not always necessary *for these businesses* [to focus on overall ratings]. ▸ It은 가주어이고 [ ]가 진주어이며, for these businesses는 to부정사구의 의미상 주어이다.

8행 However, they **do** need to pay close attention to that first review. ▸ do는 동사구 need to ... attention을 강조하는 조동사로 쓰였다.

11행 Researchers have found that this impact lasts a long time, [**with** a product's initial review **affecting** its overall reviews for up to three years]. ▸ [ ]는 '…가 ~한 채로'의 의미인 분사구문 「with＋(대)명사＋v-ing」로, 명사구와 분사가 능동 관계이므로 현재분사가 쓰였다.

문제해설

온라인에서 한 상품의 첫 평가가 부정적이면 사람들이 그 상품을 사지 않을 가능성이 높다는 주어진 글에 이어, 그 이유와 연구 결과를 설명하는 (C)가 오고, 첫 평가의 영향이 작용하는 방식을 부연하는 내용의 (A)가

이어진 후, 따라서 온라인 판매자들이 첫 상품평에 주의를 기울여야 한다고 주장하는 (B)가 오는 것이 가장 자연스럽다.

4 ②

고속도로에서 어떤 제한 속도도 없이 운전하는 것은 위험하게 들린다. 그러나 독일의 유명한 고속도로망인 아우토반의 약 70퍼센트는 제한 속도가 없다. 이것은 최근 몇 년간 논란이 많아졌다. 많은 독일인은 아우토반에 제한 속도를 도입하는 것이 교통안전을 개선할 뿐만 아니라 탄소 배출물을 줄여주기도 할 것이라고 주장한다. (재활용을 하고 대체 에너지를 사용하는 것은 기후 변화에 맞서 싸우는 다른 방법들이다.) 하지만 독일 자동차산업협회는 제한 속도가 안전이나 환경상의 상당한 이득을 제공할 것이라고 생각하지 않는다. 협회 대변인은 아우토반의 제한 속도는 탄소 배출물의 겨우 1퍼센트의 감소로 이어질 것이라고 말했다. ⓔ 그는 정말로 도로 안전을 개선하고 대기 오염을 줄여줄 것은 바로 교통 체계를 디지털화하고 전기차를 장려하는 것이라는 점을 시사했다.

구문해설
1행 [Driving on a highway without any speed limits] **sounds** dangerous. ▶ [ ]는 주어로 쓰인 동명사구로 단수 취급하므로 단수동사 sounds가 쓰였다.

3행 Many Germans argue [that imposing a speed limit on the Autobahn would **not only** improve traffic safety **but also** reduce carbon emissions]. ▶ [ ]는 argue의 목적어로 쓰인 명사절이다. 「not only A but also B」는 'A뿐만 아니라 B도'의 의미이다.

10행 He suggested [that **it is** digitizing traffic systems and promoting electric vehicles **that** *will* truly *improve* road safety and *reduce* air pollution]. ▶ [ ]는 suggested의 목적어로 쓰인 명사절이다. 「it is ... that ~」 강조구문은 '~한 것은 바로 …이다'의 의미이다. (will) improve와 reduce는 등위접속사 and로 병렬 연결되었다.

문제해설
아우토반의 제한 속도 도입에 관한 찬반양론을 설명하는 글이므로, 제한 속도 도입의 기대효과와는 관계없는 기후 변화 대처 방안을 언급한 ②는 글의 흐름과 무관하다.

5 ③

개기 일식 동안, 당신이 태양을 정면으로 응시하지 않는 것은 중요하다. 태양이 달에 의해 부분적으로 가려지더라도, 태양 광선은 여전히 당신의 시력에 영구적인 손상을 줄 수 있다. ⓕ 사실은 당신이 먼저 보호 안경을 쓰지 않고서는 태양을 안전하게 응시할 수 없다는 것이다. 태양 에너지가 너무 강렬해서 그것은 당신의 망막을 태워 구멍을 낼 수 있다. 일식 중에 당신이 보호 안경을 벗을 수 있을 때는 태양이 달에 의해 완전히 가려졌을 때뿐이다. 그렇다면 햇빛은 왜 그렇게 위험할까? 햇빛이 사람의 눈에 들어가면, 수정체는 눈 뒤쪽에 위치한 망막 위에 그것의 초점을 맞춘다. 망막은 빛의 존재를 감지하고 그에 대한 정보를 뇌에 전달함으로써 우리가 볼 수 있게 해 준다. 그 과정은 햇빛 아래 돋보기를 놓는 것과 비슷하다. 빛이 작은 한 지점에 집중될 것이다. 그것은 종이를 태울 수도 있다. 당신 눈의 수정체도 태양을 직접 볼 때 비슷한 효과를 낼 것이다.

구문해설
5행 The only time [(when/that) you can remove your safety glasses during an eclipse] is [(the time) when the sun is fully covered by the moon]. ▶ 첫 번째 [ ]는 선행사인 The only time을 수식하는 관계부사절로, 관계부사가 생략되었다. 두 번째 [ ]는 시간을 나타내는 관계부사절로, 앞에 선행사 the time 등이 생략되었다.

7행 When it enters the human eye, the lens focuses it onto the retina, [which is located at the back of the eye]. ▶ [ ]는 선행사인 the retina를 부연 설명하는 계속적 용법의 주격 관계대명사절이다.

8행 Our retinas **allow** us **to see** *by sensing* the presence of light and *transmitting* information about it to the brain. ▶ 「allow A to-v」는 'A가 …하게 해주다'의 의미이다. 「by v-ing」는 '…함으로써'의 의미로, 동명사 sensing과 transmitting이 등위접속사 and로 병렬 연결되었다.

문제해설
개기 일식 동안 보호 안경 없이 태양을 정면으로 응시하면 시력이 손상되는 이유에 대한 글로, 빈칸 뒤에 햇빛에 돋보기를 두면 작은 지점에 빛이 집중되는 것처럼 태양을 정면으로 볼 때 눈의 수정체도 비슷하게 기능한다는 내용이 이어지므로, 빈칸에는 ③ '당신의 망막을 태워 구멍을 낼'이 들어가는 것이 가장 적절하다.

① 환각을 만들어 낼
② 일광 화상과 피부 손상을 일으킬
④ 단지 몇 분만에 지구에 도달할
⑤ 일시적인 색맹을 만들

REVIEW TEST

p. 170

Ⓐ
Ⓐ 동격
Ⓑ 삽입
Ⓒ 생략
Ⓓ 부분부정
Ⓔ 「it is ... that ~」 강조구문
Ⓕ 이중부정

Ⓑ
1 resigned **2** contains **3** purchased **4** imposing
5 alternative **6** permanent **7** presence

1 begin 시작하다   **2** weigh (무게가) …이다
3 refund 환불하다   **4** oppose 반대하다
5 representative 대표하는 사람; 대표하는
6 limited 제한된, 한정된
7 absence 부재, 결석; 없음, 결핍

O1 주제·제목
pp. 172~173

1 ④ 2 ⑤

1 ④

사람들은 기분이 울적하거나 몹시 샘을 낼 수 있다. 그들은 화가 나면 붉으락푸르락한다. 언어는 흔히 색깔과 감정을 관련 지으며, 연구는 색깔이 사실 정말로 우리의 기분에 영향을 준다는 것을 보여 준다. 그러나 이런 영향은 보편적이지 않다. 대신에, 각 개인은 개인적인 경험에 근거하여 색깔을 감정에 연결시킨다. 예를 들어, 어떤 사람들은 파란색이 그들에게 어린 시절의 아름다운 파란 하늘을 생각나게 하기 때문에 그것이 마음을 느긋하게 해준다고 느낄 수도 있다. 그러나 다른 사람들은 파란색이 그들에게 괴롭히던 아이가 입었던 파란 재킷을 생각나게 하기 때문에 그것이 스트레스를 유발한다고 생각할 수도 있다. 그럼에도 불구하고, 사람들이 공유된 경험을 아주 많이 갖고 있기 때문에, 상당히 흔한, 일부 색깔과의 연관성이 있다. 빨간색은 불과 피의 색이기 때문에 흔히 공포의 감정을 불러일으키는 반면, 초록색은 자연의 색이기 때문에 대부분의 사람은 그것을 평화롭다고 여긴다.

구문해설

6행 ... because it reminds them of a blue jacket [worn by a bully]. ▶ [ ]는 a blue jacket을 수식하는 과거분사구이다.

문제해설

색깔이 감정에 미치는 영향이 보편적인 것은 아니며, 각 개인은 자신의 경험에 근거하여 이 둘을 연결시킨다는 내용의 글이므로, 제목으로는 ④ '색깔은 독특한 방식으로 당신의 감정에 영향을 미친다'가 가장 적절하다.
① 어떤 색이 당신을 가장 잘 말해 주는가?
② 색: 그것이 어떻게 우리가 의사소통하는 것을 돕는가
③ 색채 치료: 색으로 사람들을 치유하는 것
⑤ 색과 감정 간의 유전적인 연관성

2 ⑤

툰드라는 나무가 없는 춥고, 바람이 많이 불고, 건조한 지역이다. 툰드라는 일반적으로 북극이나 산꼭대기에서 발견되며, 일 년 중 대부분 눈으로 덮여 있다. 그것들은 세계에서 가장 적게 탐사된 지역의 일부이기도 하다. 툰드라가 지구의 거의 20퍼센트에 걸쳐 있기 때문에, 그 아래 많은 천연자원이 숨겨져 있을 가능성이 있다. 이런 자원은 다이아몬드, 귀금속, 천연가스, 그리고 석유를 포함할 수 있다. 이런 이유로, 어떤 사람들은 툰드라에서 채굴하고 시추하는 것에 찬성한다. 하지만 다른 사람들은 이런 독특한 생태계를 보존하는 것이 더 중요하다고 생각한다.

구문해설

6행 For this reason, some people are in favor of **mining** and **drilling** in tundras. ▶ 전치사 of의 목적어인 동명사 mining과 drilling이 등위접속사 and로 병렬 연결되었다.

7행 Others, however, feel [that {conserving these unique ecosystems} **is** more important]. ▶ [ ]는 feel의 목적어로 쓰인 명사절이며, { }는 that절의 주어로 쓰인 동명사구로 단수 취급하므로 단수동사 is가 쓰였다.

문제해설

툰드라는 연중 대부분 눈으로 덮여 있고 탐사가 적게 이루어진 곳이기 때문에 숨겨진 천연자원이 많을 것이라는 내용의 글이므로, 주제로는 ⑤ '툰드라에서 천연자원을 발견할 가능성'이 가장 적절하다.
① 툰드라 계절의 독특한 특징들
② 툰드라에서 발생하고 있는 환경 위기
③ 툰드라에서 발견되는 각양각색의 동식물
④ 혹독한 툰드라 기후에서 생존하는 가장 좋은 방법

O2 요지·주장
pp. 174~175

1 ③ 2 ④

1 ③

수면은 사람이 어떻게 건강을 유지하는지에 있어서 중요한 역할을 한다. 당신이 숙면을 원한다면 새로운 종류의 담요를 사용해 보고 싶을지도 모른다. 최근 연구에 따르면, 무거운 담요를 사용하는 것은 수면의 질을 향상시킬 수 있고 다른 건강상의 이점도 제공할 수 있다. 이러한 특별한 담요는 당신이 잘 때 몸에 더 많은 압력을 주도록 그것(= 담요)을 더 무겁게 만드는 비즈로 가득 차 있다. 애정 어린 포옹의 느낌을 모방함으로써, 이 압력은 당신의 심박동수를 낮춰 줄 수 있는 진정 효과를 가지는데, 이는 당신의 몸이 휴식의 상태로 더 쉽게 접어들 수 있게 해 준다. 연구는 무거운 담요를 사용하는 사람들이 밤에 덜 자주 깨고 온종일 정신이 더초롱초롱하다고 느낀다는 것을 시사한다. 그것은 또한 불면증, 불안, 자폐증을 포함하여 여러 가지 질환을 앓고 있는 사람들에게 이로운 것으로 밝혀졌다.

구문해설

3행 ..., [using a weighted blanket] **can improve** the quality of your sleep and **(can) provide** other health benefits. ▶ [ ]는 문장의 주어로 쓰인 동명사구이다. 조동사 can에 이어지는 improve와 provide는 등위접속사 and로 병렬 연결되었다.

7행 Research suggests [that people {who use weighted blankets} wake up ... throughout the day]. ▶ [ ]는 suggests의 목적어로 쓰인 명사절이다. { }는 선행사인 people을 수식하는 주격 관계대명사절이다.

9행 They have also been found to be beneficial for people [suffering from a variety of conditions, including insomnia, anxiety, and autism]. ▶ [ ]는 people을 수식하는 현재분사구이다.

문제해설

무거운 담요를 덮고 자는 것이 숙면을 돕고, 여러 질환을 겪고 있는 사람들에게 이로울 수 있다는 내용의 글이므로, 요지로는 ③이 가장 적절하다.

2 ④

채소는 어느 건강한 식사에나 권장되는 부분인데, 그것이 특정 만성 질환들의 위험을 낮추는 데 도움이 되기 때문이다. 그렇지만 당신은 채소를 너무 많이 먹을 수도 있다는 점에 주의해야 한다. 당신이 무엇을 먹고 있더라도, 당신의 칼로리 섭취량이 당신이 연소시키는 칼로리 양을 넘으면 살이 찌게 될 것이다. 그것이 당신이 브로콜리, 아스파라거스, 토마토와 같은, 전분이 없는 채소에 초점을 맞춰야 하는 이유이다. 이런 채소들은 당신이 그것을 치즈나 버터로 뒤덮지 않는 한 기본적으로 지나치게 많이 먹는 것이 불가능하다. 이것은 그것(= 이런 채소들)이 높은 수준의 수분과 섬유질을 함유하고 있기 때문인데, 이는 이런 채소들이 너무 많은 칼로리를 공급하지 않으면서 당신의 배를 채운다는 것을 의미한다. 옥수수와 감자 같이 전분을 함유하는 채소를 피하면서 이런 채소들에 집중하라, 그러면 곧 건강하고 늘씬하다고 느끼는 자기 자신을 발견하게 될 것이다.

구문해설

2행 You should note, however, [that it's possible {to eat too many vegetables}]. ▶ [ ]는 note의 목적어로 쓰인 명사절이다. it은 가주어이고 { }가 진주어이다.

5행 These vegetables are essentially impossible **to overeat**, ... ▶ to overeat은 형용사를 수식하는 부사적 용법의 to부정사이다.

문제해설

필자는 채소를 무조건 많이 먹는 것이 체중 감량에 도움이 되지 않을 수 있다고 언급하면서, 채소 중에서도 전분이 없는 것을 주로 섭취하라고 주장하고 있다.

03 글의 목적   pp. 176~177

1 ⑤   2 ③

1 ⑤

매년 10월 16일은 세계 식량의 날이다. 이날, 사람들은 세계의 기아를 종식시키기 위해 협력하는 데 동의한다. 모든 사람을 위한 식량이 충분하기 때문에, 누구도 굶주릴 이유가 없다. 세계 식량의 날을 기념하는 한 가지 방법은 식사를 주최하는 것이다. 이것은 매우 간단하다. 우선, 함께 식사하기 위해 친구와 식구들을 가능한 한 많이 초대하라. 그런 다음, 모두가 식사를 즐기는 동안, 식량과 기아에 관한 대화를 시작하라. 당신은 어떻게 식량이 재배되는지와 왜 어떤 사람들은 그것을 충분히 갖지 못하는지에 대해 말할 수도 있다. 이는 세계 식량의 날에 대한 의식을 고취하고, 사람들이 이 중요한 문제에 대해 생각하게 할 아주 좋은 방법이다.

구문해설

2행 There is enough food for everyone, so there is no reason **for anyone to be hungry**. ▶ to be hungry는 reason을 수식하는 형용사적 용법의 to부정사구이며, for anyone은 to be hungry의 의미상 주어이다.

6행 You can talk about [how food is grown] and [why some people don't have enough of it]. ▶ 두 개의 [ ]는 모두 전치사 about의 목적어로 쓰인 간접의문문으로 「의문사+주어+동사」의 어순을 따르며, 등위접속사 and로 병렬 연결되었다.

7행 This is a great way [to raise awareness of World Food Day] and [to make people think about this important issue]. ▶ 두 개의 [ ]는 모두 a great way를 수식하는 형용사적 용법의 to부정사구로, 등위접속사 and로 병렬 연결되었다.

문제해설

세계 식량의 날을 기념하는 방법 중 하나인 식사 주최에 대해 소개하는 글이다.

2 ③

Erin Brown 씨께,

제가 귀사에 있었던 때의 저를 기억하시기를 바랍니다. 저는 현재 다른 회사들과의 구직 면접 일정을 잡고 있는데 귀하의 도움이 필요합니다. 저는 이전 관리자 Ron McConnell 씨께 연락하려 했지만, 듣자 하니 그는 장기 휴가로 자리를 비우신 듯합니다. 그와 일하던 당시, 저는 사보를 맡고 있었습니다. 저는 사보가 반드시 정기적으로 발송되게 해야 했을 뿐만 아니라 내용을 흥미롭게도 해야 했습니다. McConnell 씨는 늘 저에 대해 긍정적인 평가를 하셨는데, 이를 제 인사 기록에 남겨놓으셨습니다. 그러므로, 저는 추천서를 바라고 있었습니다. 바쁜 줄 알지만, 그것(= 추천서)은 제게 매우 도움이 될 것입니다. 그것이 가능한지 알려 주시기 바랍니다.

Anna Smith 드림

구문해설

2행 I hope [(that) you remember me from the time {(which/that) I spent at your company}]. ▶ [ ]는 hope의 목적어로 쓰인 명사절이다. { }는 선행사인 the time을 수식하는 목적격 관계대명사절로, 관계대명사가 생략되었다.

9행 Please **let** me **know** if this is possible. ▶ 사역동사 let의 목적격보어로 동사원형 know가 쓰였다. if는 '…인지'의 의미로 명사절을 이끄는 접속사이다.

문제해설

채용 면접을 앞둔 필자가 예전 회사의 직원에게 추천서를 요청하는 글이다.

04 빈칸 추론   pp. 178~179

1 ⑤   2 ③

1 ⑤

나쁜 뉴스는 많은 사람에게 중독성이 있다. 그리고 인터넷의 편리함이 이 중독성을 충족시키는 것을 훨씬 더 쉽게 만들었다. 그것이 미칠지도 모르는 해로운 부작용에도 불구하고, 요즘에는 사람들이 부정적인 온라인 뉴스 기사를 강박적으로 훑어보는 일이 흔하다. 이러한 습관은 '둠스크롤링(나쁜 상황에 대한 뉴스만을 강박적으로 확인하는 행위)'이라고 불린다. 비록 둠스크롤링이 최근의 현상이긴 하지만, 연구원들은 수년간 사람들에게 나쁜 뉴스를 너무 많이 받아들이는 것의 부정적인 영향을 경고해 왔다. 연구들은 그것(= 둠스크롤링)을 불안과 우울증을 포함하여 여러 가지 정신 건강 문제와 관련지었다. 그러나 당신이 당신 자신을 보호할 수 있는 방법들이 있다. 매일 읽는 뉴스의 양을 제한하는 것은 당신이 받아들이는 나쁜 뉴스의 양을 줄여줄 것이다. 당신의 개인적인 관심사에 맞는 뉴스에 더 집중하는 것도 당신이 소비하는 정보의 더 나은 균형을 만드는 데 도움이 될 수 있다.

구문해설

8행 There are, however, ways [that you can protect yourself]. ▶ [ ]는 선행사인 ways를 수식하는 관계부사절이다.

10행 [Focusing more on news {that fits your personal interests}] can also **help to create** a better balance in the information [(which/that) you consume]. ▶ 첫 번째 [ ]는 문장의 주어로 쓰인 동명사구이다. { }는 선행사인 news를 수식하는 주격 관계대명사절로, news는 단수 취급한다. help는 원형부정사와 to부정사를 모두 목적어로 쓸 수 있다. 두 번째 [ ]는 선행사인 the information을 수식하는 목적격 관계대명사절로, 관계대명사가 생략되었다.

문제해설

나쁜 내용의 뉴스만을 찾아 읽는 습관을 '둠스크롤링'이라 일컬으며, 그것은 우리의 정신 건강에 해로운 영향을 줄 수 있다는 내용의 글이므로, 빈칸에는 ⑤ '나쁜 뉴스를 너무 많이 받아들이는 것의 부정적인 영향'이 들어가는 것이 가장 적절하다.
① 온라인 뉴스 사이트가 직면한 어려움들
② 부정적인 뉴스가 얼마나 심하게 그들을 호도할 수 있는지
③ 선진 기술에 의존하는 것의 위험성
④ 인터넷에서 발견된 정보의 신뢰성

2 ③

엄격한 채식주의자는 채식주의자와 어떻게 다른가? 가장 기본적인 차이는, 엄격한 채식주의자는 단지 고기만이 아니라 동물에서 나오는 모든 식품을 피한다는 점이다. 어떤 채식주의자는 달걀 같은 것은 먹는 반면, 엄격한 채식주의자는 그들의 식사에 달걀, 우유, 혹은 꿀조차 포함하지 않는다. 게다가, 일부 엄격한 채식주의자는 동물의 권리에 크게 초점을 맞추기 때문에 어떤 목적으로든 동물성 제품을 사용하지 않는다. 이는 의류, 청소용품, 그리고 그 밖에 훨씬 더 많은 것들에 대한 그들의 선택에 영향을 미친다. 요약하자면, 채식주의자가 되는 것은 주로 식사에만 관련된 데 반하여, 엄격한 채식주의자가 되는 것은 한 사람의 생활 방식을 바꿔 놓는다. 당신이 채식주의자나 엄격한 채식주의자가 되는 것을 고려 중이라면, 당신에게 무엇이 중요한지 신중히 생각하라. 두 식습관 모두 건강에 이득이 되고, 당신이 더 동물 친화적인 방식으로 사는 데 도움이 될지도 모른다. 그러나 당신이 큰 도전을 좋아한다면, 엄격한 채식주의자가 되는 것이 당신에게 딱 맞을지도 모른다.

구문해설

7행 If you are **considering becoming** vegetarian or vegan, think carefully about [what is important to you]. ▶ 「consider v-ing」는 '…할 것을 고려하다'의 의미이다. [ ]는 전치사 about의 목적어로 쓰인 간접의문문으로, 「의문사(주어)+동사」의 어순을 따른다.

9행 Both diets might benefit your health and (might)

help you **to live** in a more animal-friendly way. ▶ 「help A (to-)v」는 'A가 …하는 것을 돕다'의 의미이다.

문제해설

엄격한 채식주의자가 되면 식사 메뉴뿐만 아니라 의류와 청소용품 등을 선택하는 데 있어서도 영향을 받는다는 내용의 글이므로, 빈칸에는 ③ '생활 방식'이 들어가는 것이 가장 적절하다.

O5 함축 의미 추론 pp. 180~181

1 ① **2** ②

1 ①

어떤 인간 같은 로봇은 귀엽거나 매력적이라고 여겨진다. 하지만 다른 것들은 사람들을 불편하거나 불안하게 느끼게 한다. 이것은 '불쾌한 골짜기'라고 불리는 것 때문이다. 로봇이 점점 더 사실적이 됨에 따라, 그들의 매력은 올라간다. 그러나 사실성의 어떠한 지점에서 그들의 매력이 갑자기 떨어진다. 만약 로봇이 인간과 극히 유사해 보이게 만들어지면, 그것들에 대한 반응은 다시 긍정적이게 된다. 이것은 문제가 있는 것처럼 들리지 않을지도 모르나, 로봇 개발자들에게는 그렇다(= 문제가 있다). 그러므로 그들은 자신들의 로봇이 이 구역에 빠지는 것을 막을 방법을 끊임없이 찾고 있다. 어떤 이들은 해결책이 로봇이 마치 진짜 인간인 것처럼 사람들이 그것에 반응하도록 로봇을 실물과 훨씬 더 똑같게 만드는 것이라고 생각한다. 그러나 다른 이들은 로봇의 행동이 반드시 그것의 생김새와 어울리도록 하는 것뿐만 아니라 인간과 인간이 아닌 것의 특징을 혼합하지 않는 데 더 초점을 맞춘다.

구문해설

1행 Others, however, **leave** people **feeling** uncomfortable and unsettled. ▶ leave의 목적격보어로 현재분사 feeling이 쓰였다.

9행 Others, however, are more focused on not mixing human and nonhuman features **as well as** on making sure [that the behavior of robots matches their appearance]. ▶ 「B as well as A」는 'A뿐만 아니라 B도'의 의미인 상관접속사이다. [ ]는 making sure의 목적어로 쓰인 명사절이다.

문제해설

인간을 닮은 로봇이 어떠한 지점의 사실성에 이르렀을 때 그 매력이 급감되고 사람들을 불안하게 한다고 했으므로, 이러한 구간을 피하여 로봇을 제작하는 것이 로봇 개발자의 과제임을 알 수 있다. 따라서 밑줄 친 부분이 의미하는 바로 가장 적절한 것은 ① '대부분의 사람에게 불안감을 주게 되는 것'이다.
② 사람과 비슷한 방식으로 행동하는 것
③ 예전보다 덜 동요시키는 것처럼 보이는 것
④ 맞지 않는 방식으로 기능하는 것
⑤ 진짜 인간과 매우 닮은 것

2 ②

사람들 앞에서 말하는 것은 공포와 불안의 흔한 근원이다. 어떤 사람들은 거울 앞에서 혼자 연습함으로써 이 공포에 대처하고, 다른 이들은 그저

다른 사람들 앞에서 말하는 것을 전적으로 피한다. 이 접근법 중 어느 것도 효과적이지 않은데, 그것들은 단순히 사람들 앞에서 말하는 것이 두려워해야 할 것이라는 개인의 신념을 결국 강화하게 되기 때문이다. 더 나은 한 가지 방법은 당신을 내던진 말에 다시 올라타는 것이다. 대중 앞에서 말한 마지막 경험이 끔찍했다고 할지라도, 당신은 곧장 돌아가서 그것을 다시 해야 한다. 이것은 당신의 무대 공포증을 실제로 없애주지 못할지도 모르지만, 당신의 뇌를 사람들 앞에서 말하는 것에 익숙해지게 만들 것이다. 일단 이렇게 느끼는 것이 익숙한 습관이 되면, 사람들 앞에서 말하는 것은 더 이상 두려워할 것이 되지 않을 것이다.

구문해설

4행 A better method is [to get back on the horse {that threw you}]. ▶ [ ]는 주격보어로 쓰인 명사적 용법의 to부정사구이다. { }는 선행사인 the horse를 수식하는 주격 관계대명사절이다.

문제해설

사람들 앞에서 말하는 것이 두렵더라도 발표를 계속하여 익숙한 습관으로 만들면 더 이상 두렵지 않을 것이라고 했으므로, 밑줄 친 부분이 의미하는 바로 가장 적절한 것은 ② '당신을 겁먹게 하는 것을 계속하려 하는 것'이다.
① 당신 안에 있는 두려움에 저항하는 것
③ 훨씬 더 안 좋은 시나리오를 반복해서 상상하는 것
④ 당신이 어떻게 느끼는지에 대해 다른 사람들 앞에서 말하는 것
⑤ 당신을 반복적으로 불안하게 하는 기억을 떠올리는 것

---

06 내용 (불)일치　　　　pp. 182~183

1 ③　　**2** ⑤

1 ③

푸드 네오포비아는 새로운 음식을 먹어보는 것에 대한 두려움으로 정의된다. 가벼운 푸드 네오포비아는 어린아이들에게 흔히 나타나며 정상적인 발달 단계로 여겨진다. 그러나 가끔 그것은 청소년기와 성년기까지 이어진다. 가장 흔하게 기피되는 음식은 채소, 과일, 그리고 생선이다. 연구원들은 유전적 특징이 푸드 네오포비아에서 주요한 역할을 한다고 생각하지만, 그것은 심리적인 요인의 영향을 받을 수도 있다. 영양 부족의 위험과 함께, 푸드 네오포비아는 심각한 사회성 문제도 야기할 수 있다. 예를 들어, 그것은 어떤 음식이 제공될지에 대한 걱정 때문에 한 청소년이 친구 집에서 밤을 보내지 못하게 할 수도 있다. 부모는 솔선수범함으로써 자녀가 푸드 네오포비아에서 벗어나도록 도울 수 있다. 자녀는 부모가 새로운 음식을 먼저 먹으면 (자신도) 그것을 먹어 볼 가능성이 더 크기 때문이다.

구문해설

9행 Parents can **help** their children **outgrow** food neophobia *by leading* by example .... ▶「help A (to-)v」는 'A가 …하는 것을 돕다'의 의미이다.「by v-ing」는 '…함으로써'의 의미이다.

문제해설

유전적 특징이 푸드 네오포비아의 발생에 주요 역할을 하는 것으로 생각된다고 했다.

---

2 ⑤

> **언어교육 학회에 오신 것을 환영합니다!**
> 국립교육협의회는 제12회 연례 언어교육 학회를 알리게 되어 자랑스러우며, 이 학회는 '교실에서의 기술'이라는 주제로 9월 3일~5일에 개최될 것입니다. 이 학회는 최신 기술 동향에 대한 여러분의 이해도를 향상시킬 좋은 기회입니다!
>
> **• 사교 행사**
> 평상시의 강연과 함께, 세 가지의 사교 행사가 있을 것입니다. 이 행사들은 전국에서 온 동료들을 만나고 인적 정보망을 형성하는 능력을 쌓을 훌륭한 기회입니다. 사교 행사 일정은 아래에 포함되어 있습니다.
>
> **• 세부적인 행사 일정**
>
> | 행사 | 날짜 | 시간 | 장소 |
> |---|---|---|---|
> | 모임 | 9월 3일 목요일 | 오후 8시~9시 | 컨벤션 센터 |
> | 환영 파티 | 9월 4일 금요일 | 오후 7시~11시 | 프라하 호텔 |
> | 작별 파티 | 9월 5일 토요일 | 오후 6시 30분~7시 30분 | 컨벤션 센터 |

구문해설

4행 The conference is a great chance [to improve your understanding of the latest technology trends]! ▶ [ ]는 a great chance를 수식하는 형용사적 용법의 to부정사구이다.

문제해설

사교 행사 중 작별 파티는 주말인 토요일에 진행된다고 했다.

---

07 지칭 추론　　　　pp. 184~185

1 ③　　**2** ⑤

1 ③

Barbra Streisand는 전설적인 가수이자 배우이다. 그녀가 겨우 16살이었을 때, 그녀는 잘 알려진 연기 학교에 입학했다. 그녀는 이전에 극장에서 인턴 사원이었을 때 단 한 번 연기를 해본 적이 있었을 뿐이었다. 그녀가 학교에 들어간 것은 유명한 배우이자 감독과 결혼한 Anita Miller라는 배우의 노력 덕분이었다. Miller는 Streisand가 또 다른 인턴 사원직을 구했던 극장에서 그녀를 만났다. Streisand가 그녀를 알아봤을 때, Streisand는 그녀에게 연기하는 직업에 대해 무수히 많은 질문을 던졌다. 그녀의 열의에 깊은 인상을 받아, Miller는 연기 학교에서의 남편의 수업에 Streisand를 받아들여 달라고 그를 설득했다. Streisand는 학비를 감당할 수 없어서 그 대신 Miller의 두 아들을 돌봤다. 가족이 이 상황을 알게 하고 싶지 않아서, Streisand는 어머니에게 자신이 장학금을 받았다고 말했다.

구문해설

3행 ... due to the efforts of an actor named Anita Miller, [who was married to a famous actor and director]. ▶ [ ]는 선행사인 Anita Miller를 부연 설명하는 계속적 용

법의 주격 관계대명사절이다.

문제해설
③은 Anita Miller를 가리키고, 나머지는 모두 Barbra Streisand를 가리킨다.

2 ⑤

최근에 유럽 회사 Airbus가 'THOR'라고 불리는, 3D 프린터로 인쇄된 소형 비행기를 세상에 내놓았다. 이름이 'Test of High-Tech Objectives in Reality(현실에서의 최첨단 목표에 대한 시험)'를 의미하는 이 비행기는 2016년 베를린 에어쇼에서 소개되었다. 전기 시스템을 제외하고, THOR는 전적으로 3D 프린터에 의해 만들어졌다. 그것(= THOR)은 4미터가 채 안 되는 길이의 소형 무인 항공기이다. 다른 무인 항공기와 마찬가지로, THOR는 외부 장소에서의 신호로 제어된다. THOR는 사람들을 실어 나를 수 없긴 하지만 왜 항공사들이 3D 인쇄를 매력적이라고 생각하는지를 보여 준다. 그것은 적은 수의 도구로, 가벼운 재료를 사용해서 복잡한 부분이 신속하게 만들어지게 해준다. 이는 THOR와 비슷한 비행기가 오늘날의 비행기보다 제작하기에 더 저렴할 수 있고, 더 적은 연료를 사용할 수 있음을 의미한다.

구문해설

2행 The plane, [whose name stands for "Test of High-Tech Objectives in Reality,"] was presented at the 2016 Berlin Air Show. ▶ [ ]는 선행사인 The plane을 부연 설명하는 계속적 용법의 소유격 관계대명사절로, 문장의 주어와 동사 사이에 삽입되었다.

7행 It **allows** complex parts **to be built** quickly, with few tools, [using light materials]. ▶ allow는 목적격보어로 to부정사를 쓰며, 목적어가 build의 대상이므로 수동형인 to be built를 썼다. [ ]는 동시동작을 나타내는 분사구문이다.

문제해설
⑤는 3D 인쇄를 가리키고, 나머지는 모두 THOR를 가리킨다.

08 어휘 추론 　　　　　　pp. 186~187

1 ⑤　2 ⑤

1 ⑤

의사는 환자의 우울감이 일과를 수행하기 어렵게 할 때 항우울제를 처방할지도 모른다. 항우울제 약물은 뇌 속 화학 물질이 올바르게 균형을 잡도록 돕는다. 항우울제는 완전한 효과가 느껴지기까지 약 6주, 흔히 더 오랫동안 규칙적으로 복용되어야 한다. 약물이 효과가 나기 시작한 후에, 치료는 6개월에서 12개월간, 또는 그보다 더 오래 지속된다. 이는 뇌가 화학 물질의 새로운 균형에 적응하게 한다. 이 기간 동안 환자가 좋은 결과를 보이면, 의사는 약물을 중단하기로 결정할 수도 있다. 환자가 약물을 서서히 중단하는 것이 매우 중요하다. 갑작스러운 변화는 뇌의 화학적 성질에 또 다른 균형(→ 불균형)을 일으킬 수 있기 때문에, 느린 변화가 치료를 끝내는 유일한 효과적인 수단이다.

구문해설

4행 ..., before their full effect **is felt**. ▶ 시간이나 조건을 나

타내는 부사절에서는 현재시제로 미래를 나타내므로 현재시제 is felt가 쓰였다.

문제해설
환자가 약물을 서서히 중단하는 것이 매우 중요하다고 했으므로, 갑작스러운 변화는 뇌의 화학적 성질에 불균형을 일으킬 수 있다는 내용이 되어야 자연스럽다. 따라서 ⑤의 balance를 imbalance 등으로 고쳐야 한다.

2 ⑤

영국령 인도에서 일어난 한 특이한 사건이 '코브라 효과'라는 용어를 생겨나게 했다. 영국 식민지 시기 동안, 정부는 델리에 새로운 정책 하나를 만들었다. 죽은 코브라를 가져오는 사람은 누구든지 현금으로 사례금을 받는 것이었다. 정부는 이 정책이 독이 있는 코브라의 수를 감소시키기를 바랐다. 하지만, 이 정책은 인도인들이 돈을 목적으로 코브라를 사육하게 했다. 정부가 마침내 많은 코브라 사육자들이 그 정책으로 인해 돈을 벌고 있다는 것을 알게 되었을 때, 그것은 폐지되었다. 뱀이 이제 쓸모 없게 되자, 사육자들은 그것들을 풀어주었다. 그 결과, 코브라의 개체 수는 전보다 더 많아졌다. 정부는 문제를 해결하려고 노력한 것이었지만, 사실상 상황을 훨씬 더 악화시켰다. 현재, 이 용어는 이로운(→ 해로운) 해결책이 있는 비슷한 상황들을 묘사하는 데 사용된다.

구문해설

7행 **Since** the snakes were now worthless, the breeders set them free. ▶ Since는 '… 때문에'의 의미인 접속
（set - v, them - o, free - oc）
사로 쓰였다.

문제해설
코브라의 수를 줄이기 위해 만든 정책이 오히려 그것을 더 늘어나게 했으므로, '코브라 효과'는 해로운 해결책이 있는 비슷한 상황들을 묘사하는 데 사용된다는 내용이 되어야 자연스럽다. 따라서, ⑤의 beneficial을 harmful 등으로 고쳐야 한다.

09 심경 변화·분위기 　　　　　　pp. 188~189

1 ④　2 ②

1 ④

어느 날, 밝은 색깔의 나비가 코끼리 옆으로 날아왔다. 모든 코끼리와 마찬가지로, 이 코끼리도 크고 회색이었다. "아, 너 못생겼구나."라고 나비가 외쳤다. "나도 만나서 반가워."라고 코끼리가 답했는데, 그는 약간 짜증이 나 있었다. 하지만 나비는 계속했다. "너는 너무 커! 네 다리는 오래되고 주름진 나무 같아! 너도 나 같으면 좋겠다고 바라지 않니? 나는 공중에서 원하는 곳이 어디든지 날아다녀. 이 아름다운 날개로 땅 위를 떠다니지." 바로 그때, 바람이 불기 시작했다. 나비는 제자리에 있기 위해 애쓰며 날개를 열심히 퍼덕였다. "아마 너는 매달릴 오래되고 주름진 나무를 원하겠지?"라고 코끼리가 물었다. 하지만 나비가 무엇이든 말할 수 있게 되기 전에, 바람이 나비를 멀리 날려 보냈다. 코끼리는 그저 웃었다.

구문해설

5행 I fly **wherever** I want in the air. ▶ 복합관계부사

wherever는 '(…하는 곳은) 어디든지'의 의미로 장소의 부사절을 이끈다.

6행 The butterfly flapped its wings hard, [**trying to stay** in place]. ▸ [ ]는 동시동작을 나타내는 분사구문이다. 「try to-v」는 '…하려고 애쓰다'의 의미이다.

문제해설

나비(butterfly)는 코끼리의 외모를 비하하며 자신이 아름다운 날개로 어디든지 날아다닐 수 있음을 자랑스러워하다가, 결국 힘겨운 날갯짓에도 불구하고 바람에 날아갔으므로 당혹했을 것이다.

2 ②

한 가족이 장례식에서 몹시 슬퍼하고 있다. 그들 중 어떤 이들은 운다. 다른 이들은 침묵 속에 애도한다. 고인에 대해 생각하면서, 아이들은 특히 힘든 시간을 보내고 있다. 황금빛의 곱슬곱슬한 털을 가진 개 한 마리가 어린 소년에게로 살며시 다가가 그 옆에 앉는다. 그가 그 개의 털을 어루만지자, 그의 표정이 조금 덜 슬퍼진다. 그 개의 이름은 Lulu인데, Lulu는 각 개인이 필요로 하는 것을 아는 것 같다. 어떤 사람과는 조용히 앉아 있고, 다른 사람들과는 기분 좋게 논다. 슬픔과 스트레스를 겪고 있는 사람들에게 그녀는 평화로운 분위기를 가져다준다. Lulu는 각 개인의 마음을 치유하는 것을 돕는 데 있어 작은 역할을 한다.

구문해설

3행 He pets her fur, and his expression **becomes *a little* less sad**. ▸ becomes의 보어로 형용사구가 쓰였으며, a little은 비교급(less sad)을 수식한다.

6행 For people [experiencing sadness and stress], she brings an atmosphere of peace. ▸ [ ]는 people을 수식하는 현재분사구이다.

문제해설

Lulu라는 이름의 개가 장례식에서 각기 다른 방식으로 슬퍼하는 사람들의 마음을 치유하는 따뜻하고 감동적인 상황이다.

10 흐름과 무관한 문장·글의 순서 파악 pp. 190~191

1 ③ **2** ②

1 ③

낙타는 한때 먹을 풀을 찾아 광활한 지역을 돌아다녔다. 하지만 오늘날 많은 낙타가 중동의 낙농장에서 살고 있는데, 이곳에서 낙타들은 우유를 위해 사육되고 있다. 미래에는 낙타가 실제로 젖소를 대체하게 될지도 모른다. 하지만 왜 낙타일까? 그것은 낙타가 낮에는 매우 덥고 밤에는 매우 추운 사막 환경에서 생존하도록 진화했기 때문이다. 낙타는 적은 양의 물로도 며칠 동안 생존할 수 있고, 젖소보다 메탄가스를 적게 배출한다. (낙타유는 비타민 C가 풍부하고 지방이 적다.) 이러한 특성은 낙타가 기후 변화에 쉽게 적응할 수 있다는 것을 의미하는데, 이는 낙타를 기후가 변화하는 지역에서 젖소의 매력적인 대안으로 만든다. 낙타유에 대한 수요가 증가함에 따라, 낙타 산업 또한 계속 성장할 가능성이 높다.

구문해설

1행 Today, however, many camels live on dairy farms in the Middle East, [where they are kept for their milk]. ▸ [ ]는 선행사인 dairy farms in the Middle East를 부연 설명하는 계속적 용법의 관계부사절이다.

9행 **As** the demand for camel milk increases, the camel industry will likely continue to grow as well. ▸ As는 '…함에 따라'의 의미로 쓰인 접속사이다.

문제해설

낙타는 사막과 같은 극단적인 환경에서 생존하도록 진화하여 앞으로의 기후 변화에 적응할 가능성이 높고, 이러한 특성으로 보아 미래에 낙타가 젖소를 대체할 수도 있다는 내용의 글이므로, 낙타유가 함유하고 있는 영양소에 대해 언급한 ③은 글의 흐름과 무관하다.

2 ②

달의 중력은 지구에 강한 영향을 미친다. 그것은 우리 행성을 지축에 안정되게 유지하고 바다의 조류를 만든다. (B) 하지만 또 다른 영향, 즉 극도로 위험할 수 있는 영향도 있을지도 모른다. 최근 연구에 따르면, 달의 중력은 때때로 대규모 지진을 일으킬지도 모른다. (A) 연구원들은 큰 지진 직전 지구에서의 '조석 변형력'을 측정했다. 그들은 대규모 지진의 75퍼센트가 초승달과 보름달 사이의 기간에 발생했다는 것을 알아냈다. 이는 조석수가 땅의 틈에 압력을 증가시키기 때문일지도 모른다. (C) 하지만 그들은 조석 변형력과 더 작은 지진 간의 어떤 관련성도 발견하지 못했다. 이에도 불구하고, 이 정보는 과학자들이 미래에 지진을 더 정확하게 예측하는 데 도움을 줄 수 있을 것이다.

구문해설

11행 Despite **this**, this information could *help* scientists *predict* earthquakes more accurately in the future. ▸ 첫 번째 this는 앞 문장을 가리킨다. 「help A (to-)v」는 'A가 …하는 것을 돕다'의 의미이다.

문제해설

달의 중력이 지구에 미치는 영향을 언급한 주어진 글에 이어 그것의 또 다른 영향인 지진을 언급한 (B)가 오고, 달과 대규모 지진 간의 관련성에 대한 연구를 언급한 (A)가 이어진 후, 이 연구의 한계성과 기대효과를 서술하는 (C)로 이어지는 것이 가장 자연스럽다.

11 주어진 문장의 위치 pp. 192~193

1 ③ **2** ⑤

1 ③

우리는 모두 나이테가 나무의 나이를 알려 준다는 사실을 알고 있다. 하지만 과학자들이 한 지역의 과거 기후에 대해 알기 위해 나이테를 이용할 수도 있다는 사실을 알고 있었는가? 예를 들어, 나무가 크게 성장하는 기간을 겪었을 때 더 두꺼운 나이테가 형성된다. 이는 비가 많이 내리고 기타 환경 조건이 좋았던 시기임을 나타낸다. 반면에, 얇은 나이테는 춥거나 건조한 기간 동안 성장이 거의 이루어지지 않았음을 나타낸다. 나이테는 또한 환경을 급격하게 바꾼 처참한 사건들도 드러내 보인다. 산불이

나무의 곁면을 태우면 나이테에 숨겨진 단서처럼 뚜렷한 상흔을 남긴다. 질병, 지진, 화산 폭발은 나이테에 역사적 지표로서의 역할을 할 수 있는 증거를 남길지도 모를 또 다른 사건들이다. 인류학자들은 나이테가 언젠가 고대 문명의 흥망성쇠의 이유에 대한 단서를 제공할 수 있기를 희망하기도 한다.

구문해설

2행 We all know [that tree rings can tell us {how old a tree is}]. ▶ [ ]는 know의 목적어로 쓰인 명사절이다. { }는 tell의 목적어로 쓰인 간접의문문이다.

8행 Diseases, earthquakes, and volcanic eruptions are some other events [that may leave evidence in the tree rings {that can serve as historical indicators}]. ▶ [ ]는 선행사인 some other events를 수식하는 주격 관계대명사절이다. { }는 선행사인 evidence를 수식하는 주격 관계대명사절이다.

문제해설

주어진 문장은 나무의 나이테를 통해 환경을 바꾼 처참한 사건 또한 알 수 있다는 내용으로, 나이테를 통해 한 지역의 과거 기후가 어땠는지 알 수 있다는 내용과 질병, 지진, 화산 폭발과 같은 엄청난 재난의 예를 언급한 문장 사이인 ③에 들어가는 것이 가장 적절하다.

2 ⑤

연구는 인체가 (어쩔 수 없이) 선택해야만 할 때 신체적 능력보다 지적 능력을 우선시한다는 것을 시사한다. 최근 한 연구를 위해, 대학 조정팀 학생들이 일련의 과업에서 점수가 매겨지는 한 실험이 고안되었다. 그들은 단어 기억을 포함하는 3분짜리 기억력 테스트를 완료하는 것으로 시작했다. 학생들은 그런 후 체력 테스트를 위해 로잉 머신(노 젓기 연습 기구)을 사용할 것을 요청받았는데, 이것도 3분 동안 지속되었다. 그 연구원들은 이 점수가 그들의 이전 결과와 비교될 수 있도록 학생들에게 두 개의 3분짜리 테스트들을 동시에 해줄 것을 요청함으로써 그 실험을 끝냈다. 예상대로, 동시에 두 테스트를 하는 것은 더 낮은 점수를 냈다. 그러나 놀라운 것은 기억력 테스트의 점수가 체력 테스트의 점수보다 훨씬 덜 떨어졌다는 것이었다. 연구원들은 빠른 움직임보다 신속한 사고를 우선시하는 것이 우리 종에게 살아남을 수 있는 더 많은 가능성을 주었을지도 모르는 진화된 특징이라는 점을 시사한다.

구문해설

3행 Research suggests [that, {when (it is) **forced** to choose}, the human body prioritizes mental ability over physical ability]. ▶ [ ]는 동사 suggests의 목적어로 쓰인 명사절이다. 접속사 when이 이끄는 부사절 { }에서 「주절의 주어와 동일한 주어+be동사」가 생략되었다.

4행 For a recent study, an experiment was designed [in which students {from a university rowing team} were graded on a series of tasks]. ▶ [ ]는 선행사인 an experiment를 수식하는 관계사절이다. { }는 students를 수식하는 전치사구이다.

문제해설

주어진 문장은 기억력 테스트와 체력 테스트를 따로따로 실시한 결과와,

두 테스트를 동시에 실시한 결과를 비교하고 있으므로, 마지막 실험 내용을 서술하는 문장과, 실험 결과를 통해 도출된 시사점을 언급하는 문장 사이인 ⑤에 들어가는 것이 가장 적절하다.

12 도표

pp. 194~195

1 ⑤ **2** ②

1 ⑤

2023년 개인 정보 보호에 대한 태도

위의 표는 2023년 7개국에서 개인 정보 보호에 대한 사람들의 태도를 보여준다. 스페인에서는 응답자의 57퍼센트가 데이터 오용에 대한 우려를 표했으며, 44퍼센트는 자신의 정보를 보호하기 위해 적극적인 조치를 취한다고 답했다. 표의 첫 세 국가에서 더 많은 응답자가 그들의 정보를 적극적으로 보호하는 것보다 데이터 오용에 대해 우려했다. 독일, 중국, 인도는 모두 자신의 정보를 적극적으로 보호한다고 응답한 사람들의 비율이 동일했다. 표의 7개국 중 멕시코는 개인 정보 오용에 대한 우려가 세 번째로 높은 반면, 40퍼센트 미만의 멕시코인이 자신의 정보를 적극적으로 보호하고 있다고 답했다. 마지막으로, 한국 응답자의 50퍼센트 미만이 자신의 정보가 부당하게 사용될 것을 우려하는 반면, 자신의 정보를 보호하고 있는 사람들의 비율은 미국보다 10퍼센트 높았다.

구문해설

2행 In Spain, 57% of respondents had concerns about data misuse and 44% reported taking active measures **to protect** their data. ▶ to protect는 목적을 나타내는 부사적 용법의 to부정사이다.

문제해설

⑤ 자신의 정보를 보호하고 있다고 응답한 한국 사람들의 비율은 21퍼센트로, 31퍼센트인 미국보다 10퍼센트 낮다.

2 ②

유럽연합의 재생 가능한 에너지원에서 나온 전력량

위 도표는 11년의 기간 동안 유럽연합에서 재생 가능한 에너지원으로 만들어진 전력량을 보여 준다. 도표상에서 수력 전기가 매년 가장 많은 전기를 생산하며, 2010년에는 최고치인 408테라와트시에 도달했다. 같은 해에, 가장 적은 전기가 지열 에너지원에 의해 생산되어 5테라와트시 미만을 차지했다. 2004년에 바이오매스와 재생 가능한 폐기물은 두 번째로 생산적인 에너지원이었지만, 다른 모든 해에는 풍력 발전용 터빈으로 (2위가) 대체되었다. 2004년에는 태양열 발전이 1테라와트시보다 더 적은 전기를 차지했지만, 2014년에는 그 숫자가 92(테라와트시)가 넘게 급격히 증가했다. 재생 가능한 자원으로 생산된 전력량은 2011년을 제외하고 도표상에서 전반적으로 매년 증가했다.

구문해설

1행 The above graph shows the amount of electricity [created from renewable energy sources in ...]. ▶ [ ]는

electricity를 수식하는 과거분사구이다.

2행 Hydropower produced the most electricity in every year on the graph, [reaching a peak of 408 TWh in 2010]. ▸ [ ]는 동시동작을 나타내는 분사구문이다.

문제해설
2010년에 지열 에너지원이 가장 적은 전기를 생산하기는 했으나, 5테라와트시를 넘는 5.6테라와트시를 차지했다.

13 요약문 완성
pp. 196~197

1 ② 2 ③

1 ②
사랑과 애정의 본성을 연구한 최초의 심리학자 중 한 명은 Harry Harlow였다. 그는 원숭이를 대상으로 한 실험으로 유명하다. 새끼 원숭이에게 두 가짜 어미 중에 (하나를) 선택하게 했다. 하나는 부드럽고, 다른 하나는 딱딱하지만 우유를 제공했다. 새끼 원숭이들은 전자를 더 좋아했다. 이는 어미의 편안함이 먹이보다 더 중요하다는 것을 시사한다. 유감스럽게도, 이 실험은 이제 잔인하고 비윤리적이라고 여겨진다. Harlow는 새끼 원숭이들이 태어나자마자 그들을 어미로부터 분리시켰다. 새끼들은 실험 동안 다른 원숭이와의 사회적 접촉이 허용되지 않았다. 일부 경우에는 이것이 1년까지 지속되었다. 이럼에도 불구하고, 이 실험의 결과는 가치가 있었는데, 그것이 우리 사회의 보육에 대한 접근 방식에 상당히 영향을 미쳤기 때문이다.
→ Harry Harlow의 실험은 유아들이 영양보다는 편안함을 선택한다는 것을 시사하지만, 새끼 원숭이들을 고립시킨 것에 대해 비판받아 왔다.

구문해설
4행 This suggests [that a mother's comfort is more important than food]. ▸ [ ]는 suggests의 목적어로 쓰인 명사절이다.

6행 Harlow separated infant monkeys from their mothers **as soon as** they were born. ▸ as soon as는 시간을 나타내는 접속사로, '…하자마자'의 의미이다.

문제해설
Harry Harlow의 실험에서 새끼 원숭이가 우유를 주는 딱딱한 어미 대신 부드러운 어미를 선택한 것으로 보아 유아는 정서적으로 위안을 주는 대상에게 애착을 갖게 된다는 것을 알게 되었지만, 실험 과정이 비윤리적이라는 비판을 받았다는 내용의 글이다.

2 ③
우리의 뇌는 끊임없이 우리의 아주 가까이에 있는 주변 환경의 지도를 만들고 있다. 한 실험은 이 지도를 정확하게 기억해 내는 우리의 능력이 우리가 찾고 있는 것에 의해 부분적으로 결정된다는 것을 보여 주었다. 그 실험에서, 여덟 가지의 다른 종류의 음식이 방의 다른 부분에 놓여 있었다. 이것들 중 네 가지는 고열량 음식이었고, 다른 네 가지는 저열량 음식이었다. 참가자들은 방 안으로 안내되었고 각각의 종류의 음식을 맛보라는 요청을 받았다. 그 후에, 그들은 그 방의 지도에서 각 음식의 위치를 찾아야 했다. 참가자들이 고열량 음식의 위치를 거의 30퍼센트 더 잘 기억했다는 게 밝혀졌다. 연구원들은 초기 인류가 생존에 필요한 고열량 음식을 찾기가 매우 어려웠기 때문에 이러한 능력을 발달시켰다고 생각한다. 이는 오늘날 더 이상 사실이 아니긴 하지만, 우리의 뇌는 이 흥미로운 기술을 간직한 것처럼 보인다.
→ 한 과학 실험은 인간의 뇌가 우리의 생존에 필수적이라고 여기는 물건의 위치를 기억해 내는 것에 더 능하다는 것을 시사했다.

구문해설
1행 An experiment has shown [that our ability {to accurately recall this map} depends partly on {what we are searching for}]. ▸ [ ]는 has shown의 목적어로 쓰인 명사절이다. 첫 번째 { }는 our ability를 수식하는 형용사적 용법의 to부정사구이다. 두 번째 { }는 선행사를 포함하는 관계대명사 what이 이끄는 명사절로, depends on의 목적어이다.

9행 The researchers believe [(that) early humans developed this ability because high-calorie foods, {which are necessary for survival}, were very difficult **to find**]. ▸ [ ]는 believe의 목적어로 쓰인 명사절이다. { }는 선행사인 high-calorie foods를 부연 설명하는 계속적 용법의 주격 관계대명사절로, 부사절의 주어와 동사 사이에 삽입되었다. to find는 형용사를 수식하는 부사적 용법의 to부정사이다.

문제해설
실험 참가자들이 저열량 식품보다 고열량 식품의 위치를 더 잘 기억해 낸 것으로 보아 우리의 뇌가 생존에 필요한 것의 위치를 더 잘 기억하는 능력을 발달시켰을 것이라는 내용의 글이다.

14 어법성 판단
pp. 198~199

1 ② 2 ⑤

1 ②
주차 법규를 위반한 운전자들은 아마도 자신의 차량에서 'Barnacle'을 발견할지도 모른다. 주로 플라스틱으로 만들어진 이 장치는, 흡착컵을 사용하여 앞유리에 부착된다. 종이로 된 딱지와 달리, Barnacle은 앞유리의 3분의 2 이상을 덮기 때문에 위반자들이 차를 몰고 떠나버리는 것을 불가능하게 만든다. 흡착컵의 수백 파운드에 달하는 힘은, 선박에 달라붙은 따개비처럼 Barnacle을 (차 앞유리에) 단단히 고정시킨다. 위반자들이 자신의 손으로 그것을 제거하는 것은 거의 불가능하다. Barnacle은 차량을 통제하는 전통적인 방법들에 비해 많은 장점이 있다. 그것들은 훨씬 가볍고, 인도에서 안전하게 부착할 수 있다. 또한 주인이 나타나지 않는 차량들은 Barnacle이 부착된 채로 견인되는 것도 가능하다. 위반자들은 그 장치를 누군가에게 와서 제거해 달라고 부르는 대신, 온라인으로 벌금(=딱지)을 지불할 수 있는데, 그러고 나면 어떤 암호를 받는다. 그 암호를 장치에 있는 키패드에 입력하면 Barnacle을 제거할 수 있다. 이후 운전자는 그 장치를 경찰서에 반납하면 된다.

구문해설
1행 Drivers [who have violated parking laws] may find the Barnacle on their vehicles. ▸ [ ]는 선행사인 drivers를

수식하는 주격 관계대명사절이다.

8행 The Barnacle also **allows** unclaimed vehicles **to be towed** *with* the devices *on*. ▸ allow는 목적격보어로 to부정사를 쓰며, 목적어와 목적격보어가 수동 관계이므로 to be towed를 썼다. 「with+명사+부사」는 '…가 ~한 채로'의 의미이다.

문제해설

② 대명사 them이 지칭하는 것은 앞 문장에 언급된 the Barnacle이므로, 단수형인 it이 되어야 한다.

2 ⑤

한 세계적인 엔터테인먼트 회사는 부모들이 한 중요한 질문에 답해 주기를 기대하고 있다. '오늘날 공주가 되는 것은 무엇을 의미할까?'라는 질문이다. 많은 사람이 여자아이들에게 더 나은 역할 모델인 공주 캐릭터를 만들 것을 그 회사에 요청해 왔다. 그렇게 하기 위해서, 그 회사는 그들의 공주들이 하는 긍정적인 것들의 목록을 만들었다. 그들은 그다음에 6세에서 12세의 딸을 둔 5,000명의 영국인 부모에게, 그들의 딸에게 가장 중요한 원칙의 순위를 매겨 달라고 요청했다. 조사에 따르면, 가장 귀중한 원칙들은 '다른 사람을 보살피라', '건강하게 살라', 그리고 '겉모습만 보고 판단하지 말라'였다. 이 결과는 부모들이 원하는 것을 명확히 보여 준다. 공주가 되는 것은 아름다움과 부가 아니라, 친절, 지혜, 그리고 열린 마음에 관한 것이다.

구문해설

2행 Many people have asked the company to create princess characters [who are better role models for girls]. ▸ [ ]는 선행사인 princess characters를 수식하는 주격 관계대명사절이다.

3행 **In order to do** that, the company made a list of positive things [that their princesses do]. ▸ 「in order to-v」는 '…하기 위해서'의 의미이다. [ ]는 선행사인 positive things를 수식하는 목적격 관계대명사절이다.

문제해설

⑤ 뒤에 목적어가 빠진 불완전한 절이 이어지고 있으며, 앞에 선행사가 없으므로 that을 선행사를 포함하는 관계대명사 what으로 고쳐야 한다.

15 일반 장문　　pp. 200~201

1 ②　**2** ④

1 ②　2 ④

다른 나라의 변호사들과는 달리, 영국의 변호사들은 요구되는 사항이 아님에도 불구하고 법정에 가발을 쓰고 온다. 대부분의 사람은 그것이 단지 전통이라고 말하겠지만, 이 독특한 관행에는 몇 가지 다른 이유가 있다.

우선, 가발은 변호사들이 중요한 일을 하는 명예로운 사람들이라는 것을 보여 주기 위해 사용된다. 가발을 쓰는 것은 법정이 엄숙한 장소이며 변호사들이 법을 준수하는 품위 있는 사람이라는 것을 의미한다.

게다가, 어떤 사람들은 가발이 법정에서의 편향을 방지한다고 믿는데, 멋진 머리 모양을 한, 외모가 준수한 변호사가 재판의 결과에 영향을 미칠

수 있기 때문이다. 변호사들이 가발을 쓰면, 그들은 모두 같은 머리 모양을 하게 된다. 이것은 그들의 외모가 법정의 판결에 지장을 주지 않을 것을 보장한다.

마지막 이유는 익명성을 위한 것이다. 변호사들은 법정의 결정에 분노한 의뢰인들에게 공격당할 가능성에 늘 직면한다. 그러므로, 그들의 신원을 숨기는 것이 불필요할(→ 필요할) 수 있다. 가발을 쓰는 것은 그 변호사의 성별이나 나이를 숨겨 줄 수 있어서 그 사람은 쉽게 알아볼 수 없게 될 것이다. 모든 변호사가 비슷해 보이면, 화가 난 범죄자들은 누가 누구인지 분간할 수 없다.

종합적으로, 이것들은 모두 가발을 쓰는 타당한 이유이다. 그것은 이상하고 심지어 우스꽝스러워 보이기도 하지만, 영국의 변호사들은 여전히 가발을 쓰는 것을 소중한 전통일 뿐만 아니라 유용한 관습으로도 여긴다.

구문해설

11행 Lawyers always face **the possibility** of [being attacked by clients {who are angry about the court's decision}]. ▸ the possibility와 [ ]는 동격이다. { }는 선행사인 clients를 수식하는 주격 관계대명사절이다.

14행 If all the lawyers look alike, angry criminals can't tell [who is who]. ▸ [ ]는 tell의 목적어로 쓰인 간접의문문이다.

문제해설

1 영국의 변호사들이 품위, 공정성, 익명성 보장 등의 이유로 가발을 쓴다는 내용의 글이므로, 제목으로는 ② '영국의 변호사들은 왜 가발을 쓰는가'가 가장 적절하다.
① 가발의 역사
③ 영국에서 가발은 어떻게 만들어지는가
④ 법정에서 가발을 쓰는 것에 관한 논쟁
⑤ 변호사들의 정직성을 보장하는 방법

2 변호사들은 법정의 결정에 분노한 의뢰인들에게 공격당할 가능성에 늘 직면한다고 했으므로, 변호사들의 신원을 숨기는 것이 '필요할' 수 있다는 내용이 되어야 자연스럽다. 따라서 (d)의 unnecessary를 necessary 등으로 고쳐야 한다.

16 순서 장문　　pp. 202~203

1 ③　**2** ④　**3** ⑤

1 ③　2 ④　3 ⑤

(A) 수십 년 전에, Wisconsin 대학의 젊은 남성 시인, 소설가, 수필가들로 된 무리가 자신들이 미국의 위대한 차세대 작가가 될 수 있을 거라고 생각했다. 그들은 클럽을 결성해 가장 신랄한 평도 절대 자제하거나 좀 더 누그러뜨리지 않으면서 서로의 작품을 비평하는 모임을 열기 시작했다. 그들의 비평은 사실 너무 가혹해서 그들조차도 자신들을 Stranglers라고 부르기 시작했다.

(C) 그들에 대해 듣고서, Wisconsin 대학 교정의 여성 작가들의 무리도 그들만의 문학계를 결성했다. 그들은 자신의 무리를 Wranglers라고 부르기로 결정했고, 남성들의 모임과 마찬가지로 자신들의 글을 공유하며 제안을 경청했다. 하지만 한 가지 중요한 차이가 있었다. 그들은 비판에 초점을 맞추지 않았던 것이다. 오히려 그들은 동료 Wranglers들에게 힘을 주었다.

(D) 얼마 후, Wranglers와 Stranglers가 대학을 떠난 뒤에 Wisconsin 졸업생들의 직업을 조사하던 한 졸업생이 흥미로운 발견을 했다. Stranglers에 속해 있던 똑똑한 청년 중 단 한 명도 평생 어떠한 종류의 의미 있는 문학적 공헌을 하지 못했다. 하지만 Wranglers는 「The Yearling」을 집필한 수상 작가 Marjorie Kinnan Rawlings를 포함하여 몇몇 저명한 작가들을 배출해 냈다.

(B) 그들이 단지 더 많은 재능이 있었고 이것이 그들의 후일의 성공을 설명해 주는 핵심적인 차이라고 말하는 것은 타당하지 않을 수도 있다. 대신에, 두 무리의 최종 업적은 구성원들이 첫걸음을 내디딘 환경의 영향을 받았을 가능성이 더 크다. Wranglers가 자신감을 조성한 반면, Stranglers는 자기 회의를 부추겼다.

구문해설

3행 They formed a club and began holding meetings [where they critiqued each other's work, {never holding back or toning down their meanest comments}]. ▶ [ ]는 선행사인 meetings를 수식하는 관계부사절이다. { }는 동시동작을 나타내는 분사구문이다.

7행 It might not be fair [to suggest that they simply had more talent and that *this* is the key difference {accounting for their later success}]. ▶ It은 가주어이고 [ ]가 진주어이다. this는 앞서 나온 첫 번째 that절의 내용을 가리킨다. { }는 the key difference를 수식하는 현재분사구이다.

12행 [Having heard about them], a group of women writers .... ▶ [ ]는 시간을 나타내는 분사구문으로, 주절의 시제보다 더 이전 시점을 나타내므로 완료형 분사구문을 썼다.

문제해설

1 서로의 작품에 대해 신랄한 비평을 주고받았던 남성 작가들의 모임인 Stranglers를 설명하는 (A)에 이어, 여성 작가들이 이 소식을 듣고 Wranglers를 결성했다는 내용의 (C)가 오고, 이후 저명한 작가들이 Wranglers에서만 배출되었다는 내용의 (D)가 이어진 후, Wranglers의 성공 요인을 서술한 (B)로 이어지는 것이 가장 자연스럽다.

2 (d)는 Wranglers를 가리키고, 나머지는 모두 Stranglers를 가리킨다.

3 ⑤ Stranglers에 속했던 사람들은 단 한 명도 의미 있는 문학적 공헌을 하지 못했다고 했다.

MEMO

MEMO

독해

READING EXPERT
중고등 대상 7단계 원서 독해 교재
Level 1 | Level 2 | Level 3 | Level 4 | Level 5 |
Advanced 1 | Advanced 2

기강 잡고
기본을 강하게 잡아주는 고등영어
독해 잡는 필수 문법 | 기초 잡는 유형 독해

##
빠른 독해를 위한 바른 선택
기초세우기 | 구문독해 | 유형독해 | 수능실전

The 상승
독해 기본기에서 수능 실전 대비까지
직독직해편 | 문법독해편 | 구문편 |
수능유형편 | 어법·어휘+유형편

수능

맞수
맞춤형 수능영어 단기특강 시리즈
구문독해 기본편 | 실전편
수능유형 기본편 | 실전편
수능문법어법 기본편 | 실전편
수능듣기 기본편 | 실전편
빈칸추론

##
핵심만 콕 찍어주는 수능유형 필독서
독해 기본 | 독해 실력 | 듣기

특급
수능 1등급 만드는 특급 시리즈
독해 유형별 모의고사 | 듣기 실전 모의고사 24회 |
어법 | 빈칸추론 | 수능·EBS 기출 VOCA

얇빠 얇고 빠른 미니 모의고사 10+2회
수능 핵심유형들만 모아 얇게! 회당 10문항으로 빠르게!
입문 | 기본 | 실전

수능만만
만만한 수능영어 모의고사
기본 영어듣기 20회 | 기본 영어듣기 35회+5회 |
기본 영어독해 10+1회 | 기본 문법·어법·어휘 150제 |
영어듣기 20회 | 영어듣기 35회 |
영어독해 20회 | 어법·어휘 228제

NE능률 영어교육연구소

NE능률 영어교육연구소는 혁신적이며 효율적인 영어 교재를 개발하고
영어 학습의 질을 한 단계 높이고자 노력하는 NE능률의 연구조직입니다.

펴 낸 날	2024년 10월 5일 (개정판 1쇄)
펴 낸 이	주민홍
펴 낸 곳	(주)NE능률
지 은 이	이상엽, 박세광, 권은숙, 권혜영, 류혜원 NE능률 영어교육연구소
개 발 책 임	김지현
개 발	신유승, 이지영, 손원희
영 문 교 열	Alison Li, Courtenay Parker, Patrick Ferraro
디자인책임	오영숙
디 자 인	민유화, 김명진
제 작 책 임	한성일
등 록 번 호	제1-68호
I S B N	979-11-253-4763-7 53740

대 표 전 화	02 2014 7114
홈 페 이 지	www.neungyule.com
주 소	서울시 마포구 월드컵북로 396(상암동) 누리꿈스퀘어 비즈니스타워 10층